Norbert Blüm
Werkstücke

Norbert Blüm

Werkstücke

Aufsätze, Reden, Essays
1967 bis 1980

Bund-Verlag

CIP – Kurztitelaufnahme der Deutschen Bibliothek

Blüm, Norbert:
[Sammlung]
Werkstücke: Aufsätze, Reden, Essays 1967–1980/
Norbert Blüm. – Köln: Bund-Verlag, 1980.

ISBN 3-7663-0455-0

Lektorat: Gunther Heyder
Herstellung: Heinz Biermann
Umschlag: Ralf Rudolph, Ratingen
Umschlagfoto: J. H. Darchinger, Bonn
Fotosatz: Zobrist & Hof AG, CH-4133 Pratteln
Druck: satz + druck, Düsseldorf
ISBN 3-7663-0455-0
Printed in Germany 1980

Inhalt

Zur Einführung

■ »WERKSTÜCKE« – dieses Wort ist hier beim Wort genommen: Werkstücke sind fertige Teile, sie sind aber noch nicht das Ganze. Dieses Buch enthält Aufsätze, Essays, Reden, mit denen sich Norbert Blüm seit 1967 im politischen Dialog zu Wort meldete. Die Einteilung in Kapitel, wobei neuere und ältere Beiträge abwechseln, gibt Fingerzeige auf den zu erwartenden Inhalt. Die »Quintessenz« eines Kapitels, im eigentlichen Sinne die schlußfolgernde Zusammenfassung, wurde als Zitat von Norbert Blüm jeweils an den Anfang gesetzt. Das Verständnis oder die Perspektive des danach folgenden Beitrages soll dadurch etwas erleichtert werden.
Quintessenz als Bindeglied und Lesehilfe.

■ »WERKSTÜCKE« ist also ein Lesebuch, nicht die systematische Wiedergabe eines geschlossenen politischen Programms. Dieses Buch ist zum Herumblättern gedacht. Überraschungen sind dabei vorgesehen. Gedanken zu einem Gedicht von Eduard Mörike beispielsweise erwartet man nicht unbedingt in einem »politischen« Buch. Aber vielleicht ist Politik den menschlichen Tatsachen näher, wenn sie sich nicht damit begnügt, etwa die beste Finanzierungsmöglichkeit der Rentenversicherung auszutüfteln. Der Mensch ist mehr als die Sache – das bedeutet auch zu hinterfragen, warum junge Menschen aus der wachsenden Perfektion der Leistungsgesellschaft aussteigen, weil sie darin ihr Ich nicht mehr unterbringen können. »Aussteigen – aber wohin?«

■ »WERKSTÜCKE« macht Wiederholung unvermeidlich. Denn jeder Beitrag von Norbert Blüm wurde so belassen, wie er in einer bestimmten Situation zu einem bestimmten Thema gesprochen oder geschrieben wurde. Der Nachteil ist: Man begegnet Gedanken, Sprachbildern und manchmal auch ganzen Sätzen wieder.

Der Vorteil: Über Lesen und Wiederholung kristallisiert sich, gleichgültig wo man beginnt und wo man aufhört, heraus, von welchen Hauptsätzen aus sich Gedanken und konkrete Politik des Autors ableiten. Wiederholung also als emanzipatorische Pädagogik.

■ »WERKSTÜCKE« spiegelt also den Werkstattcharakter jeder Politik wider. Die Gesellschaft wandelt sich ständig und immer rascher. Alle Lösungen sind vorläufig. Für kompakte, zeitlos gültige Lösungssysteme ist in dieser Welt weder Platz noch Bedarf. Festen Halt bieten in dieser zeitlichen, unvollendbaren Welt vielleicht einige Grundsätze, über die im Prinzip Einigkeit bestehen muß wenn Zusammenleben in lebenswerter Form möglich sein soll:

– Menschenwürde: Das Leben ist unantastbar.
– Solidarität: Wir sitzen alle in einem Boot.
– Freiheit: Im Zweifel für den einzelnen.
– Gerechtigkeit: Gleiche Chancen für jeden.
– Pluralismus: Verteilung der Herrschaft auf viele.
– Rationalität: Es gilt das bessere Argument.

Prinzipien sind nicht das Eigentum einer Partei. Sie dienen dem Ganzen.

■ »WERKSTÜCKE« ist kein Rezeptbuch, sondern der immer wieder unternommene Versuch einer christlich-sozialen Alternative. Dieses Buch ist ein Zwischenstück. Damit endet nicht das Streiten gegen den Glauben der Technokraten an die Machbarkeit des Menschen und seiner Gesellschaft – gleichgültig ob dieser Glaube der Wissenschaft oder einer Ideologie entspringt. Es gilt den einzelnen gegen die Allmacht der Apparate in Schutz zu nehmen.

■ »WERKSTÜCKE« – Stückwerk oder Zwischenstück – der Leser muß selbst urteilen. Dieses Buch ist jedenfalls der Absicht entsprungen, die Teilstücke auf dem Weg eines Politikers zusammenzutragen, ohne die Identität von Inhalt und Form seiner Gedanken zu beschädigen. »Die Wahrheit offenbart sich nie ganz«, – so jedenfalls sieht es Norbert Blüm. Dieses Buch soll keine Offenbarung sein.

Lutz Esser
Peter Clever

Ausgangspunkt

QUINTESSENZ

»Die Welt wird vom Wandel bestimmt. Technik und Wirtschaft sind durch eine nie gekannte Dynamik geprägt. Es wäre merkwürdig, wenn, während sich alles ändert, lediglich die Gesellschaft die alte bliebe. Hoffnung klammert sich deshalb nicht an eine statische Gesellschaft. Die Zuversicht ist auf die Steuerungsmöglichkeit des Wandels gegründet.
Daß wir dabei nicht alles aufgeben und jeden Tag bei Null beginnen, ist die Bestätigung der Evolution. Zu den Konstanten gehört die Freiheit, aber auch diese ist entwicklungsfähig zu einer größeren, alltäglichen Plausibilität, auf die viele warten, auch unsere Nachbarn in Afrika, Lateinamerika und Asien.
Die demokratische Evolution ist keine Weltbeglückungsaktion, sondern sie setzt auf die Beteiligung aller Bürger. Deshalb ist sie nicht das Monopol einer Partei. Ihr Potential muß in allen Gruppen und Parteien mobilisiert werden. Das ›C‹, welches die Christlich-Demokratische Union im Firmenschild trägt, ist eine der möglichen Mobilisationsbasen.«

Evolution statt Restauration

Das folgende Referat vor der »Jungen Arbeitnehmerschaft« ist das erste, mit dem Norbert Blüm in der Öffentlichkeit in Erscheinung trat. Es enthält bereits wesentliche Grundaussagen, die sich wie ein roter Faden durch seine späteren Arbeiten verfolgen lassen und die immer wieder seine politischen Aussagen bestimmen. Es wurde deshalb an den Anfang dieser Sammlung gestellt.

»Können denn Christen nicht schlicht und einfach Menschen sein? Können sie denn nicht einfach ihren Platz in einer diesseitigen Welt einnehmen?«, fragte der bekannte amerikanische Theologe Michael Novak. Und seine Frage geht uns alle an, die Christentum im Diesseits leben wollen, und denen es nicht genügt, eine jenseitige Wahrheit zu besitzen. Christliche Wahrheit ist nicht selbstgenügsames Lehrgebäude, sondern will Wirklichkeit werden: Wirklichkeit, gefährdet wie alle Verwirklichungen, versehen mit dem Risiko des Irrtums, der sich immer ergeben kann, wenn die Klarheit der Prinzipien in den Alltag umgesetzt wird.

In der Welt des Alltags gibt es immer eine Fülle von Möglichkeiten, die dem gleichen Prinzip entsprechen. Um die Ordnung dieses Alltags aber geht es in der Politik: Um die Entscheidung, die gewagt werden muß angesichts der Vielfalt des Möglichen und verbunden mit dem Wagnis, daß die Entscheidung die Sache nicht trifft, das Ziel nicht erreicht, welches vom Prinzip gesteckt ist. Aber entbindet die Kenntnis des Zieles vom Versuch, sich auf den Weg zu machen, auch wenn nicht ganz sicher ist, ob es der ist, der zum Ziele führt?

Die Welt vernünftig einrichten

Christliche Politik ist mit dem Wagnis verbunden, die jeder Praxis anhaftet, weil es in ihr keine absoluten Sicherheiten gibt, die es in der Theorie geben kann. Saubere Hände sind noch kein Beweis für Christlichkeit. Sie können auch vom Nichtstun kommen. Schmutzige Hände können für ein Engagement zeugen, das dem Mut zum Wagnis entspringt, zu dem der Christ verpflichtet ist.

Wir können allerdings das Risiko des Irrtums verkleinern, durch Studium der Probleme, durch Kenntnis der Sachen, die wir ordnen wollen. Sachlichkeit ist geboten um der Wirklichkeit willen, zu deren

Gestaltung wir unsere Entscheidung treffen. Was würde dem Arzt die Meditation über ein christliches Ethos helfen, wenn er nicht wüßte, wo er das Messer ansetzen soll? Was nützt dem christlichen Politiker die Forderung nach Gerechtigkeit, wenn er nicht die Daten und Gesetze des Wirtschaftskreislaufes kennt. Sachlichkeit ist das Gebot einer christlichen Handhabung der Welt.
Man muß die Sache kennen, um die es geht. Christliche Politik ist vernünftige Politik, nicht Politik der Gefühle und der Vorurteile, eben der Urteile, die zu schnell gefällt werden, ohne Prüfung der Sache.
Christliche Politik bedient sich der Einsicht in den Sachzusammenhang. Der Anspruch einer vernünftigen Politik wird gestützt durch den Glauben an einen vernünftigen Gott, dessen Abbild der Mensch ist. Gott, daran glauben Christen, schuf die Welt nicht im Taumel der Trunkenheit, sondern als besonnener Weltbaumeister, wie uns die Offenabrung des Alten Bundes lehrt. Wenn der Mensch Abbild des vernünftigen Gottes ist, dann muß ein jeder zum Gebrauch der Vernunft befähigt werden. Ein jeder, ohne Rücksicht auf seinen sozialen Status. Die Welt muß vernünftig eingerichtet werden, damit Vernunft darinnen wirken kann.
Wenn diese Vernunft Abbild der göttlichen Vernunft ist, dann kann sie nicht selbstherrlich schalten und walten, sondern verantwortlich. Sie muß Antwort geben, Rechenschaft dem, der dem Menschen Vernunft gab, indem er ihn zu seinem Abbild machte.

Christen müssen mit Hand anlegen

Aber es bleibt dabei, wir sind zum verantwortlichen Gebrauch der Vernunft aufgefordert. Nicht zur selbstgenügsamen Betrachtung der Prinzipien. Prinzipien sind für uns Anleitung zum Handeln.
Ein solches Christentum, das sich nicht zurückhält in den reinen Höhen der Prinzipien, sondern Hand anlegt und die Welt verändert, sich in das Gemenge wirft, die Orientierung zwar nicht verliert, aber keine Garantie hat, daß es auf dem kürzesten Weg zum erstrebten Ziel sich befindet, könnte mehr Anziehungskraft auf die Menschheit ausüben als alle besserwissende Herablassung der sich auserwählt dünkenden und die Welt verachtenden Christen.
Weltliches Christentum müßte mit jener Demut ausgestattet sein, die von der Knechtsgestalt ihres Gründers ausgeht. Nicht triumphal kam das Christentum in die Welt, sondern unscheinbar, verhüllt im Sohn

eines Zimmermanns, nicht von Vorrechten geschützt, sondern preisgegeben der Alltäglichkeit, zum Dienst bereit.
Allein in dieser Knechtsgestalt darf das Christentum sich noch Chancen ausrechnen, am Weltgespräch teilnehmen zu können, etwas zu bedeuten für eine Welt, die ihre Probleme gemeinsam lösen will.
Von einem Christentum, das sich als Arzt am Krankenbett der Welt versteht, wird sich die Welt nicht behandeln lassen. Aber ein Christentum, das unter anderen und mit anderen seinen Dienst versieht, wird wieder ernstgenommen.

Unsere Werkstatt ist der Globus

Christlichkeit ist kein Alibi für Selbstversorgung, sondern Aufforderung zur Nächstenliebe. Der Nächste ist freilich nicht mehr auf meine Nachbarschaft beschränkt, sondern wohnt in dieser immer kleiner werdenden Welt überall dort, wo Menschen wohnen, und niemand kann sich durch Entfernung von dem Leid dispensieren, das in der Welt geschieht. Wir schrecken zusammen und entrüsten uns, wenn ein Hund vor der Haustür überfahren wird. Wenn aber dort hinten in Vietnam Kinder verhungern, so kümmert uns das nicht.
Unsere Nachbarschaftsmoral reichte vielleicht für eine Zeit, in der der alte Goethe eine große Reise unternahm, wenn er mit der Postkutsche von Weimar nach Frankfurt fuhr. Heute, wo Flugzeuge im Non-stop-Flug die Welt umkreisen, Nachrichten in Sekundenschnelle um den Erdball jagen, benötigen wir eine Moral von planetarischem Ausmaß. Es kann das Schicksal der Welt davon abhängen, ob die Dimensionen, die von unserem moralischen Bewußtsein erfaßt werden, Schritt halten mit dem Wachstum unseres technischen Vermögens. Die Solidarität, die uns abverlangt wird, muß haltbarer sein als der Zusammenhalt, der vom Milieu gestützt wird oder, wie Amery es ausgedrückt hat, vom »Stallgeruch«.
Christliche Brüderlichkeit ist keine Kumpanei, aber auch keine Kameradschaft, die durch Horizontverengung geschlossen wird. Christliche Brüderlichkeit richtet sich nicht gegen, sondern auf alle.

Kooperation und Konfliktbereitschaft

Wir müssen uns abgewöhnen, unsere Gemeinschaft durch Antihaltungen abzugrenzen: Gegen Gammler, gegen Nazis, gegen Kommu-

nisten. Zuerst muß unser politisches Konzept stehen. Für was sind wir? Die Frage, mit wem wir nicht übereinstimmen, läßt sich sodann leichter beantworten. Ein solches weltliches Christentum, das nichts von seiner Beunruhigung verlieren muß, die es auf alle ausübt, die sagen, es gibt nur Welt, wird auch einen wirksamen Beitrag zur Humanisierung der Welt leisten. Indem es keinen Anspruch auf Privilegien erhebt, erleichtert es die Kooperation der Weltanschauungen. Und die Kooperation wird nur auf gleicher Ebene möglich sein.
Aber ohne diese Kooperation wird die Welt zugrunde gehen. Diese Zusammenarbeit vermeidet nicht den Konflikt, wohl die gewaltsame Auseinandersetzung, wobei Gewalt nicht Waffengewalt sein muß, sondern auch andere Namen annehmen kann: Geld, Propaganda. Jedenfalls Mittel, welche den Menschen, der seine Entscheidungen mit Hilfe der Einsicht treffen soll, vergewaltigen, indem sie der Vernunft keinen Raum geben.
Die Entscheidungen müssen das Fegfeuer der Diskussion durchschreiten, bevor sie als Entscheidungen akzeptiert werden können. Der Konflikt ist der Prüfstein jeder vorschnellen Festlegung. Er ist ein Hindernis, welches vom Vorurteil nur schwer überwunden werden kann.
Im Konflikt werden Argumente gedreht und gewendet und so Schwächen aufgedeckt, wo Schwächen sind. Der Konflikt ist die Auflösung jeder Erstarrung und jeder Dogmatisierung des einmal für richtig Befundenen.

Kritisch gegenüber den eigenen Lösungen

Der Christ müßte eigentlich eine besondere Sensibilität für allen Wandel der Zeit besitzen. Er weiß von der Hinfälligkeit all dessen, was wir schaffen, auch dessen, was wir im Glanze der Wahrheit erzeugen. Wir schaffen nie das absolut Gültige. Wer es dennoch behauptet, ist ein Ketzer. Er nimmt das Reich Gottes vorweg, das am Ende der Zeiten kommt, aber nicht in der Zeit. Er behauptet eine Vollendung, die es in dieser Zeit nicht gibt. Im Unterschied zu allen Irrlehren, die vorgeben, das Paradies auf Erden erzwingen zu können, bleibt der Christ kritisch seinen eigenen Lösungen gegenüber. Er zwingt niemanden zum Glück, wie es der tun muß, der glaubt, er habe das ewige Glück der Menschheit als Rezept in der Hand.
Weil der Christ seine Lösungen nicht als ewig, sondern als vorläufig

ausgibt, nicht als unantastbar, sondern als veränderlich, darum ist der christliche Politiker das Gegenteil eines Dogmatikers oder eines Gewalttätigen.
Er ist revisionsbereit auch jenen Lösungen gegenüber, die gestern nicht nur richtig schienen, sondern auch richtig waren.

Der Konflikt ist die Voraussetzung zum Kompromiß

Aus der Bereitschaft, den Konflikt auszutragen, ihn nicht zu unterdrücken, wächst die Bereitschaft zum Kompromiß, nicht zum faulen Kompromiß, der unterschiedliche Ausgangspunkte verwischt, sondern zu einem Kompromiß, in dem die Schwächen der jeweiligen Gegenposition ausgeschieden und die haltbaren Elemente in die gemeinsame Lösung aufgenommen werden. Der Kompromiß macht das friedliche Zusammenleben möglich, und das friedliche Zusammenleben ist ein hoher Wert, um dessentwillen man auf die Durchsetzung anderer Werte verzichten muß. Ein Freudenhaus ist keine Einrichtung zur Übung der Sittlichkeit, und doch wird der Christ kein Verbot dieser Freude durchsetzen, weil mit diesem Verbot zwar ein sittlicher Wert geschützt, ein anderer aber – die Sicherheit der Frauen – um so stärker bedroht und das friedliche Zusammenleben gestört wäre. Übermäßiger Alkoholgenuß ist schlecht. Dennoch wird man ihn nicht ohne weiteres unterbinden dürfen, denn wie das amerikanische Beispiel zeigte, ruft eine strenge Antialkoholgesetzgebung andere Übel hervor, die nicht weniger schlimm sind als der Alkohol: Erpressung, Korruption etc.

»Christlich« ist kein Knüppel

Wie also diese Beispiele beweisen, ist der Staat nicht Instrument zur bedingungslosen Durchsetzung des sittlich Gültigen. Der Politiker muß abwägen. Dieses Abwägen ist ein Vergleich zwischen verschiedenen Werten und die Voraussetzung für die von der Situation geforderte Rangordnung. Nicht alle Werte können in gleicher Weise berücksichtigt werden. Er muß entscheiden, in welche Zuordnung die Werte gebracht werden sollen.
Viel zu oft ist die Aufgabe des christlichen Politikers darin gesehen worden, sittliche Werte auf Biegen und Brechen durchzusetzen. Er war sozusagen eine Frontkämpfergestalt. Vielleicht begreift sich ein

neuer Typ viel eher in der Rolle eines Baumeisters, der widerstreitende Bauelemente zur Einheit fügt. Auch das Gebäude der Rechte besteht aus Elementen, die in Konflikt geraten können. So beispielsweise das Elternrecht und das Recht auf optimale Ausbildung. Elternrecht ist ein hohes Recht, aber kein absolutes Recht. Wenn ich meinen Sohn von der Rheinbrücke herab ins Wasser werfe, verfolge ich zwar mein Elternrecht, nur steht in diesem Falle ein höheres Recht diesem entgegen, das Recht auf Leben, das mein Sohn besitzt. So können also Elternrecht und optimale Schulbildung in Streit geraten, wenn notwendige Schulreformen an der von Teilen der Elternschaft gewünschten konfessionellen Organisation des Schulwesens scheitern. Der Politiker muß abwägen, vergleichen und sehen, wie er beiden Ansprüchen gerecht werden kann. Es wird nicht gehen ohne teilweisen Verzicht auf der einen und Entgegenkommen auf der anderen Seite. Ich erwähne diese Beispiele nur, um zu zeigen, daß der Politiker sich immer in komplexen Situationen befindet, in denen er Entscheidungen treffen muß.

Es bleibt nur die Mahnung zur Vorsicht. Und die Warnung, mit dem Wort »unchristlich« nicht allzu eilfertig auf jene loszuschlagen, die in der konkreten Situation anders entscheiden, als man selber gewünscht hätte. In dem konkreten Fall Elternrecht und Konfessionsschule darf man aber die bescheidene Bitte zum Ausdruck bringen, daß nicht wieder Kämpfer auf die Barrikaden geschickt werden, die von jenen, die zum Kampfe auffordern, schon längst verlassen sind.

Wir müssen es ertragen lernen, verschiedene Meinungen über die Ordnung der irdischen Dinge zu haben (Konzil). Vielleicht liegt in dieser Buntheit auch ein Reichtum des Christentums, in dem nicht jede menschliche Vielfalt eingeebnet ist. Gerstenmaier und Niemöller, Böll und Frings, de Gaulle und Graham Greene, Amery und Ottaviani, sie alle sind Christen, und ich wüßte nicht, wie ich entscheiden sollte, wer es mehr ist und wer es weniger ist.

Elemente einer Partei, die sich christlich nennt

So konnten wir einige Elemente sammeln, die eine Politik konstituieren, von der wir mit aller Vorsicht sagen dürfen, daß sie christlich sei. Wir haben drei Elemente untersucht, nicht alle, vielleicht noch nicht einmal die wichtigsten, aber ganz bestimmt jene, die etwas in Vergessenheit geraten sind.

– Vernünftigkeit
– Weltlichkeit
– Menschlichkeit

Von all dem müßte etwas in jener Partei vorhanden sein, in der sich Christen zusammengefunden haben, um Politik zu treiben.

Die Christlich-Demokratische Union muß eine moderne Partei sein, eine Partei auf der Höhe der Zeit. Es gibt auch in der Politik die ewig Gestrigen. Es sind jene, die sich in der Trauer über die verlorene gute alte Zeit erschöpfen, für die nur gut ist, was mit der Patina der Vergangenheit überzogen ist. Aber es gibt auch jene, für die nur recht ist, was übermorgen sein soll. Die Christlich-Demokratische Union darf weder im Gestern beheimatet sein, noch in die unsichtbare Zukunft enteilen. Hier und jetzt muß sie Politik betreiben, auf der Höhe der Zeit. Das geht nicht ohne Rücksicht auf das Vorhandene und ohne Aussicht auf das zu Erwartende. Nicht Augenblickspolitik, aber gegenwartsnahe Politik, die das Erhaltenswerte und das Zukunftsträchtige erfaßt, nicht Gartenlaubenidylle und nicht Marsutopie: Gegenwartspolitik.

Es gibt freilich auch jene Haltung zur Gegenwart, in welcher unter dem Stichwort »Zeitgeist« das Gegenwärtige verdächtig wird, weil es nicht so ist wie das Gestrige, wobei das Gestrige dann unterderhand zum Ewigen verklärt wird, ohne daran zu denken, daß auch es ein Gestern, nämlich das Vorgestern abgelöst hat.

Und eine andere Bedrohung für die Gegenwartspolitik ist jene Zukunftsmanie, die den Fortschritt erzwingen will, ohne auf die Opfer der jetzt Lebenden zu achten. Ich gestehe, daß ich die erstere Möglichkeit für die größere Versuchung unter Christen halte. Das Konservative übt offensichtlich eine starke Anziehungskraft auf viele Christen aus.

Das »C« nicht mit konservativ übersetzen

»Den sogenannten Katholizismus unter die konservativen Strömungen zu subsumieren, ist sicherlich keine Verleumdung. Denn in der großen Zahl halten die Katholiken jene Einrichtungen, die überkommen sind und sich bewährten, für verläßlicher als die Neuerungen, die man ihnen anbietet. Typischer Katholizismus ist traditionsbewußt und neigt dazu, dem langfristig Üblichen und Gewohnten eine fast absolute Gültigkeit zuzusprechen.« (Wallraff)

Manche halten die CDU für eine konservative Partei, Blumenfeld

beispielsweise, der sie auf dem letzten Parteitag so darstellte. Zwar nur in Nebensätzen, aber offensichtlich ist die Sache für ihn so selbstverständlich, daß er sie nicht in Hauptsätzen begründen, sondern nur in Nebensätzen erwähnen muß. Hornung versieht seinen jüngst in der Zeitschrift »Politische Welt« erschienenen Aufsatz »CDU vor der Bewährungsprobe« mit dem Untertitel: »Notwendige Entscheidungen für eine große konservative Volkspartei.« Der SPD als der einen Volkspartei will die CDU, wenn es nach dem Planspiel einiger Leute gehen soll, gegenübertreten als große konservative Volkspartei.
Die Christlich-Demokratische Arbeitnehmerschaft aber muß sich gegen so eine eindeutige Festlegung der politischen Optik, wie sie mit dem Begriff »konservativ« gegeben ist, zur Wehr setzen. Für uns ist die CDU keine konservative Partei.
Die CDU muß auf der Höhe der Zeit sein, und dies heißt für uns, den Erfordernissen der Gegenwart Rechnung tragen. Wir leben in einer Zeit, in der die Menschen das Recht auf Mitgestaltung ihres politischen Lebens einlösen wollen. Keiner darf bloßes Objekt der Politik sein. Ein jeder bedeutet etwas für das allgemeine Schicksal, das nicht geschickt wird wie eine Überschwemmung unbezwingbarer Naturkräfte, sondern das gemacht wird, gestaltet von uns, von einem jeden, von uns allen gemeinsam.

Chancengleichheit

Die Chance der Mitgestaltung muß einem jeden eingeräumt werden. Wir fordern Gleichheit nicht als Einebnung der Gesellschaft zu einem formlosen Gemenge, sondern als Ausgang zu einer Ungleichheit, die auf Leistung beruht und nicht auf von einseitigen Machtpositionen eroberten Privilegien.
Bildungspolitik auf diesem Hintergrund ist Notwendigkeit unserer Existenz als Staatsbürger. Eine Politik für Untertanen kann auf Bildungspolitik verzichten. Sie braucht nur Intelligenz zur Betreuung der Massen. Das kann freilich auch zu Wohlstand führen, zu einem Wohlbefinden, das am Loch des Gürtels gemessen wird, in das die Schnalle einklinkt, aber nicht zu einem personalen Wohlbefinden, das auf der Möglichkeit beruht, mit anderen Verantwortung für mich und für uns zu übernehmen.
Verantwortung für mich und für uns sind nicht zwei getrennte Bereiche der Verantwortung, sondern die zwei Seiten der einen

Sache. Die Bereiche des Privaten und des Öffentlichen verlieren ihre einstmals so deutliche Abgrenzung.

Pluralismus als Rollenvielfalt in der Brust des einzelnen

Vergesellschaftung nimmt an Umfang und Intensität zu. Früher haben wir diesem Prozeß den Namen »Vermassung« gegeben und uns als Elite vom Massendasein abgewandt. Johannes XXIII. hat das Phänomen der zunehmenden gesellschaftlichen Verflechtung als Sozialisation bezeichnet und auf die positiven Möglichkeiten hingewiesen. Neue Chancen der Freiheit tauchen am Horizont der Entwicklung auf. Nicht die Freiheit hinter den vier Wänden, hinter denen wir ein ungestörtes Privatleben pflegen: Öffentliche Freiheit, die mit zunehmender Differenzierung wächst. Arbeitsplätze, Wohnorte und Freundschaften werden in einem nie gekannten Maße auswählbar. Kein sozialer Status gibt mehr ein durchgängiges Handlungsschema für den Menschen ab. Eine Vielzahl von Rollen umgibt mich mit Erwartungen. Parteimitglied, Berufstätiger, Sportler. Es gibt aber keine Rolle, die mich ganz in Beschlag nimmt und keine, die mich von der Wiege bis zur Bahre in ihren Fängen hält. Ich wechsele ständig und entziehe mich so einer totalen Bestimmung, wie sie mit dem sozialen Stand in früherer Zeit gegeben war.
Der nach rückwärts gewandte Blick vermiest uns das moderne Leben und verstellt die Aussicht auf die neuen Möglichkeiten der Gegenwart.
Es wäre traurig, wenn der Blick zurück die bevorzugte Sehrichtung der CDU wäre. Blick zurück auf die Erfolge von gestern lenkt ab von den möglichen Erfolgen von morgen.

Deutschland ist nicht »über alles«, sondern unter anderen

Was wir brauchen, ist nicht Restauration, sondern Evolution. Die Modelle, mit denen man im 19. Jahrhundert das staatliche Leben ordnete, können uns nicht mehr helfen. Wieder versucht man, den alten Ladenhüter Nationalismus aus dem verstaubten Lager verbrauchter politischer Instrumente hervorzuholen und als Verkaufsschlager neu einzuführen. Ich halte nichts von all dem Gerede: Nationalismus, nationale Ehre. Für mich ist Deutschland nicht über alles, sondern unter anderen. Nation, das ist für mich bestenfalls ein

Begriff, der der kulturellen Eigenart eines Volkes Rechnung trägt, Ergebnis einer Selbstbestimmung, durch die entschieden wird, wer mit wem in einer staatlichen Einheit zusammenleben will.
Wir brauchen unseren Wunsch auf Wiedervereinigung nicht auf nationale Hoffnungen zu stützen. Es genügt, wenn unsere Landsleute drüben die Freiheit erhalten zu entscheiden, ob sie mit uns in einem Staate vereint sein wollen. Nationales Selbstbewußtsein wird uns auch nicht behilflich sein, Probleme der Oder-Neisse-Linie zu lösen. Dazu werden wir übernationale Verständigungsbereitschaft brauchen. Ich wüßte nicht, wozu ein neuer Nationalismus gut sein soll, weder der von der radikalen Art, von dem Leute von ganz rechts schwärmen, noch der von der gereinigten Form. Ich entdecke nichts als Gefühle, wenn von Nation geredet wird, und ich fürchte die Seelenverschönerung, die mit großen Worten getrieben wird.
Nationalismus mag im Leben anderer Völker eine heilsame Wirkung ausgeübt haben. In Amerika erwuchs er aus der demokratischen Bewegung, aus dem Stolz auf die selbsterkämpften Freiheitsrechte. Bei uns waren Säbelgerassel, Parademarsch und »Am-deutschen-Wesen-soll-alles-genesen« nicht weit entfernt, wenn nationale Tugenden gepflegt wurden.

Europäische Einigung als neue nationale Perspektive

Ich unterstelle Männern wie Gerstenmaier keineswegs einen Zug ins Totalitäre, wenn sie zur Pflege des Nationalen mahnen. Aber das gleichzeitige Wiederaufleben des nationalistischen Rechtsradikalismus und des gemäßigten Nationalismus kann zu einem gegenseitigen Hochsteigern der beiden so verschiedenen Formen des Nationalen führen. Der Erfolg der Rechtsradikalen verleitet Politiker, die mit diesem Radikalismus nichts zu tun haben, zu dem Versuch, einen nationalen Bedarf mit einem gemäßigten Nationalismus decken zu wollen. Das kann die Radikalen anfeuern, sich in ihrem Nationalismus von niemandem übertreffen zu lassen. Die gemäßigten Nationalisten wiederum beackern dann um so eifriger das Feld ihrer Vorstellung vom Nationalen. So bemühen sich beide um die Gunst der Wähler, die einen demagogisch, die anderen auf der Suche nach den wahren Werten der Nation. Aber was soll die Mühe auf diesem Feld? Hat nicht unsere Geschichte zu viel Schutt auf diesem Acker abgeladen? »Vaterland als Aufgabe«, so schreibt Gerstenmaier, »heißt, unser gemeinsames nationales Dasein und Schicksal ohne Überheblichkeit, aber mit Selbstbewußtsein so zu bezwingen, daß die, die nach uns kommen, einmal mit Respekt über unsere Gräber gehen ... Deutschlands guten Namen in der Welt wiederherstellen, ist eine humane Verpflichtung aller Deutschen.« Müssen, oder besser, können wir überhaupt unseren guten Namen durch einen nationalen Geltungswillen in der Welt wieder zum Vorschein bringen? Aufgaben jenseits der nationalen Selbstbehauptung warten auf uns. Europäische Einigung ist ein Ziel, das sich unseres Einsatzes lohnt. Es ist das große Verdienst der CDU, daß sie – über lange Strecken gegen den Widerstand der SPD – die Zielrichtung unseres politischen Wollens auf die europäische Einheit gelenkt hat. Wieviel Schwung haben wir in diese Aufgabe investiert! Sollen einige Rückschläge unsere Begeisterung schon lahmlegen?

Leidvolle Erfahrungen mußten über uns ergehen, bis wir wußten, daß hinter den Bergen, jenseits der Grenzen auch noch Menschen leben. Wir müssen dem neuerworbenen Wissen neue politische Formen schaffen. Der Nationalismus ist eine Übergangsphase auf dem Weg von der Steinzeithorde zur friedlichen Gesellung der Menschen.

Wir brauchen nicht alte Antworten auf neue Fragen.

Die CDU hat die Kraft, eine moderne Partei zu bleiben. Union der Christen, Union der sozialen Schichten, das ist eine moderne Antwort. Es war im Jahre 1945 eine revolutionäre. Wir vergessen den Mut der Männer und Frauen, die diese Partei schufen. Ihre Antwort im Jahre 1945 war nicht nach dem hergebrachten Parteimuster der Weimarer Zeit. Es war die Konzentration der Kräfte auf das Notwendige des Jahres 1945. Es bleibt bei dieser Konzentration durch Kooperation der Konfessionen und sozialen Schichten in dieser Partei. Große Aufgaben warten auf uns. Sammeln wir nicht die Erfolge von gestern wie Fußballvereine Wanderpokale.

Die Zukunft wird nur gemeistert von einer jungen modernen, aufgeschlossenen Partei. Von einer Partei, die auf der Höhe der Zeit ist. Die CDU kann das Modell für ein christliches, weil humanes Verständnis der Demokratie sein.

Wir sind keine Partei des Bürgertums. Keine Partei der Saturierten und Gestrigen. Es wird des Elans der Arbeitnehmerschaft bedürfen, jede Unterwanderung von Leuten abzuwehren, die das C nur als Vorwand für ihre Geschäfte benutzen.

Referat vor der Deutschlandtagung der »Jungen Arbeitnehmerschaft« in der CDA am 17./18. Mai 1967 in Königswinter

Kirche

QUINTESSENZ

»Auch die Kirchen besitzen keine Vorratskammern, aus denen sie für jedes konkrete Problem die detaillierte Lösung entnehmen können. Die Kirche Gottes hat zur Heilung dieser Welt nur vorläufige Lösungen anzubieten. Deus semper major – Gott ist immer größer. Auch was Christen dieser Welt also zu bieten haben, ist stets kleiner als die perfekte Lösung, deshalb müssen Christen ihren Vorstellungen gegenüber kritisch und damit auch revisionsbereit sein.
Absender und Empfänger christlicher Politik ist der Mensch. Was er soll, erfahren wir nur, wenn wir wissen, was er ist. Im Verständnis vom Menschen unterscheiden sich politische Richtungen.
Das christliche Menschenbild ist die Orientierungsmarke unserer Politik. Die Berufung auf das christliche Menschenbild darf jedoch nicht ängstlich eingepackt, sondern muß offen dargestellt werden.
Die Arbeiter verlangen nicht Caritas, sondern ihr Recht.
Die Kirche selber ist auf Praxis angewiesen, wenn ihre Begründung nicht über die Köpfe der Menschen hinweggehen soll.«

Kirche u. a.

Die mit ›und‹ verbundenen Themen beginnen meist mit der Definition der beiden Begriffe, die miteinander in Zusammenhang gebracht werden sollen. Und unerschöpflich scheint der Vorrat, mit dem sich die Kirche durch dieses ›und‹ in Verbindung bringen läßt. Pius XII. wußte sogar noch die Bienenzucht mit der Kirche zu verknüpfen.
Die schier unbegrenzten Möglichkeiten für ›Kirche – und – Themen‹ suggerieren den Eindruck von kirchlicher Allgegenwart, Allwissenheit, Allzuständigkeit. Ist das die Kirche, nach der die Welt Nachfrage hat? Die Kirche muß sich mit dem Gedanken vertraut machen, daß sie nicht mehr ›Mutter und Lehrmeisterin‹ der Welt ist, ja, daß sie es eigentlich nie war, wenn sie nicht das Abendland mit dem Globus verwechselt. Aber selbst für das Abendland ist sie heute nicht mehr das Zentrum.
Aber eine bescheidene Kirche ist möglicherwiese wirksamer als eine triumphalistische. Sie nimmt u. a. teil an der Gestaltung dieser Welt. Das ›u. a.‹ macht den kirchlichen Beitrag in doppelter Weise möglich und nötig. Ihr ›Weltgeschäft‹ ist nur eine ihrer Aufgaben ›unter anderen‹, und zu den anderen gehört, daß sie die Politik offenhält für eine Dimension jenseits des Politischen. Die Gesellschaft muß bewahrt werden vor einer totalen Politisierung. Die Kirche muß sozusagen das ›transzendente Loch‹ der Gesellschaft offenhalten. Dies ist einer ihrer wichtigsten Beiträge für eine humane Gesellschaft.
Unter den vielen Ansprüchen, mit denen der Bürger konfrontiert wird, muß die Kirche einen reservieren, der nicht gesellschaftlichen Ursprungs ist. Es wäre sozusagen ein Akt historischer Wiedergutmachung, wenn die Kirche alte totalitäre Mißverständnisse dadurch wettmachte, daß sie heute an der Spitze einer antitotalitären Bewegung mitmarschierte. Gegen die totale Vergesellschaftung müssen Widerstände eingerichtet werden, und der religiöse Widerstand

könnte eine Berufungsmöglichkeit menschlicher Würde sein, die nicht von der Gesellschaft zugeteilt wird.

Aber auch die zweite Variante des kirchlichen Beitrages ›u. a.‹ gibt dem kirchlichen Engagement eine neue Glaubwürdigkeit. Daß sie ›unter anderen‹ auftritt, nimmt ihr den Nimbus einer alleinseligmachenden Politik. Der Beitrag ›u. a. ‹ zersetzt alle Monopolansprüche. Der kirchliche Beitrag ist einer unter vielen und mit keinerlei Privileg ausgestattet. Die Kirche kann nur so viel Wirksamkeit erwarten, wie sie sich plausibel machen kann. Der kirchliche Beitrag ist kein Beitrag für die Mitglieder der Kirche, sondern für die Welt.

Der Zwang zur Plausibilität erfordert eine Kirche, die ihre Beiträge nicht in Selbsthilfe herstellt, sondern im Dialog artikuliert. Ihre Antworten können immer nur Antworten auf Fragen der Zeit sein. Selbstgenügsame Antworten sind nicht gefragt.

Die konziliare Bereitschaft, auf die Zeichen der Zeit zu hören und sie im Lichte des Evangeliums zu deuten, stellte eine Kirche wieder auf die Füße, die nicht mehr von der Erwartung ausging, die Bürger würden an den Lippen des kirchlichen Lehramtes hängen.

Das Sensorium für die Sehnsüchte der Welt ist die Voraussetzung für die Rückkoppelung der Kirche in die Gesellschaft. Ich glaube, daß zu den großen Tendenzen unserer Zeit der Wunsch gehört, mitzumachen. Es ist die Alternative zu resignativem Fatalismus und die personelle Substanz, aus der Demokratie gespeist wird. Die autoritären Gegentendenzen sind nicht schwach. Christliche Brüderlichkeit steht in dieser globalen Alternative auf seiten der Partizipation. Die Kirche darf keinen Zweifel lassen, auf wessen Seite sie in diesem Kampf steht. Die Brüderlichkeit als biblisches Mitbringsel der Kirche muß von den Christen übersetzt werden in handfeste politische Modelle. Sonst bleibt das biblische Ethos folgenlos.

Wo aber war die Kirche in der Bundesrepublik in den zurückliegenden Mitbestimmungsschlachten? Ich gebe zu, daß die konkreten Modelle, die notwendig sind, Brüderlichkeit politisch greifbar zu machen, mit allen Risiken des Mißverständnisses und des Irrtums ausgestattet sind. Aber dieses Risiko müssen Christen eingehen. Saubere Hände können auch durch Nichtstun kommen.

Die Mitbestimmung hat hierzulande nicht ihr Ziel erreicht. Unter dem dünnen Schleier einer scheinbar paritätischen Machtverteilung existiert weiterhin massive Disparität der Macht.

Wenn sich christliche Brüderlichkeit damit abfindet, muß sie sich den Vorwurf gefallen lassen, sie sei die ideologische Verschönerung der Häßlichkeiten dieser Welt. Brüderlichkeit als Dekoration?

Die Diskussion mit Worten verliert zusehends an Eindringlichkeit angesichts einer Verbalisierung des öffentlichen Lebens, die ohne Handlung bleibt und deshalb in den Verdacht gerät, durch Erschöpfung von den notwendigen Veränderungen abzulenken.
Die kirchlichen Beiträge zur gesellschaftspolitischen Diskussion könnten eine neue Attraktivität dadurch gewinnen, daß die Kirche im eigenen Haus beispielhafte Modelle einrichtet.
Wo sind die Muster der Mitbestimmung, des Miteigentums, der Humanisierung des Arbeitslebens in kirchlichen Betrieben und in kirchlich finanzierten Unternehmen geschaffen worden?
Im Tendenzschutzparagraphen des Betriebsverfassungsgesetzes wurde ein für die Mitbestimmung exterritoriales Gelände den Kirchen überantwortet. Aber schon 1952 versprachen die Kirchen, in diesem Freiraum eigene Regelungen der Mitbestimmung zu etablieren. Ich sehe keine, jedenfalls keine, die die öffentlichen Diskussionen beunruhigt hätten.
Der Abbau der Konfessionsschule wurde einst bedauert. Heute wird er von vielen als Entlastung betrachtet. Aber hat die Kirche nicht mehr zu bieten, als sich selbst zu entlasten? In freier Schulträgerschaft bildungspolitische Modelle vorzuführen, hätte das Engagement, das früher der Konfessionsschule galt, auf jenes Feld geleitet, in dem die Kirche ›unter anderen‹, aber für alle, den Versuch mit Schulvorbildern hätte machen können.
Die Kostenexplosion sprengt unser Gesundheitssystem. Offenbar dient dieses System nicht nur der Gesundung von Kranken, sondern auch der überproportionalen Erhöhung von Einkommen aus diesem Gesundheitssystem. Die Nonnen sterben aus. Ihr Vorbild ist nicht mehr maßgebend. Vielleicht hätte die Kirche diesen Mangel kompensieren können durch Krankenhausstrukturen, in denen Kostenentlastung nicht erst durch den Gesetzgeber erzwungen wird. In Sachen Abtreibung haben sich kirchliche Krankenhäuser mutig Ärzten entgegengestellt. Warum zeigten sie nicht auch Mut, als es darum ging, kostenträchtige Chefarztprivilegien einzuebnen? Oder Krankenhäuser zu schaffen, in denen die kostentreibende Arbeitsteilung zwischen ärztlicher Versorgung im Krankenhaus und in der Privatpraxis durchlöchert werden könnte und die uns die Kosten der Drei- und Vierfachdiagnose ersparten?
Die Gesellschaft erwartet keine unfehlbare Kirche, sondern eine Kirche, die mit ihr auf der Suche bleibt, wie man die Welt verbessern könnte. Es ist eine Häresie, daran zu glauben, daß wir es nicht in den Händen hätten, wie die Welt aussieht.

Die Kirche muß mehr Hoffnung in die Gesellschaft importieren und jenen Optimismus freisetzen, der zu den Anstrengungen für eine bessere Welt befähigt. Freilich muß sie diesen Optimismus auch davor schützen, daß er in den Fanatismus eines endlichen Glückes umschlägt. Im Widerstand gegen die absolute Vollendbarkeit der Welt hat die Kirche ihre Verdienste, aber sie braucht mehr Widerstand auch gegen den Stillstand und gegen die, die Stillstand predigen, weil Entwicklung ihre Vorrechte beseitigen würde.

Aus »Kirche und moderne Gesellschaft«, Patmos Verlag, Düsseldorf 1976

Auf einen Fingernagel

Zum 90. Geburtstag von Oswald von Nell-Breuning SJ am 8. März 1980

Als der emeritierte Oswald von Nell-Breuning die Nachfolge seines nach Rom abberufenen Lehrstuhl-Nachfolgers antrat, soll er die erste Vorlesung mit der Bemerkung eingeleitet haben: »Vor Jahren ersetzten mich meine Oberen aus Altersgründen durch einen Nachfolger. Diesem Mangel scheint inzwischen abgeholfen zu sein.« Selbst wenn diese Pointe erfunden sein sollte, so ist sie doch gut erfunden. Man weiß nie genau, ob die Selbstironie, zu der Nell-Breuning fähig ist, ihn nur selber meint oder auch andere miteinschließt. Daß er noch immer die Ausbildung von zwei Mitbrüdern finanziere, auf diese einfache ökonomische Rechnung hat Oswald von Nell-Breuning den Wert seiner Arbeit für den Jesuitenorden gebracht. Dabei ist keine Koketterie im Spiel, die in die eigene Bescheidenheit gleich das Dementi der anderen einkalkuliert. Nell-Breuning ist so.

Vor der Lauge seines Sarkasmus ist niemand sicher und noch nicht einmal er selbst. Auch das Mittel der Provokation ist ihm nicht unbekannt. Vor Jahren erregte er den Katholizismus mit der Frage: »Ist die katholisch-soziale Bewegung eines sanften Todes entschlafen?« Auf den ersten Blick schien die Frage wie eine rhetorische Frage, in der die Antwort schon eingeschlossen war. Bei näherem Zusehen jedoch entpuppte sich die Frage als der Wunsch, daß aus der Aufregung, die sie auslösen sollte, ein »Nein« hervorgehe.

Vorrang für den einzelnen

Er hat seinen jüngeren Mitstreitern der katholischen Soziallehre vor nicht allzu langer Zeit ins Stammbuch geschrieben, daß sie Sachkompetenz erwerben müßten. Eine katholische Soziallehre, die auf der Höhe der am Ende des vorigen Jahrhunderts erschienenen Sozial-Enzyklika »Rerum novarum« bleiben wolle, bedürfe heute größerer

Anstrengung. Und mit dem ihm eigenen Sarkasmus fügte er seinen Verdruß über die »Traktätchen-Literatur« hinzu, die sich als Soziallehre ausgibt.

Der unverzichtbare Inhalt der katholischen Soziallehre gehe auf einen Fingernagel, hat er behauptet und uns damit erschreckt. Soll die katholische Soziallehre nichts oder kaum noch etwas zu sagen haben? Ist das eine der vielen kirchlichen Pointen, die am Himmel der öffentlichen Aufmerksamkeit wie Feuerwerk erscheinen und verblassen? Ausgerechnet »Nell«, der sich so wenig zum Pointenproduzent eignet. Doch seine provozierende Behauptung ist kein Gag, sondern eher eine ins Bild gebrachte Komprimierung einer mühsamen Erkenntnis, sozusagen einer Abstraktion, die im Konkreten landet. Was zunächst aussieht wie Kapitulation der katholischen Soziallehre ist nichts anderes als die Antwort auf die bohrende Frage, ob denn alles katholische Soziallehre sei, was sich als solche ausgibt und ob alles, was katholische Soziallehre ist, es mit der gleichen Verbindlichkeit sein könne.

Die Antwort auf die Frage, was der Mensch ist, ist das Fundament jeder Soziallehre, die eben diesem Menschen dienen soll, und die christliche Antwort darauf geht auf den Fingernagel: Als Geschöpf Gottes ist der Mensch unverwechselbar einzelner, aber nicht Einsamer.

Der einzelne und die Gemeinschaft

Aus der Doppelnatur des Menschen als Individuum und Sozialwesen entfaltet Nell-Breuning die christliche Soziallehre. Aber in diese Ableitung geht eben auch der Sachverstand ein. Katholische Soziallehre ist kein Denkersatz.

Mit der Doppelnatur des Menschen grenzt Nell-Breuning die katholische Soziallehre gegen die »Einseitigkeits-Theorien« des Individualismus und des Kollektivismus ab. Die Position der Mitte ist also nicht der geometrische Ort des Kompromisses. Sie ist die Vollform einer Soziallehre, die gleichweiten Abstand vom Kapitalismus und Sozialismus hält. Diese beiden arbeiten mit dem ideologischen Trick, daß sie eine Teilwahrheit für das Ganze erklären.

Wenn Oswald von Nell-Breuning sich Gegnerschaft geschaffen hat, dann nicht nur aus Mißverständnis, sondern auch, weil er die differenzierte Unterscheidung dem Geraune von Allgemeinplätzen vorzieht, das alles unter einen Hut (oder unter den Mantel der Kirche) zu bringen versucht.

Erst jüngst hat er uns darauf gestoßen, daß eine christliche Sozialethik, die diesen Namen verdient, nicht nur über die Beziehung zwischen den einzelnen sprechen muß, sondern auch über das Verhältnis des Individuums zur Gemeinschaft. Wer Gemeinschaftseinrichtungen schädigt, die Sozialversicherung ausbeutet oder den Staat betrügt, versündigt sich am Nächsten. Die Pflichtverletzung gegenüber dem Ganzen ist ebenso schlimm wie der Einbruch beim Nachbarn. Der Angriff auf das Gemeinwohl ist freilich nicht eine Spezialität der Arbeiterschaft, sondern eine allgemeine Versuchung.

Die Rolle des Subsidiaritätsprinzips

»Der heilige Geist möge den Papst vor seinen Beratern schützen.« Dieser fromme Wunsch von Oswald von Nell-Breuning schließt Selbstironie ein. Denn er selbst gehörte zu den wichtigen Beratern Pius' XI. Er hat die entscheidenden Vorarbeiten zu der Enzyklika »Quadragesimo anno« geleistet.

Das bleibende Verdienst dieser Enzyklika ist, daß sie über alle Mißdeutungen hinweg das Subsidiaritätsprinzip entfaltet hat. In einer Gesellschaft, die von Größenwahnsinn und Nivellierungszwängen geplagt wird, erweist sich das »Vorrecht der jeweils kleineren Gemeinschaft« als lebensrettend für die Freiheit. In der grauen Einheitsgesellschaft werden wir alle manipuliert.

Nell-Breunings späterer Beitrag zur Weiterentwicklung der katholischen Soziallehre liegt stärker im Bereich detaillierter Hilfestellungen. Mitbestimmung, Miteigentum, Familie, Rente, Gewerkschaften, Streik, Aussperrung ... er hat kein heißes Eisen der Sozialpolitik ausgelassen. So sieht Oswald von Nell-Breuning in einer neuen Unternehmensverfassung die Integration des Arbeitnehmers in die Wirtschaft. Nicht die Sache allein, sondern vor allem die Menschen machen das Unternehmen aus. Das ist der Kernsatz der Mitbestimmungsphilosophie, und Nell-Breuning sieht sich in dieser Auffassung vom Konzil bestätigt. »Die Ordnung der Dinge hat sich nach der Ordnung der Personen zu richten und nicht umgekehrt.« Das ist die Lehrmeinung des Konzils.

Nell-Breuning hat nie beansprucht, daß nur ein bestimmtes Mitbestimmungsmodell das kirchliche sein könnte, aber daß eine Unternehmensverfassung ohne den Faktor Arbeit auskommt, das kann nach seiner – und unserer – Überzeugung nicht christliche Auffassung sein.

Kritischer Freund der Gewerkschaften

Regierung und Parteien haben sich Rat bei ihm geholt. Im Bereich der Gewerkschaften ist der Name Nell-Breuning ein Markenbegriff. Nicht, weil er den Gewerkschaften immer Recht gegeben hat, sondern weil sich jedermann auf die Unbestechlichkeit seines Urteils verlassen konnte. Otto Brenner hörte auf Oswald von Nell-Breuning, und die Eigentumspolitik der Bauarbeiter unter Georg Leber ist ohne ihn nicht denkbar.

Doch auch im Verhältnis zu den Gewerkschaften blieb er von unbestechlicher Souveränität. So widerspricht er der Bewertung der Aussperrung durch die Gewerkschaften. Aber vielleicht sind auch die besten Freunde der Gewerkschaften nicht unter ihren ideologischen Hofsängern zu suchen, sondern unter denen, die ihnen auch mit Kritik Freund bleiben.

Oswald von Nell-Breuning wurde eine Autorität, die weit über den Bereich der christlichen Sozialbewegung hinaus anerkannt ist und deshalb auch den Beweis dafür liefert, wie zeitnah eine christliche Sozialbewegung sein kann, wenn sie unbeirrbar ihren Weg geht. Aus den Fehlern des 19. Jahrhunderts lernend hat Nell-Breuning der Kirche in der Arbeiterschaft eine Stimme verschafft.

Wenn ihn der Deutsche Gewerkschaftsbund mit dem Hans-Böckler-Preis 1980 auszeichnete, dann dokumentierte er auch, daß Einheitsgewerkschaften ohne christlich-soziale Idee nicht denkbar sind. Oswald von Nell-Breuning kann darin eine der schönsten Bestätigungen seines Lebenswerkes erkennen, denn er wollte den Gewerkschaften immer auch der Mittler zur Kirche sein. »Wir Frankfurter oder Sankt Georgener Jesuiten, meine Mitbrüder Hirschmann, Wallraff und ich selbst, haben uns in besonderer Weise angelegen sein lassen, den Millionen von Katholiken, die sich den nach 1945 ins Leben gerufenen Einheitsgewerkschaften und anderen Gebilden angeschlossen haben, die sich keiner kirchenamtlichen Förderung oder Gutheißung erfreuten, wenn sie nicht gar als bedenklich angesehen wurden, den Weg zur Kirche offenzuhalten, ihre Verbindung zur Kirche nicht abreißen zu lassen ...«

Volksnähe von sokratischer Herkunft

Seine pädagogischen Bemühungen haben den Lehrer Oswald von Nell-Breuning immer wieder in die Lage versetzt, Behäbigkeit und

Denkfaulheit zu reizen. Das hat ihm manches Mißverständnis eingebracht. Es gehört gleichsam zu seiner pädagogischen Methode, daß er seine Mitteilung nicht in fertige Ergebnisse einpackt, sondern seine Zuhörer und Leser in die Entwicklung seiner Gedanken einspannt. Vielleicht sind auch deshalb seine Abhandlungen von einer oft verblüffenden Schlichtheit. Der hohe Gedankenflug wissenschaftlicher Abstraktion ist in die Trivialität der Alltagssprache übersetzt. »Solidarismus klingt – wenn auch zu Unrecht – nach Moralpredigt. Damit aber lockt man keinen Hund hinter dem Ofen hervor. Als Schlagwort ist Solidarismus hoffnungslos ungeeignet.« Solche Sätze finden sich im Wörterbuch der Politik, in dem Nell-Breuning unter anderem das Schlagwort »Solidarismus« bearbeitet hat. Sprachliche Bilder, wie »Strohfeuer« und »den Hund hinter'm Ofen hervorlokken« oder »den Schwarzen Peter zuschieben« sind in exzellent wissenschaftliche Arbeiten eingebaut. Aber das sind keine pointenheischenden sprachlichen Gags, sondern es ist vor allem Ausdruck erzieherischer Liebe. Verstanden zu werden von den Arbeitnehmern, zu denen er spricht, das ist das Ziel der Übung. Die Volksnähe Oswald von Nell-Breunings ist eher von der sokratischen Herkunft. Es ist eine bohrende Schlichtheit und weniger funkelnde Sprachartistik. Es ist eine ganz auf das Ergebnis gerichtete Askese: Sokrates im Gewand der Gesellschaft Jesu.

Der Sohn begüterter Eltern aus dem Haus des trierischen Gutsbesitzers blieb zeit seines Lebens ein Lehrer der Arbeiter. Ich entsinne mich an die frühen 50er Jahre, wo er im Hause St. Michael in Königstein vor Betriebsräten der Firma Opel einen Vortrag hielt und an jenen anderen, zehn Jahre später, vor den Generalvikaren der deutschen Diözesen in Bonn. Einmal ging es um das Einmaleins des Arbeitsrechts, das andere Mal um die Mitbestimmung. Der eine Zuhörerkreis »gläubig lernbegierig«, der andere fast »süffisant skeptisch«. Nell-Breuning war in beiden Vorträgen derselbe. Sachlich bis zur Kälte, aber auch unbarmherzig gegen Denkfehler. In meiner Erinnerung vertrugen die Betriebsräte diese Art besser.

Zwischen den Fronten

In gewisser Weise pendelt »Nell« zwischen den Fronten. Aber er kokettiert nicht mit seinem Platz zwischen den Stühlen. Als ihr treuer Sohn verteidigte er seine Kirche, aber er mischte sich auch in den Streit mit der Kirche bis in die Alltagsfragen. Daß die Kirche ihren

Bediensteten die Bildung von Betriebsräten und die Mitgliedschaft in Gewerkschaften vorenthält, hat er scharf attackiert. Verkündigung geschieht eben nicht nur mit Worten. Er hält es mit dem biblischen »an den Früchten sollt ihr sie erkennen«.
Die kirchliche Lehre ersetzt nicht den Sachverstand, und Prinzipien lassen sich »nicht melken«. Seinen jüngeren Mitbrüdern hat er immer empfohlen, sich mit den profanen Wissenschaften vertraut zu machen, damit die kirchliche Soziallehre in der Nähe der Praxis bleiben kann. Aber sie selbst ist nicht diese Praxis. Sie kann nur Richtungen weisen und Hilfsdienste anbieten. Dies allerdings hat Oswald von Nell-Breuning mit der Ausdauer eines Ordensmannes betrieben, der sich auch durch Rückschläge nicht von dem Weg abbringen läßt, den er für richtig hält. Und selbst wenn er diese Rückschläge in manchen Fällen sogar empfand, als sei ihm die Kirche in den Rücken gefallen, so hat das seiner Beharrlichkeit keinen Abbruch getan.
Wer so unbeirrt den Weg beschreitet, den er für richtig hält, gerät leicht in Gefahr, ins politische Niemandsland abgeschoben zu werden oder in die Gefangenschaft einer Seite zu geraten, denn sein Weg führt auch durch gegnerisches Gelände. Nur wenige katholische Soziallehrer haben das System des Karl Marx so kenntnisreich analysiert und ihm widersprochen wie Nell-Breuning. Und dennoch bekennt er: »Wir stehen alle auf den Schultern von Karl Marx«, und er meint damit nicht die marxistische Therapie, aber Teile der Diagnose, die Karl Marx der kapitalistischen Wirtschaft stellte. Aufrichtigkeit ist für ihn eine unverzichtbare Tugend, die sich im Bemühen um wissenschaftliche Objektivität niederschlägt. »Auch der Vertreter oder Vorkämpfer der falschen Lehre zieht die Kraft seiner Überzeugung aus dem, was sie an zutreffenden Erkenntnissen enthält.« Auch seine Lebenserfahrung spricht für die Fairneß der Unterscheidung. Richtiges muß von Falschem getrennt werden. Es gilt nicht immer das »Entweder-Oder«, sondern häufig auch das »Teils-teils«.

Für die Versöhnung von Kirche und Arbeiterschaft

Aus dem Lebenszusammenhang gerissen, lassen sich die Mosaiksteine seines Lebenswerkes auch für fremde und falsche Bilder verwenden. Im Kontext seiner tiefen Frömmigkeit jedoch sind sie das Bekenntnis eines katholischen Soziallehrers von völliger Unbe-

stechlichkeit, und er wendet die Liebe zur Wahrheit, wenn es sein muß, auch gegen Teile seines eigenen Lebenswerkes. Souverän läßt er die letzten hundert Jahre der katholischen Soziallehre Revue passieren, und es wirkt fast arrogant, wenn er feststellt, daß es nach »Quadragesimo anno« bergab gegangen sei. Aber was wie ein Verdikt klingt, wird sofort wieder zurückgedrängt. Denn der Enzyklika »Mater et magistra«, die unter systematischen Gesichtspunkten bei ihm so schlecht wegkommt, wird bescheinigt, daß sie unendlich viel Gutes bewirkt hat, während »Quadragesimo anno«, an deren Entstehen er selbst mitgewirkt hat, folgenschwere Mißverständnisse ausgelöst habe. Das, was als »berufsständische Ordnung« übersetzt wurde, war gegen faschistische Mißdeutungen offenbar nicht ausreichend abgesichert, und man spürt in der nachträglichen Bewertung noch die Betroffenheit des Verfassers, die eigenen Absichten nicht ausreichend deutlich gemacht zu haben. »Wie immer man das Maß der Mitschuld einschätzt, die diese Enzyklika an den eingetretenen Mißverständnissen trägt, für jemand, der sich für sie mitverantwortlich weiß, ist das Ergebnis tief bedrückend.«
Nell-Breuning gehörte auch auf der Würzburger Synode zu den großen Gestalten der katholischen Soziallehre. Er beharrte fast starrköpfig auf dem Schuldbekenntnis der Kirche vor der Arbeiterschaft. Es ist das paulinische »Die Wahrheit wird Euch freimachen«, das ihn bisweilen zur Kompromißlosigkeit zwingt.
Die Versöhnung von Kirche und Arbeiterschaft gehört zu seinen Lebenszielen. Abseits aller modernistischen Verrenkungen blieb der Arbeiterfreund ein Mann der Kirche. Er hat nie ein buntes Hemdchen gebraucht, um von der Arbeiterschaft gehört zu werden. Und wer ihn in St. Georgen besucht hat, wird den 90jährigen Oswald von Nell-Breuning in der Disziplin seines Ordens erlebt haben, die von keinem Novizen übertroffen wird: privilegienlos ein Soldat Christi. Und deshalb ist er einer, der in der Spiritualität des Ignatius von Loyola mit Leib und Seele lebt. Wenn die kirchliche Obrigkeit ihn nicht immer hochgelobt hat, so ist doch die Feier, welche die deutschen Bischöfe für ihn zum 90. Geburtstag veranstalteten, vielleicht sogar für den so gefühlsscheuen Oswald von Nell-Breuning eine wiedergutmachende Genugtuung.

Weihrauch und Schwarzpulver

Das Ende der Meßdienerkarriere des Norbert Sebastian Blüm

Friedhofsmeßdiener war einer der begehrtesten Ministrantenposten meiner Kinderzeit. Beliebt war die Beerdigung, weil es Unterrichtsbefreiung gab, wenn sie in die Zeit der Schulstunden fiel. Begehrt auch, weil ab und zu Trinkgeld von den trauernden Hinterbliebenen abfiel.

Ich habe den Posten eines Friedhofsmeßdieners über Jahre gegen nachdrängende Generationen verteidigt. Aber ein mich zu jener Zeit hartnäckig drängender Trieb zum Schabernack stellte mir ein Bein, und ich verlor mit dem Posten die Aussicht auf weniger Schule und mehr Trinkgeld.

Der Fall ist schnell geschildert. Es gehörte zu den beliebten Nachmittagsbeschäftigungen, in Wald und Feld verstreut herumliegende Patronen zu suchen, den Bleikopf der Patronen abzubrechen, um das so frei werdende Schwarzpulver zu sammeln. Was lag näher, als das Schwarzpulver auf seine vielfältige Verwendungsfähigkeit zu testen? Und so beschloß ich, in das Experimentierfeld auch den Friedhof einzubeziehen. Meine Berufserfahrung als Friedhofsmeßdiener brachte mich auf die Idee, eine feierliche Beerdigung als Probe zu nützen. Ich versuchte, den Weihrauch durch einen Zusatz von Schwarzpulver wirkungsvoller zu machen. Ich mischte also zu gegebener Zeit unter den Weihrauch das Schwarzpulver, gab das Gemisch in das »Weihrauchschiffchen« und erwartete am Grab zugegebenermaßen etwas ängstlich den Nachweis der Explosivität von Weihrauch. Mein Mitkombattant, der das Weihrauchschiffchen trug, ahnte nichts von der Sprengkraft, die sich in seinen Händen befand. Kurz bevor der Pfarrer jene zu Herzen gehenden Worte am offenen Grabe spricht ›mit himmlischem Wohlgeruch erfülle Deine Seele‹, wird das Weihrauchfaß noch einmal mit Weihrauch gefüttert, auf daß die Weihrauchwolken den Satz sichtbar unterstreichen sollen. Das war der Zeitpunkt, an dem Männer mit starken Nerven gefordert waren. Der Weihrauchlöffel bewegte sich, geführt von der

Hand des Pfarrers, vom Schiffchen zum Weihrauchfaß und ... Stichflammen ... Rauch, Ruß. Trauernde Hinterbliebene glaubten, der Himmel selbst würde die Flammenzeichen setzen. Nach all dem sah der Pfarrer etwas verändert aus.
Aber leider war sein Verdacht sehr zielstrebig und ohne großes Suchen auf mich gerichtet, wozu ich ihm allerdings selbst die Fährte gelegt hatte, denn ich hatte bei der Füllaktion das Weihrauchfaß entgegen meiner sonstigen Übung sehr weit von mir gehalten. Schon auf dem Rückweg vom Grabe kündigte mir der Pfarrer die Entlassung mit handgreiflicher Unterstreichung seiner Worte an. So endete eine hoffnungsvolle Friedhofskarriere.

Nacherzählt für eine Festschrift zum 50. Geburtstag der Kultusministerin Dr. Hanna Laurien 1978

Zeitzeichen

QUINTESSENZ

»Um der Menschlichkeit der Welt willen, darf nicht alles gemacht werden, was gemacht werden kann. Der Abstand zwischen Machen und Können wird größer, solange Fortschritt vornehmlich auf der Schmalspur technischer Großleistung gesucht wird. Menschen sind nicht Ersatzteile einer Gesellschaft, die wie eine Maschine läuft.
Nicht die Krisenmanager, deren Geschäftigkeit lediglich Wiederholung ist und deren Einfälle meist aus dem Augenblick kommen, führen uns aus der Krise, sondern eine Politik, die an Zielpunkten orientiert ist und weiß, wohin die Fahrt geht.
Die Grundwerte als Zielangabe einer demokratischen Gesellschaft müssen das gemeinsame Feld für das politische Spiel sein. Wir können uns nur über Richtungen streiten, wenn wir uns wenigstens auf demselben Spielfeld befinden.
Grundwerte und Grundrechte als Zielangabe sind nicht der Privatbesitz einer Partei. Freiheit gehört nicht allein der CDU und Solidarität nicht allein der SPD. Wir streiten uns, wie Freiheit und Solidarität verwirklicht werden.
Es steht deshalb im Grundsatzprogramm der CDU zu Recht der Satz: ›Die Grundwerte dienen nicht der Politik einer Partei, sondern dem Menschen und dem Gemeinwesen im ganzen … Die Bindung an Grundwerte öffnet parteipolitisches Handeln für die gemeinsamen Aufgaben im Staat. Die praktische Verwirklichung der Grundwerte ist Sache freier Bürger und demokratischer Entscheidung.‹«

Aussteigen – aber wohin?

Aus »Besser's Gourmet Journal«, Februar 1980

Die Düne bewegt sich, und ihre Bewegungen sind lautlos. Millionen Sandkörner verändern ihren Platz. Stimmungen wandeln sich ebenso geräuschlos unbemerkt. Die Zeit ändert ihr Gesicht.

Vor acht Jahren meinten nur 18 Prozent der Arbeiter, es wäre am schönsten zu leben ohne zu arbeiten, vier Jahre später aber schon 31 Prozent, und die Wertschätzung der Freizeit als beste Zeit schnellte in weiteren vier Jahren dann auf 54 Prozent. In den Maßen der Meinungsforscher ist das ein Erdrutsch. Selbst im leistungsfixierten Japan folgt die jüngere Generation nicht mehr schnurstracks den Laufbahnen der Alten. 42 Prozent ziehen ein bequemes Leben dem Erfolg vor.

Die Aufsteiger steigen aus.

Das alternative Hippiesyndrom erfaßt die Massen. »Aufstieg durch Leistung«, das war der bürgerliche Köder, mit dem die feudale Privilegiengesellschaft gefangen wurde. Nicht mehr die Geburt sollte über den Stand im Leben entscheiden, sondern die selbsterarbeitete Position.

Die Aufsteigergesellschaft entfaltete eine bis dahin nicht gekannte Dynamik. Sie pflügte die Erde um und stülpte die Gesellschaft auf den Kopf. Das ging zweihundert Jahre gut. Eine kurze Zeit für eine ganze Epoche. Gemessen an der Zeit ihrer Vorgänger hätte man für sie eine längere Lebensdauer erwartet.

Die alte Leistungsordnung kippt noch nicht, wenn vereinzelte Unternehmersöhne ausflippen oder auch nur zum Playboy degenerieren. Solange die Alternativbewegung eine bürgerliche Mittelschichtenangelegenheit ist, solange passiert dem System nichts. Erst wenn die Leistungsträger der »Oberen« nicht mehr die Vorbilder der »Unteren« sind, setzt sich Veränderung in Gang. Die Düne kommt in Bewegung.

Die Krone blieb auch noch unbestritten, als die Könige sich nicht mehr in Gottesgnadentum glaubten. Erst als der Zweifel die Unterta-

nen erreichte, verlor das monarchische Gepräge seinen systemerhaltenden Glanz.
Geburt – Besitz – Leistung: Die Platzanweiser folgen aufeinander, nachdem sie jeweils ihre Vorgänger verdrängt haben. Aber wehe, wenn plötzlich immer mehr Menschen auf den Gedanken kommen, das ganze Kino interessiere sie nicht, dann werden alle Platzanweiser arbeitslos.
»Nirgendwo« wird Zufluchtsort. Die Wallfahrt nach Utopia hat begonnen. Liegt das Ziel in Seele oder Welt, liegt es drinnen, liegt es draußen? Die Expeditionen haben es noch nicht ausgekundschaftet, sie bewegen sich im Kreis, und die ideologischen Landvermesser konnten noch nicht die trigonometrischen Punkte dingfest machen. Soviel aber wissen wir: der alte Expansionsdrang – immer höher, weiter, schneller – gibt der Sehnsucht der Menschen kein Genüge mehr. Auch im Weltraum kommt sie nicht zur Ruhe. Die Landung auf dem Mond war ein Spektakel, aber Armstrongs marketinggerecht verpackter Satz, mit dem er den Fuß auf Mondgestein setzte – »Ein kleiner Schritt für einen Menschen, ein großer für die Menschheit« – verhallte echolos im Weltraumnichts. Verglichen mit diesem Slogan hat ein so erdnaher Satz wie »Über allen Gipfeln ist Ruh«, von Goethe mit dem Federkiel aufgezeichnet, geradezu Eruptionen ausgelöst und sicherlich mehr Seelen bewegt als alle Großleistungen datengespeicherter Elektronengehirne.
Also, es beginnt der Weg nach innen. Reinhold Messmer erobert Bergspitzen, aber anders als die Gipfelstürmer vor ihm. Rekorde sind inzwischen abgehakt. Es kommt nicht mehr aufs Ergebnis an, das Erlebnis ist alles. Und wer es nicht glauben will: Erstbesteigung verliert Faszination, »nochmal« zum Mount Everest war das Ziel, diesmal aber ohne Sauerstofflasche, denn es gilt, nicht zu erfahren, was oben ist, sondern auszuprobieren, was innen passiert.
Wehe jedoch, wenn auch hinter der Wand der extremen Experimente sich nur das Echo der eigenen Wünsche vernehmen läßt. Aber wer ist wer, der wünscht? Nur noch das einsame Ich?
Mit der Unerbittlichkeit eines Befehles macht sich der Suchtrupp auf die Spur, sich selbst zu finden. »Der Mensch meines Lebens bin ich«, erzählt Verena Stefan in ihren autobiographischen Aufzeichnungen »Häutungen«. Selbstverwirklichung entpuppt sich als erbarmungsloser Egozentrismus. Nietzsche nannte den Versuch »eine Krankheit«. »Sie ist eine Krankheit zugleich, die den Menschen zerstören kann. Dieser erste Ausbruch von Kraft und Willen zur Selbstbestimmung, Selbstwertschätzung, dieser Wille zum freien Willen: und wieviel

Krankheit drückt sich in den wilden Versuchen und Seltsamkeiten aus, mit denen der Befreite, Losgelöste sich nunmehr seiner Herrschaft über die Dinge zu beweisen sucht!« Freilich kann die Beschränkung aufs eigene Selbst auch mit weniger dramatischen Attributen ausstaffiert werden und sich auf narzißhafte Eigenliebe reduzieren. Sie endet dann meist bei der Andacht vor dem eigenen Bild. »Ich danke dem lieben Gott täglich fünfzigmal, daß ich Leonhard Bernstein bin.« Ob dies nicht auf die Dauer selbst so einen vielbeschäftigten Mann wie Leonhard Bernstein langweilt? Ob larmoyant oder arrogant, erobernd oder nur erforschend, der Weg nach innen erweist sich so als eine neue Variante des Leistungszwanges. Diesmal nur unentgeltlich. Es ist wie auf dem Fahrrad: Du mußt strampeln oder du fällst um.

Zu den alten Aufsteigern, die nicht mehr mitradeln wollen, gesellen sich neue Wegelagerer, nämlich diejenigen, die gar nicht erst aufs Fahrrad steigen, auf dem gestrampelt werden muß, egal wohin, nach innen oder außen.

Aufzulösen ins Nichts, der fernöstliche Trost entfaltet neue Verführbarkeit. Die Puppe der Persönlichkeit wird verbrannt, und wo ihre Vernichtung ohne Anstrengung gelingen soll, werden notfalls Drogen als Heizmaterial verwandt. Sich selbst vergessen, ist die neue Hoffnung. Das Gelände wird übersichtslos. Die Düne verschwindet. Unter Karnevalsmasken von Niemands, Landfahrern, Wanderern zwischen allen Welten, Träumern, Detektiven nach sich selbst befinden sich auch die Klabautermänner des Business, die den Eintritt für das ganze Treiben abkassieren. Ob als Gurus verkleidet oder als Heilslehrer, sie haben eines gemeinsam, sie wissen, wo es lang geht, und für manche ist auch das liebe Geld nicht so alt, als daß sie es nicht für ihre neuen Spiele mißbrauchen könnten.

Aber so neu und nie dagewesen, wie die Fragen klingen, sind sie gar nicht. Es ist die uralte Frage nach dem Glück und dem Guten, die uns beschäftigt, und vielleicht sind auch die alten Antworten nicht so verstaubt, als daß sie nicht mehr sichtbar sind. »Weil etwas gut ist, deshalb gefällt es uns«, hat der Aristoteles gemeint. »Weil uns etwas gefällt, ist es gut«, hat Epikur geantwortet. Um diese beiden Pole kreist das Gespräch der Weisen, solange Menschen über das glückliche Leben nachdenken.

Daß etwas schon ist und nicht erst gemacht werden muß, ist ein Erbstück der klassischen Philosophie. Es entläßt uns aus dem Zwang, die Welt dem Nichts durch Produktion entreißen zu müssen. Daß etwas gut sein kann, wenn wir es gutmachen, das ist die

Weisheit, die uns große Moralisten hinterlassen haben. Sie befreit uns von der fatalistischen Resignation, daß alles vergebens wäre und wir sowieso nichts ändern könnten.

Das Sein und das Gute – um diese beiden Pole kreist seit 2000 Jahren abendländische Philosophie. Möglicherweise sind in ihren alten Erkenntnissen doch noch Antworten auf neue Fragen enthalten.

»Hinnehmen und verändern«, »Ausruhen und Anstrengen«, »Aktivität und Passivität«, »Bet' und Arbeit'«, »Seele und Welt«: vielleicht sind alle diese Paarungen nur Chiffren für die polaren Lebensordnungen. Wie ein Pendel wird die Unruhe des Menschen immer wieder von einer Einseitigkeit angezogen, um abgestoßen sich zur anderen, gegenseitigen zu bewegen. »Dialektik« nannten kluge Köpfe das Gesetz der Geschichte. Doch je größer die dialektischen Sprünge, um so härter ihre Erschütterungen; und was in Epochen aufeinanderfolgte, der Wechsel von einer Einseitigkeit zur anderen, das könnte in einer befriedeten Gesellschaft in sie selbst eingebaut werden, nämlich Wechsel nicht als historische Folge, sondern akute Spannung. Freilich müssen dann monolithische Leistungenshierarchien zugunsten eines pluralistischen Wertgefüges umgebaut werden. Die Antwort auf den Streß der Leistungsgesellschaft ist weder Schlaraffenland noch Nirwana, sondern die Fähigkeit, zwischen verschiedenen Ansprüchen zu wechseln, Arbeit und Muße, Genuß und Leistung kooperieren miteinander, indem sie sich ergänzen.

Die großen Meister des Genusses haben ihre Lehre nie als Programm der Habgier verstanden. Epikur, der Großvater der Genußphilosophie, verstand seine Lehre als Weisheit der Freude, und er wußte, daß dazu die Einsicht in die Grenzen der Genußfähigkeit gehört. »Wem genug zu wenig ist, dem ist nichts genug.« Das Jean Paulsche Schulmeisterlein Wuz kannte zwar die großen Werke der Weisheit nur aus dem Messekatalog, aber seine Lebensklugheit verschaffte ihm selbst dann schon Glück, wenn es noch bevorstand und selbst dann noch, als es vorbei war, denn in der schlimmen Kälte freute er sich aufs abendliche warme Bett, und in den traurigen Augenblicken erinnerte er sich an die Idylle seiner Kindheit.

Die Vorfreuden sind die wahrsten Freuden. In diese Form hat der Volksmund die bittere Wahrheit gebracht, daß in jedem Augenblick des Glückes schon sein Ende enthalten ist. »Glück ist nur ein episodisches Phänomen.« (Siegmund Freud) Seine Dimensionen müssen ins Voraus und Nachhinein verlängert werden. Das ist unser Behelf. Deshalb gehört Hoffnung zum Glück wie Erinnerung, und Erwartung zum Genuß wie der Nachgeschmack.

Armut in unserer reichen Gesellschaft

Es ging um unreife Kirschen. Der Nachbar behauptete, ich hätte sie gegessen, und zwar, was das Schlimmste war, aus seinem Garten. Aber ich hatte sie weder aus seinem Garten noch überhaupt gegessen. Die Aufregung war groß, und sie wurde noch größer, weil ich mich hartnäckig weigerte zuzugeben, was ich nicht zugeben konnte. Aber alle Welt war sicher, daß ich der Dieb sei, als Lügner wurde ich gescholten. Daß ich keiner war, wußte nur ich.
Schließlich gab ich den allgemeinen Erwartungen nach und zu, was ich gar nicht getan hatte. Es war ein Unrecht, das von mir verlangt und mir angetan wurde. Ich nahm es hin, um das Vertrauen vor allem meiner Mutter und meines Vaters nicht zu verlieren.
Diese Entscheidung quälte den 5jährigen noch lange, und noch heute ist sie mir offenbar nicht aus dem Gedächtnis entfallen, wie vieles andere aus der Kinderzeit.

Ungerechtigkeit beginnt mit Nichtanerkennung

Unrecht und Ungerechtigkeit begegnete mir zuerst als Mangel an Vertrauen. Meine Eltern trauten mir nicht, und das lag daran, daß sie dem Nachbarn mehr glaubten als mir. Ich empfand dies als eine schmerzliche Ungerechtigkeit, denn ich hatte Anspruch darauf, ernstgenommen zu werden.
Heute frage ich mich, ob mein damaliges Erlebnis nur eine kindliche Form der Ungerechtigkeit war. Und schon beginne ich zu zweifeln. Vielleicht ist die Nichtanerkennung, die dem Mißtrauen zugrunde liegt, eine der wichtigsten Quellen, aus der Unrecht und Ungerechtigkeit gespeist werden. Meine kindliche Erfahrung ist – so meine ich – auch ein Wegweiser zu sozialen Phänomenen, die von größerer Bedeutung sind als das wirkliche oder vermeintliche Kirschenklauen. Es scheint mir beispielsweise nicht die unpassendste der möglichen

Definitionen des Sozialismus zu sein, wenn er als eine verkannte Liebe und ein verletztes Rechtsgefühl erklärt wird. Der Sozialismus ist geboren also aus der Nichtanerkennung des Proletariats und als Antwort auf das fehlende Vertrauen des Bürgertums zu eben dieser neuen Klasse.
Freilich ist das, was sich wie eine Sentimentalisierung des Sozialismus anhört, nicht so niedlich, so kindlich wie es klingt. Denn diese Erklärung konkretisiert sich in der Sprengkraft einer großen sozialen Bewegung und macht eben diese verständlich.
Die Proletarier vergangener Tage empfanden sich als nicht dazugehörig. Sie waren, wie man heute sagt, nicht »in«. Sie standen draußen vor der Tür der Gesellschaft. Wer arm war, nichts besaß, der war diskriminiert, sozial ausgeschlossen. Und noch heute in unserer angeblich nivellierten Mittelstandsgesellschaft hat der bürgerliche Platzanweiser »Besitz« nicht völlig seine Geltung verloren. In Sätzen wie ›Haste was, biste was‹ zeigt sich, daß das bürgerliche Besitzstandsdenken noch immer nicht ausgestorben ist. Neue Gruppen kommen zwischenzeitlich zu Geld und Geltung. Selbst Eigentum in Arbeitnehmerhand ist bekannt geworden.

Armut springt nicht mehr ins Auge

Reichtum wird nicht mehr elitär zelebriert und provoziert nur noch selten durch optische Auffälligkeit. Das Erscheinungsbild unserer Gesellschaft wird nicht mehr durch die Kluft zwischen den Nachkommen des Lazarus und der Prasser in Unordnung gebracht. Armut springt nicht mehr ins Auge. Die Klassen sind nicht mehr an Wohlstandsunterschieden erkennbar, jedenfalls nicht auf den ersten Blick. Das kragenlose Hemd des Proletariers ist aus dem Straßenbild verschwunden. Direktor wie Hilfsarbeiter tragen die gleichen Manschettenknöpfe und lassen sich nicht mehr mit Hilfe des äußeren Eindrucks assortieren. Sind wir aber deshalb schon in einer Gesellschaft, in der alle »in« sind? Oder hat sich inzwischen ein neuer privilegienfördernder Platzanweiser Platz verschafft?

Wer nicht mithalten kann, ist draußen

Gebannt und fixiert vom Gegensatz reich und arm, ist der öffentlichen Aufmerksamkeit entgangen, daß sich still und heimlich ein

neuer Diskriminierungsauslöser etabliert hat: die Leistung. Wir sind stolz auf unsere Leistungen. Das Selbstverständnis der Bundesrepublikaner ist in nicht geringem Maße durch den Stolz auf das allseits bewunderte Wirtschaftswunder bestimmt. Die kollektive Leistung des Wiederaufbaus ist zum Kitt geworden, der die Nachkriegsgesellschaft stabilisierte.
Wir halten uns für tüchtig und wollen von der ganzen Welt als tüchtige Deutsche identifiziert werden.
Das selbstgeschaffene Leitbild der Gesellschaft wird allabendlich im Werbefernsehen frei Haus geliefert. Wer bewundert werden will, muß jung, gesund und vor allem tüchtig sein.
Wer diesem Bild nicht entspricht, hat Pech gehabt. Pech haben die Alten. Wir können unsere älteren Mitbürger noch so sehr mit materiellen Wohltaten beglücken, sie sind trotzdem draußen, weil sie im Leistungswettbewerb nicht mehr mitspielen können. Von unserem Bildungssystem lediglich vorbereitet auf den Einzelkampf des Lebens, finden sie keinen Sinn mehr, wenn sie aus dem Leistungswettbewerb ausgeschieden sind.
Gerade jene Eigenschaften, die den Lebensabend erleichtern könnten, sind im Arbeitsleben wenig gefragt und werden wahrscheinlich gerade deshalb in der Schule nicht vermittelt. Die Fähigkeit zur Kommunikation wird nicht geübt. Gesprächskrüppel verlassen die Schule.
Früh lernt der Schüler, übertroffen zu werden und andere zu übertreffen. Der Nachbar wird als Konkurrent erfahren. Selbstbestätigung wird so zur Funktion des Konkurrenzkampfes.
Wen also wunderts, wenn jene Tugend schließlich im Alter vermißt wird, die allein dem Alter den Stachel der Einsamkeit nehmen könnte, nämlich die Eignung zum Gespräch?

Im Wartesaal des Todes: Die Alten

Von Kindesbeinen amputiert, was die soziale Kontaktfähigkeit anbelangt, sind unsere älteren Mitbürger unfähig die Mauer der Altersisolierung zu übersteigen.
Die einsamen Alten sind eine wachsende Gruppe von Menschen. Heute sind es fast 15%; vor 50 Jahren betrug der Anteil an der Gesamtbevölkerung weniger als 5%. Das Problem nimmt also auch quantitativ zu. Es ist nicht zu leugnen, daß diese 15% heute im allgemeinen besser leben als ihre Großväter und Großmütter.

Obwohl auch der Durchschnitt eine höchst relative Größe ist. Immerhin lagen im Jahre 1970 31% der Arbeiterrenten unter 350 D-Mark. Die Überflußgesellschaft, von der manche Zeitgenossen behaupten, wir leben in ihr, hat die Rentner noch nicht erreicht. Dennoch, die materielle Härte des Rentnerdaseins ist, gemessen an früheren Zeiten, gemildert und kann weiter abgebaut werden. Unsere Gesellschaft hat die Mittel, ein Alter zu sichern, das frei ist von den Sorgen um den Lebensunterhalt. Gelöst ist jedoch damit das Problem der Alten noch nicht. Wir können ihr Dasein materiell sichern. Aber wenn Leistung alles und Muße wenig ist, bleibt den Alten nichts als zu warten, bis der Tod sie abholt. Sie sitzen im Wartesaal des Todes. Ich gebe zu, daß es schon etwas wert ist, wenn dieser Saal wohl temperiert und gemütlich ist, dennoch ist es eine sinnlose Einrichtung. Jene glücklichen Sonnenstädte, die in den USA für die Alten gebaut worden sind, erinnern in ihrer vorgetäuschten Problemlosigkeit mehr an Irrenhäuser als an lebensvolle Urbanität. Ohne Kinderlärm, Treppensteigen, Verkehrsgefahren – also vermeintlich altersspezifisch – sind sie Inseln der Einsamkeit: bewohnt von Menschen, die in Wohlstand außerhalb der lebenden Gesellschaft abgelagert sind. Hier kulminiert die Desintegrationskraft des Leistungswettbewerbs. Wer ausgeschieden ist, ist gleichzeitig draußen, sozial ausgeschlossen.
Der Konflikt unserer Gesellschaft verlagert sich immer mehr vom Klassen- auf einen Generationskonflikt. Altersgruppierungen sind die neuen Klassen. Aber das Alter konstituiert diese Klasse nur sekundär. Bei Licht betrachtet ist der Generationskonflikt ein Kampf zwischen Leistungsfähigen und -unfähigen. Die Alten werden auf eine soziale Insel abgeschoben, auf daß sie das Spiel nicht stören. Wir lassen uns diese Erleichterung auch etwas kosten. Armut transformiert sich von einem Mangel an materiellen Gütern zusehends zu einem Mangel an sozialen Kontakten.

Obdachlose: Urteil lebenslänglich

Das Urteil über diejenigen, die nicht mitspielen können, ist gnadenlos. Für Obdachlose – eine andere Gruppe von sozial Ausgeschlossenen – ist es meist unwiderruflich. Wer einmal in der Obdachlosensiedlung gelandet ist, kommt nicht mehr heraus. Er ist aus der Gesellschaft herausgeworfen. Immerhin sind das hierzulande ½ Mill. Menschen, und keine klassische Sozialpolitik hilft ihnen. Sie leben in den toten Winkeln unseres sozialen Sicherungssystems, ihre Not ist sowieso nicht primär eine materielle. Weder die Kranken- noch die Rentenversicherung könnte ihnen helfen, selbst wenn sie wollten. Bürgerliche Überheblichkeit über Obdachlosenschicksale entpuppt sich als soziale Ignoranz, denn man kann sich nur erheben und besser dünken, wenn man ignoriert, aus welchen vom Betroffenen unverschuldeten Fakten Armut entstehen kann.

Wen beispielsweise Krankheit und Arbeitslosigkeit trifft, wo schon Kinderreichtum und Besitzlosigkeit vorhanden sind, der müßte die Schulter eines Herkules besitzen, um nicht in die Knie zu gehen.

Wer aber ausrutscht, ist draußen. Ein Großteil der Obdachlosen wurde über Nacht aus der Bahn geworfen. Junge Ehepaare, die gegen irgendeinen Ehrenkodex der Familie verstießen, und deshalb ausgestoßen wurden. Wohnungssuchende, die nur vorübergehend im Notquartier unterkommen wollten und nicht wußten, daß es keinen vorübergehenden Makel Obdachlosigkeit gibt. Wen Obdachlosigkeit einmal erwischt, für den heißt das Urteil der Gesellschaft »lebenslänglich«.

Und das Elend des sozialen Ausschlusses zeugt sich fort. 40 % der Kinder aus Obdachlosensiedlungen besuchen Sonderschulen. Der Durchschnittswert bei Normalbürgerkindern dagegen beträgt nur 4 Prozent.

Der Teufelskreis schließt sich: Wer einmal im Elend lebt, verliert den sozialen Anschluß, wer den sozialen Anschluß verliert, lebt im Elend. Ursache und Wirkung lassen sich nicht mehr trennen.

Ihre Sprachlosigkeit entzieht die Armen der öffentlichen Aufmerksamkeit, und ohne öffentliche Aufmerksamkeit geschieht in dieser Gesellschaft so gut wie nichts.

Ausländische Arbeitnehmer: Die Nigger unserer Gesellschaft

Arm, weil isoliert, sind auch unsere ausländischen Mitbürger, die wir als Arbeitskräfte ins Land geholt haben. Es ist schon eine merkwürdige Welt, in der die Arbeitskräfte den Arbeitsplätzen nachlaufen müssen und die Arbeitsplätze nicht dort eingerichtet werden, wo die Menschen leben. Der Mensch ist offenbar die abhängige Variable in diesem System. Wir haben uns schon so sehr an diese Verdrehung gewöhnt, daß wir sie für selbstverständlich halten. Die Welt steht Kopf. Wenn aber alle auf dem Kopf stehen, entdeckt auch niemand, daß diese Welt verkehrt ist.

Die ausländischen Arbeitnehmer, die wir freundlicherweise als Gastarbeiter bezeichnen, erfüllen offenbar die Funktion, welche in Gesellschaften, die ein großes Aggressionsbedürfnis haben, die erleiden müssen, die unten sind. Es gehört zum Kennzeichen von human unterentwickelten Gesellschaften, daß sie eine Abstoßbasis brauchen, über die man sich erheben kann. Man fühlt sich erst wohl, wenn man auf jemand herabblicken kann. Die Gastarbeiter erfüllen dieses Bedürfnis.

Die Gastarbeiter sind die Nigger unserer Gesellschaft. Und es sind gar nicht so wenige, die diesen Nigger-Status haben; 2,17 Mill. ausländischer Arbeitnehmer waren Ende 1970 in der Bundesrepublik tätig. Zwar haben wir einige Paradebeispiele, die wir nach Bedarf vorzeigen können, wenn es gilt zu beweisen, wie gut wir die »Gastarbeiter« bereits in unsere Gesellschaft einbezogen haben. Die Masse der Gastarbeiter jedoch hat lediglich die Funktion zu beweisen, daß wir die Tüchtigeren sind. Wir haben ihnen die Arbeit reserviert, die hierzulande keiner mehr machen will. Aber die Diskriminierung beginnt früher. Sie fängt bereits bei der Einfuhr des ausländischen Arbeitskräftematerials an.

An denjenigen, die hier illegal »eingeführt« worden sind, verdienen die Importfirmen für menschliche Waren gut. Solche Importfirmen sind zwar ebenfalls illegal, doch das Geschäft läuft gut, solange Strafen praktisch als Unkosten verbucht werden können. Nur wenn die Strafverfolgung etwas härter zugreift, werden wir diesen modernen Sklavenhandel beenden. Man schätzt, daß im Baugewerbe 80 % der ausländischen Arbeitnehmer illegal eingewandert sind und daß sie einen großen Teil ihres Verdienstes an die Vermittler abführen müssen. So ist in München ein Fall bekannt geworden, in dem eine Baufirma einen Stundenlohn von DM 13,— pro Gastarbeiter an den Vermittler zahlte, von dem dieser genau DM 2,20 an die betreffenden ausländischen Arbeitnehmer weitergab.

Mit dem Schicksal der Gastarbeiter hängt das ihrer Familien zusammen. 500000 faktische Witwen haben allein die italienischen Gastarbeiter in der Heimat zurückgelassen. Aber auch wenn die Familie mitzieht, entstehen Probleme.

Von 500000 Kindern der in Deutschland beschäftigten ausländischen Arbeitnehmer besuchen genau 91 000 die Schule. Viele von diesen sitzen dort nur ihre Stunden ab, weil sie von alledem nichts verstehen, was in der Schule geschieht. Sie lernen nur eins, nämlich begreifen, daß sie isoliert sind. Es spricht für Intelligenz, daß viele von denen, welche die Sinnlosigkeit solcher Anstrengungen erfahren haben, dieses makabre Schulspiel aufgeben. Die Dunkelziffer ist groß.

Wieso ist das alles Unrecht?

Das Recht ist rückgekoppelt an die Idee des Menschen. Die Vielzahl der Rechtsauffassungen spiegelt die Vielzahl der möglichen Menschenbilder. Auch dort, wo die zugrundeliegende Idee des Menschen verschwiegen wird oder gar überhaupt nicht bewußt geworden ist, ist sie dennoch vorhanden.
Es muß deshalb erlaubt sein, rückzufragen nach der Idee, die uns berechtigt, die bisher beschriebene Armut an sozialen Kontakten als ein Unrecht zu qualifizieren.
Als Unrecht kann die soziale Armut der Alten, der Obdachlosen und der Gastarbeiter nur dann bezeichnet werden, wenn zuvor die Idee des Menschen als sozialem Wesen akzeptiert worden ist. Der Mensch als soziales Wesen hat ein Recht auf soziale Integration
Die Isolierung des Individuums durch sozialen Ausschluß ist ein Unrecht, das in dieser Gesellschaft denen widerfährt, die entweder wie die Gastarbeiter von vornherein als nicht dazugehörig oder wie die Alten als nicht mehr dazugehörig eingestuft werden Eine Klassengesellschaft ist ex definitione eine Gesellschaft abgestufter sozialer Integration.
Eine offene Gesellschaft dagegen versperrt niemandem die Tür und eröffnet jedermann den Zugang zur gesellschaftlichen Teilnahme. Eine solidarische Gesellschaft umfaßt alle Gruppen und integriert auch jene Menschen, die in der Klassengesellschaft auf die Außenseiterposition abgeschoben worden sind.
Eine offene Solidarität beschränkt die soziale Integration nicht auf die eigene Gruppe. Sie muß deshalb jede Form von Cliquensolidarität abbauen, die es als eine Art von Selbstbedienung Privilegierter auch hierzulande noch gibt. Nicht ohne Grund hat man beispielsweise behauptet, in Bonn werde Zufall noch immer mit CV (Cartell-Verband katholischer Studenten) geschrieben, und damit die enge Beziehungsverflechtung von Ministerialbürokratie und studentischen Cliquen ironisieren wollen. Auch Parteizugehörigkeit scheint ein privilegierender Befähigungsnachweis zu sein.

Die alte Diskriminierung besteht fort

Trotz der sublimen, oft nur sozialpsychologisch ermittelbaren neueren Form der sozialen Diskriminierung wie die bisher beschriebenen sind die alten, handfesten Degradierungen aus dem bundesrepublikanischen Gesellschaftsspiel noch nicht ausgeschieden.

Unter der dünnen Schicht nivellierter Konsumgewohnheiten besteht noch immer die alte ungerechte Vermögensverteilung. 1,7 % der Bevölkerung besitzt über 70 % des Produktivkapitals. Selbst wenn man statistisch Zweifel in Rechnung stellt, bleibt diese Verteilung ein Skandal. Denn ob es 5 % mehr oder weniger Kapital ist, welches eine kleine Gruppe besitzt, ändert die Ungerechtigkeit nur graduell.

Die Verteilung des Produktivkapitals ist nicht das Ergebnis der Anstrengungen derjenigen, die es besitzen, sondern eher die Folge der Begünstigungen, mit deren Hilfe wir zwar einerseits den Wiederaufbau der Wirtschaft beschleunigt, andererseits aber gleichzeitig Ungerechtigkeit verstärkt haben.

Vermögensbildung geht mit dem Konsumverzicht einher und ist dessen Folge. Mit der Begünstigung der Selbstfinanzierung der Unternehmen wurde jedoch ein Sparprozeß gefördert, dessen Ergebnis sich nicht im Besitz jener niederschlug, die sich des Wiederaufbaus wegen zwangsweise in ihrem Konsum beschränken mußten, sondern bei denen, welche die besseren Startlöcher im Wiederaufbau hatten. Die Vermögensverteilung der letzten 20 Jahre vollzog sich, was den Bereich des Produktivkapitals anbelangt, in Analogie zur Gewohnheit der Tauben, die bekanntlich dahin fliegen, wo schon Tauben sind.

Jeder Tag, an dem alles beim alten bleibt, schafft neues Unrecht. Wenn der kommende Vermögenszuwachs nicht breiter verteilt wird als der vergangene, wird eine Vermögenslawine entstehen, von der zu befürchten ist, daß sie die gesamte Privateigentumsordnung unter sich begräbt.

Die Institution des Privateigentums wird in einer nicht auszuschließenden Krise unseres Systems nur von jenen verteidigt werden, die daran partizipieren. Und das sind bis zum heutigen Tage noch zu wenige.

Privateigentum ist ein Stützpfeiler humaner Freiheit. Personengebundenes Eigentum entzieht der Obrigkeit Verfügungsmacht. Obrigkeit tritt nicht immer in gleicher vertrauter Gestalt auf. Die Masken sind zahlreich. Niemand sollte beispielsweise übersehen, daß die über sozialisiertes Eigentum verfügenden Planungsbürokratien nur eine besondere Ausformung herrschaftseffektiver Obrigkeit sind. Die Privateigentumsordnung ist dem Prinzip der Machtverteilung verpflichtet; aber nur dann, wenn Privateigentum breit gestreut ist, verwirklicht sich dieses Prinzip.

Die Ärmsten der Welt

Im Blick über den nationalen Kirchturmhorizont hinaus radikalisiert sich das Problem der Gütergerechtigkeit. 20% der Weltbevölkerung hungern. 80 % der Weltbevölkerung besitzen 20 Prozent der Güter dieser Erde. Jährlich verhungern 40 Millionen Menschen. Das ist mehr als der große Vernichter Krieg selbst im 2. Weltkrieg erledigte. Eigentlich ist die Bierruhe des kleinen satten Teils dieser Erde erstaunlich. Wenn die Bombe des Hungers platzt, werden die Wirkungen verheerender sein als alle bisher bekannten Atombombenexplosionen. Der Abstand zwischen Reich und Arm wächst in globalen Dimensionen. Der Anteil der Entwicklungsländer am Welthandel geht trotz Entwicklungshilfe rapide zurück. Wenn der Umschwung nicht bald erfolgt, ist der Zeitpunkt abzusehen, an dem die armen Völker mit Gewalt ihr Recht auf Überleben einlösen werden.
Der Hunger des Großteils der Weltbevölkerung ist ein schreiendes Unrecht.

Gerechtigkeit durch Chancengleichheit

Doch was gerecht ist oder ungerecht, was als Recht gilt oder nicht, ist nicht immer unumstritten. Nicht immer war die Entscheidung über das, was rechtens ist, in besten Händen, wenn sie der Obrigkeit überlassen war. Andererseits erwies sich das gesunde Volksempfinden auch nicht immer als der zuverlässige Hüter des Rechtsanspruchs, den jeder besitzt.
Wir müssen uns verständigen über das, was als Recht gilt. Aber diese Übereinkunft geschieht nicht im luftleeren Raum absoluter Verfügbarkeit. Niemand beginnt am Punkt Null. Wir werden in Rechtsordnungen geboren, die selbst das Ergebnis langer Entwicklungen sind. Es bleibt nur die Chance, die Richtung des weiteren Prozesses mitzubestimmen. Die Gnade einer Tabula rasa erhält keine Generation geschenkt. Und wer sie erzwingen wollte, dürfte vor keinen menschlichen Unkosten zurückschrecken. Aber gerade die Rück-

sichtslosigkeit in bezug auf die Mittel würde auch den Zweck einer idealen Rechtsordnung entwerten.
Und noch eine zweite Schranke ist unserer Verfügungsmacht gesetzt. Es sind die unverfügbaren Grundrechte. Es gibt eine Grenze für alle Rechtsetzungen, die auch durch Mehrheitsentscheidungen nicht durchbrochen werden kann. Gerade die Manipulationsfähigkeit des sogenannten gesunden Volksempfindens zeigt die Unverzichtbarkeit einer solchen Grenzziehung. Auschwitz bleibt immer ein Unrecht. Doch oberhalb dieser Linie bleibt uns nichts anderes als die Übereinkunft.
Wenn diese Übereinkünfte zu Recht Festlegungen sein sollen, die für alle verbindlich sind, dann müssen für alle die Teilnahmechancen bei der Entscheidungsfindung eröffnet werden.
Ein jeder bedeutet etwas für das allgemeine Schicksal, und offenbar werden Entscheidungen nicht mehr wie ein Schicksal hingenommen. Wir machen uns unser Schicksal selbst und akzeptieren es nur noch, wenn wir an seinem Zustandekommen auch beteiligt sind. Dies setzt freilich eine mündige Gesellschaft voraus. Eine zur Selbstbestimmung befähigte Gesellschaft baut auf Einsicht auf. Das Recht, dem wir uns beugen, muß ein Vernunftrecht sein. Keine mythischen Erklärungen machen das Unverständliche akzeptabel.

Vortrag zur Einleitung des Symposions der CDA »Armut in der reichen Gesellschaft«, Mai 1971

Die verwirtschaftete Gesellschaft

Wer soziale Empfehlungen gibt, arbeitet meist mit erhobenem Zeigefinger. Die Asozialen gelten hierzulande gleichzeitig als die Amoralischen. Soziale Appelle geben sich meist moralisch. So kommt es, daß wir das Wort »sozial« im Begriff Soziale Marktwirtschaft meist als individualmoralische Ausschmückung eines handfesten allgemeinen Geschäftes betrachten, nämlich der Wirtschaft. Denn dort geht es um Angebot und Nachfrage, Gewinn, Konkurrenz, mit anderen Worten um Selbstbehauptung. Die Wunden, die in diesem Kampf ums Dasein geschlagen werden, sollen allerdings – dies als Zugeständnis an die Moral – sozial gelindert werden.

Politik muß sich der Sinnfrage stellen

Die Rechtfertigung eines solchen Schemas beziehen wir aus der Annahme, daß erst eine gute Wirtschaftspolitik die Mittel liefert, mit denen sozialpolitisch geholfen werden kann. Ein großer Teil der gesellschaftspolitischen Aktivitäten der Nachkriegszeit entsprach denn auch dieser angesehenen »Arbeitsteilung«.

Die Währungsreform sollte den wirtschaftlichen Aufschwung einleiten: für die sozialen Fragen war eine zweite Phase vorgesehen. Niemand kann bestreiten, daß der Aufschwung über alle Maßen klappte. Nur plötzlich wird fraglich, ob moralische Garnierung genügt, denn plötzlich fragen die Söhne und Töchter des Wohlstandes nach der »Moral des Systems«. Politik überhaupt, nicht nur die Abteilung »Soziales«, muß sich der Sinnfrage stellen.

Das Wort »Sozial« tritt damit in eine neue Dimension. Das Gemeinwesen und in ihm die Wirtschaft werden fragwürdig. Wirtschaftlicher Fortschritt reicht als befriedigende Antwort nicht. Der soziale Anspruch läßt sich offenbar nicht mehr mit einer nachträglichen Barmherzigkeit abspeisen. Die Gesellschaft selbst soll sozial sein. Die Integrationskraft der Gesellschaft steht auf dem Prüfstand.

Eine Gesellschaft von Individuen, in der sich jeder lediglich mit Hilfe seiner Ellenbogen vorwärtsbewegt, ist von Auflösung bedroht. Ebenso asozial ist eine Gesellschaft, in der Klassen gegeneinander kämpfen und mit dem Ziel aufeinander treffen, sich wechselseitig zu vernichten.

Leistung

Im Zentrum des sozialen Ansehens stehen die Tüchtigen. Während wir alle noch gebannt sind von den Konflikten von gestern und die alten Argumente austauschen, hat sich ein neuer Konfliktstoff Platz geschaffen, dessen Sprengkraft mindestens ebenso stark ist wie der Gegensatz von Reich und Arm: Die Tüchtigen finden Anerkennung und Bewunderung. Die Leistungsgeminderten und die aus dem Leistungswettbewerb bereits Ausgeschiedenen fallen der sozialen Verachtung anheim.

Das Problem kann nicht materiell gelöst werden. Wir können die Sozialhilfe verdreifachen und die Rente versechsfachen: Wenn in unserer Gesellschaft allein Leistung gilt, dann sind alle diejenigen, die im Leistungswettbewerb auf der Strecke geblieben sind, zur »Verschrottung« freigegeben. Die Rentner sind nicht allein durch niedrigen Lebensstandard bedroht, sondern auch durch die Sinnlosigkeit, die mit der sozialen Desintegration einhergeht.

Was wir brauchen, ist nicht die Abschaffung des Leistungswettbewerbs, sondern ein pluralistisches Wertsystem, zwischen dessen einzelnen Ansprüchen der Mensch wechseln kann. Es gibt Lebensabschnitte, in denen Leistung dominiert, und es gibt ebenso Lebensabschnitte, in denen sie zurücktreten muß zugunsten anderer Werte und Ansprüche. Aber dies gilt keineswegs nur für Lebensepochen, sondern innerhalb der einzelnen Lebensabschnitte ist eine Kombination von Lebensmöglichkeiten unerläßlich. In der Freizeit kann nicht einfach das Verhalten der Arbeitswelt fortgesetzt werden. Konkurrenz und Wettbewerb können nicht unser ganzes Leben auffressen.

Deshalb: Das Bildungssystem darf nicht lediglich auf den »Kampf des Lebens vorbereiten«. Ebenso notwendig ist die Übung der Muße des Genießens.

Wettbewerb

Der Wettbewerb ist ein Instrument der sozialen Marktwirtschaft. Verfolgt man die Diskussion, dann muß man allerdings den Eindruck gewinnen, daß er nicht Mittel ist, sondern das Prinzip, um das sich alles dreht und an dem sich die Geister scheiden. Von den einen wird Wettbewerb als Vernichtungswaffe des Teufels »Kapitalismus« bekämpft, von den anderen als Allheilmittel tabuisiert. Beiden Fällen ist mit rationaler Argumentation nicht beizukommen.

Abseits dieser Gespensterschlacht bleibt aber die Aufgabe, die Verwendungsfähigkeit des Wettbewerbs als Mittel zum Zweck einer sozialen Wirtschaftsordnung nüchtern zu prüfen.

Die Erfahrungen zentraler Verwaltungswirtschaften lassen bezweifeln, ob eine auch noch so fein ausgesponnene Planung millionenfache Produktionsarten so lenkt, daß sie sowohl den Bedürfnissen der Nachfragenden als auch den Möglichkeiten des technisch-wirtschaftlichen Fortschritts folgen.

Offenbar ist jede Planungsvorgabe mit einer gewissen Affinität zur Verselbständigung und mit einer gewissen Anfälligkeit für Täuschungsmanöver behaftet. Ota Sik hat dies an dem Beispiel des »Schraubensoll« dargestellt. Wird die Vorgabe für die Schraubenproduktion in Gewicht angegeben, so suchen die Produzenten möglichst große Schrauben herzustellen; wird in Stückzahlen programmiert, dann besteht in den Produktionsstätten die Neigung, mit möglichst kleinen Schrauben das Plansoll zu erfüllen.

Andererseits ist aber auch der Wettbewerb gegen Manipulationen nicht gefeit. Und selbst die, die ihm einen Altar bauen und ihn wortreich verehren, erweisen sich in der Praxis häufig als recht wankelmütige Gläubige. Wettbwerb: Für andere möglichst viel; für den eigenen Absatz aber möglichst wenig. Dies entspricht dem alten Bauerngebet »Heiliger Florian schütz' unser Haus, steck' das des Nachbarn an.«

Der Staat soll sich vom Markt fernhalten, so ist es zu hören, wenn die Sonne der Konjunktur scheint. Doch bei den ersten rezessiven Regenschauern wird nach dem Staat gerufen, und dieser Ruf wird dann besonders eindrucks- und wirkungsvoll, wenn er von den großen Unternehmens-Giganten ausgesprochen wird.

Dies alles zeigt, man kann den Wettbewerb nicht allein den Unternehmern überlassen. Der Staat muß ihn veranstalten, seine Grenzen und Aufgaben bestimmen.

Staat

Marktwirtschaft in einer hochkomplexen Industriegesellschaft ist etwas anderes als Marktwirtschaft in idyllischen Agrargesellschaften. Was zu anderen Zeiten und in anderen Zonen noch von der Natur besorgt wird, muß von uns gemacht werden. Die Flüsse, die sich vor hundert Jahren noch selbst reinigten, bedürfen heute der Anstrengung des Umweltschutzes. Unsere Welt wird künstlicher, die Aufgaben der Politik nehmen zu.

Wir rücken immer dichter aufeinander, und dies ist keineswegs nur im räumlichen Sinn gemeint, sondern betrifft ebenso das Ausmaß der sozialen Verflechtung, in dem sich die individuelle Existenz der Bürger befindet. Wir sind nicht fauler geworden, weil wir zugeben müssen, daß soziale Sicherheit mehr als je zuvor eine Funktion der allgemeinen Lage der Gesellschaft ist. Am augenfälligsten wird dies bei Existenzformen, die über Jahrhunderte als Prototypen der Selbstvorsorge galten. Wer auf der eigenen Scholle saß, von dem nahm man an, daß er, wenn nicht autark, so doch durch eigene Kraft gesichert sei. Der Bauer heutzutage aber kann noch so tüchtig sein, wenn europäische Marktentwicklungen gegen ihn laufen, hilft ihm die größte Anstrengung nicht, er ist auf die Hilfe der Gemeinschaft angewiesen. Die Abhängigkeiten nehmen zu und mit ihnen aber auch die Reichweite der Einzelentscheidungen.

Die Entscheidungen des einzelnen können Folgewirkungen haben, an die unsere Großeltern noch nicht dachten. Unternehmer, die nur in kurzfristigen Gewinn- und Verlustrechnungen denken, schaden mit ihrer Unternehmenspolitik womöglich uns allen und damit auch sich selbst. Umweltverschmutzung ist kein klassenspezifischer Schaden, sondern trifft uns alle, auf welcher Stufe der Sozialleiter wir auch stehen, und die Verursacher mit.

Kurzfristig ist es billiger, Abgase ungereinigt in die Umwelt zu entlassen, langfristig kommt es uns jedoch teuer zu stehen, denn Wiederbelebungsversuche einer toten Natur werden kostspieliger sein als Schutz vor Ermordung der Umwelt. Deshalb sind kurzfristige Kosten-Nutzen-Analysen kurzsichtige Betrachtungen.

Schon der Blick auf die Ansprüche der sozialen Sicherheit und des Umweltschutzes zeigt uns, daß die soziale Verantwortung sowohl in ihrer horizontalen, nämlich unter den Bedingungen der Gegenwart, wie in ihrer vertikalen Dimension, nämlich gemessen an den Erfordernissen der Zukunft, größer geworden ist.

Eine Gesellschaft, die die Wirtschaft sich selbst überläßt, wird verwirtschaftet werden. Diese Gefahr ist nicht geringer als jene, die durch die Vergesellschaftung der Wirtschaft entstünde.

Referat vor der Sozialsekretärskonferenz Juni 1972

Fortschritt im postindustriellen Zeitalter

Wahrscheinlich verstand sich jede Zeit, in der historisches Bewußtsein ausgebildet war, als eine Zeit der Krise. Jede geschichtliche Entwicklung wird durch ein Moment des Unsicherheit auslösenden Unberechenbaren charakterisiert. Diese in der menschlichen Freiheit begründete Fähigkeit zu prinzipiell Neuem unterscheidet Geschichte von der Kontinuität des Naturprozesses.
Ob unsere Zeit ein das Ende einer Epoche befördernder Umbruch ist, aus dem »Neues« hervorgeht, werden nachfolgende Generationen treffsicherer entscheiden können als wir – die Akteure und Betroffenen selbst. Soviel ist jedoch sicher: die Zukunft ist nicht einfach die Verlängerung der Gegenwart. Und die »Zeichen der Zeit« deuten auf eine Zeitenwende jetzt!

Die Grenze

Das Erlebnis des durch die Ölkrise ausgelösten Fahrverbotes im Spätjahr 1973 hat wahrscheinlich dem traditionellen Zutrauen in die Unendlichkeit des industriellen Fortschritts einschneidendere Stöße versetzt als alle romantische bis spätbürgerliche Zivilisationskritik zuvor.
Es ist gleichsam eine Ironie des kapitalistischen Schicksals oder vielleicht – wenn es so etwas gäbe – eine List der Vernunft, daß ausgerechnet mit Hilfe kapitalistischen Verhaltens das Ende des Kapitalismus signalisiert wird.
Mit der Logik des Gewinnstrebens haben die ölproduzierenden Länder ihre Preise so angeboten, daß sie länger und mehr von ihren begrenzten Ölvorräten profitieren. Die so bewirkte Ölkrise hat uns kein neues Wissen gebracht. Daß der Ölvorrat nicht unendlich ist, ist schließlich keine Neuigkeit. Aber mit der Brutalität eines existentiellen Lehrmittels wurde diese Information in das politische Bewußtsein

transportiert, und jetzt wissen wir: es geht nicht immer einfach so weiter, wie wir bisher fast bewußtlos angenommen haben.
Die Substitution des Öls durch andere Energieträger mag noch so erfolgreich sein. Aber keine Kunst der Welt führt über die natürliche Begrenztheit der Erde hinweg.
Was für Energie- und Rohstoffvorräte gilt, läßt sich auf den Lebensraum Erde allgemein übertragen. Auch dem Wachstum der Bevölkerung setzt die Erdkugel Grenzen. Von jährlich 5 Millionen hungertoten Kindern wird die Zahl der verhungerten Kinder in 5 Jahren – so schätzt Ivan Illich – auf jährlich 50 Millionen ansteigen – unter der Voraussetzung unbegrenzten Bevölkerungswachstums.
Die zunehmende Umweltbelastung stellt eine weitere Aporie des industriellen Fortschrittsglaubens dar, von dem Kommunismus wie Kapitalismus gleichermaßen fasziniert sind. Ein Fünftel unserer wirtschaftlichen Produktivkraft wird nach Schätzungen von Robert Jungk schon in 10 Jahren für die Beseitigung der schädlichen Folgen der Produktion verwendet werden müssen. Wenn schließlich dieser Aufwand schneller wächst als die Produktivität, stehen wir vor der Gefahr, daß das herkömmliche Industriesystem von seinen eigenen Kindern aufgefressen wird.

Das Neue

Das Industriesystem in seiner östlichen wie westlichen Variation verdankt seinen Durchbruch jener kapitalistischen Gesinnung, die, fixiert auf das Neue, getragen war von einem geradezu elementaren Eroberungswillen. Der wagemutige Unternehmer und der abenteuerliche Eroberer stehen am Beginn der Neuzeit, und es ist kein historischer Zufall, daß sie verwandte Züge tragen. Während die mittelalterliche Wirtschaft definiert wurde von den Verhaltensmustern des Bauern, dessen Arbeit Maß nahm an dem sich immer wiederholenden Kreislauf der Natur und noch in der Werktreue des Handwerkes seinen Imitator fand, prägte den neuen Prototyp der Wirtschaft von Beginn an der Charakter des Initiators. Diese Eigenschaft unterstrich sein Name »Unternehmer«. Mut und Tatkraft nahmen im Tugendkatalog die Plätze ein, die bis dahin Beständigkeit und Traditionstreue besetzt hatten. Erfindung trat an die Stelle von Erfahrung. Das »Neue« ist die Zentralfigur der kapitalistischen Spiritualität.
Der Wille zum Neuen hat staunenswerte Leistungen ermöglicht.

Selbst Karl Marx bekennt im kommunistischen Manifest mit dem Unterton der Bewunderung: »Die Bourgeoisie hat in ihrer kaum hundertjährigen Klassenherrschaft massenhaftere und kolossalere Produktionskräfte geschaffen als alle vergangenen Generationen zusammen. Unterjochung der Naturkräfte, Maschinerie, Anwendung der Chemie auf Industrie und Ackerbau, Dampfschiffahrt, Eisenbahn, elektrische Telegraphen, Urbarmachung ganzer Weltteile, Schiffbarmachung der Flüsse, ganze aus dem Boden gestampfte Bevölkerungen ...«

Das Prinzip der Innovation verselbständigte sich allerdings im Laufe der industriellen Entwicklung immer stärker und löste sich schließlich aus der Zweck-Mittel-Relation, in die eingebunden die Produktion des Neuen alleine eine zielgerichtete Progression bezwecken kann.

Das Wachstum

Die so inspirierte Wirtschaftsgesinnung war auf Wachstumsbestätigung angewiesen. In der Steigerung der Sozialproduktzahlen fand das System eine Rechtfertigung, die bei der Suche nach Neuem abhanden zu kommen drohte. Wachstumsmaximierung erleicherte die Gesellschaft auch um einen Teil ihrer sozialen Probleme; nicht nur indem sie Not tatsächlich verminderte, sondern auch, indem unter dem Schleier der so ermöglichten Nivellierung der Konsumgewohnheiten das Gefälle von Macht verdeckt wurde. Hinzu kommt, daß in einer wachsenden Wirtschaft das Problem der Verteilungsgerechtigkeit nicht mit jenem vitalen Druck auftritt, mit der es bei stagnierendem Wachstum »Sprengkraft« erhalten kann. Bei allgemein wachsendem Lebensstandard mißt der Zurückgebliebene seine Lage nicht nur an der des Nachbarn, sondern auch an seiner früheren. Und dieser Vergleich nimmt dem Ergebnis des ersten den Stachel.

Die Eskalation des Sozialprodukts überwindet scheinbar alle Hindernisse, zumal ihr eine Zählmethode zur Hilfe kommt, die Güter und Dienstleistungen nur quantifizierend zur Kenntnis nimmt.

Die Marktwirtschaft ist zwar prinzipiell nachfrageorientiert, aber sie steht in Gefahr, die qualitative Dimension des Bedarfs zu übersehen, wenn sie, von einem blinden Expansionsdrang getrieben, nicht nur das Angebot zur Verfügung stellt, sondern nötigenfalls auch die dazugehörige Nachfrage: »Wir produzieren nicht nur Cola, sondern den Durst dazu.« (Ivan Illich)

Die werbestimulierte Mode beschleunigt das Umsatztempo und erobert selbst Konsumbereiche, die ihr traditionell nur schwer zugänglich waren. Ererbte Wohnungskultur z. B. weicht wechselnder Einrichtungsmode. Gebrauchsmöbel werden hierzulande im Durchschnitt alle 10 Jahre ersetzt.
Selbst pharmazeutische Produkte, der Gesundheit dienend, werden modisch stimulierter Nachfrage unterworfen (was freilich den Umsatz steigert, aber keineswegs in jedem Fall entsprechend die Gesundheit). Die Hälfte des Umsatzes der pharmazeutischen Industrie Frankreichs wird mit Produkten erzielt, die jünger als fünf Jahre sind. Die neuen Produkte sind keineswegs in jedem Falle das verbesserte Ergebnis der Forschung. Nur 5 Prozent der innerhalb eines Zeitraums von 18 Jahren in den USA vertriebenen neuen Medikamente brachten wirklich nennenswerte Neuerungen. Werbung, Marketing spielen beim Verkauf dieser Güter eine mindestens ebenso große Rolle wie das Produkt selbst. Das Image eines neuen Produktes wird gezielt aufgebaut und keineswegs so, daß dem Arzt die Übersicht über die schier unendliche Fülle von Medikamenten erleichtert wird. Die kommerzielle Absatzstrategie scheut auch nicht vor Phantasienamen zurück, wenn es gilt, die »Neuigkeit«, die womöglich pharmazeutisch gar keine ist, durchzusetzen (vgl. dazu J. P. Dupuy und S. Karsenty: L'invasion pharmaceutique 1974). Die Arbeitsgemeinschaft für Verbraucherfragen ermittelte im Juli vergangenen Jahres für die Werbung frei verkäuflicher Arzneimittel eine sogenannte Irreführungsquote von 95 Prozent.
Die Frist, die einem Produkt als Geltungsdauer überlassen wird, verkürzt sich immer mehr. Dies ist jedoch nur die eine Möglichkeit der Umsatzbeschleunigung. Die andere besteht darin, daß die Produkte nicht mit einem technologisch erreichbaren Niveau der Haltbarkeit hergestellt werden, sondern unter Einbeziehung kalkulierten Verschleißes.
Die durchschnittliche Automobil-Lebensdauer sinkt offensichtlich weiter ab: nach einer französischen Statistik beispielsweise von 14 Jahren 1962 auf 10 Jahre 8 Monate 1974. Herstellungskosten werden auch durch Minimalisierung der Materialqualität gesenkt. Dies schadet so lange dem Absatz nicht, so lange Haltbarkeit kein bevorzugtes Nachfragegut ist, sondern vom modischen Neuerungsbedürfnis übertroffen wird.
Der so präparierten Angebotsstruktur der programmierten Kurzlebigkeit entspricht ein adäquates Verhalten auf der Seite der Nachfrage und schafft damit die Voraussetzung für die Funktionsfähigkeit

des Systems. Vor die Wahl gestellt zwischen wachsender Güter- oder Zeitfülle entscheidet sich der Bürger gegen die Vergrößerung des Zeitvorrates, obwohl gerade die Zeit ein immer knapperes Gut wird. Getrieben von einer auf Konsumprestige getrimmten Selbstdarstellung vollzieht sich diese Entscheidung allerdings über die Köpfe der Betroffenen hinweg, aber eben dennoch »systematisch«. Aus der Perspektive des Käufers stellt sich diese Wahl sogar seitenverkehrt dar. Ein langlebiges Automobil z. B. würde mehr Pflege und mehr Reparatur, also auch Zeit kosten. Dennoch wäre der Zeitsaldo insgesamt günstiger, weil die durch das Tempo des Produktverschleißes erzwungene gesamte Produktionszeit größer ist als der für langlebigere Gebrauchsgüter erforderliche Zeitverbrauch.
Freilich, eine Dehnung der »Verbrauchszeit« von Gebrauchsgütern würde auch eine Verlangsamung des technischen Fortschritts bedeuten. Der Automobilkäufer, der sich alle zwei Jahre zu einer Neuanschaffung entschließt, partizipiert mit weniger Zeitverzug am technischen Fortschritt, als wenn er zehn Jahre warten würde. Die längere Geltungsdauer der Modelle würde also Fortschrittsgeschwindigkeit kosten.

Die Zweifel wachsen

Adam Smith, einer der geistigen Väter des Kapitalismus, hatte noch davon geträumt, daß nach einer stürmischen Aufbruchphase der elementaren Bedürfnisbefriedigung sich das System auf dem Niveau des relativen Gleichgewichts beruhigen würde, auf dem die Produktion primär die Aufgabe der Befriedigung des Ersatzbedarfes habe. Doch die tatsächliche Entwicklung streifte die Fesseln eines relativen Gleichgewichts ab und fand den Ausweg für eskalierendes Wachstum in programmierter Kurzlebigkeit der Gebrauchsgüter.
Doch die Zweifel wachsen, ob der industrielle Fortschritt sich nicht doch auf diesem Weg in die Sackgasse bewegt. Angesichts der Grenzen, die durch Rohstoff- und Energievorräte, Bevölkerungswachstum und Umweltbelastung sichtbar werden, verliert die aggressive Wachstumsidee ihre frühere Plausibilität.
Ein Teil der Schwierigkeiten, mit denen das Weltwirtschaftssystem kämpft, geht auf das Konto des naiven Zutrauens in Wachstumseskalation. Selbst der inflationäre Kollaps könnte noch von ihr mitverursacht sein.
Wenn der Tauschwert einer Sache schneller verfällt als der

Gebrauchswert, leistet sich die Wirtschaft den Luxus der Wertvernichtung. Bei den wachsenden Summen, die Entwicklung und Produktion von technischen Großprojekten verschlingen, werden die Möglichkeiten einer »normalen« Amortisation geringer, wenn gleichzeitig gegenläufig der technische Wandel, von der »Mode« mit stimuliert, die Produkte schneller vom Markt drängt. Das System flüchtet in immer neue Formen offener oder versteckter Geldschöpfung. Freimut Duve nennt dies die strukturelle Inflation.

Alle entwickelten Industriegesellschaften kämpfen mit der Inflation. Sie stellt sich als eine ständige Begleiterin des wirtschaftlichen Wachstums in seiner eskalierenden Form dar. Die strukturelle Inflation bedroht jedoch gleichzeitig das reale Wachstum.

Die früheren Hoffnungen verkehren sich in ihr Gegenteil. Früher nahm man an, daß bei wirtschaftlichem Wachstum – in welcher Form auch immer – die Verteilungsfragen in den Hintergrund treten. Jetzt muß befürchtet werden, daß inflationär aufgeblähtes Wachstum den Verteilungskampf verschärft. Die Kluft zwischen Reich und Arm wird breiter, und die Verteilungskriterien werden irrationaler. Leistung z. B. als Verteilungsmaßstab wird von weltwirtschaftlichen »Zufällen« unterlaufen. Es versinkt so auch die Zuversicht, die Armut der Armen könnte mit den Methoden, welche die Reichen reich gemacht haben, beseitigt werden.

Eine blinde Wachstumspolitik überwindet nicht die Armut der Armen. Der Export unserer Erfolgsmodelle hat die Spaltung der Welt in den Entwicklungsländern wiederholt. Entwickelt wurde eine Oberschicht, die ebenso prestigeorientiert ist wie die entwickelten Industrienationen.

Mit einfacher Wachstumssteigerung kann augenscheinlich der Hunger nicht bekämpft werden. Die »Grüne Revolution«, mit deren Hilfe die landwirtschaftlichen Erträge gesteigert werden sollten, erwies sich »nobelpreisgekrönt« als Illusion. Denn die Industrialisierung des Bodens durch ertragreichere Sorten, hochwertige Düngemittel, intensive Schädlingsbekämpfung verschlingt in Analogie zu ihrem industriellen Vorbild große Kapitalmassen. Diese konnten jedoch nur von denen aufgebracht werden, die die Spitzenpositionen des jeweiligen landesüblichen Agrarstandards besetzt hatten, und das waren nicht die Kleinbauern.

Die Desillusionierung des kapitalistischen Fortschrittsfanatismus ist nicht das Ende der Entwicklung, obwohl die Härte der neuen Fragestellung die Flucht in ein romantisches »Zurück zur Natur« als eine Art gesellschaftspolitischen Ausruhens nahelegt.

Die Natur, die unsere Heimat sein kann, wird keine natürliche Natur sein, sondern eine von uns gemachte. Aber wir müssen uns entscheiden, nach welchen Mustern wir diese »Zweite Natur« bauen.
Die Ergebnisse des kapitalistischen Versuchs (wie seines kommunistischen Widerparts) offenbaren das Ende des aus prometheischer Rücksichtslosigkeit geborenen Mythos der Grenzenlosigkeit.
Wirtschaften wird im Angesicht der neuen Grenzen wieder ein Haushalten mit knappen Gütern. Insofern trägt die notwendige Wende konservative Züge, aber nicht im Sinne der Reaktion, sondern einer behutsamen Evolution, die am Fiasko des Zauberlehrlings vorbeisteuert, der bekanntlich die Geister, die er rief, nicht mehr losbekam. Die Welt, die wir schaffen, muß unsere, eine menschliche Welt bleiben.

Sachzwänge

Die Ideologie des rücksichtslosen Wachstumszwanges wurde in den entwickelten Industriegesellschaften durch eine technologische Ausstattung gestützt, welche die Aggressivität des Wirtschaftsfortschrittes als eine von den Sachgesetzlichkeiten festgelegte Entwicklung suggerierte.
Die Technokraten in Ost und West täuschen »sich selbst« eine technologische Entwicklung als Einbahnstraße ohne Alternative vor. Diesen ideologischen Fanatismus gilt es zu bekämpfen, wenn in der Entwicklung das Moment der Freiheit nicht untergehen soll.
Die technologische Entwicklung wird zu jeder Zeit von Zielen bestimmt, die nicht rein technischer Natur sind. Es sind immer Ziele, die in einem historischen Kontext vermittelt werden. Es gibt also keine technologischen Ziele, die gleichsam »vom Himmel fallen«. Die technologischen Möglichkeiten tauchen immer nur im Gesichtskreis einer kulturell bestimmten Nachfrage auf. Wir können technologisch mehr als wir politisch wollen. Der ideologisch erfolgreiche Trick besteht in der Verhüllung des politischen Willens und seiner Maskierung als Sachgesetzlichkeit. Auf diesem Wege entziehen sich auch Interessenstandpunkte der Kritik und schaffen sich eine politisch schier uneinnehmbare Bastion. Daß die Wirklichkeit reicher ist als die Sachzwangfetischisten vorgeben, zeigt eben diese Wirklichkeit selbst. Die Forschung läßt ganze Entwicklungsreihen brach liegen und beweist andererseits auch, wo ein Wille, da ein Weg, wenn der Wille der gewünschten Entwicklungsrichtung entspricht.

Bernal hat auf die Tatsache aufmerksam gemacht, daß zu Beginn der kapitalistischen Epoche mehrere in dieser Struktur höchst unterschiedliche Technologien zur Auswahl standen. Der Entwicklungsgrad von Mechanik und Chemie war im Ausgang des Mittelalters gleich hoch. Wenn schließlich die Mechanik das kapitalistische Rennen machte, verdankt sie dies sicher günstigen Umständen. Sie war so allerdings auch die Voraussetzung für einen kapitalistischen Aufbruch, der auf proletarische Massen zurückgriff, denn die mechanische Technologie war arbeitsintensiv. Aber diese Entscheidung für die Mechanik und gegen die Chemie war kein technologischer Sachzwang. Technologisch möglich wäre auch eine Entwicklung auf der Basis der kapitalintensiven Chemie gewesen.
Daß Freiheit im Spiel der technischen Kräfte ist, diese Zuversicht gilt es zurückzugewinnen, wenn der technische Fortschritt seines schicksalhaften Anscheins entkleidet werden soll.
Solange Menschen eingeübt werden in eine Welt angeblicher technologischer Sachzwänge, bleiben jene Massen, die das Subjekt einer Änderung sein könnten, selbst in den Horizont scheinbarer naturwidriger Gegebenheiten gebannt. Diese Gefangenschaft einer kreativen politischen Phantasie muß auch mit Hilfe alternativer Technologien gesprengt werden.
Die zurückgewonnene Freiheit muß für Ziele eingesetzt werden, die, vom Menschen bestimmt, auf eben ihn mehr Rücksicht nehmen.

Humanisierung der Arbeitswelt

Humanisierung der Arbeitswelt bleibt eine Form der Entfremdung, wenn sie lediglich für die bessere, weil erträglichere Anpassung des Menschen an die Maschine sorgt: Monotonie kann dann durch leichte Musik verschönt, einseitige Belastung durch Rotation kompensiert und Isolation durch »human relation« verdrängt werden. Schließlich läßt sich sogar die Fremdbestimmung durch die Mitbestimmung einiger Auserwählter (ohne Bezug zu denen, die sie auswählen) am Leben erhalten.
Die eigentliche Humanisierung der Arbeitswelt soll Entfremdung zurückdrängen und das Potential weiterer Befreiung erweitern. Ohne das Erlebnis der Freiheit am Arbeitsplatz bleibt die Freiheit bestenfalls ein Feierabendhobby.
Aber nicht einmal dort wird sie Platz haben. Oder glaubt jemand, ein Arbeitnehmer, der 8 Stunden am Fließband durch Monotonie ausge-

laugt, dressiert durch totale Fremdbestimmung der Arbeit, die nicht nur den Arbeitsinhalt, sondern auch Rhythmus und Art und Weise der Ausführung festlegt, sei nach Schichtende ein Bündel von Mitverantwortung?

Eine haushalterische Wirtschaft wird auf natürliche wie menschliche Ressourcen mehr Rücksicht nehmen als der aggressive Kapitalismus. Dazu bedarf sie einer neuen Technologie. Wie die Dampfmaschine das Symbol der Eroberungswellen in der Frühphase der industriellen Entwicklung war und die Dampfkraft ihre Basis, so signalisiert der Computer und das System der Rückkoppelung die Endphase. Wir werden übergehen in eine Phase des Gleichgewichts, das in Analogie zum System der Rückkoppelung auch offen ist für Innovationen, also auch für das Neue, aber dennoch in jedem Moment ausbalancierter ist mit dem Alten.

Fortschritt wird unter den neuen Bedingungen eines postindustriellen Zeitalters wahrscheinlich weniger als permanenter Durchbruch und eher als dynamischer Ausgleich entziffert.

Aus der »Sonde« 1/1975, Vierteljahreszeitschrift für »Neue Christlich-Demokratische Politik«

Die Braven bewegen nichts

»Ruhe ist die erste Bürgerpflicht« ließ der preußische Minister Graf von der Schulenburg am Morgen nach der Schlacht bei Jena an den Straßenecken Berlins verkünden. Und seit 150 Jahren halten sich brave Bürger an diese Aufforderung. Die Bravheit des Bürgers entschied sich für Geräuschlosigkeit, jedenfalls was seine Tätigkeit in der hehren Sphäre des Staates anbelangt. Hinter seinen vier Wänden allerdings kam es schon einmal vor, daß er tobte. Das jedenfalls war erlaubt. Gegenüber dem Staat aber verhielt er sich als respektvoller, schweigsamer Untertan. Was sich in den Tugendkatalogen des Spießbürgers als Anweisung für den staatlichen Hausgebrauch niederschlug, hat der preußische Staatsphilosoph Friedrich Hegel, freilich auf einer Stufe höher, theoretisch untermauert in der systematischen Trennung von Staat und Gesellschaft. Im Raum der Gesellschaft kämpfen die Interessen, dort ist der Egoismus das Regulativ des mitmenschlichen Verkehrs. Im Staat aber herrscht die reine Sittlichkeit. Der Bürger beschränkte sich darum auf den wirtschaftlichen Alltag und überließ den Staat und die Politik den großen, dazu berufenen Persönlichkeiten. Das System war auf Arbeitsteilung aufgebaut. Noch der bayerische Stoßseufzer, »mei Ruh will i hab'n«, ist ein verspätetes Echo aus der Gartenlaubenidylle des 19. Jahrhunderts. Man verschloß die Augen vor der bösen weiten Welt und richtete sich ein in biederem Stubenglück. Allerdings waren später diese politischen Stubenkinder sehr wohl für die Öffentlichkeit zu mobilisieren: nur nicht als gestaltende Subjekte in der Öffentlichkeit, sondern als Nummern einer Marschkolonne. Man konnte sie manipulieren. Der Marschschritt der großen Masse störte die private Ruhe nicht. Auf Ruhe aber war man bedacht, selbst wenn draußen die Gasöfen von Auschwitz qualmten. Wenn die häusliche Freiheit gewahrt blieb, so konnte draußen passieren, was wollte. Die Freiheit, für die der Spießbürger sich einsetzt, ist die Freiheit der Intimsphäre, nicht die staatsbürgerliche Freiheit der Mitgestaltung.

Als die Jugend sich in den Wald zurückzog

Noch immer blüht der Stammbaum dieses deutschen Spießbürgers. Einen neuen Frühling hat er jüngst in Berlin erlebt. Auf der vom Senat empfohlenen, von Verwaltungen und Großbetrieben durch Freizeit ohne Lohnausfall ermöglichten Gegendemonstration gegen Dutschke und Konsorten war dann auch auf einem Spruchband zu lesen: »Wir wollen unsere Ruhe haben.« »Ruhe ist die erste Bürgerpflicht.« »Mei Ruh will i hab'n.« Ruhe ist das Kennwort für eine Bewegung, die den Rückzug ins Private proklamiert. Ich gestehe, daß die Front der Ruhebedürftigen geradezu zum Widerstand reizt. Es gibt Leute, die behaupten, daß immer ein natürlicher Spannungszustand zwischen den Generationen bestand, und die Entwicklungspsychologen bestätigen diese Behauptung. Was sich jedoch heute im Aufstand der Jugend zeigt, ist nicht eine psychologisch bedingte Distanz zwischen Alt und Jung, sondern, wie mir scheint, vielmehr der Gegensatz politischer Lebenshaltungen. Ein solcher Gegensatz ist zumindest in der deutschen Geschichte nicht neu. Zu Ende des 18. Jahrhunderts, im sogenannten Sturm und Drang, wird die Jugend zum erstenmal als Gruppe faßbar.

Damals war sie vornehmlich eine Protestbewegung der Literaten, die sich gegen den überkommenen Formenkanon und seine strengen Regeln auflehnten und das Recht der ursprünglichen Natur forderten. 120 Jahre später war es die Jugendbewegung. Aus grauer Städte Mauern zog sie aus. Ihre Zuflucht war die Waldeseinsamkeit, ihr Symbol die blaue Blume. Aber die Horde, die sich als die der Jugend gemäße Gemeinschaftsform ausgab, konstituierte sich durch den Abschluß nach außen. Ihre Zugänge waren nicht durch rationale Kriterien geregelt, ihre Abgrenzungen bestanden in den dem Blut und dem Boden benachbarten Mystifikationen. Das innergruppale Gehabe setzte sich bewußt ab von der normalen Welt und fand einen Geheimkodex von Bezeichnungen und Rängen. Die kleingruppenorientierte Ethik der Jugendbewegung vermochte zwar Freundschaften zur großen Höhe zu sublimieren, sie hat es aber nicht fertiggebracht, die Öffentlichkeit zu verändern.

Privatisierung der Moral erleichtert den Völkermord

Ich weiß nicht, ob die Schizophrenie zwischen der Sittlichkeit im kleinen und der Grausamkeit im großen eine spezifisch deutsche

Eigenart ist. Die Jugendbewegung jedenfalls trägt ihren Teil Schuld daran, daß trotz ihrer hohen persönlichen Maßstäbe im nachbarschaftlichen Umgang das öffentliche Verbrechen des Nazismus nicht verhindert wurde. Die Nazis haben diesen Bruch zwischen der öffentlichen und der privaten Sittlichkeit zur brutalen Deutlichkeit gebracht.

Wir wissen, daß Höss ein rührender Familienvater war und zugleich Kommandant von Auschwitz. Himmler schwärmte von der Tierliebe und organisierte Massenmord. In einer Rede vor SS-Gruppenführern in Posen am 4. Oktober 1943 sagte Himmler: »Von euch wissen die meisten, was es heißt, wenn 100 Leichen beisammenliegen, wenn 300 daliegen oder wenn 1000 daliegen. Dies durchgehalten zu haben und dabei – abgesehen von Ausnahmen menschlicher Schwäche – anständig geblieben zu sein, das hat uns hart gemacht. Dies ist ein niemals geschriebenes und niemals zu schreibendes Ruhmesblatt unserer Geschichte.«

Anständigkeit, das beweist dies Himmlerzitat, war Wohlverhalten in der Gruppe, war Ordnung und Sauberkeit, war Pünktlichkeit und vor allem Übereinstimmung im äußeren Erscheinungsbild mit den Menschen, mit denen man zusammenlebt. Man mag nicht in nächster Nähe einen ganz anderen wissen, anders in der Lebenshaltung, anders aber auch vielleicht nur im Aussehen. Und so treffen denn auch heute noch denjenigen, der beispielsweise seine Haare länger wachsen läßt, als man sie trägt, die Sanktionen der Gleichgeschalteten.

Man braucht Gleichklang im Nahbereich. Offensichtlich kann der Spießbürger nur schwer vertragen, daß sich jemand in seiner Umwelt anders benimmt als er selber. In seinem Lebenskreis muß es stimmen. Was draußen in der Welt vorgeht, mag ein interessanter Gesprächsstoff sein, aber im Grunde kümmert ihn das nicht.

Wir schreien auf, wenn vor unserer Haustür ein Hund überfahren wird. Wenn aber weit weg, dort hinten in Vietnam, Napalmbomben auf kleine Kinder fallen, so trifft diese Nachricht zwar auf unser pflichtschuldiges Mitleid, aber dies verbleibt an der Oberfläche, wie überhaupt das Mitleid kein verläßlicher Impuls für unser sittliches Engagement zu sein scheint. Denn es vermag uns offensichtlich nur in Bewegung zu bringen, wenn es aus nächster Nähe provoziert wird. Die Welt bedarf weniger unserer Gefühle, als vielmehr der rationalen Einsicht in die Notwendigkeit einer humanen Weltgestaltung für alle. Es kann das Überleben der Menschheit als Menschheit davon abhängen, ob es uns gelingt, unser sittliches Bewußtsein über die nationalen Grenzen hinaus auszudehnen und die ganze Welt als Feld unserer moralischen Übungen zu betrachten. Sittlichkeit hat nur noch in globalen Dimensionen Anspruch, ernstgenommen zu werden.

Mitgegangen – mitgehangen

Es ist nichts anderes als ein Alibi, mit dem der Staatsbürger seine Untätigkeit verdecken will, wenn er sagt, wir hätten kein Recht, uns um das Unrecht in der Welt zu kümmern, weil unsere Geschichte selbst blutbefleckt und schuldbeladen ist. Die Logik des ruhebedürftigen Bürgers sucht nach Gründen, die ihm seine Behaglichkeit erhalten, und so kommt er auf den absonderlichen Gedanken, er könne durch Schweigen zu dem gegenwärtigen Unrecht draußen in der Welt das vergangene Unrecht in Deutschland gutmachen. Zur Stützung seiner Theorie wird der Altvaterspruch vom Kalender geholt: »Wer selbst im Glashaus sitzt, soll nicht mit Steinen werfen.« Die Jugend aber, die auf die Straße geht, will nicht stillhalten. Und wenn auf dem entferntesten Fleck der Erde den Menschen Unrecht geschieht, so müssen wir aufbegehren, denn auch das ist ein Altvaterspruch, der allerdings zu Recht besteht: »Mitgegangen ist mitgehangen.« Es gibt keine innere Emigration mehr, jedenfalls darf sie nicht als Entschuldigung gelten. Wir haben die Welt zu verantworten, und deshalb werden wir nicht schweigen.

Was heißt es, der Schah sei Gast unseres Landes und müsse deshalb jubelnd begrüßt werden? Wer Verbrechen begeht, den dürfen weder Staatsräson, hohe Ämter, Orden und Ehrenzeichen und noch so phantasievolle Uniformen vor unserer Verachtung schützen. Glaubhafte Zeugen berichten uns, daß im Land, dessen Herrscher der Schah sein will, noch immer Feudalismus herrscht und daß dort die Folter noch immer ein Instrument gerichtlicher Untersuchungen ist. Unser Widerstand muß allen Gewaltsystemen gelten, und hier melden sich die ersten Zweifel an der gegenwärtigen Studentenprotestwelle. Ich höre Vietnam und wieder Vietnam und noch einmal Vietnam. Doch still ist es, wenn in Biafra die Ibus in Massen geschlachtet, im Sudan Katholiken niedergemetzelt werden oder in Indonesien auf Chinesen Großjagd veranstaltet wird. Die Menschenwürde ist unteilbar.

Ich vermisse an der Studentenprotestbewegung die Souveränität, die notwendig ist, um Überblick zu behalten. Offensichtlich gibt es in der

Optik vieler Studenten einen Filter, der bestimmte Zonen der Welt abblendet. Ich vermute, Dutschke ist auf dem linken Auge blind. Denn von ihm ist nichts zu hören gegen die Grausamkeiten der chinesischen Kulturbewegung und nichts ist zu hören gegen Schriftstellerprozesse in der UdSSR.

Den Mächtigen das Fürchten lehren

Wir müssen eine öffentliche Weltmeinung provozieren, welche die Macht der Mißachtung gegen jede Art von Inhumanität richtet, wo immer sie geschieht und wer immer ihre Initiatoren sind.
Zum ersten Mal in der Geschichte der Menschheit ist die reale Chance gegeben, daß sich eine öffentliche Meinung in weltumspannendem Sinne bildet. Der Marktplatz, auf dem die Meinungen ausgetauscht werden, ist der Globus. Die modernen Kommunikationsmittel knüpfen Verbindungen zu den entfernten Weltgegenden. Wir sind unmittelbare Zeugen, wenn in Kapstadt ein Herz verpflanzt wird, und wir sehen fern, was in Tokio geschieht. Man weiß voneinander, denn wir alle sind Teilnehmer des Weltgeschehens. Aber wir wollen nicht stille Zuschauer bleiben. Unsere Stimme soll die Meinungen in der Welt mitbestimmen. Wir müssen die Macht der öffentlichen Meinung der brutalen Gewalt entgegensetzen. Die Mächtigen der Welt sollen das öffentliche Urteil fürchten lernen. Darum muß das öffentliche Urteil ein Instrument humaner Moral werden.
Es mag sein, daß es utopisch klingt, der Macht von Atombomben die Macht der öffentlichen Meinung entgegenzustellen. Freilich, auf den ersten Blick vermag die letztere nicht der ersten die Waage zu halten. Aber nur auf den ersten Blick. Die Zeichen stehen für die Massen. Überall auf der Welt wachsen Menschen in eine neue Mündigkeit. Überall wollen sie ihr eigenes Schicksal mitbestimmen. Die Politik wird aus den geheimen Kabinettsälen an das Licht der Öffentlichkeit gedrängt und muß sich auf dem Forum der öffentlichen Meinung bewähren. Wer sich an der Macht halten will, muß dafür sorgen, daß er bei der Masse etwas gilt. Hier ist kein Grund, über das Massendasein der modernen Politik in Klagen auszubrechen, wie feinsinnige Elitetheoretiker es zu tun pflegen. Die Masse ist die Chance, denn nur die große Zahl kann die Machtmittel bändigen, welche der technische Fortschritt den Regierenden in die Hand gibt.

Träume nicht ins Blaue hinein

Sorgen wir dafür durch politische Bildung und durch unser Engagement, daß die Masse, die große Zahl, sich nicht verführen läßt von den Managern der Meinungsmanipulation, durch große Worte oder Brot und Zirkusspiele. Die öffentliche Meinung muß ein Ort der moralischen Bewährung der Mächtigen werden. Sie ist das ständige Gericht, das die Massen einsetzen, um die Handlungen der Regierung zu kontrollieren, die von ihnen bestellt ist. Die Regierenden stehen im Dienst der Regierten, das Gemeinwohl zu verwalten.

Realpolitiker, jene, die vorgeben, das schmutzige Geschäft der Politik bis in seine feinsten Verästelungen zu kennen, werden nur ein mitleidiges Lächeln für diese Ideen haben, von denen sie sagen, es seien Hirngespinste von Tagträumern. Aber war es nicht von jeher das Vorrecht der Jugend, zu träumen? Nur darin sollte sich unsere Generation von den vorhergehenden unterscheiden, daß unsere Träume nicht ins Blaue hineingehen, nicht den Rübezahl in der Waldeseinsamkeit suchen, sondern produktiv auf ein besseres Leben der Menschheit gerichtet sind. Warum sollten Träume nicht eine Macht sein und nicht eine Wirklichkeit von morgen? Waren nicht große technische Erfindungen auch zunächst Hirngespinste von Träumern, und warum sollte nicht auch eine friedliche Menschheit von morgen heute vorausgeträumt werden?

Der Krieg ist das größte Übel

Friede oder Tod, das ist die Alternative, die sich mit dem Fortschritt der Waffentechnik herausstellt. Es ist unsere Aufgabe, der Öffentlichkeit diese Wahl vor Augen zu stellen in der Hoffnung, daß sich der gesunde Menschenverstand für das Überleben entscheidet. Die Verwirklichung unserer Träume verpflichtet uns, nach wirklichen Wegen zum Traumziel »allgemeiner Friede« zu suchen. Ein erster Schritt wird sein, daß wir den Waffengebrauch in seinen extremen Möglichkeiten einschränken. Wer Atomwaffen in kriegerischen Auseinandersetzungen einsetzt, muß der Verachtung der Menschheit anheimfallen. Ganz gleich, wer es ist, und für welchen Zweck sie geworfen werden. Wir werden sicherlich nicht bei Pfeil und Bogen landen, aber die grausamsten Mittel müssen den Kriegern aus den Händen genommen werden. Das Kriegsspiel muß als der Übel größtes in das Bewußtsein der Menschen gerückt werden.

Der Mensch ist kein Mittel zum Zweck

Es gibt keinen Grund, die Mannestugend im Kampf besonders zu pflegen und die kämpferischen Heldentaten zu feiern. Die menschlichen Tugenden können auf der friedlichen Kampfstätte geübt werden. Wir brauchen kein Stalingrad, um Vorbilder zu produzieren, für uns gibt es eine Front, die Front der Menschlichkeit. Ich habe kein Verständnis, wenn der Bayernkurier Stalingrad insgeheim irgendeinen Sinn abzugewinnen versucht und auch nur den Versuch einer Rechtfertigung unternimmt. Alle großen Worte gelten nichts vor dem Recht auf Glück, das jeder Mensch besitzt. Es gibt keinen Zweck, der den Menschen als Mittel verbrauchen dürfte. Das ist auch der Vorwurf, den ich Dutschke zu machen habe, daß seine großen Ideen in die Zukunft enteilen und keine Rücksicht nehmen auf die jetzt lebenden Menschen. Auch der Kommunismus gebraucht um seines Zieles willen ganze Generationen wie Bausteine. Man muß sich von jedem Fanatismus freihalten, weil er auf Kosten des menschlichen Glücks geht.

Jungsein als Zeichen des Angriffs verstehen

Unser Vorschlag heißt, Bewegung gegen Ruhe, Diskussion statt Gesprächslosigkeit und Unterscheidung statt Kollektivurteil, Frieden anstelle von brutaler Gewalt. Das mögen zunächst nur Schlagworte sein, aber wenn wir uns über die Ziele, die sie andeuten, einigen, haben wir schon viel gewonnen. Sie werden fragen, was dies alles mit dem Thema »Jugend in der modernen Gesellschaft« zu schaffen habe. Wenn Sie die Jugend beschränken auf ein bestimmtes Lebensalter, dann freilich habe ich mein Thema verfehlt: Wenn Sie allerdings Jungsein als Signum eines Angriffes betrachten, der sich von der alten Gesellschaft mit ihren Klassenschranken und Vorurteilen, ihrer sterilen Stabilität distanziert, dann, treffen die beschriebenen Aufgaben für eine Gesellschaft zu, die sich jugendlich verhält, die noch etwas verändern kann, die eine neue Zeit heraufführen will.

Jungsein ist keine Konsummode

Es gab sicherlich Zeiten, in denen der alte Mensch normsetzende Lebenshaltung angab. Wir können dies etwa auf Bildern erkennen, wo Kinder in der Mode der alten Menschen gekleidet waren. Es gab Zeiten, in denen Jünglinge sich ihr Haar grau puderten, weil Altsein eben besonders anziehend wirkte. Heute ist das Umgekehrte feststellbar. 70jährige schmücken sich mit Blumenhütchen und 80jährige treten als Teenager auf. Die Gesellschaft will jung sein. Wir müssen darauf achten, daß das Leitbild Jugendlichkeit nicht den Blick auf die Gebrechlichen und Leistungsunfähigen versperrt. Jugendlichkeit der Gesellschaft muß Mobilität der Gesellschaft heißen. Die Gesellschaft muß fähig sein, sich zu verändern, und zwar auf Ideale hin, von denen man sagt, daß das Alter sie aufgrund vielfacher Enttäuschungen nicht mehr anziehend findet. Ich plädiere für eine Gesellschaft, die sich zu Idealen bekennt. Freilich nicht zu Idealen, die als Zuflucht vor der rauhen Wirklichkeit dienen, sondern zu Idealen, die Ziele für die Wirklichkeit abgeben. Die großen Ideale müssen in der Lage sein, unsere alltägliche Gesellschaft zu gestalten. Unsere Einzelforderungen müssen in Übereinstimmung stehen mit den großen geistigen Bewegungen der Gegenwart.

Mitbestimmen, was uns bestimmt

In der Mitbestimmung beispielsweise geht es nicht um eine kleinkarierte Sozialtechnik, sondern um den Grundsatz der Selbstbestimmung des Menschen im Bereich der Wirtschaft. Wir wollen nicht mehr, daß Menschen, und sei es auch nur für 40 Stunden in der Woche, wie tote Sachen behandelt werden, und wie tote Sachen werden sie auch dann noch behandelt, wenn man ihnen ausreichend Lohn und genügend Freizeit gewährt. Die Menschen wollen mitgestalten oder mitbestimmen, was sie bestimmt. Im Staat haben wir dies durch die parlamentarische Demokratie verwirklicht. In der Wirtschaft wollen wir es durch Mitbestimmung erreichen.
Unseren Mitbestimmungsforderungen hält man entgegen, daß sie die Wirtschaft ruinieren. Aber ich vermag nicht einzusehen, warum Arbeitnehmer weniger an einer wachsenden Produktivität interessiert sein sollen als Arbeitgeber. Was sie allerdings von diesen unterscheidet, ist die Verteilung des Ergebnisses der Produktivität. Der technische Fortschritt muß allen zugute kommen. Insofern ist wirtschaftliches Wachstum allein noch kein Gütezeichen.
Wir werden den wirtschaftlichen Konkurrenzkampf nicht gewinnen, wenn wir nicht den Kampf der gesellschaftlichen Systeme bestehen. Wenn wir im Kampf um die Gesellschaftsordnung keine Lösungen

anzubieten haben, nützt uns der wirtschaftliche Fortschritt wenig. Jene Völker, die jetzt ihre Selbständigkeit erlangt haben, suchen noch nach einer Ordnung, die sie akzeptieren können. Vielleicht gelingt es uns, ihnen ein Modell vorzuführen, das die Fehler des Kapitalismus ebenso vermeidet wie die des Kommunismus. Die Mitbestimmung ist ein Baustein für eine Gesellschaft, in der freie Menschen leben und diese Freiheit nicht nur auf die freie Zeit beschränken, sondern auch in ihrem Arbeitsleben verwirklichen wollen. Wir dürfen uns auch nicht schrecken lassen durch große Worte, mit denen man unsere Forderungen als kommunistisch abzustempeln versucht. Wir wünschen, daß man zu den Forderungen der Gewerkschaften ohne Vorurteile Stellung nimmt.

Es ist ein altes Rezept, durch Schockworte das Denken außer Gefecht zu setzen. Die Pest war zu früheren Zeiten ein solches Wort, das Panik auslöste, die Türken ein anderes, Syphilis ein drittes. Heute heißen die Worte Kommunismus, Mitbestimmung und Gewerkschaften.

Damals wie heute verlieren viele Menschen bei Nennung dieser Worte die klare Übersicht. Diese ist jedoch Voraussetzung einer vorurteilsfreien Diskussion. Vorurteilsfreie Diskussion ist für die Demokratie lebenswichtig. Wer etwas gegen die Mitbestimmung vorzutragen hat, möge dies mit vernünftigen Gründen tun. Auch die Gewerkschaften werden sich korrigieren, wenn man sie überzeugt.

Die Gewerkschaftsjugend verkörpert sowohl einen Teil der Jugend als auch der Arbeiterbewegung. Jugend- und Arbeiterbewegung erscheinen mir jedoch als die einzigen intakten Kräfte, die eine Veränderung der Gesellschaft bewirken können. Die Jugend wird die in sie gesetzten Erwartungen nur erfüllen, wenn sie sich nicht von einem ziellosen Anarchismus verführen läßt, der nur noch provoziert, ohne zu fragen, wozu, dem es nur um das Aufsehen eines Happenings zu tun ist oder um das Gaudi des Krawalls.

Die Arbeiterbewegung in Deutschland wird die in sie gesetzten Erwartungen nicht erfüllen, wenn sie sich lediglich als die Fortsetzung der SPD mit anderen Mitteln versteht. Die Einheitsgewerkschaft, zu der sich nach dem Zusammenbruch des »Tausendjährigen Reiches« die Arbeiter aus den verschiedenen weltanschaulichen Richtungen zusammengefunden haben, wird auf Dauer nur Erfolg haben, wenn sie sich, auch gegenüber den politischen Parteien, als eine unabhängige Kraft versteht. Diese Unabhängigkeit ist die Voraussetzung dafür, daß sie wirkungsvoll gegenüber allen Parteien auftritt.

Ich fürchte, alte traditionelle Scheuklappen auf seiten der christlichen wie der sozialistischen Arbeitnehmer verhindern oft die unbefangene Beurteilung politischer Situationen. Die junge Arbeitnehmerschaft der Gewerkschaften aber ist weniger belastet von den geschichtlichen Auseinandersetzungen und den früheren Gegensätzen der Richtungsgewerkschaften. Vielleicht erleichtert dies die Zusammenarbeit. Da niemand seine parteipolitische Überzeugung aufgeben will und soll, hat diese Zusammenarbeit sicher ihre Grenzen, aber vergessen wir über diese Grenzen nicht das Gemeinsame, daß wir alle für die Arbeitnehmerschaft in unseren Parteien wirken wollen. Vieles hat sich in den letzten Jahren gebessert, was anfangs zu schweren Streitigkeiten in der Einheitsgewerkschaft Anlaß gab.
Jugend, Jungsein, das war die Behauptung meines Vortrages, steht stellvertretend für das Neue, für die Veränderung in der Gesellschaft. Allerdings muß geklärt werden, wohin die Reise geht! Nicht Veränderungen zum Zweck der Veränderung, sondern um eines Zieles willen. Neue Zeiten verlangen die Überprüfung der alten Gepflogenheiten. Der Abschied von gestern wird nicht von den Alten vollzogen; er bedarf der Mitwirkung der Jugend. Daran kann sie auch nicht von Polizeiknüppeln gehindert werden.

Referat vor dem Bezirksjugendtag der Deutschen Postgewerkschaft am 8. März 1968 in Heidelberg

Schick protestiert und bürgerlich gesoffen

Es war in Köln-Mülheim. An dem Tage, den man im Rheinland den Vatertag nennt. Und den die Väter dann auch auf ihre Art und Weise feiern. Also, es war Christi-Himmelfahrt.
Revolutionäre Untergrundmusik, stimulierend als Landregen, kam auf die Besucher bereits beim Betreten der Stadthalle von den Decken hernieder. Warum auch nicht? Schließlich wurde hier der Kongreß der jungen Postgewerkschafter eröffnet. Es muß nicht immer Beethoven sein. Und überhaupt, das Ritual der herkömmlichen Kongreßeröffnungen ist stinklangweilig. Also mal was Neues!
Das sah dann so aus: eine Protestsängerin trat an die Rampe und sang von den Armen in Vietnam. Umspielt von ihrem antiautoritären Kinde, das ab und zu verehrend zur Protest-Mutter blickte, im übrigen aber sorglos zwischen der lässig aufgebauten Band im Hintergrund und der Solistin an der Rampe pendelte.
Der Saal war zufrieden. Er raste.
Dann noch die Begrüßung. Altvater Vorsitzender sprach beruhigende Worte, deren Zuspruch vornehmlich aus der Selbstzufriedenheit des alten Funktionärs erwuchs, da die Nachwachsenden unzufrieden waren.
Doch dann kam mein Auftritt. In der Rolle des CDU-Vertreters. Selbst darüber hätte man wahrscheinlich noch hinweg gesehen und auch als eine rituelle Revolution getarnt, wenn ich nicht den Fehler gemacht hätte, anstelle des traditionellen Begrüßungsgeschwafels von der Notwendigkeit der Gewerkschaften zu sprechen. Auch ich protestierte. Aber ich protestierte leider nicht gegen den vereinbarten Feind in Vietnam und für die armen Neger in Amerika, sondern gegen das Stillhalten der Gewerkschaften in Sachen Mitbestimmung.
Jetzt war der Teufel los. Denn ich hatte gegen die unausgesprochene Abmachung derjenigen verstoßen, die keine Konventionen zulassen wollen und nur das verdauen, was ihren Erwartungen entspricht.
Nach mir sprach der Gewerkschaftsvorsitzende noch in der Rolle des

Vorsitzenden des Personalrates der Bundespost. Er wäre dumm gewesen, wenn er nicht dem Programm Rechnung getragen hätte. Aber er war klug. Also bekam ich mein Fett ab. Wo denn die CDU in den letzten 20 Jahren gewesen wäre, wenn es um den sozialen Fortschritt gegangen wäre. Brausender Beifall! Klar!

Anschließend sang die Protest-Mama von der Verelendung der proletarischen Klassen und den armen Negersklaven. Natürlich und selbstverständlich mußte auch sie mir im Text zwischen den Songs eins auswischen. Das war natürlich spontan. Die Menge johlte vor Zustimmung. Hurra, der Saal hat seinen Nigger! Und immer drauf auf den schwarzen Mann der CDU: Wir sind für die repressionsfreie Gesellschaft.

Das antiautoritäre Kind spielte indessen unberührt von diesem Kampfgetümmel noch immer frei und unerzogen glücklich zwischen den Beinen der Protest-Mama. Das Schlachtfest, welches gerade die Protest-Mama den Kapitalisten bereitete, gilt für das glücklich antiautoritäre Kind schon nicht mehr. Es lebt bereits jenseits des Klassenkampfes.

Zwischendurch, das muß noch nachgetragen werden, sprach einer aus der höheren Zone der Beamtenhierarchie in Vertretung des Ministers über postalisches Allerlei. Der Saal langweilte sich weniger als der Redner. Ihm wurde nichts getan, denn was er tat, war nur eine Erinnerung an die Grußworte vergangener Zeiten. Aber der Rückfall in das alte Ritual ist eher verzeihbar als ein Vorstoß in das Neue.

Höhepunkt der Veranstaltung war das Absingen der Internationalen. Der Saal stand nicht nur physisch, sondern auch emotional. Ich blieb sitzen. Als alles vorbei war, ging ich, kaufte mir am aufgebauten Proteststand noch schnell den »Hüsch« auf Schallplatte, denn er war billig zu haben, und verschwand ... in die nächste Kneipe ..., wie alle Revolutionäre auch.

Auf dem Weg dorthin begegnete mir, der Zufall wollte es, die Protestsängerin. Sie war im Unterschied zu mir nicht auf dem Weg zur Kneipe, sondern lenkte den Schritt zu ihrem Gefährt, einem Mercedes. Das Kind übrigens ging jetzt wohlerzogen neben seiner offensichtlichen Originalmama. Es war für eine Stunde ausgeliehen. Die Welt war wieder ganz in Ordnung. Was auch dadurch bestätigt wird, daß, wie mir später berichtet wurde, die Protestsängerin angesichts ihres hohen Revolutionsabsatzes den Kaufpreis ihrer Ware erhöht und vom Gewerkschaftskassierer ein höheres Honorar als vereinbart verlangt hatte. Bekanntlich regeln im Kapitalismus Ange-

bot und Nachfrage den Preis. Die Nachfrage nach Revolution war an diesem Nachmittag sehr groß.
Diese Geschichte ist kein Märchen, sondern ein Bericht. Doch die Menschen dieser Erde brauchen sich von den geschilderten Vorgängen ebensowenig beunruhigen zu lassen wie von den Märchen. Beide lassen die Welt unverändert. Die Bewegung, welche diese Art von Gewerkschaftsjugend zustande bringt, ist keine andere als die Art von kollektiver Gesinnungsonanie.
Die neue Protestbewegung der Gewerkschaftsjugend zeigt erstaunliche Verwandtschaft mit dem Irrealismus der Jugendbewegung. Anstelle der blauen Blume ist die Revolution getreten. Aber das eine wie das andere wird nur schwach artikuliert. Blaue Blumen wie Revolution sind mythische Chiffren, die zwar gemeinsam nach einem einfachen Glück suchen. Die Innenseite der Rituale steht in einem auffälligen Gegensatz zur Alltagswirklichkeit. Während drinnen schick protestiert wird, wird draußen bürgerlich gesoffen. Auch darin sind sie sich gleichgeblieben, die jungen Erneuerer ohne praktische Erinnerung an die Zukunft.

Aus »Soziale Ordnung«

Scheideweg

QUINTESSENZ

»Am Ende der Führung durch das KZ Auschwitz steht ein Galgen. Er ist die Hinrichtungsstätte, auf welcher der von den Polen verurteilte ehemalige KZ-Kommandant Rudolf Höss endete. Der von Grauen erschütterte Besucher empfindet so etwas wie Erleichterung. Das also war das Ende, der Schlußpunkt von Auschwitz. Ist das aber alles? Ist diese Art von Genugtuung vielleicht doch nicht die christliche Antwort? Das Böse ist unheimlich, und keine vergeltende Wiedergutmachung schafft es aus der Welt.
Die Namen der Verbrecher von Auschwitz werden wohl schon in wenigen Jahren vergessen sein. Die Funktionäre des organisierten Hasses sind dann in der Namenlosigkeit der Vergangenheit verschwunden.
Von Maximilian Kolbe jedoch wird man noch in hundert Jahren reden. Er war jener KZ-Häftling, der seinen Platz mit dem des Nachbarn, eines polnischen Familienvaters tauschte und an dessen Stelle in die Gaskammer ging. Für ihn wird man Altäre herrichten und fürbittend sich seiner erinnern.
Maximilian Kolbe oder Rudolf Höss – wer ist stärker? Stellvertretendes Opfer ist stärker als Haß.
Das ist ein Grund der Zuversicht einer christlichen Botschaft, wie sie im Leitwort des Katholikentages 1980 verkündet wird, ›Christi Liebe ist stärker.«

Los der Namenlosen

Ein Gesprächsangebot an die Kriegsgeneration

»Wir hoffen, daß wir uns alle darüber einig sind, daß die einzige Scheidung, die zu vollziehen ist, die zwischen Verbrechen und Gewissenlosigkeit auf der einen und Anstand und Sauberkeit auf der anderen Seite ist. Auf dieser Grundlage wollen wir die innere Aussöhnung des Volkes mit all unseren Kräften betreiben.«

»Innere Aussöhnung«, nicht blinde Rache also sollte das Programm der Regierung Goerdeler sein. Diese Regierungserklärung blieb auf dem Papier, auf dem sie uns überliefert ist; sie wurde nie abgegeben – die Henker waren schneller.

Ein Tag wie der 20. Juli könnte ein Treffpunkt der Generationen sein, wenn er, seiner routinierten Rituale ledig, dem Austausch von Fragen, Erfahrungen und Antworten diente. Maßnehmend an den Helden des Widerstandes wollen wir den Vätern nicht mangelnden Heroismus vorwerfen. Denn Heroismus ist keine allgemeine Verhaltensregel. Und unser Mut steht nicht unter existentiellem Beweiszwang. Aber nicht jede Frage der Jungen kann mit dem vorwurfsvollen »Ihr seid ja nicht dabeigewesen« abgeschnitten werden. Wer sich den Mechanismen der Tabuisierung beugt, flieht in die Geschichtslosigkeit.

Zur konsequenzlosen Bewunderung sind die mit dem Leben bezahlten Erkenntnisse des Widerstandes jedenfalls zu schade. Die teuerste Hinterlassenschaft des 20. Juli ist, so meine ich, die Mahnung, daß Pflicht und Gehorsam nicht abgekoppelt werden dürfen von den Zwecken, denen sie dienen. Es gibt keine Pflicht, die gegen Schuld immun wäre.

»Aus der verwirrenden Fülle der möglichen Entscheidungen scheint der sichere Weg der Pflicht herauszuführen. Hier wird das Befohlene als das Gewisseste ergriffen, die Verantwortung trägt der Befehlshaber, nicht der Ausführende. In der Beschränkung auf das Pflichtgemäße aber kommt es niemals zu dem Wagnis der auf eigene Verantwortung hin geschehenen Tat, die allein das Böse im Zentrum zu

treffen und zu überwinden vermag. Der Mann der Pflicht wird schließlich auch noch dem Teufel gegenüber seine Pflicht erfüllen.« (Dietrich Bonhoeffer) Ist die Hinterlassenschaft des 20. Juli ein Programm zur Auflösung jeder Pflicht? Ich verstehe Bonhoeffer nicht so. Es gibt sogar noch in Unrechtssystemen Pflichten.
Die Geschichte liefert ebenso eindrucksvolle Exempel für den Mißbrauch der Zwecke wie für den der Mittel. Der Zweck heiligt nicht die Mittel, und die Mittel heiligen nicht den Zweck. Der Kreuzzug war ein hehres Ideal für jene, die ihn ausriefen, und er wurde von miesen Geschäftemachern mißbraucht. Der Hitler-Krieg war Unrecht, und doch gab es in ihm Vorbilder soldatischer Uneigennützigkeit: Nächstenliebe als selbstloser Einsatz für den Kameraden und Fairneß für den Feind. Das alles gab es ebenso wie große Grausamkeit. Doch die Beispiele entheben uns nicht der Frage, welchen Zwecken der Krieg diente. Darauf die Antwort zu geben: »Pflicht ist Pflicht« und »Gehorsam ist Gehorsam« entzöge uns den Boden, auf dem wir unsere Widerstandskämpfer ehren.
Nicht in jedem Falle waren die Kriegsziele das »Damaskuserlebnis« des Widerstandes. Auch Mittel, mit denen sie erstrebt wurden, öffneten vielen die Augen. Im Gebrüll des Freislerschen Volksgerichtshofes hören wir im Originalton die fast schüchtern leise Stimme eines Angeklagten: »Es waren die vielen Morde.«
Mittel und Zweck also bestimmen die Grenzen der Pflichterfüllung. Wo diese liegen, kann wahrscheinlich nicht kasuistisch festgestellt werden. Aber, daß es auch die Pflicht der Pflichtverweigerung gibt, das hat uns das Gewissen des Widerstandes angezeigt.
Wo beginnt Pflicht, wo endet sie? Die unzweideutigen Fälle lassen sich leicht beschreiben, bei denen Pflicht nur das andere Wort für Bequemlichkeit ist. Schwieriger wird es im Grenzbereich des Gewissens. Es ist sperrig gegen gesetzliche Kodifizierung. Wir suchen nach Orientierung und Sicherheit und fördern manchmal nur Pseudosicherheiten zutage: »Vaterland – Ja! Hitler – Nein!« Aber wenn das reale Vaterland mit Hitler und Konzentrationslagern verstrickt ist, kann Aufstand geboten sein.
Uns mögen diese Fragen erscheinen wie scholastische Disputationen über das Problem, wieviel Engel auf einer Schwertspitze tanzen können. So weltfremd wie diese Frage ist unsere Frage jedoch nicht. Denn wie sonst könnten sich Dissidentenbewegungen gegen die Gesetze des Vaterlandes auf die Menschenrechte berufen? Anatolij Schtscharanskij und Alexander Ginsburg kämpfen gegen ihr real existierendes Vaterland.

Die einfachen Muster der Vergangenheitsbewältigung sind meist zu grob, als daß sie für Schuldzuweisungen brauchbar wären: »Die Wehrmacht war sauber, verbrecherisch die SS.« Als Lebenslügen sind solche Einteilungen wahrscheinlich nützlich, vor allem für jene, die den besseren Teil des Schemas erwischt haben. Bei einer Verstrickung in Zwangssituationen tragen Pauschalurteile nicht dazu bei, den Faden personaler Verantwortung zu entwirren.
Wieso eigentlich soll unter allen Umständen und in jedem Falle ein unter Zwang stehender SS-Mann schuldiger sein als ein Soldat? Unter Zwang schwinden die moralischen Distanzen: Die gute Tat ist weniger wert und die schlechte weniger schlimm. Zwangssysteme nivellieren die Moral.
Freilich konnte im KZ niemandem das Unrecht unbekannt bleiben. Ein Gasofen ist unübersehbar. An der Front dagegen mögen viele Landser nicht durchschaut haben, welchem System sie dienten. Neben dem freien Willen ist jedoch die Erkenntnis des Unrechts eine Voraussetzung der Schuldfähigkeit. Aus der Perspektive des KZ-Insassen war jeder Tag, an dem die Front länger stand, ein verlängertes Lebensrisiko. Vier Wochen später Kapitulation, und es hätten weniger Menschen überlebt; vier Wochen früher wären es mehr gewesen. Front und KZ existierten also nicht beziehungslos.
Schuld jedenfalls läßt sich nicht kolonnenweise aufteilen, das Gewissen nicht kollektiv verpacken. Aber diese Einsicht ist nicht der Lieferschein für eine Kollektiventschuldigung. Denn jeder bedeutet etwas für das allgemeine Schicksal. Fabian von Schlabrendorff, fernab von jeder Kollektivschuldthese, schreibt in seinem Rückblick auf den 20. Juli 1944, daß »teils technische Umstände, teils fehlerhafte Planung, teils mangelnde Durchschlagskraft für die Niederlage verantwortlich« waren. Beim Zusammenzählen jedoch kommt er auf eine ganz andere Summe: »Wer selbst am 20. Juli handelnd beteiligt war, der weiß es besser: Der wahre Grund lag in der Tatsache, daß die Zeit nicht erfüllt war. Die Massen des damaligen deutschen Volkes waren im Jahr 1944 nicht mehr für Hitler. Aber sie waren auch nicht gegen ihn. Sie standen abseits. Sie sahen sich nicht als Subjekt, sondern als Objekt des Geschehens. Sie glaubten an den Buchstaben des Eides und an die Pflicht des absoluten Gehorsams.«
Und so erinnert der 20. Juli an Helden, aber paradoxerweise auch an die namenlose Verantwortung aller. Sie kann zwar nicht individuell zugerechnet werden, ergibt sich aber doch aus der Summe der individuellen Verantwortung.
Das Gelände, in dem wir uns bewegen, ist von Emotionen vermint.

Mißverständnisse sind vorgegeben. Was Beschreibung sein soll, wird als Vorwurf verstanden; was Beispiel ist, wird verallgemeinert. Wir haben unsere Vergangenheit noch nicht verarbeitet: zuwenig Trauer, zuviel Verdrängung. Wenn Geschichtsarbeit als eine Variante von Nestbeschmutzung abgesperrt wird, bleibt für die jüngere Generation der Ausweg in die ideologischen Dogmen.
Vielleicht könnte sich unsere Vergangenheitsbewältigung auch entkrampfen, wenn in unseren Reden etwas mehr Demut und Barmherzigkeit zu finden wären. Vielleicht würden dabei sogar alte Untertanenhaltungen demontiert. In Monarchien mußte das Volk demütig sein, damit der König barmherzig sein konnte. Wie wäre es, wenn in der Demokratie die »Oberen« (auch die von gestern) etwas mehr Demut zeigten, damit das Volk barmherzig sein kann?

Aus »Die Zeit«, 21. Juli 1978

Folter

Kaum eine gedachte Grausamkeit, die nicht den Gedanken verlassen und Wirklichkeit geworden wäre. Die Phantasien des Grauens streben offenbar ins Unendliche. Ihre realen Werkzeuge perfektionieren sich, die Qualen nehmen kein Ende.
Dabei hält sich unsere Zeit doch für einen Gipfel des zivilisatorischen Fortschritts. Dennoch sind es Zeitgenossen, die gequält werden. In rund zwei Drittel der souveränen Staaten sind Folterwerkzeuge in Betrieb. Es ist also keine Minderheit, die von unseren Artgenossen gequält wird. Das Heer der Gemarterten ist groß und überhaupt: macht es einen Unterschied, ob eine Million oder zehn Millionen Menschen unter der Folter leiden? Schon einer ist zuviel! Der Schmerz dieses einen verändert sich nicht, ob er einer von zehn oder einer von zehn Millionen ist. In jedem, der aufschreit, wird die Menschheit zerstört, wenn Menschheit mehr als ein abstrakter Genusbegriff sein soll, nämlich das Substrat der Brüderlichkeit.

Die Reichweite der Solidarität ist universell

Es kann keine ernstzunehmende Solidarität der Menschheit geben, wenn nur die eigene Gruppe, Klasse, Kaste, Religion, Nation umfaßt wird. Die auf Ausschluß angewiesene Solidarität, jene also, die andere vor der Tür braucht, damit die, die drinnen sind, sich wohlbefinden, ist sicherlich nur eine Variante des Egoismus, der sich als Individualismus zu schwach fühlte und deshalb Zuflucht ins Kollektiv nahm.
Die Schule der großen Aggression ist noch immer der Krieg. Die Vernichtung des Gegners ist Ziel und psychische Befriedigung des Krieges. »Die Wurzel allen Kriegdenkens ist der Grundgedanke, sich selbst zu erhalten und den Feind zu vernichten. Alle technischen, faktischen und strategischen Lehrsätze sind nur Anwendungen dieses

Grundes. Der Einzelkämpfer, der in Deckung geht, um am Leben zu bleiben, und auf seinen Gegner schießt, um ihn zu töten, folgt ihm genauso wie der Stratege, der einen Feldzug oder einen Krieg plant.« (Mao Tse-Tung)

Unter dem Schild der Legitimität und der Loyalität werden Taten vollbracht, die im Nichtkriegszustand als Verbrechen bestraft, im Krieg aber als Heldentat gefeiert werden. Das muß auf jede Aggressionssehnsucht wie eine große Attraktion wirken. Wie unverständlich ist eine Welt, in der in der Nachkriegszeit plötzlich friedliches Verhalten von den Mitbürgern verlangt wird, die gestern als Soldaten für das Töten Auszeichnungen erhielten. Es ist erstaunlich, wie schnell das Umschalten vom Soldat zum Bürger meist gelingt. Gelingt es wirklich?

Ist das Verlangen nach Grausamkeit, wie jene schwarze Spinne, die nur im Holz unserer Alltagsgewohnheiten eingeschlossen ist und jederzeit ausbrechen kann: Ein im Krieg dickgefüttertes Untier?

Krieg und Folter sind Gestalten der Unterwelt

Unter dem Druck einer unbezahlbar werdenden technologischen Kriegsgigantonomie rüsten die Großmächte sich zur Abrüstung. Der Kostendruck ist eine heilsame Nachhilfe für diese Abrüstung. Ohne die Reduzierung der Kriegsausstattung führt der Zwangswettlauf zum innerstaatlichen Kollaps der Großmächte. Der Schuß geht nach hinten los. Dieser Umschlag der Rüstungsanstrengung ist eine zarte Hoffnung auf die Kriegseindämmung, und SALT könnte eine Schwalbe werden, die den Abrüstungssommer ankündigt, dem kein neuer Winter folgt.

Aber vielleicht ist dieses Denken in Großprojekten, in denen Raketen, Atombomben etc. gezählt und gegeneinander aufgewogen werden, nur die Eindämmung des Großkrieges, jenes kollektiven Selbstmordversuches, zu dem die Menschheit inzwischen fähig geworden ist. Unter dem Schirm des Atompatts werden die kleinen Kriege jedoch weitergeführt werden können. Beweise dafür sind Vietnam, Nahost, Biafra. Und wieder gilt: ob eine oder zehn Millionen Tote, ob im goßen Krieg oder im kleinen gefallen, für den Toten macht dies keinen Unterschied. Über alle subtilen Abrüstungstechniken hinweg, deren Beitrag zur Verhinderung von Grausamkeiten keineswegs kleingeschrieben werden soll, wird uns nur weiterhelfen eine allgemeine Verachtung der Grausamkeiten in jeder Form. Ob Krieg gegen die äußeren Feinde oder Foltern gegen die inneren, alle Formen der Beschädigung des Lebens sind Gestalten aus der Unterwelt, die wir mit einem allgemeinen Horror ausstaffieren müssen. Zum ersten Mal in der Geschichte der Menschheit stellen die Massen eine globale Macht dar. Wenn es gelänge, ihren Willen auf den Minimalkonsens des Lebensschutzes zu einigen, wäre die Humanität ein großes Stück vorwärtsgekommen. Eine Meinungslawine für das Leben kommt jedoch nur zustande, wenn nirgendwo Entschuldigung für eigenes oder verwandtschaftliches Versagen gesucht wird. Wenn im Westen die Augen vor der Grausamkeit beispielsweise in Chile und die Augen im Osten vor der Grausamkeit beispielsweise in der UdSSR geschlossen würden, wäre die gute Sache einer alle Ideologien transzendentierenden moralischen Weltmeinung für das Leben bereits korrumpiert, bevor sie sich konstituieren könnte.

Folter und Personenvernichtung gibt es auch ohne Qual

Der Schutz des Lebens darf nicht nur jene handfesten blutrünstigen Grausamkeiten einschließen, sondern muß auch die verschwiegenen aufstöbern.
Die Perfektion der modernen Folter könnte noch bis zur Unmenschlichkeit bei den Betroffenen selbst gebracht werden. Die Drogenexperimente des amerikanischen CIA wurden offensichtlich von den Versuchskaninchen selbst nicht bemerkt. Und die Zeiten, in denen im Osten mit den brutalen Methoden der Gehirnwäsche politische Gegner kirregemacht und auf Vordermann gebracht wurden, sind längst vorbei. Der Austausch der Person vollzieht sich heute ohne Aufschrei, weil er sich ohne Qual vollziehen kann. »Die Gedanken sind frei.« Bei dieser optimistischen Einsicht konnten die Gefolterten vergangener Zeiten Trost suchen. In der äußeren Bedrohung verblieb dem Gequälten noch immer der Rückzug in das, was man pietistisch einmal Herzenskämmerlein genannt hatte. Dort konnte noch das Gegenteil des öffentlichen Geforderten und manchmal auch Zugestandenen gedacht werden. Die Folterknechte der modernen Psychotechnik jedoch erreichen auch das Herzenskämmerlein, und sie erreichen es auf leisen Sohlen.

Die Gründe für Grausamkeit erst nicht entstehen lassen

Die Sicherheiten gegen den Ausbruch der lebensbedrohenden Grausamkeiten verlieren ihren Halt, solange sie auf die äußere Abwehr beschränkt bleiben. Denn die äußere Abwehr wird angesichts subtiler Manipulationstechniken, mit denen das Leben geknebelt werden kann, ins Leere greifen. Sicher, wir brauchen Gesetze, mit deren Hilfe Grausamkeit bestraft wird. Aber die Sanktionen wirken nur prophylaktisch. Sie sind gleichsam das Geländer vor dem Abgrund. Wichtiger wäre es, die Abgründe der Grausamkeit gar nicht erst entstehen zu lassen. Dazu ist eine Strategie der Humanisierung unseres Lebens in allen Lebensbereichen unausweichlich. In dieser Strategie spielt die Erziehung zum Frieden eine große Rolle. Nur wo die Nachfrage nach Menschlichkeit wächst, hat die Grausamkeit in jeder, also auch in ihrer heimlichen Form abnehmende Chancen. Diese Erziehung zur Mitmenschlichkeit ist weniger Sache der guten Redensarten, als vielmehr Sache der Gesellschaft, in der Freundlichkeit keine Dummheit ist. Wenn in der Schule vor allem die individuelle Selbstdarstellung, nicht die Kommunikation und nicht Team geübt werden, solange an Arbeitsplätzen noch der alles übertreffende Einzelkämpfer besonders hoch bewertet wird, solange unser Selbstwertgefühl von dem Maße abhängt, in dem wir den Nachbarn übertreffen und sei es nur in der Urlaubsreise, solange hat die Freude an dem Miteinander wenig Entfaltungsraum und die Lust an der Grausamkeit, welche von den Aggressionen gefüttert wird, einen großen.

Toleranz muß das Anderssein des anderen bejahen

Die Toleranz, die von einer befriedeten Gesellschaft gefordert wird, ist mehr als das Ertragen des anderen. Sie lebt von der Bejahung des Andersseins des anderen. Die Welt hat mehr Möglichkeiten, als in einer Person Wirklichkeit werden können. Eine Toleranz, die Pluralität nicht nur erträgt, sondern bejaht, ist eine neue Form der beglückenden Mitexistenz. Diese Toleranz entgeht der Alternative Individualismus-Kollektivimus, weil sie getragen wird von einem Personalismus, der das eigene Ich immer nur in Relationen begreift.

Die neue Mitmenschlichkeit läßt die alten Feldzeichen der sich gegenseitig bekämpfenden Imponierideologien Kapitalismus und Sozialismus hinter sich und sucht einen neuen dritten Weg.

Aus »Abschaffung der Folter«, herausgegeben von »amnesty international« zum Tag der Menschenrechte am 8. 12. 1975. Norbert Blüm ist Mitglied des Ehrenpräsidiums von »amnesty international«

Mörder muß man Mörder nennen

Mord, Totschlag, Terror und Gewalt begleiten die Menschheitsgeschichte. Abstrakte Entrüstung ändert nichts. Die Qual der Menschheit ist benennbar in den Opfern der Zeitgenossen. Nicht die Menschheit ist das Opfer der Gewalt, sondern der konkrete Nachbar, und die Folter läßt sich an vielen Stellen der Erde dingfest machen. Ihre Herren (nicht ihre Knechte) sind namentlich bekannt. Die Benennung der Gewalttätigen erst transformiert die moralische Entrüstung in Politik. »Die chilenische Regierung ist eine Mörderbande.« »Der den DGB besuchende ehemalige russische Geheimdienstchef Scheljepin ist ein Mörder.« Das sind Sätze mit politischer Wirkung. »Gewalt muß bekämpft werden« dagegen ist allgemeines moralisches Gesabbel, das nichts bewirkt als schöne Gefühle bei den Herstellern solcher onanistischer Rhetorik.

Können, sollen, dürfen Staatsmänner Mörder Mörder nennen, auch wenn diese sich als Staatsmänner maskiert haben? Nach der herkömmlichen Konvention darf Matthöfer die chilenische Regierung nicht Mörderbande titulieren. Aber was ist das für eine Konvention? Gehört die Welt einer Diplomatie, in der befrackt und schulterbandbeflaggt festlich diniert wird, während aus den Kellern des Festhauses die Schreie von Gefangenen mit den Klängen Mozartscher Tischmusik konkurrieren, nicht eher auf die Bretter des absurden Theaters als auf jeden Fall in den Fundus der Außenpolitik?

Freilich, das Dilemma ist groß: Wir können Außenpolitik nicht im Elfenbeinturm der Selbstgenügsamkeit betreiben. Abmachungen, Verträge müssen das Miteinander, so gut es geht, regulieren, auch mit Staaten, die uns nicht passen. Aber muß denn Außenpolitik von menschlichem Leid absehen, damit sie klappt? Die »Nichteinmischung in die inneren Angelegenheiten anderer Staaten« ist eine fragwürdige Spielregel, wenn sie Konzentrationslager, die Zellen politischer Gefangener und Folterkammern verdunkelt. Das Gebot der Menschlichkeit ist älter als die Erfindung der Souveränität.

Wer sich über Matthöfers Beschimpfung der chilenischen Regierung aufregt, sollte nicht vergessen, seine Erregung ins Verhältnis zu den Taten derjenigen zu setzen, die Anlaß zu dem Titel Mörderbande gaben.
Mörderbande hin, Mörderbande her, Kriterium für die Rechtfertigung von Protest bleibt die Wirkung, die er erzielt. Wem hilft's?
Todenhöfer kann zu Recht darauf hinweisen, daß seine weniger geräuschvolle Aktivität die Freilassung Hunderter politischer Gefangener in Chile zuwege gebracht hat. Ich halte dieses Ergebnis für einen beunruhigenden Einwand gegen Proteste, die nicht die gleiche Wirkung haben. Säße ich im Keller eines chilenischen Gefängnisses, mir wäre egal, wer mich herausholt und mit welchen Mitteln. Hauptsache frei. Deshalb erhält Todenhöfer zu Recht den Dank vieler Freigelassener.
Hilfe durch diskrete Fürsprache oder lautstarke Proteste? Die Abwägung der Mittel ist jedoch nicht so simpel, wie das womöglich aussieht. Beschränkung auf stillschweigende Fürsprache kann leicht zur ungewollten Komplicenschaft mit den potentiellen Gewalttätern von morgen degenerieren, wenn diese sich darauf verlassen können, daß wir auf öffentliche Entlarvung verzichten, um das jeweils Schlimmste zu vermeiden.
Es müßte so etwas entstehen wie die globale Öffentlichkeit einer Moral, die jeden Terror, jede Gewalt und Verfolgung mit der Sanktion einer allgemeinen Verachtung bestraft. Im Wettkampf der politischen Systeme spielt Prestige keine untergeordnete Rolle. Dieser Bedarf nach Wertschätzung ist die Chance für eine neue moralische Weltöffentlichkeit, die freilich nur Macht entfalten kann, wenn Sie auf keinem Auge blind ist und niemand schont, auch nicht die eigene ideologische Verwandt- oder politische Nachbarschaft.
Angriffe auf die jeweils andere Hälfte der Weltkugel werden als propagandistische Apologie abgeheftet, wenn die Angreifer nicht auch zu Kritik im eigenen Lager oder auch nur bei denen, die nicht im anderen stehen, fähig sind.
Chile, Sibirien, Vietnam ... liegen auf ein und derselben Weltkugel.

Aus »Konkret« 6/1975

Bei Handgranaten hört die Diskussion auf

Ausschnitt aus einer Pressekonferenz mit Redakteuren von Schülerzeitungen am 1. März 1974 in Ludwigshafen

Frage: Wie stehen Sie zu den Demonstrationen in Frankfurt und zu dem Problem der Häuserbesetzung?
Blüm: Für mich hört der Spaß auf, wo Gewalt angewandt wird, wo Menschen in Gefahr sind. Wenn Kellerwohnungen mit Handgranaten verteidigt werden, der grausamen Phantasie sind da offenbar keine Grenzen gesetzt, dann stelle ich fest: es gibt keinen politischen Inhalt, der dies rechtfertigt. Mit diesen Kameraden brauche ich erst gar nicht zu diskutieren. Wer eine Handgranate während einer Diskussion in der Tasche hat, scheidet aus der Diskussion aus. Er braucht mir nicht zu erklären, wie vernünftig sein Anliegen ist, denn es kann nicht vernünftig sein, wenn er dazu eine Handgranate benutzt. Da müßte es in der Tat eine breite Bewegung geben, auch in der Jugend, auch unter politisch sehr verschieden Denkenden, daß wir uns einig werden, welche Mittel in der politischen Auseinandersetzung eingesetzt werden dürfen. Es müßte eine breite Welle der Gemeinsamkeit der Angehörigen aller Parteien geben, die Gewalt diskriminiert. Ich glaube, wir brauchen eine Art Anti-Gewalt-Welle, denn ich fürchte, daß diese Zivilisation unter einem ungeheuren Aggressionsüberschuß leidet. Wenn dieser Aggressionsüberschuß in politische Aktionen umgesetzt wird, dann kehren wir wieder ins Neandertal zurück. Dann wagt sich niemand mehr auf die Straße, dann wird es offenbar ein Kavaliersdelikt, jemanden umzulegen. Deshalb muß ein Bewußtsein gegen Gewalt geschaffen werden, das aber nicht von einer Partei monopolisiert werden darf.

Frage: Glauben Sie, daß diese Zwischenfälle bei Demonstrationen dazu führen können, daß das Recht der Versammlungsfreiheit eingeschränkt oder gar vollständig abgeschafft werden wird?
Blüm: Das glaube ich nicht. Man muß das Kind nicht mit dem Bad ausschütten. Ich bin nie dafür, hysterisch zu werden. Weil im Rhein jemand ertrunken ist, kann man den Rhein nicht abschaffen. Des-

halb können Mißbräuche des Demonstrationsrechts nicht zu einem generellen Demonstrationsverbot führen.

Frage: Noch einmal zurück zu der Frage vorhin. Wie stehen Sie zu dem Problem Häuserbesetzung?
Blüm: Das, was hinter den Häuserbesetzungen steht, halte ich für ein ernstes Problem. Es geht um den Verfall unserer Großstädte. Es entstehen laufend Versicherungspaläste, Banken, Wohnhochhäuser usw. Unsere Städte sterben aus. Das, was man früher unter dem Begriff Stadt verstand, besonders im kulturellen Sinne, gibt es heute schon nicht mehr. Hier geht es um das Problem der Bodenordnung. Manche Leute haben immer Patentrezepte auf Lager; aber Kommunalisierung oder Privatbesitz sind Formeln, die völlig vorbeiführen. Und mit dem Abdanken des Verstandes treten dann solche Handlungen auf wie Häuserbesetzungen. Das sind die letzten Abwehrmöglichkeiten einer faulen Gesellschaft, die ihr Hirn nicht mehr anstrengen will, auf Probleme aufmerksam zu machen.
Bevor überhaupt die Alternative Versicherungsbau – privater Hausbesitz besteht, müssen die Bürger Interesse daran haben, wie ihre Stadt aussieht. Die urbane Kultur, eine abendländische Zivilisationsform, scheint Ende dieses Jahrhunderts in die Brüche zu gehen. Man zieht sich zurück ins Wochenendhaus außerhalb der Stadt, und diese Gesellschaft fällt völlig gesprächsunfähig auseinander.

Frage: Zum Teil werden auch Häuser besetzt, weil die Jugendlichen keine Möglichkeiten haben, sich irgendwo zu treffen. Alte Häuser mit ihren großen Räumen und Kellern sind als Treffpunkte ideal. Wie sehen Sie diese Probleme?
Blüm: Ich könnte mir vorstellen, daß da ein Teufelskreis im Spiel ist: Weil es kein Jugendzentrum gibt, werden Häuser besetzt, und weil Häuser besetzt werden, bauen andere wiederum keine Jugendzentren.

Frage: Besteht nicht die Gefahr, daß die gesamte Jugend mit den wenigen Jugendlichen, die gewalttätig werden und randalieren, identifiziert wird?
Blüm: Das kann ich nur bestätigen. Die Antwort darauf heißt aber nicht Fatalismus, sondern öffentliche Gegenmeinung mobilisieren durch Presse, Schülerzeitungen, Leserbriefe usw. Ich glaube, man sollte sich mit einem solchen Faktum nicht abfinden.

Radikalenerlaß

Der Ausschluß junger Mitbürger vom öffentlichen Dienst entscheidet über Lebenswege. Wer ihn handhabt, spielt die Rolle des lieben Gottes. Ein Fehler hier, ein Mißverständnis dort, eine Intrige noch dazu, und schon sind die Weichen für ein ganzes Leben gestellt. Daß Dilettantismus und Gesinnungsschnüffelei sich breitgemacht haben, spricht sich langsam herum. Die Raffinesse von wirklichen Verfassungsfeinden ist nur selten in das Netz von Erlassen gegangen.
Aber wenn nur einer zu Unrecht ausgeschlossen bliebe, hätte die Freiheit mindestens soviel Schaden genommen, wie wenn einer durch die Maschen des Verfassungsschutzes geschlüpft wäre.
Wäre das deutsche Beamtenrecht nicht mit lebenslangem Kündigungsschutz ausgestattet, würde die Prüfung vor Eintritt in das Beamtenverhältnis eine geringere Rolle spielen, und Vergangenheitsbeweise wären weniger wichtig als Gegenwartsbewältigung.
Niemand verlangt Selbstmord der Demokratie. Der Staat muß sich nicht jenen ausliefern, die ihn umstürzen wollen. Aber ob ein Lokführer im Beamtenstatus gefährlicher ist als ein Omnibusfahrer im Angestelltenverhältnis ist doch zweifelhaft. Die Praxis des Radikalenerlasses steckt voller Ungereimtheiten. Wir sollten uns eine Portion mehr Gelassenheit leisten.

Aus »ÖTV-Magazin« 9/1978

Wegweiser

QUINTESSENZ

»Christen haben keine Patentrezepte zu bieten. An Patentrezepten herrscht in der Welt kein Mangel. Was wir brauchen, ist praktische Solidarität, um das, was wir für richtig halten, auch gegen Widerstand durchzusetzen.
Wenn sich Christen in Betriebs- und Personalräten für ihre Kolleginnen und Kollegen einsetzen, dann ist das eine Predigt ohne Worte, und vielleicht wird die von der Arbeitnehmerschaft besser verstanden als alle Sprüche, mit denen sie überfüttert ist.
Christliche Spiritualität müßte mehr als gewohnt von dem Zutrauen ausgehen, daß Gott größer ist als alle unsere Wahrheiten zusammen und Christen deshalb nicht ›am Ende‹ sind, sondern immer am Anfang. Das ist keine neue Einsicht, aber vielleicht könnte sie stärker unser Lebensgefühl und Alltagsbewußtsein erfüllen.
Die christlichen Unsicherheiten würden die Christen erträglicher machen. Denn die unerschütterliche Selbstgewißheit hat abnehmende Nachfrage auf dieser Welt, in welcher Maske sie auch auftritt.«

Christliche Politik – oder Politik der Christen

»Gebt dem Kaiser, was des Kaisers, und Gott, was Gottes ist.« Diesem biblischen Hausrezept folgend haben sich Jahrhunderte bemüht, eine Arbeitsteilung zwischen Welt und Kirche herzustellen. Die Grenzlinie war zwar immer umstritten, aber zumindest im abendländischen Teil der Christenheit war es so gut wie unbestritten, daß es zwei Reiche und zwei Schwerter gäbe.

Der antiautoritäre Impuls des Christentums

Trotz aller Streitigkeiten, von denen wir wissen, daß sie zeitweilig mit hohen menschlichen Opfern und Kosten verbunden waren, die Lehre von den zwei Reichen ist eine der Quellen politischer Freiheit. Denn keine Herrschaft, weder die staatliche, noch die kirchliche, konnte Allzuständigkeit beanspruchen.

Papst und Kaiser wiesen sich gegenseitig in die Schranken. In dem so geschaffenen Dualismus relativierte sich Herrschaft und konnte sich so nur als beschränkte etablieren.

Der abendländischen Freiheitsgründung wohnt ein antitotalitärer Affekt inne, aus dem das Mißtrauen gegen jedwede Macht jahrhundertelang gespeist wurde.

Was auf der horizontalen Ebene gleichsam in irdischen Ausmaßen im Verhältnis zwischen Kirche und Staat Spannungen auslöste und Freiheitsräume eröffnete, das fand seine Entsprechung in der vertikalen Dimension im Verhältnis zwischen Erde und Himmel.

Der sozialreformerische Impuls des Christentums

Diese Welt ist nicht die letzte der möglichen Welten. Hinter ihrem Horizont existiert eine zweite endgültige. Diese transzendentale

Beziehung zu einem Jenseits relativiert das Diesseits, weil die Erde vorläufig bleibt und menschliches Wissen nicht endgültig ist, also auch nicht endgültig festgelegt werden kann.
Schöpferische Freiheit ist auf diese Korrekturbedürftigkeit des menschlichen Wirkens angewiesen. Das eschatologische Loch jedweder Politik aus christlichem Verständnis ist die Bedingung für eine prinzipielle, unabschließbare Verbesserungsfähigkeit. Aber dies ist nur die Rückseite der Medaille von der prinzipiellen Unvollendbarkeit der Welt.
Die Vorstellung von einem Himmel im Jenseits hat in seiner speziell christlichen Ausprägung der Freiheit einen sozialreformatorischen Impuls gegeben. In jenem Himmel, auf den Christen hoffen, werden alle Menschen gleich sein. Alle irdischen Privilegien sind ohne letzten Sinn.
König und Bauer stehen gleichermaßen nackt und entblößt von allen Ehrenzeichen vor ihrem himmlischen Richter. Das letzte Gericht ist die große Demaskierung. Reiche oder Arme, Mächtige oder Ohnmächtige verlieren sub specie aeternitatis ihren letzten Wert. Der Glaube an die Gleichheit aller Kinder Gottes entzog den Oberen den mythischen Schutz der Unangreifbarkeit.
Der arme Bauer wußte, daß auch sein König nicht mehr als er ins Grab mitnimmt und er ebenso zitternd und um Gnade flehend dort oben ankommt wie er selbst.
Selbst wenn dieses Wissen nur in Legenden, im Bilderbuch, von Kirchenfenstern und Deckengemälden ihm vermittelt wurde, so entlud es dennoch im Laufe der Geschichte die Sprengkraft einer Entmythologisierung der Herrschaft und machte sie zu einem irdischen, vorläufigen Geschäft. Diese drei Gründungen der Freiheit aus dem Geiste des Christentums verliefen freilich nicht ohne Gegenbewegung.
Der Beitrag des Christentums zur Menschwerdung des Menschen vollzog sich nicht in einer Einbahnstraße des Fortschritts. Die christlichen Impulse der Freiheit konnten und können umgebogen werden – in unserer Sprache umfunktioniert werden.
Kaiser und Papst mißbrauchten ihre Truppen zur Unterdrückung der gegnerischen. Keiner von beiden war vor der Versuchung gefeit, die Welt der Herrschaft des oder der Auserwählten unterwerfen zu wollen, für die man verständlicherweise sich selbst und die eigene Anhängerschaft hielt. Aber auch unter diesem Vorwand, der als solcher selbst oft gar nicht erkannt wurde, sollte die ganze Macht usurpiert und Gegenmacht ausgeschaltet werden.

Den Himmel fürs Nichtstun mißbraucht

Der Glaube an das christlich verstandene Jenseits hat, wie wir alle wissen, nicht nur das Diesseits entzaubert und die Welt dem Menschen als Werkstatt der nie endenden Veränderung in die Hand gegeben, in der er sich bewähren müsse, sondern eben dieser Verweis auf das Jenseits hat sich in der Geschichte zu oft als eine Vertröstung auf den Himmel erwiesen. Ihn den »Spatzen und den Pfaffen« zu überlassen, konnten Marxisten nur deshalb mit Erfolg empfehlen, weil Christen die Erde unbeackert ließen und den Himmel als Alibi fürs Nichtstun mißbrauchten. Wobei die religiöse Besänftigung irdischer Freiheitsbewegungen mit Hilfe des Opiums »Religion« sich keineswegs scheute, blutvolle Gewalt gegen die Freiheit des Wandels einzusetzen.
Selbst die religiöse Gewißheit, daß alle Menschen Kinder Gottes sind und deshalb prinzipiell gleich, wurde zu einer transzendentalen Erwartung verflüchtigt, die mit den weltlichen Verhältnissen nichts zu schaffen haben wollte und die irdischen Hierarchien – weltliche und geistige – unbeschädigt lassen sollte. Die Unangefochtenheit der Ränge und ihrer Inhaber wurde schließlich auch noch durch eine sublime paulinische Theologie stabilisiert, daß, wer Knecht ist, Knecht bleiben solle. Säkularisiert, auf bürgerliche Interessen gebracht, fanden solche Verschleierungsideologien endlich Ausdruck im biedermeierlichen Kalenderspruch: »Schuster, bleib' bei deinen Leisten.«

Politik der Christen ist nicht immer christliche Politik

Der Blick zurück und nicht nur zurück zeigt, daß die christlichen Impulse der Freiheit keineswegs die Geschichte der Christenheit kontinuierlich begleitet haben und es deshalb auch keine Kontinuität der christlichen Politik gibt. Aber selbst wo die emanzipatorischen Antriebe des Christentums verdrängt, als Häresien verketzert und Außenseitern überlassen blieben, haben sie der abendländischen Geschichte der Freiheit selbst auf krummen Wegen Bahn gebrochen. Die Beiträge des Christentums zum Fortschritt der Freiheit lassen sich nicht leugnen, selbst dort nicht, wo sie von Nichtchristen übernommen und weitergeführt wurden. Dennoch, die Geschichte der Politik handelt von einem Defizit an christlicher Politik, und eine historisch belehrte Anthropologie weiß zudem, daß eben diese unmöglich ist, weil Menschen immer hinter ihren Ansprüchen zurückbleiben und Christen keine Ausnahme von diesem allgemeinen Defekt machen. Damit jedoch ist das Thema christliche Politik nicht abgehandelt, und eben diese Ansprüche an christliche Politik gibt es offenbar unabhängig vom Zustand der Christenheit. In diesem imperativen Sinne gibt es eine christliche Politik. Sie darf nicht mit einer Beschreibung der Politik der Christen verwechselt werden. Und eben diese Ansprüche sind nicht überholt, wiewohl sie immer nur in einer je eigenen geschichtlichen Abschattierung sichtbar werden.

Macht und Gewalt als Problem der Christen

Der Dualismus Kaiser – Papst ist überholt, aber die Erfahrung dieser Spannung als Ermöglichung der Freiheit wurde im neuzeitlichen System der Gewaltenteilung genutzt. Freiheit ist offenbar am besten in mehreren Händen aufgehoben, also in einem pluralistischen System von Macht und Gegenmacht bewahrt. Monolithische Strukturen gefährden sie, weil dort, wo keine Gegenmacht die Macht kontrolliert, dem Mißbrauch keine Schranken gewiesen werden können. Als Ersatzlösung für pluralistische Machtstrukturen bleibt nur das Vertrauen, daß das Machtmonopol von guten Menschen verwaltet würde. Aber offensichtlich – auch das ist eine christliche Einsicht – ist niemand so gut, als daß er nicht in Versuchung stünde, die Freiheit der anderen zu vergewaltigen, und vor dieser Gefahr schützt die Gegengewalt eben dieser anderen.
Das Thema der Freiheitsgründung durch ein System der Machtverteilung ist unerschöpflich und auch noch nicht durch das klassische Prinzip Montesquieuscher Gewaltenteilung erschöpft. Immer neue Machtverkrustungen gefährden die Machtbalance.
Anders als in feudalen oder gar absolutistischen Zeiten entsteht im industriellen Zeitalter in gesellschaftlichen Machtverkrustungen eine den Staat überwältigende Macht, in die er selber verstrickt ist. Pressure groups, Massenorganisationen und Kapitalinteressen vermögen den Staat aus den Angeln zu heben. Die Störanfälligkeit des komplexen Systems ermöglicht die Erpreßbarkeit des Staates durch Kleingruppen, wenn sie nur die strategisch wichtigen Punkte in den Griff bekommen. Eine Handvoll Flugzeugpiraten erschüttert das Weltverkehrssystem. Subversive Kommandounternehmen erreichen mehr als ganze Schlachtreihen vergangener Kriege.

Das Problem von Macht und Gewalt stellt sich 1974 anders als 100 Jahre früher. Aber es bleibt die Freiheit heute wie damals auf ausgewogene Machtverhältnisse angewiesen. Auch der zweite Beitrag einer christlich verstandenen Politik, nämlich ihr Transzendenzbezug, bleibt nicht ohne neuzeitliche Bedeutung. Nur wo Politik vorläufig ist und letzter Gewißheiten ermangelt, ist Dialog möglich, nämlich als Versuch, durch gemeinsame Anstrengungen bessere Lösungen zu finden.
Wo die politische Wahrheit absolut verfügbar ist, nur da kann sie total durchgesetzt werden und der Dialog bestenfalls ein pädagogisches Tarnmanöver zur Indoktrination eben jener »Wahrheit« sein. Auch der dritte Beitrag eines christlichen Politikverständnisses ist noch nicht erfüllt. Von der Gleichheit, und sei es nur die Gleichheit der Chancen, kann in einer Welt nicht gesprochen werden, in der das Gefälle zwischen Reich und Arm so ist, wie es ist. 80 Prozent der Menschheit leben von 30 Prozent der Güter dieser Erde.

Gleichheit der Kinder Gottes?

Von einer christlichen Politik kann also nicht im Sinne einer verwirklichten Praxis die Rede sein, sondern nur in der Bedeutung einer Anspruchsordnung. Wobei allerdings diese ideale Ordnung nicht platonischer Bauart ist, für die das politische Problem lediglich im Transport der zeitlos gültigen Ideen in das Reich der Wirklichkeit liegt. Eine für alle Zeiten gültige Ordnung bleibt politisch relativ blaß. Eine Freiheit, von der Dschingis Khan, Karl der Große, Pius XII. und Vico Torriani gleichermaßen betroffen werden, ist politisch mehr durch Leere als durch Inhalt ausgezeichnet.
Politisch gefordert ist die Konkretisierung politischer Prinzipien auf die je eigene Zeit. Dieser Vorgang wird nicht im Sinne einer deduktiven Einbahnstraße verlaufen, so, als müßten Prinzipien nur angewandt werden. Im Prozeß politischer Praxis verdeutlichen sich die Prinzipien selbst, von denen die Praxis gesteuert wird, in Form eines Rückkoppelungsprozesses aus der politischen Erfahrung. Und hier, an dieser Stelle – gedanklichen Stelle – verbindet sich christliche Politik als Anspruchsordnung mit der Politik als deren politischer Praxis.
Christliche Politik und Politik der Christen sind zwar zweierlei, aber die Politik der Christen ist eben nicht belanglos für diese christliche Politik. Denn die politische Anspruchsordnung wird nur durch die

konkreten Anforderungen der Zeit sichtbar. Was die Anforderungen der Zeit sind, ermitteln die Christen nicht im Alleingang – sozusagen in Selbsthilfe.
Die Zeichen der Zeit sind kein christliches Produkt, sondern Ausdruck der Tendenzen und Sehnsüchte eben dieser Zeit, in der Christen mit anderen leben, und zwar nicht in einer Enklave, sondern inkarniert in die eine Welt, für die es nur gemeinsame Lösungen gibt, weil sich niemand dem einen, politisch gemachten Schicksal entziehen kann, und der Nächste überall auf der Welt ist, wo Menschen leben.
Politik der Christen ist nicht Selbstversorgung, sondern solidarischer Beitrag zur Ordnung der Welt, mobilisiert von der Anspruchsordnung einer christlichen Politik, zu der freilich nicht nur Christen Zugang haben. Was aber soll unter diesen Prämissen eine christliche Partei? Nichts, wenn sie glaubt, sie habe das Privileg einer christlichen Politik. Sie ist bestenfalls das Experiment von Bürgern, die angeben, welcher politischen Anspruchsordnung sie verpflichtet sind.
Dieser Ausweis des normativen Bezugspunktes aber muß als Motiv der politischen Lauterkeit erlaubt sein.

Aus »Das soziale Feigenblatt? Die Sozialausschüsse der Union«, Breidbach / May, Econ-Verlag, Düsseldorf-Wien 1975

Christlich-Sozial: Zwischen!

Mit dem Verhältniswort »Zwischen« ist die Position der Christlich-Sozialen am treffendsten bezeichnet. Aber freilich ohne Angabe der Bezugspunkte ist die Platzanweisung noch ohne Orientierung. Schon die Erfahrung zeigt, daß die christlich-soziale Bewegung häufig zwischen den Stühlen Platz genommen hatte. Das ist zwar eine Sitzgelegenheit, die vor politischer Erstarrung schützt, aber auf die Dauer unbequem ist und zudem noch politisch wirkungslos macht. Der Rückzug auf die reine Gesinnung ist eine alte Versuchung der Christlich-Sozialen. Die Reinheit dieses Motivs täuscht jedoch nicht über ihren Fluchtcharakter. Bewußtsein und Institution müssen gleichermaßen verändert werden. In der alten christlich-sozialen Terminologie hieß das »Gesinnungs- und Zuständereform«.

Zwischen Fatalismus und Fanatismus

Historisch ergiebiger als die »Stuhlgeographie« ist die Abgrenzung der christlich-sozialen Idee von politischem Fanatismus.
Es gibt in der christlichen Tradition einen tiefverwurzelten Hang, politische Anstrengungen mit der angeblichen Aussichtslosigkeit von Veränderungen zu diffamieren. Bisweilen wurde Fatalismus auch mit der Erwartung vom bevorstehenden Gottesreich begründet. Ein anderes Mal wurde er von einer Volksfrömmigkeit gespeist, in der die Erde nur als Jammer- und Tränental vorkam. Dem Schöpfungsgebot »Macht Euch die Erde untertan« konnte jedenfalls diese oft griesgrämige Frömmigkeit nichts abgewinnen. Sie steht auch im Widerspruch zum biblischen Ethos, daß die Nächstenliebe keineswegs auf eine individuelle, caritative Zuwendung beschränkt ist. Die Welt ist verbesserungsbedürftig und verbesserungsfähig.
Ebenso distanziert wie dem Fatalismus des »Nicht-verändern-könnens« steht die christliche Soziallehre auch dem Fanatismus des

»Alles-machen-wollens« gegenüber. Die Geschichte der Neuzeit erhielt einen bis dahin unbekannten Schwung durch das in der Renaissance aufbrechende Selbstvertrauen des Menschen. Nichts mehr schien unüberwindbar. Dieser Traum war allerdings angesichts der damaligen Mittel noch harmlos. Am Ausgang unseres Jahrhunderts jedoch nimmt der Wahn der unbeschränkten Machbarkeit der Welt menschenvernichtende Dimensionen an. Homunkulus, der Mensch aus der Retorte, ist keine Gestalt der dichterischen Phantasie mehr, er ist reale Zukunftsaussicht. Der Mensch nach Maß ist machbar, doch das Maß der Technokraten ist maßlos. Humane Entwicklung ohne normative Rückbeziehung geht in die Willkür von Fortschrittslaunen über.
Die technokratische Spiritualität der absoluten Beherrschbarkeit der Welt kann unterschiedliche, ja sogar gegensätzliche politische Ideologien füllen. Sie ist sowohl in kapitalistischer wie in kommunistischer Variante denkbar. Schließlich läßt sich sogar das kommunistische Manifest noch als Bekenntnis einer enttäuschten Liebe oder geheimen Bewunderung der kapitalistischen Fortschrittsidee lesen: »Die Bourgoisie hat in ihrer kaum hundertjährigen Klassenherrschaft massenhaftere und kolossalere Produktionskräfte geschaffen, als alle vergangenen Generationen zusammen. Unterjochung der Naturkräfte, Maschinerie, Anwendung der Chemie auf Industrie und Ackerbau, Dampfschiffahrt, Eisenbahnen, elektrische Telegraphen, Urbarmachung ganzer Weltteile, Schiffbarmachung der Flüsse, ganze aus dem Boden hervorgestampfte Bevölkerungen – welches frühere Jahrhundert ahnte, daß solche Produktionskräfte im Schoße der gesellschaftlichen Arbeit schlummerten?«
Das kommunistische Manifest als Hymnus auf den Kapitalismus – wer hätte das gedacht? Bei Licht betrachtet, enthüllt sich die kommunistische Revolution lediglich als Abstreifung der kapitalistischen Produktionsverhältnisse, auf daß sich die natürlichen Produktionskräfte ungehemmt entfalten können. Der Fortschrittsoptimismus hat sich allzu oft mit Fortschrittsfanatismus verbündet, der keine Zweifel zuläßt. Wo aber das Neue schon gut ist, weil es neu ist, dort ist ebensowenig Wahlfreiheit zwischen Lebensmöglichkeiten im Spiel wie dort, wo das Alte schon gut ist, weil es alt ist. Überall dort, wo die Zukunft mit Heilsgewißheit angekündigt wurde, war ihr Begleiter der Fanatismus, dessen Natur es ist, Widerstand zu zerbrechen. Wer des Rätsels Lösung mit absoluter Sicherheit anzugeben weiß, handelt nur konsequent, wenn er auch mit Gewalt dem Widerstrebenden Glück aufzwingt.

Zwischen Kollektivismus und Individualismus

Christlich verstandene Geschichte kennt dagegen Entwicklung, aber nicht Vollendung. Die Menschheit dreht sich nicht im Kreise, sondern sie bewegt sich auf einer Entwicklungslinie. Aber sie erreicht keinen Punkt, der nicht wiederholt oder zurückgenommen werden könnte. Diese politische Demut macht kritische Einstellungen zu eigenen Vorschlägen und Toleranz dem Fremden gegenüber erst möglich. Der Wahllosigkeit des technokratischen Eroberungswillens werden Schranken gesetzt durch ein Bild vom Menschen, wie er ist und wie er sein soll. Das christliche Verständnis vom Menschen hat gleichwertigen Abstand von Kollektivismus und Individualismus und den von diesen beiden abgeleiteten Gesellschaftssystemen Sozialismus und Kapitalismus.

Die Alternative zwischen Individualismus und Kollektivismus ist nur die Wahl zwischen zwei Einsamkeiten: der Einsamkeit des Individuums, das den schwächeren Nachbarn vergißt, und der Einsamkeit des Kollektivismus, in dem das Individuum gar nicht weiß, daß es selbst vorhanden ist.

Daß der Mensch sowohl Individual- wie Sozialwesen ist, ist der Grund dafür, daß der Platz der christlichen Soziallehre zwischen den Einseitigkeiten ist. Individualismus und Kollektivismus, Kapitalismus und Sozialismus haben je eine Teilwahrheit für das Ganze erklärt. Christlich-soziale Anthropologie ist nicht der Kompromiß, sondern die Integration von Teilwahrheiten. Sozialismus wie Kapitalismus sind dagegen Produkte eines einseitigen Menschenbildes.

Die Individualnatur des Menschen findet in dem Glauben an die Unverwechselbarkeit der menschlichen Person ihren Grund und in der Erfahrung von Grenzsituationen ihren modernen säkularisierenden Hinweis. In der höchsten Weise seiner Existenz ist der Mensch allein. Die Erfahrung des Todes kann niemand verdrängen oder stellvertretend übernehmen. Glaube und Selbsterfahrung liefern die Spuren zur individuellen Existenz.

Die Sozialnatur des Menschen ist ebenso sowohl biblisch begründet als auch der natürlichen Erkenntnis zugänglich. Adam ist nicht als Robinson geschaffen und die biblische Lebensfrage betrifft das Verhältnis zum »Geringsten meiner Brüder«.

Als biologisches Lebewesen ist der Mensch in extremer Art auf Gemeinschaft angewiesen. Er ist eine natürliche Frühgeburt und deshalb offen für Menschwerdung mit Hilfe der Mitmenschen. Der Mensch ist ein Kulturprodukt und deshalb auf »Du« angewiesen.

Sein Wesen ist Mitmenschlichkeit. Das biologische Defizit ist das Einfallstor der Kultur.
In dem höchsten Ausdruck kultureller Entwicklung, nämlich der Sprache, drückt sich die wechselseitige Durchdringung von individueller und sozialer Existenz aus. Sie ist als Kulturgut eine überindividuelle Leistung, artikuliert sich jedoch nur im individuellen Ausdruck.
Die christlich-soziale Position liegt in ihrer vertikalen, also geschichtlichen Form, wie in ihrer horizontalen, also gegenwärtigen ideologischen Alternative, zwischen den Extremen des Individualismus und des Kollektivismus.
Eine auf der Personenwürde aufbauende verantwortliche Gesellschaft, die sich auf die christliche Soziallehre stützt, hat als Sozialprinzipien vor allem Solidarität und Subsidiarität anzubieten.

Der eigene Standpunkt: Solidarität

Der Zusammenhalt der Gesellschaft ist nicht von Natur aus gesichert. Wir müssen uns Institutionen schaffen, wo Tiere sich auf Instinkte verlassen können. Menschliche Institutionen sind immerfort durch Chaos bedroht. Den Einzelwillen in Beziehung mit dem Ganzen zu bringen ist eine Kulturleistung. Und Gemeinschaftsinstitutionen zu schaffen, ist eine Aufgabe der Solidarität. Ehe, Familie, Staat sind ohne Solidarität, die über natürliche Neigung hinausgeht, nicht denkbar.
Christlich verstandene Solidarität schließt die Schwächeren ein und ist stellvertretendes Engagement für die, welche sich nicht selber bemerkbar machen können. Das ist der Ausgangspunkt der »Neuen Sozialen Frage«. Solidarität, die aus einer Kosten-Nutzen-Analyse entsteht, also aus Einsicht, daß Zusammenschluß erfolgreicher ist als individuelle Anstrengung, erreicht noch nicht das Ethos der solidarischen Gesellschaft im christlichen Verständnis. Die christliche Solidarität ist mehr als Kampf- und Klassensolidarität. Eine solche Auffassung ist nicht ohne akute Konsequenz.
Die Sozialeinrichtungen dienen nicht zur kollektiven Selbstbedienung. Die Stärkeren degenerieren selbst, wenn sie sich als die Schwächeren bezeichnen, nur weil sie es gestern waren. Die solidarische Balance muß ständig eingependelt werden.
Eine sensible Solidarität sucht Benachteiligungen nicht immer an derselben Stelle. Neue Diskriminierungen entstehen oft unentdeckt

und alte werden wortreich überspielt. Soziale Probleme sind nicht erst politische Probleme, wenn sie Massenerscheinungen sind.

- Armut muß nicht immer in materiellem Mangel bestehen. Armut kann auch Mangel an sozialen Kontakten sein. Integration ist eine Solidaritätsaufgabe. Die Alten-Not ist nicht in jedem Falle Renten-Not. Sie kann sozialer Ausschluß sein.

- Arbeitslosigkeit ist ein Solidaritätsverstoß, der nicht durch hohe Unterstützung wettgemacht werden kann. Ein neuer Klassenkampf zwischen Leistungsfähigen und Leistungsbeeinträchtigten zerstört Solidarität und schafft neue Privilegienhierarchien. Der Klassenkampf zwischen Arbeitsbesitzern und Arbeitslosen wird in seiner Härte den Kämpfen zwischen Kapital und Arbeit nicht nachstehen, und die neuen Etablierten können so erbarmungslos sein wie die alten.

- Eine familienfeindliche Politik verstößt gegen die Solidarität der Generationen. Denn die Familie zahlt zwar die Kosten der Kindererziehung, aber die gesamte Gesellschaft partizipiert an dieser Leistung. Die Kinder von heute werden morgen als Erwachsene die Beiträge für ihre nicht geborenen Zeitgenossen mitbezahlen müssen, damit die Alten zum Beispiel eine gesicherte Rente erhalten.

- Auch die Bewahrung einer natürlichen Umwelt ist eine Solidaritätspflicht. Schließlich wollen die Nachgeborenen nicht auf einem globalen Schuttabladeplatz hausen.

Solidarität ist also weder ein für allemal auf die gleichen Gruppen festgeschrieben, noch ist sie lediglich eine materielle Verteilungskategorie, noch hat sie es allein mit der Gegenwart zu tun. Die Solidarität der Generationen reicht in die Zukunft.

Der eigene Standpunkt: Subsidiarität

Dem überschwenglichen Vertrauen in Größe folgt die Enttäuschung. Verwaltungsreformen, mit Rationalisierungsversprechen ausgestattet, kommen uns teurer zu stehen als wir vermuteten.

- Die Großgemeinde hat nicht die Erwartungen erfüllt. Die Bürger fühlen sich in ihr nicht zu Hause. Und vielleicht war der alte Ortsbürgermeister nicht nur billiger, sondern auch »basisnäher« als ganze Kompanien von Sozialarbeitern, die jetzt Heimatlosigkeit professionell kompensieren.

- Die Großschule hat das Fließband in die Intelligenzproduktion übernommen. Alles ist optimal auf Leistung programmiert. Es gibt kein Fach, wo der Schüler nicht entsprechend seinem Wissensstand eingesetzt wird. Die Kinder bekommen, wenn es sein muß, den letzten Schrei des Wissens, wissenschaftlich aufbereitet, geboten. Auf dem Stellwerk von Kurssystemen werden Kinder hin- und hergeschoben. Aber ihr Bedürfnis nach Schulkameradschaft bleibt ungestillt, ihre Fähigkeit zur Gemeinschaft nimmt ab, und die Verhaltensstörungen nehmen zu.
- Das Großkrankenhaus, als Fabriksystem in die Gesundheitssicherung eingeführt, hat nicht alle Hoffnungen erfüllt. Der »Blinddarm von Zimmer 617« beschreibt nicht den ganzen Menschen. Und der Kranke läßt sich nicht auf Einzelteile reduzieren. Der Ruf nach Rückkehr des Menschen in die Medizin wird laut.

Als Atom im Weltraum der Gesellschaft verliert sich der Mensch. Einerseits auf Gemeinschaft angelegt, andererseits nicht auf Grenzenlosigkeit eingestellt ist der Mensch auf der Suche nach Identität jenseits von Alleinsein und Masse.
Die menschliche Bindungsfähigkeit ist offenbar nicht dehnbar wie ein Gummiband. Verloren in Institutionen, die außerhalb der Reichweite liegen, fahndet der entfremdete Mensch nach Spuren seiner Unverwechselbarkeit. Es wird zu einer Grundbedingung des humanen Überlebens der Großgesellschaft, daß sie gegliedert und in gestufter Verantwortung organisiert wird. Der Zentralismus ist eine Variante hierarchischen Denkens. Erst Subsidiarität schafft den Boden für mehr Verantwortung für mehr Füreinander.
Das Subsidiaritätsprinzip ist das Gliederungsprinzip einer solidarischen Gesellschaft. Es regelt die Kompetenzen nach dem Grundsatz: Der Mensch ist wichtiger als die Sache. Die jeweils kleinere Gemeinschaft hat also Vorfahrt, solange sie mehr Menschlichkeit mit sachgerechten Lösungen zu verbinden versteht.
Eine Sozialpolitik, die alles dem Staat überläßt, wird immer hilfloser. Der anonyme Apparat prostituiert sich als Ausbeutungsobjekt. Bürokratische Anonymität ist nicht fähig, ein solidarisches Ethos der Mitverantwortung zu entfachen.

Zwischen liberalem und konservativem Erbe in der CDU

Die christlich-soziale Idee gehörte zu den Erbstücken aus der Gründungsphase der CDU. Ohne sie wäre die CDU nie zu einer christlichen Volkspartei geworden. Der liberale und konservative Zug verstärkte sich erst mit den Erfolgen dieser Volkspartei. Das ist jedoch kein Grund für den Rückzug der christlichen Soziallehre. Die Christlich-Sozialen dürfen sich nicht in den Elfenbeinturm ihrer Gesellschaftslehre zurückziehen, sondern müssen den Dialog mit liberaler und konservativer Idee als eine produktive Herausforderung annehmen, in der möglicherweise Schwachstellen der eigenen Position oder Unterentwicklungen zum Vorschein kommen können. Das liberale Mitbringsel könnte die christlich-soziale Bewegung auf die Rechte des einzelnen stoßen, die in einer Massengesellschaft immer gefährdet sind. Es gehört zu den historischen Verdiensten des Liberalismus, daß er dem absoluten Staat die Rechte des einzelnen entriß und eine Individualsphäre des Privaten sicherte. Für die Zwischenräume zwischen Individuum und Staat entwickelte er jedoch sowenig Sensorium wie der Sozialismus. Sowohl die französische als auch die sowjetische Revolution zerstörte zuerst die intermediären Institutionen. Auch hier erwiesen sie sich als entfernte Verwandte.

Ein Liberalismus, der nur die Maske des Egoismus wäre, hätte der christlich-sozialen Bewegung nichts zu sagen.

Eine konservative Gesinnung, die dem Neuen die Beweislast überläßt und darauf beharrt, daß nicht alles gemacht werden darf, was gemacht werden kann, könnte Partner einer christlichen Sozialbewegung sein, die darauf besteht, daß die personale Integrität nicht dem Prozeß der Veränderung geopfert wird. Die Bewahrung der Welt als Haus des Menschen ist eine zukunftssichernde Aufgabe, auf die uns konservative Gesinnung bringt, insofern ist sie konservativ fortschrittlich. Als lediglich privilegiensichernde Ideologie ist sie dagegen reaktionär.

Die Christlich-Sozialen bringen in den Dialog der Volkspartei ihr Vorurteil zugunsten der Schwächeren ein.

Unveröffentlichtes Manuskript 1980

Dornen auf dem dritten Weg

Eine Buchbesprechung

Franz Focke beschreibt das Thema einer christlichen Sozialbewegung, die gleichzeitig gegen die alte und die neue Zeit kämpfte.
Mit dem bürgerlichen Besitzbürgertum hatte sie nichts zu tun. Aber ebensowenig mit dem »gottlosen Sozialismus«. Also gut: dann eben eine dritte, andere Position.
Die Idee eines dritten Weges zwischen Kapitalismus und Sozialismus gehört nicht ohne Grund zu den Lieblingsideen der christlichen Soziallehre. In der Praxis jedoch war dies alles viel komplizierter, denn auf der einen Seite des Bürgertums standen – von Ausnahmen abgesehen – die verehrten Bischöfe und auf der anderen Seite die »Klassenkameraden«, nämlich diejenigen sozialistischen Arbeiter, die genauso unter dem rücksichtslosen Industriesystem litten wie ihre christlichen Nachbarn am Arbeitsplatz.
Die Quadratur des Kreises, Unvereinbares zu vereinbaren, ging über die Kraft einer christlich-sozialen Arbeiterbewegung hinaus. Dem Begriff des christlichen Sozialismus haften von Anfang an die Züge des Scheiterns an.
Was im Laufe der letzten hundert Jahre als Gemeinsamkeit zwischen Christen und Sozialisten destilliert wurde, beeindruckt weniger durch seine intellektuelle Brillanz als durch die existentiellen Opfer, die der Preis des Versuchs waren. Der Weg zwischen Kapitalismus und Sozialismus ähnelt eher dem Vorhaben, zwischen Mühlsteinen durchzukommen. Und was im wissenschaftlichen Stil einer Dissertation Zug für Zug und Zeile für Zeile vorgestellt wird, enthält eher das Personal einer Tragödie als das Material einer Geschichtsarbeit.
Ich gestehe, daß mich die klassische Konstellation des christlichsozialen Dilemmas der letzten hundert Jahre und ihrer Opfer mehr berührt als alle akademischen Zettelkastenprodukte.
Es gehört nicht viel Einfühlungsgabe dazu, sich vorzustellen, was im Kopf eines katholischen Arbeiters vorging, der durch Bismarcks Kulturkämpfe an die Seite seiner Kirche gedrängt wurde, die ande-

rerseits ein paar Jahre später gegen Bismarcks Sozialistengesetze stumm blieb. Und wie groß muß der Ruck gewesen sein, den sich Emanuel Ketteler geben mußte, um über alle Gräben zu springen, an Lasalle zu schreiben und ihn um Rat zu bitten, wie denn die Lage der Arbeiterschaft verbessert werden könne. Nicht ohne Grund schrieb der Bischof anonym. Und dann kommen wir daherstolziert und sprechen hundert Jahre später kurz und bündig vom Versagen der Kirche. Offenbar waren die Verhältnisse doch komplizierter.

Franz Focke gliedert die Geschichte des Verhältnisses der christlichen Sozialbewegung zum Sozialismus in vier Phasen.

Die erste Phase reicht bis in die achtziger Jahre des vorigen Jahrhunderts. Sie ist gekennzeichnet von der Entstehung und dem Niedergang der christlich-sozialen Vereine. Ihre wirkliche Bedeutung kommt auch bei Franz Focke zu kurz. Es darf schließlich nicht vergessen werden, daß um die siebziger Jahre diese christlich-sozialen Vereine rund 200 000 Mitglieder hatten – mehr als alle sozialistischen Organisationen zusammen. Ihre Aktivität richtete sich keineswegs, wie manchmal etwas verniedlichend dargestellt wird, auf den beschaulichen Teil des Christentums. Schon früh kamen in ihren Reihen Forderungen nach dem Verbot der Kinderarbeit, nach Arbeitsschutzgesetzgebung und Verkürzung der Arbeitszeit auf.

Die zweite Phase umfaßt die letzten beiden Jahrzehnte des vergangenen Jahrhunderts. Mit dem Ende der Sozialistengesetze formierten sich die Gewerkschaften neu. Und es stand lange Zeit auf der Kippe, ob es zu einer einheitlichen Gewerkschaftsorganisation kommen könnte oder der Leidensweg der Richtungsgewerkschaften begonnen werden sollte. Focke schildert nicht, daß die Entscheidung für die christlichen Gewerkschaften nicht von vornherein feststand. Die christlichen Gewerkschaften sind auch das Ergebnis des Fehlversuchs, die Sozialisten vom Atheismus abzubringen.

Die dritte Phase ist gekennzeichnet durch einen Bruderkrieg zwischen den katholischen Integralisten und jenen christlichen Gewerkschaftern, die man – einem heutigen Sprachgebrauch entsprechend – als Ökumeniker bezeichnen würde. Der Kampf, der als »Gewerkschaftsstreit« in Erinnerung blieb, ging darum, ob die christlichen Gewerkschaften nur katholische Gewerkschaften sein oder die protestantischen Arbeitnehmer einbezogen werden sollten. Aber das war möglicherweise nur das Spiel, das auf der vorderen Bühne abgehandelt wurde. Dahinter ging es um die Suprematie der Hierarchie über die Laienbewegung. Die Emanzipation der sozialistischen Gewerkschaften von ihrer Partei findet ihre Entsprechung in der

Emanzipation der christlichen Gewerkschaften von der Hierarchie. Und die intriganten Hinterhältigkeiten, die dieses Gerangel kennzeichnen, sind so sehr auf der Ebene eines Trivialromans angesiedelt, daß es keinen Spaß macht, sie erneut hervorzukehren. Für die christliche Gewerkschaftsbewegung jedoch waren die Trivialitäten nicht ohne Konsequenz.

Die vierte Phase beschreibt die Weimarer Zeit. Sie ist gekennzeichnet durch Desintegrationstendenzen im deutschen Sozialkatholizismus. Auf der einen Seite verstärkte sich intellektuelles Engagement von Christen für den Sozialismus, auf der anderen Seite gewann parallel zur Volksgemeinschaftsidee das Modell der Volkspartei neue Anziehungskraft. Für die erste Anstrengung stehen Theodor Steinküchel, Wilhelm Hohoff und Vitus Heller, für den zweiten Versuch Namen wie Thomas Krause und Adam Stegerwald. Und es nimmt nicht wunder, daß gerade durch die beiden letzten der Disput über den christlichen Sozialismus in den Gewerkschaften beendet wurde.

Die weitgehend im Dunkel verbliebene Zeit ist die des Widerstandes. Offensichtlich hat eine einfache Heroisierung des Widerstandes uns behindert, die Heterogenität seiner Vorschläge für die Zeit nach Hitler ans Tageslicht zu befördern. Der heroische Kampf gegen das Verbrechen hat unsere Bewunderung so sehr in Bann geschlagen, daß wir nicht mit gleichem Interesse unsere Aufmerksamkeit auf die unterschiedlichen Vorstellungen vom Deutschland nach Hitler richteten. Es ist so einer allgemeinen Würdigung offenbar entgangen, daß es sowohl in der Grundsatzerklärung des Kreisauer Kreises wie in dem, was Goerdeler in seiner Schrift »Das Ziel« beschrieb, starke sozialistische Vorstellungen gab. Und sie – die sozialistischen Vorstellungen – waren auch die erste politische Artikulation des Nachkriegsdeutschlands.

Oft wird das Ahlener Programm der CDU wie eine exotische Pflanze dargestellt. Bei näherem Hinsehen jedoch zeigt sich, daß es eher das Abklingen als den Höhepunkt der sozialen Grundwelle der CDU darstellt. Ob im Frankfurter Kreis um Dirks und Kogon, im Kölner um Albers, Welty und Siemer, im Düsseldorfer Kreis um Karl Arnold oder in Baden-Württemberg um Simpfendörfer – selbst in Bayern waren die »sozialistischen« Grundströmungen bestimmende Kräfte. Wobei allerdings das Wort Sozialismus nicht mit marxistischer Orthodoxie übersetzt werden darf. Im Zusammenhang mit dem Sozialkatholizismus steht es eher für eine allgemeine antikapitalistische Grundströmung und ein hohes soziales Ethos.

»Das kapitalistische Wirtschaftssystem ist den staatlichen und sozia-

len Lebensinteressen des deutschen Volkes nicht gerecht geworden. Nach dem furchtbaren politischen, wirtschaftlichen und sozialen Zusammenbruch als Folge einer verbrecherischen Machtpolitik kann nur eine Neuordnung von Grund auf erfolgen.« Diese wie Posaunenklänge tönenden Sätze des Ahlener Programms übersetzen die Grundströmung dieser Zeit ins Programm. Wenn sie dennoch nicht zur Grundmelodie in der Bundesrepublik wurden, dann muß manches passiert sein, was nicht mehr im Bewußtsein unserer Zeit ist.
Das, was passiert ist, läßt sich mit Hilfe der Protagonisten Konrad Adenauer und Jakob Kaiser darstellen. Ich glaube, daß nicht Kurt Schumacher und Walter Ulbricht, sondern nur Jakob Kaiser die große historische Alternative zur Politik des Konrad Adenauer war. Bei aller Ungenauigkeit, die sich durch Verkürzung notwendigerweise einstellt, läßt sich die Alternative auf die Kurzformel bringen, daß Adenauer für die Bundesrepublik gegenüber dem Osten die Magnetfunktion reservierte, während Jakob Kaiser der Brückenschlagtheorie verpflichtet blieb.
Konrad Adenauer favorisierte die Vorstellung, daß die Bundesrepublik durch den Anschluß an den freien Westen eine so hohe Attraktivität erlangen müßte, daß schließlich auch Wirkungen auf den kollektivistischen Osten ausgehen müßten. Jakob Kaiser sah dagegen die Funktion der neu gegründeten CDU mehr darin, Brücken zu schlagen. Die Tragik seiner Politik liegt darin, daß sie einerseits von der Sowjetunion selber Lügen gestraft wurde und schließlich in seiner Vertreibung endete, andererseits aber selbst der katholische Teil, der mit dem »dritten Weg« sympathisierte – wie beispielsweise Walter Dirks und Eugen Kogon – wenig Sinn für die nationalstaatlichen Formen hatte, die das Gefäß der Kaiserschen Sozialvorstellungen waren. Und auch der »nationale« Schumacher blieb den Brükkenschlagmodellen skeptisch gegenüber – nicht der sozialen Implikationen, sondern der Unterwanderungsaffinität wegen.
So geriet die national geprägte Idee eines christlich-sozialen dritten Weges schließlich im Nachkriegsdeutschland zwischen alle Stühle. In den Sozialausschüssen selbst, deren erster Vorsitzender Jakob Kaiser wurde, konnte sie eigentlich nie recht Fuß fassen. Die christlichen Arbeitnehmer waren bald voll beschäftigt mit dem parteipolitischen Gerangel mit den Sozialisten im DGB und den Positionskämpfen mit dem Unternehmerflügel der CDU. Sie haben damit ein Stück Nachkriegsgeschichte mitgeschrieben, aber nie mehr Anschluß gefunden an die großen Richtungsfragen der christlich-sozialen Bewegung. Die Zeit ist nicht stehengeblieben, der Zug ist abgefahren.

Wir können das geschichtliche Band nicht mehr zurückspulen und neu ablaufen lassen. Adenauers Politik hat sich im nachhinein als freiheitssichernde Alternative erwiesen. Aber das enthebt uns nicht des hohen Respekts vor Jakob Kaiser, der der letzte war, welcher den Versuch wagte, Christentum, Arbeiterschaft, Sozialismus und Preußentum auf einen neuen Nenner zu bringen: eine tragische Konstellation, die Adenauers Pragmatismus versperrte.
Am Ende dieser Lektüre steht der Leser zwar mit großem historischen Gewinn da, aber er fragt sich, was eigentlich nicht alles unter den großen Hut des Wortes »Sozialismus« gebracht werden kann: von ständestaatlich-reaktionären bis zu sozialutopischen Träumen, von Klassenkampfaggressionen bis zur Volksgemeinschaftsharmonie. Es gibt so gut wie keine Ideologie, die sich nicht auch selber als Sozialismus verstand. So ausgeweitet verliert freilich der Begriff seine Konturen. Er wird zum Alleskleber.
Aber wenn ich mich frage, was denn eine christlich-soziale Bewegung von allen Ideologien – mit welchem Etikett sie auch immer beklebt werden – unterscheidet, dann ist es vielleicht doch die Hoffnung, daß der Mensch mehr ist als ein innerweltliches Wesen, und der Trost, daß Politik nicht schaffen kann, was uns erst der liebe Gott verspricht. Was auch immer Sozialisten versprechen, die Idee eines theonomen Humanismus ist die letzte Chance einer christlichen Sozialbewegung, die uns davor bewahrt, lediglich als Bausteine für irdische Paradiese vermauert zu werden. Wir müßten dabei unsere Freiheit vergessen.

Buchbesprechung: Aus »Die Zeit« 16. November 1979, Franz Focke, »Sozialismus aus christlicher Verantwortung – Die Idee eines christlichen Sozialismus in der katholisch-sozialen Bewegung und in der CDU«; Peter Hammer Verlag, Wuppertal

Christlich-sozial morgen

Grundlagen und Selbstverständnis der Christlich-sozialen Bewegung

Die Formulierung des Themas legt die Vermutung nahe, daß »Christlich-sozial morgen« sich von »Christlich-sozial heute« unterscheide. Es mag schmerzlich sein, auf diese Weise von der Aussicht unterrichtet zu werden, daß die eigene Position überholt wird; daß das, was wir heute sagen, morgen schon altes Eisen sein kann.
Aber die Erfahrung, daß man von der Entwicklung überholt wird, befreit von der höchst unchristlichen Verabsolutierung des eigenen Standpunktes. Denn: weil es keine perfekte Lösung irdischer Probleme gibt, darum genießen unsere eigenen Vorschläge nicht das Privileg der Unfehlbarkeit.
Und noch eine zweite Einsicht mag uns über die Erfahrung der Vorläufigkeit unserer Ansichten hinweghelfen. Nicht alles, was heute gut ist, muß es morgen auch noch sein. Oder, was morgen anders ist als heute, widerlegt noch nicht das Gegenwärtige. Was wir heute tun, ist nicht deshalb falsch, weil wir morgen anders handeln werden. Nur, wer annimmt, die richtigen Lösungen müssen zeitlos gültig sein, muß die Veränderung als Verrat an dem betrachten, was bis dahin für richtig befunden wurde.
Wer in einer Sozallehre nach Rechten und Pflichten sucht, welche für Adam und Eva, Karl den Großen, Dschingis-Khan und Nixon in gleicher Weise gelten, wird nur zu Aussagen gelangen, die höchst allgemein und wenig konkret, bestenfalls als Überschriften brauchbar sind, aber den Inhalt unbestimmt lassen.
Tradition ist kein Museum und die christliche Soziallehre keine Trophäensammlung von Wahrheiten.
Die christliche Soziallehre entfaltet sich mit und in der Geschichte. Unsere Anstrengungen gelten einer Zukunft, welcher wir nicht einfach unsere Errungenschaften weiterreichen. Die Zukunft ist nicht die simple Verlängerung der Gegenwart. Nicht alles ist so selbstverständlich, wie wir es dank langer Gewöhnung halten, und so unabänderbar, wie es oft selbst beansprucht. Die Christen sollten nicht den

Verdacht bestätigen, ausgerechnet sie seien diejenigen, welche aussterbende Gesellschaftsordnugen verteidigen.
Unsere eigene Positionsangabe muß sich ständig vor den Fragen der Zeit bewähren. Kritik ist der Stachel im Fleisch der Selbstzufriedenheit. Kritik als bleibende Einrichtung muß deshalb Platz in der christlichen Soziallehre haben, denn niemand ist gegen Irrtum gefeit, und ein jeder kann sich täuschen. Die Zeit geschlossener Weltbilder gehört endgültig der Vergangenheit an. Indem wir im Blick auf diese Vergangenheit uns eingestehen müssen, daß Irrtum und Täuschung auch von christlich-sozialen Positionen nicht ferngehalten werden konnten, dürfen wir unsere möglichen Stellungnahmen nicht über jeden Ideologieverdacht erheben.

Die Ideologieanfälligkeit jeder Weltanschauung

Ideologie im negativen Sinne ist das Ergebnis einer fehlerhaften Erkenntnis der Wirklichkeit oder einer willentlichen Verzerrung bekannter Tatsachen, meistens aber eine Mischung aus beiden: Irrtum und Täuschung. Wobei Täuschung schwerer zu reparieren ist, weil sie als solche gar nicht erkannt werden will, sei es, weil man der eigenen Selbstberuhigung zuliebe sich täuschen muß, oder weil man die anderen täuschen will, um die Macht zu schützen, welche durch die Wahrheit gestürzt würde.
Für jede Ideologievariante finden sich in der Geschichte des Christentums Beispiele. Da gab es Leute, die riefen Kreuzzug und meinten ihre Geschäfte im Orient. Da waren andere, die brachten unter dem Schutz von Thron und Altar geräuschlos ihr Schäfchen ins Trockene. Große Worte, wozu auch das Christentum Anlaß zu liefern imstande ist, lassen sich gut zu Phrasen verarbeiten, und Phrasen sind das bevorzugte Baumaterial von Ideologien. Was gäbe uns die Zuversicht, daß wir künftig über jeden Verdacht zu irren oder zu täuschen – uns selbst oder andere – erhaben sein dürften? Gefordert ist von uns eine größere Skepsis gegenüber unseren eigenen Vorschlägen und eine geringere Sicherheit in unserer Selbstdarstellung, als sie unseren christlich-sozialen Großvätern noch möglich war.
Wo gibt es noch eine verläßliche Orientierung? Wo sind die Orientierungspunkte für eine Politik, die ein Christ verantworten kann? Wo sind die Fixsterne, deren Licht sozusagen eine dauerhafte Orientierung gewährt?

Wie war es vor Zeiten doch so schön, als Christen sich noch in einer bestens eingerichteten Welt vorfanden, in der alles seinen Platz hatte. Oder gab es diese Welt nie? Oder gibt es sie nur in unserer Vorstellung, die aus einer geheimen, nicht eingestandenen Sehnsucht nach idyllischer Geborgenheit entstand? Wie auch immer, wer bestimmen will, was christlich-sozial morgen heißt, wird nicht an einer Bestandsaufnahme vorbeikommen, was Christen gestern als Orientierungspunkte ausgaben. Ein großer Name genügt nicht.

Orientierungspunkt Nummer 1 war die Autorität. Lange Zeit galt der Zweifel dann als beendet, wenn man für einen Standpunkt eine Autorität auffahren lassen konnte. Es galt, was Thomas von Aquin, was Luther, was Augustin, was Leo XIII. gesagt hatten, auf jeden Fall das, wofür ein großer Name Zeugnis gab.

Mit einer gewissen Verspätung begreifen die Christen heute die Aufforderung der Aufklärung: Habe Mut, dich deines eigenen Verstandes zu bedienen! Hohe Titel, hohe Auszeichnungen, hohe Rangplazierung gewähren Argumenten keinen Vorschuß an Gewißheit und Vertrauen.

Ein jedes Argument muß sich als Argument bewähren, es zählt weniger denn je der Autor.

Naturrecht ist kein Rezeptbuch

Ein weiterer altehrwürdiger Fixpunkt war und ist das Naturrecht, wobei man sofort nachfragen muß, was unter Naturrecht verstanden wird. Im kritischen Rückblick zeigt es sich, daß dieses Naturrecht oft als allgemeinverbindliche Basis der christlichen Soziallehre ausgegeben wurde, während es in einer häufig benutzten Deutung als vorgegebene Schöpfungsordnung bestenfalls Basis der katholischen Soziallehre sein konnte, denn die evangelische Sozialethik war immer sehr viel zurückhaltender in der Fundierung ihrer ethischen Leitsätze durch eine Schöpfungsordnung. Dennoch nahm die katholische Naturrechtslehre sehr oft den umfassenden Titel »Christliche Soziallehre« für sich in Anspruch.

Müssen wir also nun endgültig das erworbene Naturrechtsdenken verabschieden, wenn wir an die Aufgabe gehen, eine die Konfessionen vereinende Soziallehre darzustellen? Auch im Falle der Naturrechtsfrage bewährt sich die alte Volksweisheit: »Man soll das Kind nicht mit dem Bade ausschütten.«

Die nationalistische Deformation des Rechtsgedankens hat uns gezeigt, daß es eine Grenze für die Rechtsetzung gibt, die nie überschritten werden darf, trotz allen Wandels, den wir bejahen. Es gibt offensichtlich so etwas wie Todeslinien, die bei aller menschlichen Freiheit nicht tangiert werden dürfen. Auschwitz, Dresden, Workuta werden auch noch im Jahre 3000 als Inkarnationen der Unmenschlichkeit gelten.

Der bleibende Gehalt des humanen Rechts ist der akzeptable Kern des oft verbrauchten Naturrechtsgedankens. Aber auch für diesen Gehalt, der sich in sehr verschiedenen Rechtssätzen niederschlagen kann, muß es ein Fundament geben, muß es eine Orientierung geben, wenn wir Abgrenzungen schaffen wollen gegenüber dem, was wir als unmenschlich ausgeben.

Die biologische Natur des Menschen kann nicht Quelle des Naturrechts sein, denn dann wäre die menschliche Vernunft nur Ableseorgan materieller Gegebenheiten. Als Quelle des Naturrechts kann auch nicht gelten, was zu aller Zeit an jedem Ort als natürlich empfunden wurde. Die vergleichende Kulturanthropologie hat nämlich nachgewiesen, daß es so gut wie nichts gibt, was überall und von allen anerkannt wurde oder wird. Es gibt offenbar keine Verrücktheit, die nicht irgendwo mit dem Etikett »natürlich« versehen wurde. Es gibt nur wenige Perversionen, die nicht in irgendeiner Kultur als natürlich empfunden wurden und nur wenige Tatbestände, die zeitloser Ablehnung verfallen sind; vielleicht das Inzesttabu in Kleinfamilien. Im übrigen kann das, was empirisch ermittelt wird, nicht unbedingt als verpflichtendes Ordnungsmodell ausgegeben werden, denn nicht alles, was ist, soll auch so sein, wie es ist. Es bleibt uns als letzte Rettung für das Naturrecht das Wesen des Menschen als normgebende Ausgangsbasis.

Doch vor übertriebenen Hoffnungen, aus dem Wesen des Menschen ausreichende Haltepunkte für eine christliche Soziallehre zu finden, muß gewarnt werden. Zumindestens, wenn das »Unternehmen Wesensermittlung« philosophisch betrieben werden soll, ist die Gefahr groß, daß ein System unter vielen möglichen zur Ehre des einzig möglichen erhoben wird.

Karl Rahner hat darauf aufmerksam gemacht, daß die Wesensnatur des Menschen sich nur sehr schwer ermitteln läßt, weil all unsere Fragen und Antworten einem bestimmten geschichtlichen Horizont entspringen und keineswegs zeitlos sind. Es kommt mit Hilfe der Philosophie bestenfalls zu einigen nicht sehr aussagekräftigen Hinweisen. Daß der Mensch ein geistiges Wesen sei, daß er auf Mitmenschlichkeit angewiesen ist, sind einige der wenigen Fixpunkte,

die sich vom Standpunkt der Philosophie aus über das Wesen des Menschen angeben lassen.
Trotz dieser herben Ernüchterung dürfen wir die Bemühungen um eine Wesenserhellung nicht einfach aufgeben. Denn, wenn die Politik den Menschen zum Mittelpunkt hat, dann muß der Politiker wissen, was dieser Mensch ist, dem er dienen will. Christliche Soziallehre kommt also nicht aus ohne ein Bild vom Menschen.

Nicht alles, was der Mensch kann, darf er

Die Grenzen dessen, was mit der Menschenwürde vereinbar ist, lassen sich nur von einem Menschenbild ableiten. Angesichts der rasant wachsenden Mittel, die Wissenschaft und Technik den Menschen in die Hand geben, wird die Frage dringender: Was ist erlaubt? Nicht alles, was der Mensch kann, darf er. Das Können aber wächst unabsehbar. Der Manipulation sind Tür und Tor geöffnet. Wo ist Halt? Wo verläuft die Todeslinie?
Eine Politik hat sich noch nicht hinreichend als menschenwürdig qualifiziert, die materielle Wohltaten austeilt. Obwohl materieller Wohlstand erstrebenswert ist, und auch für jene erkämpft werden muß, die Hunger leiden, kann er nicht das ausschließliche Ziel der Politik sein. Es sei denn, man leugnet eine die materielle Sphäre übertreffende Bestimmung des Menschen. Dann aber läßt sich die Qualität der Politik am besten an der Entwicklung des Durchschnittsgewichtes der Bürger messen.
Zufriedenheit ist so noch kein Indiz für eine gute Politik, denn ein »Großer Bruder«, oder wie immer die Manipulatoren der Zukunft heißen, wird Zufriedenheit nach Belieben produzieren können. Bis in den engsten Bereich des persönlichen Kerns ist Beeinflussung möglich, und schon sind Psychotechniker fähig, Menschen innerlich auszutauschen.
Morgen schon wird es eine reale Chance geben, aus einem glühenden Gegner eines Systems einen glühenden Anhänger zu machen, ohne daß dieser weiß, jemals etwas anderes zum Ausdruck gebracht zu haben als jubelnde Zustimmung. Alte Zeiten, wo man Gegner noch mit physischer Gewalt »umdrehte«, wirken geradezu anziehend. Damals gab es noch die Möglichkeit, Märtyrer zu werden.
Die Frage nach der Bestimmung des Menschen ist für die Politik nicht eine Randfrage, auch nicht eine Frage für die philosophischen Feinschmecker unter den Politikern, sondern eine für das humane

Überleben der Erdbevölkerung entscheidende Frage. Was die Politik soll, läßt sich nicht entscheiden, ohne sich vorher über den Sinn des Lebens klar zu werden. Was die Politik soll, ist angesichts ihrer wachsenden Möglichkeiten eine Frage von elementarer Wichtigkeit.

Personalität: Zentrum der christlichen Soziallehre

Die Bestandteile eines christlichen Bildes vom Menschen können weniger aus einem philosophischen System entnommen werden, sondern haben ihre Grundlage in der Bibel.
Die Besinnung auf ein biblisches Bild vom Menschen bringt katholische und evangelische Sozialethik näher. Die theologischen Voraussetzungen für eine gemeinsame Praxis katholischer und evangelischer Christen sind durch ein neues Verständnis der biblischen Offenbarung gewachsen.
Aus der biblischen Offenbarung wissen wir, daß ein jeder Verantwortung für sein Leben übernehmen muß und Rechenschaft abzulegen hat vor einer Instanz, die menschlicher Manipulation entzogen ist. Eine christlich verstandene Politik muß also einkalkulieren, daß jedem Menschen – ohne Rücksicht auf seinen sozialen Rang oder seinen Intelligenzquotienten – ein Maximum an eigener Lebensführung ermöglicht wird. Denn, wie sollte der Mensch Rechenschaft ablegen über ein Leben, das er nicht selber geführt hat, sondern andere für ihn geführt haben.
Eine Politik kann also nicht hingenommen werden, die dem Menschen die Freiheit der Entscheidung abnimmt, die ihn total versorgt, die das eigene Denken überflüssig macht, oder das Denken frei Haus liefert, sei es mit Hilfe der Propaganda, sei es mit Hilfe subtiler Mittel aus dem Instrumentarium der Massenbeeinflussung.
Personalität darf freilich nicht auf eine einsame Ich-Du-Beziehung zwischen Gott und menschlicher Person reduziert werden. Gericht wird schließlich nicht über private Seelenverschönerung gehalten, sondern über die praktizierte Mitmenschlichkeit.

Der Mensch ist nicht Funktionär eines allgemeinen Gesetzes

Das biblische Ethos, welches wir für die Politik fruchtbar machen wollen, läßt sich allerdings schwerer in Gesetze abfüllen, als es eine philosophische Soziallehre vermag.

Die mittelalterliche Theologie und Philosophie haben sehr viel Anstrengungen darauf verwandt, allgemeine Normen zu entwickeln. Die Frucht dieser Arbeit ist ein Erstaunen erregendes Gebäude von Prinzipien. Trotz dieses Reichtums hoher Sittenweisung fehlt es aber auch nach wie vor an konkreten Handlungsnormen. Das mag damit zusammenhängen, daß die konkrete Tat des Menschen nicht einfach Befehlsausführung eines allgemeinen Gesetzes ist. In einem Netz von Prinzipien lassen sich nicht alle menschlichen Handlungen einfangen, sowenig der Reichtum an Personen auf ein einheitliches Gesetz reduzierbar ist. Jeder Mensch ist einmalig, besitzt einen Eigenwert. Deshalb ist er auch nicht einfach Funktionär eines Gesetzes.
Ich leugne nicht die Notwendigkeit allgemeiner Prinzipien. Nur, nachdem wir diese in der Vergangenheit zur Genüge dargestellt haben, frage ich mich, ob wir mit einer erneuten Prinzipienparade weiterkommen.
Die Welt hat keinen Bedarf an moralischen Schulmeistern. Christen, die sich so gebärden, als müßte die ganze Welt ihnen zu Füßen liegen und lernbegierig jedes Wort von den Lippen lesen, übersehen, daß die Christen eine kleine Minderheit sind, die keineswegs nur mit bewundernswerten Leistungen die Menschheit beglückt hat.

Solidarität mit allen Gutgesinnten

Die Glaubwürdigkeit der Christen erhöht sich mit dem Grad ihrer Solidarisierung mit der Welt. So geht es der christlich-sozialen Bewegung nicht um Gruppenvorteile, auch nicht um die Ausweitung kirchlicher Rechte, wiewohl eine Situation denkbar ist, in der sie für jenen Freiheitsraum der Kirchen kämpfen muß, den sie selber anderen Institutionen zugesteht. Die christlich-soziale Bewegung ist Teil einer Bewegung für eine bessere menschliche Welt. Solo-Akte würden die Kraft der eigenen Gruppe überschätzen. Wir brauchen die Solidarität mit allen Gutgesinnten, aber, und das ist die Kehrseite der Medaille, der Fortschritt bedarf auch unserer Hilfe. Das Gespräch mit der Welt kann nicht so beginnen, daß wir ein moralisches Angebot zur Schau stellen und dann nach dem Motto handeln: »Welt, friß oder stirb« oder »Wenn Ihr nicht wollt, wie wir wollen, um so schlimmer für Euch«.

Die Zeichen der Zeit sind Auslöser unseres Engagements

Der Beitrag der Christen wird um so ernsthafter geprüft und um so wirkungsvoller zum Tragen kommen, je stärker er an der Formulierung und Realisierung der großen Menschheitswünsche beteiligt ist. Wir bauen also nicht unser moralisches Inventar vor der Welt auf, um sie dann zu behandeln, wie der Arzt den Patienten, sondern sollten zuerst fragen, welche Sehnsüchte in der Welt vorhanden sind, die mit unserer Hilfe ans Ziel gebracht werden können.

Es handelt sich in unserem Bemühen nicht um ein opportunistisches Anpassen an Moden der Welt, sondern um eine Verstärkung jener säkularen Bewegungen, von denen wir annehmen, daß ein Beitrag der Christen positive Tendenzen unterstützt.

Der aktuelle Impuls unseres Engagements geht also von den Zeitverhältnissen aus. Die Zeitverhältnisse jedoch sind kein belangloses Gemisch von Fakten. Nicht alles ist gleich bedeutungsvoll. Also gilt es, nach den Zeichen der Zeit zu forschen, nach jenen Symptomen, welche die Zeit charakterisieren, und diese Zeichen im Lichte des Evangeliums zu prüfen, um jene zu finden, die unserem Einsatz einen positiven Ansatz geben.

Der Blick auf die tatsächlichen Entwicklungen in der Welt muß für eine christliche Sozialethik belangvoll sein. Denn, wenn auch nicht alles, was gut ist, schon zu seinen höchsten Möglichkeiten gesteigert ist und anderes abgebaut werden muß, weil es in die falsche Richtung weist, so ist in dem Vorhandenen doch auch der Hinweis auf die chancenreichen Entwicklungen zu suchen. Nicht immer nämlich ist die Theorie der Praxis voraus. Uns sind auch die Verhältnisse bekannt, in denen die Praxis vorwegnahm, was theoretisch noch nicht erkannt worden war.

Die Gründung der CDU als eine Partei, die ausdrücklich die Zusammenarbeit der Konfessionen proklamierte, war beispielsweise Vorwegnahme dessen, was theologisch erst zu späterer Zeit als ökumenische Bewegung akzeptabel wurde. So kann die Praxis Wegbereiterin für Ziele sein, die in der Theorie noch nicht erkannt werden.

Indem wir also den Blick auf die Praxis, das tatsächlich gelebte Leben, richten, wird uns die Aufgabe gestellt, die Erwartungen und die oft noch unausgesprochenen Sehnsüchte der Menschen zur Sprache zu bringen in der Hoffnung, daß in diesem Vorgang der theoretischen Durchleuchtung der Praxis beide, also auch die Praxis, zur größeren Fruchtbarkeit gebracht werden. Die Praxis bleibt auf diesem Wege nicht blind, sondern wird sich bewußter, und die Theorie

entfernt sich auf diese Weise – durch ihre Bindung an die Praxis – nicht von den realen Chancen des Fortschritts.
Ich will von drei Tendenzen sprechen, von denen ich annehme, daß sie erstens die Welt weiterbringen, und daß sie zweitens durch das Licht des Evangeliums Verschärfung erfahren.

BRÜDERLICHKEIT

Die Welt, in der wir leben, ist klein geworden. Nicht nur für jene, welche die Welt aus der Mondperspektive betrachten, ist die Welt überschaubar geworden, sondern auch für uns, die wir Nachrichten in Sekundenschnelle von jedem Punkt der Erde beziehen.
Im Zeitalter der Überschallgeschwindigkeit sind wir alle Nachbarn. Unsere alte Nachbarschaftsmoral, die lediglich zur Sorge für den Nebenmann aufrief, reichte vielleicht für eine Zeit, in welcher der alte Goethe eine große Reise unternahm, wenn er mit der Postkutsche von Frankfurt nach Weimar reiste. Im Zeitalter der Überschallgeschwindigkeit wohnt der Nächste überall auf der Erde, wo Menschen in Not sind.
Es ist schizophren, sich über den Tod eines Hundes zu entrüsten, der vor der Haustür überfahren wird und unbekümmert zu bleiben, wenn in Biafra oder Vietnam Kinder verhungern. Es kann uns nicht mehr egal sein, was in der anderen Welthälfte passiert. Es kann das Schicksal der Welt davon abhängen, ob die Reichweite, die von unserem moralischen Bewußtsein erfaßt wird, Schritt hält mit dem Wachstum unseres technischen Vermögens.
Friedenspolitik oder kollektiver Selbstmord? Der Funke des Krieges kann aus den entferntesten Weltgegenden zu uns überspringen. Die Erkenntnis der wechselseitigen Abhängigkeit zeigt uns, daß humanes Leben nur noch in globalen Dimensionen möglich ist, und wir zur weltweiten Brüderlichkeit gezwungen werden, weil als Alternative nur der kollektive Selbstmord übrigbleibt.
Friedenspolitik ist nicht Pflege sentimentaler Erbaulichkeit. Sie wird nur erfolgreich sein mit Hilfe einer rationalen Strategie.
Die christliche Brüderlichkeit muß jene starken nationalen Ansprüche zurückdrängen, durch die sich jedes Volk in den Mittelpunkt der Welt gesetzt sieht. Der frei werdende Raum muß von übernationalen Institutionen besetzt werden. Hier haben wir in Europa eine große Aufgabe, von der wir uns auch nicht durch nationale Kleingärtner abbringen lassen sollten.

Der Friede ist auch eine Aufgabe unserer Erziehung. Er hängt ab von dem Maße, in dem es uns gelingt, die Aggressionen aus den zwischenmenschlichen Beziehungen zu eliminieren. Freundschaften zwischen einzelnen wie zwischen Völkern dürfen nicht durch Feindschaft gegenüber einem Dritten stabilisiert werden, wie wir dies gewohnt sind.

Auch unsere politischen Kategorien, die auf Unterscheidung von Innen- und Außenpolitik basieren und der Außenpolitik immer den Vorrang geben, bedürfen einer Überprüfung. Der Frieden kann nicht gesichert werden durch eine Politik, die auf zwei Etagen arbeitet: Auf der ersten versucht sie durch Innenpolitik den nationalen Binnenraum zu ordnen, und auf der zweiten, mit Hilfe der Außenpolitik, durch Machtbalance einen Gleichgewichtszustand herzustellen.

Wir müssen hinsteuern auf das, was Prof. v. Weizsäcker Weltinnenpolitik genannt hat. Das, was bisher Außenpolitik hieß, kann nicht dem Prestige und der Machtpolitik überlassen bleiben, es muß dem Anspruch der Gerechtigkeit unterworfen bleiben. Wenn das Gefälle zwischen Reich und Arm so steil bleibt, wie es bis jetzt ist, besteht keine Aussicht, daß der Friede ein Dauerzustand wird.

Der christlichen Nächstenliebe geht es nicht nur um warme Suppen und Lazarettstationen. Ihr Einsatz gilt auch der Veränderung von Strukturen. Caritas kann auf der Welt nicht vermißt werden. Aber der Einsatz für Gerechtigkeit ist auch eine, und zwar eine bevorzugte Form der Nächstenliebe. Es wäre unchristlich, die Hände in den Schoß zu legen und fatalistisch zu meinen, die Welt sei schlecht, deshalb würde es immer Kriege geben, also sei jede Anstrengung für den Frieden umsonst.

Die Völker haben die gewaltsame Auseinandersetzung innerhalb der Staaten unter Strafe gestellt und auf diese Weise den Privatkrieg zwischen Familien und Sippen abgeschafft. Warum sollte es nicht auch gelingen, dem Weltkrieg jede Chance zu nehmen?

Gleichheit

Wie die durch die Technik provozierte weltweite Solidarität durch die christliche Brüderlichkeit eine Verstärkung erfährt, so auch das zunehmende Verlangen der Menschen nach Gleichheit.

Auf der politischen Bühne treten zum erstenmal die Massen auf. Sie drängen selbst auf jene Ränge, die früher einer angeblichen Elite

vorbehalten blieben. Überall ist ein Abbau der altehrwürdigen Führerfiguren sichtbar.
Das Schema »Befehl und Gehorsam« funktioniert nur noch in abnehmendem Maße. Überall wird die Basis der Anweisungsbefugnisse breiter. Teamarbeit, Kooperation, Partnerschaft signalisieren das Schwinden einer Herrschaft, die durch die Figur des Vaters gekennzeichnet war, zugunsten von Herrschaftsformen, die durch Brüderlichkeit charakterisiert werden. Das Streben nach Egalisierung hierarchischer Herrschaftsformen entspringt dem Verlangen nach Gleichheit, das durch die christliche Brüderlichkeit verschärft wird. Mit der Idee, daß alle Menschen gleich seien, weil sie Kinder desselben Vaters sind, hat das Christentum eine lautlose Veränderung der antiken Klassenverhältnisse eingeleitet. Denn vor dem Hintergrund der Gotteskindschaft relativieren sich alle Autoritäten und Führungspositionen, mit welch hohem Anspruch sie auch immer auftreten. Die neutestamentliche Weisung »Nur einer ist Euer Meister, Ihr alle aber seid Brüder« raubt jeder Herrschaft den Anspruch der Unverletzlichkeit, wenn sie sich nicht vor der Brüderlichkeit rechtfertigen kann.
Vielleicht empfand auch der arme Lehensmann des Mittelalters im Anblick eines vor dem himmlischen Richter zitternden Königs, der ihm in Kirchenwandgemälden vorgeführt wurde, so etwas wie eine geheime Genugtuung. Auch der Mächtige, der ihn das Fürchten gelehrt hatte, zitterte nicht weniger vor dem himmlischen Richter als er, der kleine Bauer.
Und diese Gewißheit der Gleichheit vor Gott hat sicherlich auch die irdischen Bestrebungen nach Egalisierung des Herrschaftsgefälles beflügelt. Ohne die Überzeugung von der Brüderlichkeit aller Menschen wäre die Rechtsgleichheit nicht verwirklicht worden, und in der Fortentwicklung dieser Idee liegt nun eine über die Gleichheit vor dem Gesetz hinausdrängende Gleichheit der politischen und sozialen Chancen.

Mitbestimmung

Man sagt den Christen nach, sie stünden der Herrschaftsform »Demokratie« neutral gegenüber. Es ist unbestreitbar, daß sich christliche Brüderlichkeit in jeder Staatsform bewähren kann. Aber die Frage ist doch, ob die Demokratie, insofern sie jedem Bürger die Möglichkeit gibt, bei der Regelung der öffentlichen Angelegenheiten

mitzuwirken, nicht eine besondere Nähe zur Brüderlichkeit hat. Die christliche Brüderlichkeit drängt auf ein Maximum an Teilnahmechancen für jedermann.
Das Subsidiaritätsprinzip organisiert diese Teilnahme. Insofern ist es nur zu verstehen innerhalb der Brüderlichkeit, innerhalb der Solidarität. Es organisiert die Zuständigkeiten so, daß möglichst viele Menschen an der Herrschaft beteiligt werden.
Die Machtverteilung ist eine alte Forderung der christlich-sozialen Bewegung. Sie ist auch heute noch eine notwendige Aufgabe für Christen. Ich betrachte auch die Mitbestimmung als einen Beitrag, durch Machtverteilung neue Teilnahmechancen zu ermöglichen.

Eigentum

Auch die Eigentumslehre erhält im Lichte der Brüderlichkeit eine neue Bedeutung. Die Güter dieser Erde sind für alle Menschen da. Dies ist unumstößlicher Grundsatz der christlichen Soziallehre. Er wird verständlich vor dem Hintergrund einer brüderlichen Aufteilung der Erdengüter. Die Eigentumsformen müssen sich vor der Aufgabe bewähren, daß die Güter allen Menschen zugute kommen sollen. Das Recht auf Privateigentum ist abgeleiteter Natur. Es folgt aus der Bestimmung der Erdengüter für alle Menschen. Die Erfahrung spricht nämlich dafür, daß sich diese Bestimmung besser mit Hilfe des Privateigentums organisieren läßt. Wo jedoch das Privateigentum dieser ersten Bestimmung im Wege steht, muß es anderen Eigentumsformen weichen.

Freiheit = Freisein von Zwang

Egalisierung, Brüderlichkeit, Solidarität darf nicht als Nivellierung und Uniformierung verstanden werden. Eine brüderliche Gesellschaft muß Außenseiter ertragen können. Es ist paradox zu sehen, daß Bewegungen, die die Gleichheit auf ihre Fahnen geschrieben haben, keinen Abweichler dulden. Christliche Brüderlichkeit müßte Platz für Außenseiter haben.
Gleichheit darf nicht auf Kosten der Freiheit praktiziert werden. Aber ohne ein bestimmtes Maß an Gleichheit wird die Freiheit zum Recht des Stärkeren. Freiheit und Gleichheit also sind keine Gegensätze. Auf der elementarsten Ebene bedeutet Freiheit: Freisein von

Zwang. Vorrechte aber und Privilegien stellen einen Zwang für diejenigen dar, die sie nicht besitzen. Deshalb muß eine freie Gesellschaft frei sein von Vorrechten und allen Menschen die gleichen Teilnahmechancen gewähren.

RATIONALITÄT

Die Welt, in der wir leben, ist eine technische Welt. Vielleicht gibt es am Nordpol oder auf einer fernen Südseeinsel noch die ursprüngliche Natur und ihre elementaren unberechenbaren Ausbrüche. Wir jedenfalls leben in einer zivilisatorisch gezähmten Welt. Unser Kontakt mit der Natur, die für unsere Vorfahren im eiszeitlichen Neandertal täglicher Lebenskampf war, beschränkt sich auf den gelegentlichen Besuch eines Parks, der von zierlichen Pfaden durchzogen wird, oder dem Ereignis des Gipfelbesuches mit Hilfe einer Seilbahn. Wohin wir auch sehen: Zivilisation. Die Welt ist von uns und für uns umgebaut. Ohne den Einsatz der Intelligenz hätte uns die elementare Natur vernichtet. Im Unterschied zum Tier tragen die Menschen das Gesetz der Schöpfung nicht passiv und durch Instinkt gesichert, sondern in der schöpferischen Kraft der Vernunft. Die Vernunft setzt uns an die Spitze der Schöpfung.

Zur Vernunft verpflichtet

Diese Erfahrung wird durch die Offenbarung bestätigt: Der Gott, dessen Abbild wir sind, ist ein vernünftiger Schöpfer, er schuf die Welt planvoll. Deshalb ist sie nicht Chaos, sondern Ordnung. Sein bevorzugtes Abbild aber sind wir, weil wir an der planvollen Weiterentwicklung der Schöpfung partizipieren, und zwar durch die Kraft unserer Vernunft.
Eine Politik aus christlicher Verantwortung muß durch den Einsatz der Vernunft charakterisiert sein. Also nicht Flucht in die Gefühle, wo harte Denkarbeit am Platz ist, aber Abwehr vorschneller Urteile, die auf zu kurz gedachtem Wege zustande kommen.
In einer Welt, die schwer zu durchschauen ist, weil sie kompliziert ist, müssen wir uns zur Sachlichkeit anstrengen. Vielleicht geriet die christliche Politik immer dort in Mißkredit, wo sie mit der Arroganz der alleswissenden Weltanschauung auftrat, die sich um Detailkenntnisse der Dinge, wie sie sind, nicht kümmerte.

In einer durch den Einsatz der Vernunft gekennzeichneten Welt wird die Versuchung, in Mythen und soziale Märchen auszuweichen, nicht geringer als in primitiven Zeiten. Offenbar hat der hochgezüchtete Verstand noch ein Bedürfnis nach einem mythologischen Asyl. Blut und Boden, Auserwähltheit einer Rasse, klassenloses Paradies – das alles sind soziale Märchen, die allerdings oft als solche nicht durchschaut werden, weil sie als Voraussetzung von politischen Vorschlägen häufig gar nicht erst ausgesprochen werden. Eine Politik aus christlicher Verantwortung muß alle großen Worte und Programme auf ihren sachlichen Inhalt prüfen.

Zum Gebrauch der Vernunft befähigen

Wenn die komplizierte Welt nur durch die Kraft der Vernunft zu meistern ist, so muß ein jeder zum Gebrauch der Vernunft befähigt werden. Das ist in erster Linie Aufgabe unseres Bildungssystems. Und es gibt keine rationale Begründung für die Behauptung, nur besondere Schichten seien für eine weitergehende Bildung geeignet. Wir können den Begriff »Leistungsgesellschaft« nur akzeptieren, wenn er jeden im Rahmen seiner Möglichkeiten zu einer optimalen Entfaltung seiner Leistungsfähigkeit verhilft.

MOBILITÄT

Die Entwicklung ist das Spielfeld unserer Handlungen. Wir produzieren die Veränderung. Erfindungen jagen neue Erfindungen. Schon in zehn Jahren, so sagen es ernsthafte Prognosen, wird die Hälfte der Waren aus Produkten bestehen, die wir heute noch nicht kennen. Die Fähigkeit, sich ständig auf neue Verhältnisse einzustellen, wird zur Überlebensbedingung.

Bereitschaft zum Wandel

Die griechische Welt dagegen – welcher sich unsere Bildungsbürger verpflichtet fühlen – war stabil. Die Erde stand fest, und über ihr zogen in ewig gleichbleibenden Bahnen die Sterne ihre Kreise. Aufgabe der Theoretiker war es, den bestehenden Kosmos zu beschauen und zu bestaunen. Prinzipiell Neues wurde nicht erwartet.

Wenn Zeit überhaupt eine Rolle spielte, dann als ewige Wiederkehr. Wo aber sich alles im Kreise bewegt, alles wiederkehrt, wird jede Tat bedeutungslos. Sie ist nur Teil eines unaufhebbaren Wiederholungsvorganges. Die christliche Deutung der Geschichte jedoch kennt Anfang und Ende. Und zwischen beiden spielt sich das Drama der menschlichen Entwicklung ab. Deshalb bedeutet jede Tat etwas für das allgemeine Schicksal. Jede Tat verändert die Welt, nicht nur die Bedingungen der jeweiligen Zeitgenossen, sondern auch das Spielfeld der Nachgeborenen, denn niemand fängt am Punkt Null an. Und nicht nur für die jeweilige Gegenwart und Zukunft ist der Handelnde verantwortlich, seine Tat verändert auch die Bedeutung des Vergangenen, weil es durch sie in einem neuen Licht erscheint.
Angesichts der linearen Erstreckung der Geschichte wächst die soziale Verantwortung der Individuen, weil jeder für jeden die Bedingungen des Handelns mit erstellt.
Deshalb erhöht Verständnis der Geschichte, wie es vom Christentum geprägt wurde, die Bedeutung der menschlichen Person.

Toleranz als Ergebnis christlicher Welterfahrung

Das Ende der Geschichte liegt außerhalb der Zeit. Die Christen lokalisieren diesen Punkt im jüngsten Gericht. Doch dieser Punkt wird nicht durch menschliche Anstrengungen erreicht. So stehen wir vor der paradoxen Gegebenheit, daß wir einerseits die Geschichte weitertreiben, andererseits aber nichts ans Ende bringen, wo die Bewegung zum Stillstand kommt. Die Vollendung kommt von außen, von Gott. Diese Deutung der Geschichte ist politisch höchst bedeutsam. Sie verhindert einerseits den Fatalismus, der sich dort einschleicht, wo menschliche Werke als bedeutungslos ausgegeben werden. Sie verhindert aber andererseits auch den Fanatismus, der sich einstellt, wenn die Vollendung menschliches Werk ist. Wer die Vollendung, das Glück erzwingen kann, handelt konsequent, wenn er Gewalt anwendet und jedermann, auch denjenigen, der widerstrebt, zum Glücke zwingt.
Alle Irrlehren, die das Reich Gottes, und sei es auch unter anderem Namen, etwa als klassenloses Paradies, auf dieser Erde etablieren wollten, mußten in die Gewalt flüchten, weil jeder Widerstand von ihnen als gegen das absolut erreichbare Glück gerichtet angesehen werden mußte.
Indem Christen von diesem absoluten Glück auf Erden nichts wissen,

es sogar als inhumane Versuchung ablehnen, erwächst ihnen die Haltung der Toleranz, nicht als taktisches Mittel, sondern als Ernstnehmen aller Bestrebungen, die Welt ein Stückchen vorwärts bringen zu wollen, auch wenn es die eigenen nicht sind.

Dialog als Mittel der Konfliktlösung

Der Dialog, das Gespräch zwischen Partnern, wird so zum Instrument, tiefer in die unerschöpfliche Wahrheit einzudringen, denn Gott ist immer größer als menschliche Systeme sich ihn ausdenken können. Also wird auch die christliche Wahrheit nie vollständig sein. Die Bereitschaft zum Dialog entspringt also nicht der trivialen Einsicht, daß er das einzig aussichtsreiche Mittel der Mission ist, sondern der Zuversicht, daß wir alle voneinander lernen können. Auch die Christen besitzen ihre Wahrheit nicht fix und fertig, sondern im Status eines Wanderers, der immer neue Seiten einer Landschaft entdeckt. Damit wir uns aber nicht voreilig häuslich an einem Rastplatz einrichten und bei unseren gefundenen Lösungen verweilen, dazu verhelfen uns die Einwände unserer Partner. Von ihrem Beitrag kann auch Licht auf unsere Wahrheit fallen. So ist der Marxismus im 19. Jahrhundert sicherlich an einer Stelle wirksam geworden, die von den Christen vernachlässigt wurde. Und die Fragen des Marxismus sind Aufruf, die vernachlässigte soziale Verantwortung der Christen zu mobilisieren. Die Welt kann verbessert werden.

Nicht Unterscheidung um jeden Preis

Und jetzt taucht zu guter Letzt noch die Frage auf, wodurch wir uns von anderen Gruppen unterscheiden. Das ist eine neue Frage, und ich gestehe, daß sie mir nicht vordringlich erscheint. Wenn christliche Tugenden sich als politische Einstellungen auch bei anderen zeigen, anderswo auch Rationalität, Mobilität entwickelt wird, so beunruhigt mich dies nicht. Es ist inkonsequent, wenn wir zuerst für die Verbreiterung unserer Wertvorstellungen kämpften, dann aber, wenn sie von anderen übernommen werden, ängstlich besorgt sind, etwas Neues zu finden, das dann ausschließlich uns vorbehalten bliebe. Unsere größte Sorge sollte nicht die Unterscheidung sein, sondern das Wohl der Allgemeinheit. Wenn andere dies auch betreiben, so möge der siegen, der es besser und schneller betreibt. Was besser

und schneller ist, muß sich in der Praxis beweisen unter Abstimmung aller über diese Praxis.
Ich bin der festen Überzeugung, daß es noch immer Gründe gibt, die dafür sprechen, daß Christen sich zusammenschließen und als Gruppe in der Politik wirksam werden. Allerdings dürfen sie nicht auftreten als die Monopolisten des Christentums, sondern als Menschen, die gemeinsam einen Beitrag für eine bessere Welt leisten wollen, wobei sie diesen Beitrag gemessen haben wollen an dem Anspruch nach mehr Brüderlichkeit, Rationalität und Mobilität. Ich glaube, daß die Welt Nachfrage nach diesen Impulsen hat.

Referat auf dem »Christlich-sozialen Arbeitnehmerkongreß« am 15. März 1969 in Bonn

Diese Republik

QUINTESSENZ

»Gegen Haß und Gewalt setzen wir die Utopie einer sanften Gesellschaft. Sollen nur Marxisten träumen? Es darf keine illusionäre Vision sein, für eine Gesellschaft zu arbeiten, in der mehr Freundlichkeit eine Chance hat:
Kinder, welche nicht als Gepäck in Heimen aufbewahrt oder bei der Oma abgegeben werden, sondern die Zuwendung ihrer Eltern erfahren.
Familien, die nicht, wie Affen dressiert, von eintöniger Arbeit ausgelaugt werden, sondern in der Arbeit ein Stück Teilhabe an der Schöpfung ahnen können.
Alte, die nicht mißmutig das Ende erwarten, sondern ins Leben einbezogen sind.
Die Gesellschaft wird wahrscheinlich mehr in den überschaubaren Lebensbereichen Familie, Nachbarschaft, Schule und Betrieb geprägt, als sich alle ideologischen Großreformer vorstellen, die auf dem Reißbrett Verbesserungen konstruieren.
Der Ton in der Familie heute bestimmt die Musik in der Gesellschaft morgen.
Eine sanfte Gesellschaft braucht einen größeren Vorrat an Toleranz. In unserer Gesellschaft soll jeder denken und sagen können, was er will.«

Zwangsernährung

Der Terror hierzulande ist keine Einzelerscheinung. Überall auf der Welt macht sich Gewalt breit. Flugzeugentführungen sind nur die sichtbaren Erkennungszeichen einer bestimmten Form der politischen Auseinandersetzung. Der Terror bezeichnet gleichsam einen Rückfall in vorstaatliche Zustände. Er setzt die Errungenschaft des Rechtsstaates außer Kraft, daß Gewalt in seiner Hand monopolisiert und ihre Anwendung unter die Disziplin des Rechts gestellt ist.
In der allgemeinen Erschütterung und Verunsicherung darf jedoch der Rechtsstaat nicht unsicher werden. Gerade die Besinnung auf seine Vorzüge kann die Versuchung der Gewaltanwendung eindämmen. Man kann nicht den Teufel mit Beelzebub austreiben und sich die Ziele der Auseinandersetzung von den Gegnern des Rechtsstaates vorschreiben lassen.
Zum elementaren Bestand des Rechtsstaates gehört der Schutz des Lebens. Diese rechtsstaatliche Überzeugung steht in Übereinstimmung mit der ethischen Einsicht, daß der Mensch nicht Herr des Lebens ist – weder des der anderen, noch seines eigenen.
Diese Einstellung ist es, die uns den letzten Rückhalt gibt bei der Ablehnung der Fristenlösung des neuen § 218. Aber was für das Leben anderer, in diesem Fall des Kindes, gilt, das gilt auch für das eigene Leben. Deshalb ist Selbstmord nicht erlaubt, und der Rechtsstaat muß ihn verhindern. Auch dort, wo er, wie beim Hungerstreik, als Mittel der politischen Auseinandersetzung eingeplant wird. Wer hier nachgibt und das Leben in die Disposition des Hungerstreikenden stellt, der hat einen Damm aufgerissen, durch den mehr geschützt wurde als nur das Leben von Häftlingen. (Auch dies würde schon zur Ablehnung ausreichen.)
Wer Zwangsernährung ablehnt und als Begründung den eigenen Willen des Häftlings anführt, der hat auch eine Ablehnung der Euthanasie aus der Hand gegeben. Denn auch hier sind Fälle vorstellbar, wo der Todkranke aus freiem Entschluß um Sterbehilfe

bittet. Was werden wir gegen solche Wünsche von schuldlos leidenden Menschen zu sagen haben, wenn wir die Zwangsernährung von Gefangenen ablehnen?
Im übrigen muß man sich der rechtsstaatlichen Konsequenz der jetzt in der Diskussion befindlichen Ablehnung der Zwangsernährung vorstellen. Der eigene freie Wille zur Ablehnung der Nahrungsaufnahme geht während des Hungerstreiks verloren. Dann also müßte die Zwangsernährung wieder aufgenommen werden, solange, bis der Häftling wieder so weit gekräftigt wäre, daß er seinen Verstand und freien Willen wieder gebrauchen könnte. Aber just in diesem Augenblick müßte die Zwangsernährung wieder eingestellt werden. Dieser Teufelskreis, Koma – Hungerstreik – Zwangsernährung – Koma, hat alle Züge eines absurden Theaters, zu dem sich der Rechtsstaat nicht hergeben darf.
Wer die Vernichtung des Gefangenen durch Hungerstreik zuläßt, gestattet damit auch eine Form von Selbstjustiz. Denn schließlich soll ein rechtsstaatliches Urteil die Gefangenen »beurteilen«. Der Selbstmord durch Hungerstreik verhindert die rechtsstaatlichen Beurteilungen in der Tat.
Mit Emotionalität wird die Diskussion über die Zwangsernährung nicht zu bestreiten sein. Doch wer immer sich festlegt in dieser Frage, sollte die letzten Schritte bedenken, die in der Konsequenz der ersten liegen, und die letzten Dinge könnten schlimmer als die ersten sein.

Aus »Konkret«, November 1974

Soziales Spiel mit Masken

»Unter Pluralismus versteht man das gleichberechtigte, durch grundrechtliche Garantien geschützte Nebeneinander, Existieren und Wirken einer Mehrzahl sozialer Gruppen innerhalb einer staatlichen Gemeinschaft.« (Kurt Sontheimer)
Die plurale Strukturierung der Macht wird allerdings noch immer mit schlechtem Gewissen vertreten. Der Pluralismus muß sich gegen Angriffe von links ebenso wehren wie von rechts. Aber es gibt kein Niemandsland zwischen Totalitarismus und Pluralismus. Wer sich gegen beide wendet, reitet eine Chimäre. Man kann nicht gleichzeitig gegen den östlichen Einheitsstaat und den westlichen Interessenpluralismus wettern. Die Sehnsucht nach totalitärer Gewalt und Geborgenheit ist rechts wie links vorhanden. Sogar in den Gewerkschaften glimmt wieder neue Sehnsucht, im Ganzen aufzugehen und nicht mehr Teil, sondern alles zu sein. Staatsgewerkschaft oder Gewerkschaftsstaat sind nur der rechte und der linke Schuh desselben Paares. Doch der Pluralismus ist trotz aller Einwände weitergediehen. Pluralistische Praxis hat sich relativ unberührt von Rechtfertigung und Ablehnung ausgedehnt. Macht ist nicht mehr allein ein Problem des Staates. Sie wird auch im gesellschaftlichen Sektor dingfest gemacht und problematisiert.

Einebnung der Macht durch Machtverteilung

Wir befinden uns in einem Prozeß, in dem über die staatliche Gewaltenteilung hinaus Herrschaft unter verschiedenen, relativ voneinander unabhängigen Sektoren und Personen verteilt wird. Das ist zwar nicht die Vernichtung von Herrschaft, aber ihre Schwächung durch Teilung. »An die Stelle einer geschlossenen Herrschaftsklasse mit gleichartigen Interessen ist eine Vielzahl von Herrschaftsgruppen getreten, die verschiedene Interessen vertreten und voneinander unabhängig sind.« (Helge Pross)

Die in den verschiedenen Sektoren der Gesellschaft führenden Personen und Personengruppen sind nicht gleichförmig und voneinander abhängig. Sie rekrutieren sich in abnehmendem Maße aus dem gleichen Abstammungskreis.
Die Besitzer wirtschaftlicher Machtpositionen sind nicht die gleichen wie die Verwalter staatlicher Herrschaft. Wirtschaftliche Macht selber ist nicht mehr homogen. In einer funktionierenden Marktwirtschaft wird sie durch Wettbewerb in der Balance mit der konkurrierenden Macht gehalten. Arbeitnehmer versuchen, mit Hilfe ihrer Organisationen die Parität mit der Kapitalmacht herzustellen.
Neben das herkömmliche System der Gewaltenteilung ist als vierte Kraft die öffentliche Meinung getreten.
Die Macht zersplittert, und die Machthierarchien fallen auseinander. Die Gesellschaft »pluralisiert« sich.
Die Sektoralisierung von Zuständigkeiten ist freilich so originell nicht, wie sie auf den ersten Blick wirkt. Die mittelalterliche Ordnung war hochgradig parzelliert und die Gesellschaft sektoralisiert. Der Dualismus Kaiser – Papst war nur die hervorragende Form der Herrschaftstrennung. In der mittelalterlichen Zwei-Schwerter-Lehre, welche weltliche und kirchliche Kompetenz schied, liegt eine der frühen Quellen politischer Freiheit, weil sie dem in Ungnade gefallenen Untertanen die Flucht unter die Obhut des anderen Schwertes eröffnete.

Entmachtung durch Beschränkung der Macht auf Funktionen

Mit der Sektoralisierung der Macht geht eine weitergehende Funktionalisierung einher. Macht wird auf Funktion beschränkt und durch zweckrationalen Mitteleinsatz gezähmt. Die Kompetenz der zeitweiligen Machtinhaber ist demnach an ihre Funktionen gekoppelt, die ihren Einsatz legitimieren. Auf diese Weise werden Machthierarchien eingeebnet, und Herrschaft muß sich durch spezifische Funktionserfüllung rechtfertigen. Das einstmals mit bestimmten Berufspositionen verbundene gesamtgesellschaftliche Prestige reduziert sich auf den Bereich der Aufgabenerfüllung, in dem die Position lokalisiert ist.
Die Geltung der militärischen Hierarchie zum Beispiel ist auf militärische Funktionen beschränkt, die der kirchlichen auf die religiösen. Das Ansehen der Manager findet seine Schranken im wirtschaftlichen Bereich. Berufe mit einst weitgehendem Ansehen, das über

ihre professionelle Funktion hinausging, wie beispielsweise das des Arztes, Apothekers und Dorfschullehrers, werden in ihrem Prestige zurückgenommen und streng funktionalisiert.
Aus der Perspektive des Individuums relativiert Pluralismus die alte Eindeutigkeit von oben und unten in der Gesellschaft. Macht als Chance, für einen Befehl Gehorsam zu finden (Max Weber), ist auf Zeit beschränkt, wird parzelliert und muß sich durch Erfüllung eines angebbaren Zweckes legitimieren.
Die zeitliche, sektorale und funktionale Machtverteilung schafft schon rein quantitativ mehr Lokalitäten der Macht und gibt mehr Menschen Teilhabechancen an der Machtverwaltung. Sektorale und funktionale Machtverteilung verliert jedoch dort ihren freiheitsfördernden Effekt, wo ihre institutionellen Trennungen durch personale Ämterhäufungen unterlaufen und schließlich in ihr Gegenteil verkehrt werden. Filz ist ein pluralismusfeindlicher Stoff. Deshalb muß Verfilzung bekämpft werden.
Wenn im Pluralismus Herrschaftsfunktion nicht mehr einer Gruppe von Menschen, sei es geburtsständischer oder klassenmäßiger Herkunft, reserviert wird, sondern wechselt, entsteht eine Gesellschaft, in der sich das traditionelle »Oben und Unten« in ein Funktionsgeflecht auflöst. Die jeweils in einer bestimmten Funktion weisungsgebundenen Bürger verlieren in der unterlegenen Position den Stachel der Diskriminierung, unter dem herkömmlicherweise »Untergebene« litten. Wenn sie in anderen Funktionen die Position eines »Vorgesetzten« einnehmen können, entstehen im entwickelten Pluralismus partielle Positionen.

Mal oben, mal unten

Schon heute ist es möglich, daß ein Arbeiter an die Weisungen des Meisters im Betrieb gebunden und andernorts als Vorsitzender einer Partei eben jenem Meister in der Öffentlichkeit »vorgesetzt« ist, dem er im Betrieb »untergeben« ist. Dieser Wechsel zwischen »oben« und »unten« schafft eine heilsame Pädagogik gegen die Arroganz des Vorgesetzten. Der Tausch zwischen oben und unten, den Meister und Arbeiter in der Freizeit vollführen, ist freilich nur eine Vorform eines vollentwickelten Machtwechsels, der durch das pluralistische Rollenspiel möglich wird.
Gegenüber den Versuchungen des Totalitarismus schafft eine pluralistische Machtstruktur die Sicherheit, daß keine Macht in ihrem

Zuständigkeitsbereich den Bürger ganz erfaßt, sondern immer nur im Maße der Funktion, die von seiner jeweiligen Rolle erwartet wird. Der Bürger ist politisch nur in seinen Rollen greifbar. Seine Rollen aber wechselt der Bürger wie seine Kleider. Das Wechselspiel zwischen unterschiedlichen Kompetenzbereichen ist ein Modus der Freiheit unter den Bedingungen des Pluralismus. In der pluralistischen Gesellschaft sind die sozialen Positionen nicht gleichsam angeboren. Von der Beschreibung einer Position sind nicht alle Verhaltensmuster der Positionsträger ableitbar. Unsere Gesellschaft hat im allgemeinen die starren Lebensmuster abgestreift, aber die Gewohnheiten der Klassengesellschaft nicht gänzlich hinter sich gelassen (vor allem nicht aus dem Kopf geschlagen).
Die Mitbestimmungsdiskussion zum Beispiel liefert Musterbeispiele von Befangenheit im Weltbild einer Klassengesellschaft, und zwar gerade bei den Gruppen, deren Selbstverständnis durch Gegnerschaft zur Klassengesellschaft definiert wird, die aber offenbar versäumt haben, ausreichend über die Voraussetzungen ihrer Selbstverteidigung nachzudenken. Nicht selten attackieren Arbeitgeber ihre gewerkschaftlichen Kontrahenten mit Argumenten, die ihrer eigenen Verteidigung den Boden entziehen.

Die Klassen verlieren sich im Rollengeflecht

Der Forderung zum Beispiel der Arbeitnehmer nach Mitbestimmung und Miteigentum wird entgegengehalten, daß ihre Erfüllung den Arbeitnehmern die Mehrheit im Aufsichtsrat brächte, denn sie säßen dann auf beiden Seiten.
Das Argument ist nur plausibel, wenn »Arbeit« und »Kapital« jeweils als Bezeichnung einer Klasse von geradezu geburtsständischer Herkunft verstanden werden. Sobald jedoch »Arbeit« und »Kapital« Rollenträger sind und deren Funktion bezeichnen, wird das Argument sinnlos. Wenn Mitbestimmung und Miteigentum verwirklicht sind, kann mit gleichem Recht behauptet werden, die Träger der Rolle Kapital wie entgegengesetzt die Träger der Rolle Arbeit hätten die Mehrheit. Beide Rollen sind wechselseitig das Pendant zur jeweils anderen Rolle und können von denselben Personen getragen werden. Arbeitnehmer sind dann auch Kapitalbesitzer und Kapitalbesitzer auch Arbeitnehmer.
Eine solche Verwandlung alter Klassenbegriffe in Rollenbezeichnungen verwischt noch nicht die Grenze zwischen beiden. Arbeit und

Kapital sind nicht austauschbar. Mit ihnen verbinden sich unterschiedliche Interessen. Aber der Unterschied ist nicht kollektiv auf Klassen verteilt nach dem Schema: für die einen das Lohn-, für die anderen das Kapitalinteresse, sondern er ist mit Rollen verknüpft, welche dieselben Träger haben können. Der alte Klassenkampf verliert dann seinen »Truppencharakter«.

Utopisch, wie manche meinen, ist eine solche Vorstellung nicht. Mit Arbeit und Kapital verbinden sich schließlich keine unüberbrückbaren Gegensätze, denn beide sind nur im Verbund effektiv. Ohne Arbeit ist das Kapital wertlos, und ohne Kapital ist die Arbeit um ihre Wirkung gebracht. Es müßte also gelingen, die divergierenden Interessen zu guter Letzt auch im Individuum zu vermitteln. Mit Spannungen zu leben ist schließlich eine Notwendigkeit, die nicht neu ist. Die Rollen des Vaters, Arbeitnehmers, Parteimitglieds, Kirchgängers, etc. sind so widerspruchslos nicht, wie ein Bilderbuch der Bürgerkunde uns weiszumachen versucht.

Die Wunschvorstellung von der Verwandlung der alten Klassenbegriffe Kapital und Arbeit in neue Rolleneinteilungen paßt sicher nicht ins festgefügte Weltbild orthodoxer Kapitalisten und Marxisten. Sie überfordert deren Phantasie.

Aber die Entwicklung muß sich nicht an den Lieblingsideen von gestern orientieren. Das Neue hat es so an sich, daß es gestern noch nicht für möglich gehalten wurde.

Das Spielfeld für eine nachindustrielle Gesellschaft wird erst offen, wenn wir uns von der Fixierung auf den Widerspruch von Kapital und Arbeit lösen, indem wir ihn überwinden.

Toleranz aus Spaß am Anderssein des anderen

Mit dem Pluralismus verändern sich auch die bevorzugten Schemata der Entscheidungsfindung. Wenn nicht nur Weisungsstränge im Machtgefüge über Kreuz angeordnet sind, so daß ein eindeutiges Oben nicht mehr identifizierbar ist, sondern auch bei der Ermittlung des Weisungsinhaltes Übereinkunft und Mitbestimmung eingesetzt werden, ist Herrschaft nicht mehr die fremde Last, welche die Ausführenden drückt, sondern Teil eines gesellschaftlichen Spiels, an dem alle teilhaben.

So hat die Pluralität von Herrschaftsinstitutionen und Entscheidungsträgern auch den Prozeß der Entscheidung verändert. Die Übereinkunft wird die bevorzugte Methode der Entscheidungsfindung und tritt an die Stelle der Machtdurchsetzung von oben. Der Kompromiß tritt an die Stelle des Befehls.

Die vertikale Anordnung von Anweisung und Befehl in hierarchischen Gesellschaften weicht in pluralistischen Gesellschaften den horizontalen Strukturen des Miteinanders. Das Team verdrängt die Gefolgschaft.

So erhält ein Selbstbewußtsein seine Chance, das sich weniger auf das Übertreffen des anderen stützt als auf das Anderssein als andere. Zufriedenheit schöpft aus der Erfahrung, daß jeder in der Vielzahl menschlicher Entfaltungsmöglichkeiten seine Originalität finden kann. Partnerschaft und Solidarität gewinnen ihren Sinn aus der Ergänzungsbedürftigkeit des Individuums.

Die gesellschaftliche Arbeitsteilung, auf die Machtverteilung im pluralistischen System angewiesen, schafft eine besondere Form von Solidarität, nämlich jene, die Durkheim als organische Solidarität im Unterschied zur mechanischen bezeichnet hat. Die mechanische ergibt sich aus einer homogenen Gesinnungs- und Soziallage, die organische aus dem wechselseitigen Aufeinander-angewiesen-Sein einer heterogenen Gesellschaft. Gesinnungssolidarität degeneriert leicht zu einer Cliquenkumpanei, die blind ist für eine Solidarität, die über den Zusammenhalt der eigenen Gruppe hinausgeht. Organische Solidarität aber muß offenbleiben für Differenzierung. Sie läßt sich nicht mit Nivellierung kombinieren. Die Solidarität der vielen anderen ist Ausdruck des Reichtums personaler Entfaltungschancen, der nicht als Bedrohung der eigenen Identität empfunden wird.

Unter der Bedingung von »organischer Solidarität« wird der Dialog von der Gefahr befreit, nur eine sublime Form von Überredung zu sein. Der Dialog ist nicht Eroberung des Partners, sondern der gemeinsame Versuch der Partner, die Wahrheit aus verschiedenen Gesichtswinkeln zusammenzusetzen.

Die Toleranz könnte uns ein soziales Spiel ermöglichen, in dem der Spaß am Anderssein des anderen aus der Einsicht erwächst, daß einer selbst nicht alle Lebensmöglichkeiten verwirklichen und die ganze Wahrheit besitzen kann, und im Partner die eigenen, unerreichten Möglichkeiten zum Vorschein kommen.

Die Person der Verfügbarkeit entzogen

Der Pluralismus macht auf seine Weise die Philosophie des Personalismus politisch fruchtbar. Weil im Rollenspiel die personale Identität des Menschen nie ganz faßbar wird, ist die politische Person wieder das, was sie im etymologischen Sinn des Wortes auch immer war: Maske. »Der Mensch ist nie ganz das, was er ist.« (Helmuth Plessner) Er ist immer mehr als er in seiner jeweiligen Rolle erscheint, und deshalb für die Gesellschaft nicht total verfügbar. Die Person entzieht sich einer restlosen Politisierung. Ihre Würde basiert nicht auf Rollen, Funktionen, Positionen. Deshalb ist der Mensch schon etwas, bevor er in der Gesellschaft etwas wird. Würde ist keine politische Zuteilung. Sie ist vorstaatlicher Natur und durch die Verfassung nicht geschaffen, sondern nur geschützt.

In der Paradoxie, daß der Mensch Rollen wechselt und doch derselbe bleibt, wird ein Horizont jenseits der Politik sichtbar. Der Personalismus hat die Einheit von Identität und Wechsel der Person zu beschreiben versucht. Personalismus und Pluralismus sind insofern aufeinander bezogen, als der Pluralismus auf der Originalität der Person gründet, die er in eine Gesellschaft einbringt, in der jeder seine Eigenart in Solidarität mit anderen »Eigenarten« bewahrt. Gesellschaft wird erst in dem Maße eine menschliche, in dem ihre Mitglieder einander bestätigen. Ihr Fundament sind, wie Martin Buber beschrieben hat, der Wunsch des Menschen, als das, was er ist, bestätigt zu werden und die Fähigkeit, seine Mitmenschen zu bestätigen. Das Wachstum der Person vollzieht sich in dieser »Gegenseitigkeit der Vergegenwärtigung« (Martin Buber).

Die Führer verlieren an Verführungskraft

Wenn Pluralismus mehr sein soll als ein neues soziologisches Muster oder gar nur eine moderne Sozialtechnik, dann wird er einer anthropologischen Fundierung bedürfen. »Die Ordnung der Dinge unterliegt der Ordnung der Personen« ist eine Kernthese des II. Vatikanischen Konzils. Als tragfähig werden sich solche Ordnungsmodelle erweisen, die ihr Maß an der Person nehmen. Denn jedwede politische Ordnung ist nur Mittel zum Zweck menschlichen Glücks.

Der Pluralismus wird hier nicht als Tatsache behauptet. Aber in unserer Gesellschaft sind Ansätze einer pluralistischen Entwicklung erkennbar. Das Kolonnendenken verliert seine Anziehungskraft. Uniformierung verbreitet Langeweile. Selbst die Mode kommt nicht mehr in kollektiven Wellen daher, sondern individualisiert sich. »Standesgemäße Kleidung« gibt es längst nicht mehr. An den Kleidern sind Schicht und Herkunft nicht mehr erkennbar.

Die großen Führer, Unternehmer, Wissenschaftler verlieren an Faszination. Unterschiedliche Lebensformen existieren mit weniger wechselseitiger Feindschaft als früher nachbarschaftlich nebeneinander.
Das Erdbeben, welches die Käseglocken der geschlossenen Weltbilder zerbricht, vibriert in der modernen Kunst nicht erst seit heute. Der Erzähler zum Beispiel, der offenbar alles weiß, ist nur noch eine Figur aus der Literaturgeschichte. Im modernen Roman hat er keinen Auftritt mehr. Das »Leben« wird in Perspektiven zerlegt, aus Einzelheiten montiert und ausgewechselt. Erfahrungen werden in Geschichten ausprobiert. Das Spiel der Möglichkeiten reizt mehr als die Schmalspur eines erzählten Lebenslaufes.
Das moderne Lebensgefühl entspringt mehr einer Sehnsucht nach Vielfalt als nach grauer Nivellierung. Bunte Vielfalt entwickelt starke Anziehungskraft, selbst wenn die Alternative der geschichtlichen Einordnung einen höheren Lebensstandard verspricht. Das gilt jedenfalls in den entwickelten Wohlstandsgesellschaften. »Das Ende der Expansion ist auch das Ende des Durchschnitts, aber nicht das Ende des Wachstums.« (Ralf Dahrendorf) Wachstum wird mehr als Differenzierung geschätzt und weniger als Steigerung des Durchschnitts erstrebt.
Vielleicht verläuft die Wasserscheide der ideologischen Systeme nicht entlang der Linie, die durch die alten Fahnen Idealismus – Materialismus markiert wird. Pluralität oder Uniformität heißt möglicherweise die eigentliche Alternative. Wir haben die Geschichte in der Hand, zwar nicht im Sinne einer Schöpfung aus dem Nichts, aber als Chance, Tendenzen zu fördern oder zu behindern. Wollen wir Pluralismus?

Grenzen des Pluralismus – der Staat als Schiedsrichter

»Jedes Ding hat zwei Seiten« – das ist eine alte Volksweisheit. Die beste Sache kann zugrunde gerichtet werden, wenn nicht Gefahren ausgeschlossen werden, die mit jedem Ziel verbunden sind. Die Ambivalenz unserer Ziele ist wahrscheinlich eine unvermeidbare Bedingung unseres Handelns.
Der pluralistische Wettbewerb kann zum Faustrecht der Gruppen verfallen, wenn er nicht durch allgemein akzeptierte Spielregeln kanalisiert wird. Aber auch Spielregeln benötigen eine institutionelle Verankerung und die Macht, die ihre Mißachtung bestraft. Der

Schiedsrichter selbst kann nicht mitspielen. Deshalb ist der Pluralismus auf eine dritte Instanz angewiesen. So kommt der Staat als jene Organisation ins Spiel, die den Pluralismus vor seiner Selbstzerstörung bewahrt, indem er die Regeln der Auseinandersetzung garantiert.

Die Schiedsrichterfunktion des Staates steht sowohl in Übereinstimmung mit dem Subsidiaritätsprinzip wie mit dem Prinzip des Gemeinwohls. Die Subsidiarität fördert den Vorrang der kleineren Gemeinschaft. Gegenüber dem Staat sind die Sozialpartner die weniger umfassenden Verbände. Der Austrag der Konflikte und der soziale Ausgleich sind zunächst Aufgaben der Verbände. Der Staat, der sich in alles einmischte, würde folgerichtig zum totalitären System denaturieren. Andererseits ist der Staat jedoch mehr als lediglich der Buchhalter der Verbandsergebnisse. Nicht alle sozialen Fragen können dem pluralistischen Spiel ausgesetzt werden. Schon die rechts- und sozialstaatlichen Grundrechte stehen nicht zur Disposition und begrenzen so den Pluralismus.

Der Schiedsrichter ist also auch Wächter der Grenzen des pluralistischen Spiels. Der Pluralismus kann weder den in der Gesellschaft akzeptierten und verfassungsrechtlich geschützten Mindeststandard sozialer Gerechtigkeit in Frage stellen noch Teilinteressen zum Gesamtwohl erklären. Wo die Grenzen verlaufen, darüber findet auch ein offener Dialog zwischen staatlicher Allgemeinheit und Verbänden statt. Der Pluralismus beginnt weder auf dem Nullniveau sozialen Standards, noch reicht er ins politisch Unendliche.

Der Staat als Lückenbüßer

Selbst Laski, der die Theorie des Pluralismus am weitesten getrieben hatte, erkannte später die Gefahren, die sich aus einer Auflösung der staatlichen Souveränität in ein pluralistisches Kräfteparallelogramm ergeben. »Der Staat ist derjenige gesellschaftliche Verband, der das geordnete Zusammenwirken aller gesellschaftlichen Handlungen auf einem bestimmten Gebiet in letzter Instanz sichert« (Ernst Fraenkel).

Neben die Schiedsrichterfunktion des Staates tritt seine Aufgabe als Lückenbüßer. Nicht alle Interessen sind verbandsfähig und manche nicht stark genug, sich so durchzusetzen, daß sie in den Ausgleich der Interessen eingehen können. Vom Standpunkt der Randgruppenexistenz aus ist es jedoch relativ belanglos, ob sie ihre Benachteiligung mit zehn oder zehntausend anderen teilt. Not ist Not. Im allgemeinen verbindet sich mit der Not der wenigen ein größeres Maß von Aussichtslosigkeit, solange die Gesellschaft vornehmlich auf Massendruck reagiert. Sobald sich der Pluralismus als Kartell der mächtigen Verbände etabliert, geraten die Randgruppen in die toten Winkel der politischen Aufmerksamkeit. Hier setzt das Programm der »Neuen Sozialen Frage« an, wie es von der CDU entwickelt wurde. Auch im Interesse der Lücken der pluralen Interessenrepräsentation darf der Staat nicht absterben.

Gleichgewicht durch Chancengleichheit

Eine weitere Gefahr des Pluralismus ist jene Statik, die sich aus einer so perfekten Machtbalance ergibt, daß sie weder durch Phantasie noch durch neue Ideen erschüttert werden kann. Der Staat muß der Innovation eine Lücke offenhalten. In dieser Aufgabe wird seine Lückenbüßer-Funktion zur lückenschaffenden.

Das Machtgleichgewicht kann in einer sich verändernden, offenen Gesellschaft keine statische Größe sein. Die Balance muß immer wieder eingependelt werden. Die Geschichte des sozialen Fortschritts läßt sich auch als eine fortdauernde Anstrengung beschreiben, das Gleichgewicht herzustellen. Von der Einführung des allgemeinen Wahlrechts bis zur Einführung der paritätischen Mitbestimmung geht es immer um die Einebnung von Machtgefälle, einmal um das Gleichgewicht der Stimmen, ein andermal um die rechtliche Parität der Produktionsfaktoren. Aber mit jeder Parität treten neue Disparitäten auf oder werden durch diese verdeckt. Die Lebenschancen zwischen Stadt und Land sind ungleich verteilt, von der Umweltbelastung wird reich und arm bedroht: Disparitäten, die früher gar nicht so bekannt waren.

Das Gleichgewicht im pluralistischen Verständnis kann nie Nivellierung bedeuten, sondern immer nur Chancengleichheit. Freiheit wird erst die Freiheit aller, wenn sie auf Chancengleichheit basiert. Freiheit, die auf Privilegien beruht, ist Beschränkung der Freiheit derjenigen, welche diese Privilegien nicht besitzen.

Da aber Chancengleichheit nicht Ergebnisgleichheit bedeuten kann, wird das Machtgleichgewicht immer wieder in Frage gestellt. Die Balance ist eine dynamische Kategorie. Sie gegen Festschreibung zu schützen, ist eine Aufgabe des Ausgleichers Staat. Schiedsrichter, Lückenbüßer, Innovator, Ausgleicher: das alles sind Kennzeichen,

die den Staat scheinbar seiner Hoheit berauben. Vielleicht jedoch gewinnt ein Staat, der Dienst leistet, eine neue Hoheit, die so auch den Dienst aller beanspruchen kann, weil sie nicht mehr als fremde Autorität erscheint.
Das Ansehen des Staates ist darauf gegründet, daß der Pluralismus auf ihn angewiesen ist, weil Pluralismus sonst leicht degenerieren könnte. Als Verband aller Bürger ist er das, was er im traditionellen Sinn immer sein sollte: Hüter des Gemeinwohls.

Das Gemeinwohl

In die Beschreibung der staatlichen Aufgaben im Pluralismus schleicht sich ein Platonismus ein, der den Eindruck erweckt, als sei der Staat ein Wesen außerhalb des pluralistischen Machtgefüges. Der scheinbare Systembruch löst sich jedoch als ein Scheinproblem auf, wenn der Staat als Verband besonderer Art von den übrigen pluralistischen Verbänden akzeptiert wird, nämlich als jener vorgegebene Verband, der den Pluralismus durch Wahrung des Gemeinsamen vor der Anarchie der Gruppen bewahrt. Dieser Platz wird ihm nur gelassen, wenn die Verbände Selbstbescheidung üben und ihre Aufgaben als Repräsentanten von Partialinteressen ausdrücklich eingestehen.
Der Staat wird um so mehr entlastet, je mehr Verbände und Gruppen selbst den Konsens hervorbringen, dem sie sich unterwerfen. Dazu bedarf es mehr als nur des Zugeständnisses als »Schiedsrichter«, »Lückenbüßer« und »Ausgleicher«. Die Verbände sind im Interesse ihrer Existenzberechtigung auf eine hinter ihnen stehende und sie zusammenhaltende Idee angewiesen.
In der Geschichte der Staatslehre ist schon früh der Begriff des Gemeinwohls aufgetaucht. Besonders in der christlichen Überlieferung gewann er hohes Ansehen, obwohl er nicht ihr, sondern einer älteren Soziallehre entstammt.
Mit dem Begriff Gemeinwohl ist viel Mißbrauch getrieben worden. Es waren zu häufig die Mächtigen, die sozusagen im Kurzschluß ihr Wohl als allgemeines ausgaben. Vor dieser Beschlagnahme des Ganzen durch einen Teil muß der moderne Gemeinwohlbegriff geschützt werden. Die Idee jedoch, daß das Gemeinwesen allen dienen soll, ist zeitlos gültig.
Der Inhalt des konkreten Gemeinwohls kann nicht dogmatisch bestimmt und vorgegeben werden. Wie aber kommen wir zur kon-

kreten Bestimmung der jeweils aktuellen Ansprüche des Gemeinwohls?

Ernst Fraenkel weist auf einen Gemeinwohlbegriff hin, der sich aus dem Prozeß des Interessenausgleichs ergibt: »Der Pluralismus beruht vielmehr auf der Hypothese, in einer differenzierten Gesellschaft könne im Bereich der Politik das Gemeinwohl lediglich a posteriori als Ergebnis eines delikaten Prozesses der divergierenden Ideen und Interessen der Gruppen und Parteien erreicht werden.« Dies freilich klingt eher resignativ, als sei das Gemeinwohl lediglich das Notariat der Übereinkünfte. Fraenkel allerdings fügt hinzu, daß der Prozeß, als dessen Ergebnis das Gemeinwohl zustande komme, auf der Grundlage der »Notwendigkeit eines generell akzeptierten Wertkodexes« laufen müsse, in dem neben »verfassungsrechtlichen Verfahrensvorschriften und Spielregeln eines ›fair-play‹ auch ein Minimum an regulativen Ideen generellen Charakters enthalten sein muß«. Ohne eine verpflichtende Idee also kommt keine Gemeinschaft aus. Richtungweisende Ideen produzieren noch nicht die Lösungen, aber Anforderungen und Begrenzungen. Diese »regulative Idee« ist das Gemeinwohl, unter welchem Namen es auch auftritt. Das Gemeinwohl stellt alle Forderungen unter den Beweiszwang, daß ihre erstrebten Begünstigungen nicht Vorrechte errichten oder stabilisieren, sondern allen dienen. Das schließt keineswegs Forderungen aus, die nur von einem Teil der Gesellschaft gestellt werden. Aber alle Forderungen stehen unter der Beweislast, daß ihre Erfüllung nicht gegen das Wohl aller verstößt. Der Pluralismus und in ihm die Gruppen und Verbände stehen unter der Pflicht der Sozialgebundenheit.

Damit ist das Problem formalisiert, aber nicht gelöst. Die schwierigste Frage ist, wie der Beweis des allgemeinen Nutzens geführt werden kann. Habermas bietet dafür das Kriterium des »vernünftigen Konsenses« an. Aber auch dieser Begriff bietet fürs erste nur einen Anhaltspunkt. Immerhin stellt er so viel klar, daß nicht jede Übereinkunft, nur weil sie Übereinkunft ist, die Bedingung erfüllt, dem Gemeinwohl zu dienen. Es gibt unzählige »unvernünftige« Vereinbarungen. In den Begriff Vernunft gehen normative Elemente ein. Das »gesunde Volksempfinden« muß nicht unbedingt vernünftig sein.

Gemeinwohl ist damit nicht lediglich die Resultante eines Kräfteparallelogramms. Denn der Konsens wird an der »Vernünftigkeit« geprüft. Was aber die Vernunft eines Konsens ausmacht, ist damit noch nicht geklärt. Habermas gibt als Prüfstein die »verallgemeinerungsfähigen Interessen« an. »Nicht die Tatsache dieses Pluralismus soll bestritten werden, sondern die Behauptung, daß es unmöglich sei, kraft Argumentation die jeweils verallgemeinerungsfähigen Interessen von denen zu scheiden, die partikular sind und bleiben.« (Jürgen Habermas)

In einen solchen Weg zum Konsens, der das Gemeinwohl auch inhaltlich bestimmt und es nicht lediglich auf Spielregeln abdrängt, ist sicherlich ein aufklärerischer Optimismus investiert, der im Widerspruch steht zu den wirklichen, oft irrationalen gesellschaftlichen Machtkämpfen. Als ideeller Anspruch ist der vernünftige Konsens jedoch die Alternative zur Konfliktklärung durch Klassenkampf, in der die siegreiche Klasse anschließend ihre Vorstellung von Gemeinwohl zur allgemeinen erklärt, auch wenn sie ihren Zwang zweckmäßigerweise in »Vereinbarungen« hüllt. Im Konzept eines »vernünftigen Konsenses« erhält der Pluralismus ein normatives Element. »Das angemessene Modell ist die Kommunikationsgemeinschaft der Betroffenen, die als Beteiligte an einem praktischen Diskurs den Geltungsanspruch von Normen prüfen und, sofern sie ihn mit Gründen akzeptieren, zu der Überzeugung gelangen, daß unter gegebenen Umständen die vorgeschlagenen Normen richtig sind. Nicht die irrationalen Willensakte von Vertragspartnern, sondern die rational motivierte Anerkennung von Normen, die begründet den Geltungsanspruch von Normen.« (Jürgen Habermas)

Man kann freilich zweifeln, ob das Modell eines rationalen Diskurses das umfassende Muster zur Lösung aller gesellschaftlichen Konflikte sein kann. Aber daß seine Reichweite ausgedehnt werden soll, dem muß man zustimmen, wenn pluralistische Konfliktregelung nicht ihr Vorbild am Freistilringkampf nehmen soll. Es bleibt ein weites Feld der Übereinkünfte, für die kaum objektive Normen auffindbar sind. Aber selbst in Lohnkämpfen gibt es Grenzen des Tarifabschlusses, außerhalb derer mit Bestimmtheit das Gemeinwohl verletzt wird. Was innerhalb dieser negativen Abgrenzung möglich ist, muß der Verhandlung überlassen bleiben. Und in den Verhandlungen muß der rationalen Argumentation mehr Platz geschaffen werden. Auch hier gilt noch der rationale Begründungszwang, den die Öffentlichkeit einfordern muß.

Die konzertierte Aktion war der erste zaghafte Versuch, Interessengegensätze nicht allein den Spielregeln von Druck und Gegendruck auszusetzen, sondern die Kontrahenten in eine öffentliche Argumentation um die »Verallgemeinerungsfähigkeit ihrer Interessen« zu zwingen. Dieser Versuch hat Tarifkämpfe nicht überflüssig gemacht, aber das Feld des Rationalisierbaren ausgeweitet. Die konzertierte Aktion könnte ein Modell sein für kooperativen Pluralismus, in dem der Staat als Dritter im Spiel der Interessengegensätze einen Zwang zur Rationalität der Übereinkünfte auslöst. So kann das Gemeinwohl nicht als Deus ex machina im Kampf der Interessen, aber als eine den Konsens befördernde Idee angesehen werden.

Aus »Die politische Meinung«, Januar/Februar 1979

Der Unternehmer

Eine Besprechung des gleichnamigen Buches von Prof. Dr. Wilhelm Weber

Dieses Buch ist eine Apologie: mit missionarischem Eifer verteidigt Weber den Unternehmer. Und wie oft bei Missionaren ist leider der Einsatz für die gute Sache kein Schutz vor Übereifer.
Übers Ziel hinauszuschießen, beginnt der Theologe Weber bereits bei der theologischen Rechtfertigung des Unternehmers, die stellenweise ideologischen Charakter annimmt. Beispielsweise dort, wo er die biblischen Warnungen vor Geiz und Habgier ebenso gegen die Armen wie gegen die Reichen gerichtet darstellt. Habgier ist Sünde; freilich, wer bestreitet es? Aber die Warnung vor der Habgier der Armen muß den Elenden in den Blechhütten Bogotas, La Paz oder sonst wo auf der Welt wie blanker Zynismus klingen. Selbst wenn der im Elend dahindämmernde Slumbewohner der Habgier fähig sein würde, so wäre diese noch immer verständlicher als die Gier der Satten und Reichen, in deren Schatten er steht. Aber was soll's? Mit dem Reichtumsgefälle der Welt wird das Unternehmerproblem nicht erfaßt.
Der moderne Unternehmer ist nicht mit der provozierenden Gestalt des reichen Prassers verwechselbar. Nicht Reichtumstheologie ist gefragt, wenn über den Unternehmer Auskunft verlangt wird. Zur Debatte steht die Sozialpflichtigkeit des Unternehmers, und die Mehrfach-Bindungen des Unternehmers, der nicht mehr ausschließlich dem Kapitalinteresse verpflichtet sein darf. Das sind die umstrittenen Fragen. Der Gegensatz zwischen Reichen und Armen steht auf einem anderen Blatt (allerdings im selben Buch: Soziale Gerechtigkeit.) Es müssen nicht Hexen vor der Verbrennung gerettet werden, die es gar nicht gibt: weder die Hexen noch die Verbrennung.
Weber stimmt in das in letzter Zeit zu geradezu liturgischem Lamento zusammengewachsene Selbstmitleid der Unternehmer kräftig ein. Doch die Fakten, die er liefert, weisen in die gegenteilige Richtung. So schlimm kann es um die öffentliche Geltung der Unternehmer nicht bestellt sein, wenn immerhin 84 % einer von

Weber angeführten Befragung der Meinung sind, daß die Wirtschaft nicht ohne den Unternehmer läuft, 82 % dem Unternehmer zubilligen, daß er sich für seine Mitarbeiter einsetzt; 77 % ihn für einen tüchtigen Zeitgenossen und 71 % für die Voraussetzung des Wohlstandes halten.

Diejenigen, das führt Weber selber an, »die sich noch ausgesprochen klassenkämpferischer Klischees bedienen«, sind auf 4 % der Befragten zusammengeschrumpft. Wenn das kein Anlaß ist, endlich die Verfolgungshysterie zu beenden! Vielleicht würde die Diskussion mit den Unternehmern von Komplexen entlastet, wenn nicht hinter jeder kritischen Bemerkung systemüberwindende Anschläge vermutet würden.

Ganz anders allerdings bewerte ich einen anderen Zahlenspiegel, den Weber vorlegt, um sich offenbar der These von Max Kruk anzuschließen, daß wir in einer offenen Gesellschaft leben. Mehr als die Hälfte der Unternehmer stammt aus der gesellschaftlichen Oberschicht, nur 5,8 % aus »bedrückten, sozialen Verhältnissen«. Auch Weber muß zugeben, daß es noch immer eine stärkere Elitenaffinität gibt. Mit anderen Worten – und mit meinen –, die Oberen rekrutieren sich und die ihrigen selbst. Mit der »Offenheit« der Gesellschaft ist es also eine sehr relative Sache.

Der Marschall-Stab im Tornister, von dem uns gesellschaftspolitische Märchenerzähler berichten, daß er bei jedermann zu finden sei, gehört vorerst noch mehr in den Bereich sozialer Träume als in die Wirklichkeit.

Das »noch« darf nicht überlesen werden, denn sicherlich: das ist unbestreitbar, vieles hat sich gebessert. Die Zäune und Mauern zwischen den sozialen Gruppen wurden niedriger. Verschwunden sind sie allerdings nicht.

Doch bei allem Ärger über zu viel Apologie, muß der Leser sich selbst und dem Buch gegenüber gerecht bleiben. Vielleicht hat das Überangebot an Unternehmerselbstmitleid eine gewisse Marktsättigung für Unternehmer-Rechtfertigung heraufbeschworen (jedenfalls habe ich langsam genug davon). Trotz dieses Überdrusses bleibt aber richtig: der freie Unternehmer ist eine unverzichtbare Gestalt der freien Gesellschaft. Ihn beschrieben zu haben, ihn in seinen Funktionen dargestellt zu haben, ist ein Verdienst des Buches von Prof. Dr. Weber.

Der Unternehmer ist in die Geschichte eingetreten als Störenfried einer statischen, harmonistischen Ordnung. Auf der Suche nach dem Neuen hat er Fortschritt durchgesetzt. Als progressive Gestalt also

hat er sich Durchbruch verschafft, und es wäre fatal, wenn er jene Tugenden wie Mut, Kreativität und Innovationsfreude, die ihn groß gemacht haben, beschränken würde auf die Wirtschaft. Denn es kann nicht sein, daß sich alles wandelt, Wissenschaft, Wirtschaft, Technik, nur die Gesellschaft bleibt die alte. Offenbar entwickelt sie sich – mit und ohne Unternehmerbeitrag.
In der Trotzecke stehen und über Sozialismus jammern, im Unterschied zur Wirtschaft in der Gesellschaft nicht offensiv, sondern nur hinhaltend zu agieren, löst keine Faszination aus. Etwas mehr Optimismus, weniger Defensive, hätte dem Buch gutgetan.

Aus »Soziale Ordnung«

Banken: Herrschaftsmacht im dunkeln

»Haltet den Dieb«, mit diesem Ruf lenkt in einem orientalischen Märchen der flüchtende Dieb erschreckte Straßenpassanten von sich selber ab. Dieser Trick aus »Tausendundeiner Nacht« blieb jedoch nicht auf Märchen beschränkt, er wiederholt sich täglich, auch hierzulande.

Wer das neueste Gutachten der Monopolkommission liest, reibt sich verwundert die Augen: das exakte Zahlenmaterial beweist die handfeste Fremdsteuerung durch Banken und Großkonzerne. Ausgerechnet diese Machtgruppen weisen aber immer wieder auf die Gefahren der Fremdsteuerung durch die Gewerkschaften hin. Es handelt sich um eine besonders gelungene Nachahmung des orientalischen »Haltet den Dieb«. Während auf die »Schaltzentralen« der Gewerkschaften der Lichtkegel der öffentlichen Aufmerksamkeit gerichtet wird, halten jedoch die Beleuchtungsmeister der Banken ihre eigenen Schalthebel in der Dunkelheit der Anonymität. Machtkontrollierende Demokratie verträgt jedoch keine Dunkelheit.

Genau 39 von 328 Kreditinstituten haben die Fragebögen der Monopolkommission nicht oder nur unvollständig beantwortet. Wenn es freiwillig nicht geht, muß eben der Gesetzgeber die Auskunftspflicht sicherstellen. Das ist die erste Konsequenz des Gutachtens!

Bei 31 Prozent der Aktiengesellschaften in der Bundesrepublik sitzen die Banken im Aufsichtsrat. In mehr als einem Viertel der 100 größten Firmen besitzen die Banken mindestens Sperrminorität. Wer den Wirtschaftsteil einer beliebigen Tageszeitung aufschlägt, kann täglich von neuen »Eingemeindungen« der Großbanken lesen. Die Kreditinstitute waren zwischen 1970 und 1975 an 14,2 Prozent von anzeigepflichtigen Zusammenschlüssen als Käufer beteiligt. Die Großbanken bei 16,3 Prozent, die Sparkassen bei 1,4 Prozent.

Nur politischen Kleinkindern kann man das Märchen erzählen, die großen Bankhäuser seien keine Schaltzentralen. Verschämt wird das hin und wieder auch zugegegeben. »Investitionsbestimmung« nennt

man das zurückhaltend im Branchenjargon. Bei den Jungsozialisten heißt das Investitionslenkung und wird von denen beschimpft, die ihre eigene Investitionslenkung als »Stütze der Marktwirtschaft« betrachten: Haltet den Dieb.
Auch bei der Personalplanung sind die Großen helfend und lenkend zur Stelle. Wer es mit ihnen verdorben hat, darf nicht mit Karriere rechnen.
»Über Herrn Zündel liegt in unserem Hause nichts Nachteiliges vor« soll die verabredete Antwort-Chiffre für das sein, was römische Cäsaren in früheren Zeiten mit dem Daumen nach unten klarmachten. Freilich geht es nicht mehr so blutig zu, es rollen keine Köpfe. Nur: über den eine solche Auskunft gegeben wird, der wird halt nie »ein Kopf« der deutschen Wirtschaft.
Bisweilen ist die Machtverflechtung zwischen Bank und Unternehmen so intensiv, daß nicht mehr auszumachen ist, wer Koch, wer Kellner ist. Im Aufsichtsrat mancher Unternehmen sitzen Bankvertreter als Beauftragte der Aktionäre, während gleichzeitig die Bank Kreditgeber eben dieses Unternehmens ist. Zwei Herzen in einer Brust: Das des Aktionärsvertreters muß für billige Kredite schlagen, das des Kreditgebers für teurere.
Gilt die »Gegnerfreiheit« nur für Gewerkschaften und nur in der Mitbestimmungsdiskussion?
Es kann auch vorkommen, daß die Beziehungen zwischen Unternehmen und Bank als Selbstbedienungsladen organisiert werden. Veba-Vorstandsvorsitzender von Benningsen-Förder sitzt im Beirat einer kleinen Privatbank, bei der die Veba gerade einen Investitionskredit von 800 Millionen DM aufgenommen hat. Der Ärmste, wie wird er sich gequält haben, so unterschiedliche Interessen wie Kreditgeber und Kreditnehmer in seiner Brust zu vereinigen.
Was in dem Gutachten der Monopolkommission steht, ist weder neu noch unbekannt. Schon vor 12 Jahren konnte man in der Konzentrationsenquete ähnliches lesen. Viel Wasser ist inzwischen den Rhein hinabgeflossen. Geschehen ist wenig. Wird es diesmal ebensoviel sein, nämlich nichts?
Die Begrenzung der Beteiligungen an branchenfremden Unternehmen auf 5 Prozent, wie sie die Kommission vorschlägt, könnte ein Weg zu Machtbegrenzung sein. Über das Universalbanksystem muß mit Hilfe des Kriteriums Machtverkrustung nachgedacht werden. Wer wie die Universalbank auf zu vielen Hochzeiten gleichzeitig tanzt, verschleiert die Durchsichtigkeit der Interessenwahrnehmung. Das Depotstimmrecht sollte weiter demokratisiert werden. Kleinak-

tionäre brauchen keinen Vormund! Auch keinen Betreuer, der ihre Bequemlichkeit ausnutzt!
Wir sind in der Bändigung der Großbanken keineswegs am Ende unseres Lateins ... Es muß nur deutsch gesprochen werden. »Marktwirtschaft ist möglich«, überschreibt die Monopolkommission ihr Gutachten: ... wenn wir wollen, muß hinzugefügt werden. Die Gewerkschaften müssen Mehrheiten beschaffen für eine Marktwirtschaft, die auch gegen die Banken durchgesetzt werden will.

Aus »Welt der Arbeit«, 6. August 1976

Die unheilige Allianz von Jusos und Industrie

Vor einem Jahr versuchten zwei kleine Chemiebetriebe in Sörgel (Niedersachsen) über das Kartellamt ihre Belieferung mit Grundstoffen zu sichern, die auf dem deutschen Markt allein von den Badischen Anilin- und Sodafabriken in Ludwigshafen vorgenommen wird. Erst mit Hilfe des Kartellamtes und der Gerichte konnte die große BASF gezwungen werden, die Kleinen zu versorgen. So wird Marktzutritt geregelt in der Marktwirtschaft, jedenfalls der, der der BASF paßt. Welch ein seltsamer Zufall auch, daß sich Bayer Leverkusen und die Farbwerke Hoechst auf dem Pharma-Markt so gut wie gar nicht ins Gehege kommen. Der eine stellt Antibiotika, Schlafmittel und Psychopharmaka her, aber kaum Herzmittel, Diabetes-Medikamente und Cortisone. Dafür gibt es die Farbwerke Hoechst. Investitionslenkung? Nein, nur Zufall.

In der Montanindustrie arbeitet seit längerem eine Investitionsmeldestelle geräuschlos und zuverlässig bei der EG in Brüssel. Die Stahlindustrie verschaffte sich schon frühzeitig Wettbewerbserleichterungen: 1964 richteten vier große Stahlfirmen das sogenannte Stahlkarussell ein, durch das die Aufträge zentral gesammelt und nach Plan den einzelnen Firmen weitergeleitet wurden. Drei Jahre später kam es zu »Walzstahlkontoren« – ein anderer Name für Syndikat. Was damals durch kunstvolle Rechtskonstruktionen zusammengebastelt wurde, ist inzwischen durch die vom FDP-Papst der Marktwirtschaft, Minister Hans Friedrichs, abgesegneteten Elefantenhochzeiten (etwa zwischen Rheinstahl und Thyssen) so stabilisiert, daß die Reichweite der Investitionszentralen größer und die Lenkung perfekter ist.

Natürlich konnte auch die Elektroindustrie nicht hinter den anderen Branchen zurückstehen. Bosch und Siemens gründeten deshalb schon 1966 die »Bosch-Siemens-Hausgeräte GmbH«, um sich das Leben nicht durch Konkurrenz bei Hausgeräten unnötig schwer zu machen. Genauso dachten AEG und Linde.

Die Fusionswelle rollt und rollt. Die Mineralölindustrie lieferte erst jüngst wieder neue Spitzenleistungen der Unternehmenskonzentration. Kein Konjunkturrückschlag bremst die Entwicklung. Im Gegenteil! Staatliche Investitionshilfen erreichen die, die investieren können, und das sind vor allem die starken Unternehmen. So werden die Großen größer und die kleinen Unternehmen weniger. Und wenn alles vorbei ist, wird Friedrichs das Massensterben des Mittelstandes gewiß als Muster der Strukturbereinigung feiern.
Bei Tabak, Bergbau, Margarine ist die Konzentration inzwischen so weit, daß die drei größten Unternehmen jeweils drei Viertel des Gesamtumsatzes ihrer Branche machen. In der Autoindustrie, dem Schiffbau und beim Mineralöl bringen es die drei Spitzenreiter immerhin schon auf die Hälfte des Branchenumsatzes. Schätzungen, daß schon in fünf Jahren 200 bis 300 Konzerne den Markt der Industrieländer lenken, sind nicht aus der Luft gegriffen.
Wettbewerb auf Sparflamme gibt es, wo die Kleinen um die Gunst der Großen und damit um das eigene Überleben konkurrieren. Wer als Zulieferer Geschäfte mit einem Großkonzern macht, ist ihm allerdings ausgeliefert. Bei Investitionsentscheidungen und Produktionsplanungen an den Großabnehmer gekettet, kann der Kleine nicht einfach aussteigen und statt Radfelgen für Opel zum Beispiel Schuhcremeschachteln für Erdal herstellen.
Je 30000 Zulieferer machen bei AEG und Siemens Gewinn, 23000 bei Krupp, 18000 bei Daimler Benz, 17500 bei Bayer, 10000 bei BASF ... über die Härte ihrer Abhängigkeit mag die Zulieferer die Fiktion trösten, daß sie sich zumeist noch »selbständige Unternehmen« nennen dürfen.
Trainingslager einer öffentlichen Investitionskontrolle sind die Investitionspläne und -abstimmungen der Großunternehmen. Sie bahnen der staatlichen Investitionslenkung den Weg. Wenn nicht eine konsequente Wettbewerbspolitik die Marktverkrustung aufreißt, braucht die staatliche Bürokratie nur noch zu übernehmen, was in den Großunternehmen eingeübt wurde. Der Markt wird von den Praktikern der Unternehmenskonzentration mindestens ebenso gefährdet wie von den Theoretikern staatlicher Planungsbürokratien. Nicht alle, die in Sonntagsreden den Markt gegen linke Systemveränderer verteidigen, wollen sich im Alltag den Gesetzen des Wettbewerbs unterwerfen.
Die Auffangnetze für den Rückzug der Unternehmer von der Marktwirtschaft sind schon geknüpft. Arno Sölter vom Bundesverband der Deutschen Industrie (BDI) fordert bereits »Marktinformationsver-

fahren«. Der Unterschied zum Juso-Verlangen nach Investitionsmeldestellen besteht offenbar nur darin, daß sich der BDI eine Bürokratie mit anderer Besetzung wünscht. Das wäre nicht überraschend. Technokratische Funktionäre reiten auf jedem Pferd, egal unter welchem ideologischen Vorwand es gesattelt ist. Denn sie kennen nur eine Ideologie: Das Pferd muß laufen, die Wirtschaft muß funktionieren! Eine Wirtschaftsordnung, die sich auf Prinzipien beruft, hat es schwer mit opportunistischen Verteidigern.

Die Praxis mancher Unternehmer ist das Pendant zur Theorie der Planungsbürokraten. Die bei beiden vorhandene feindliche Einstellung zum Markt entspringt der Sehnsucht nach Geborgenheit. Deshalb der Ruf nach der Obrigkeit.

In der Juso-Vorliebe für die perfekte Planung und Verwaltung des »Gemeinwohls« trifft sich der Glaube, daß die da oben es besser wissen, mit der Hoffnung, daß die, die es besser wissen, es auch besser machen. Die Utopie von der Herrschaft kluger und guter Menschen entpuppt sich jedoch leider in der Praxis allzu häufig als Herrschaft der eigenen Verwandtschaft, und sei es nur der ideologischen -- der mit dem gleichen Parteibuch.

Aus »Stern« 30. Oktober 1975

Marktwirtschaft und Sozialstaat

Wie so oft ist, wenn bei einem Thema zwei Begriffe durch ein »und« verbunden sind, Vorsicht am Platze. Denn allzu häufig ist in solchen Fällen das »und« weniger ein Bindewort als Ausdruck von Verlegenheit.
Bereits die ersten Spuren des Themas führen in ein relativ unwegsames Gelände. Die beiden Begriffe erscheinen dann gleichsam wie trigonometrische Punkte. Aber jeder der beiden Begriffe dient offenbar einem anderen Suchtrupp als Orientierung. Die einen halten sich an den Sozialstaat und die anderen an die Marktwirtschaft.
Die unterschiedliche Attraktion beider Begriffe beginnt bereits auf der prinzipiellen Ebene. Sozialstaat steht für Gerechtigkeit und Marktwirtschaft für Freiheit. Diese landläufige Unterscheidung setzt sich fort in der Abgrenzung politischer Sektoren. Die Zuständigkeit für Marktwirtschaft ist der Wirtschaftspolitik überwiesen. Die Sozialpolitik soll sich um den Sozialstaat kümmern. So entsteht eine handhabbare Schablone, deren komprimierte Fassung heißt: Marktwirtschaft sorgt für Wachstum, der Sozialstaat für Verteilung.

Die gängigen Schablonen stimmen nicht

Die fixe Einteilung, hier Sozialstaat – dort Marktwirtschaft, und ihre Gleichschaltung mit Wirtschafts- und Sozialpolitik schafft Vorsprünge, die mit den jeweiligen Wertschätzungen wechseln. Ist Wachstum gefragt, dann steht die Wirtschaftspolitik hoch im Kurs. Gilt die Vorliebe der Verteilung, dann ist die Sozialpolitik in der Spitzenposition des öffentlichen Ansehens.
Die Besetzung der vorderen Plätze muß nicht in jedem Fall nacheinander wechseln, sie kann auch nebeneinander aufgeteilt werden. Die Diskussion unter diesen Prestigebedingungen ähnelt dann mehr dem Austausch von Bekanntmachungen.

1. Sozialpolitik ist mit Wachstumseffekten verbunden. Andererseits: Unter dem Dach der Wirtschaftspolitik wird auch verteilt.

Schon ein erster Blick zur Sache genügt, um festzustellen, daß in der Sozialpolitik keineswegs nur verteilt wird. Berufliche Förderung zum Beispiel (das Arbeitsförderungsgesetz ressortiert herkömmlicherweise bei der Sozialpolitik) ist mit einem Wachstumseffekt verbunden. Eigentum in Arbeitnehmerhand ist nicht nur eine verteilungspolitische Notwendigkeit, sondern schafft auch Zugang zu neuen Quellen wachstumsfördernder Investitionen.
Selbst dem Rentensystem kann eine konjunkturstabilisierende Funktion nicht abgesprochen werden. Andererseits ist unbestreitbar, daß auch unter dem Dach der Wirtschaftspolitik verteilt wird. Der Subventionsbericht liefert dafür das Anschauungsmaterial. Wachstums- und Verteilungspolitik lassen sich also nicht einfach in Wirtschafts- und Sozialpolitik trennen. Es gilt nicht das Entweder-Oder, sondern das Sowohl-als-auch.
Es wäre fatal, wenn die Unterstützungen für die Unternehmen Wirtschaftspolitik und die Hilfen für den kleinen Mann Sozialpolitik genannt würden. Mit einer solchen Platzanweisung werden nämlich Voreingenommenheiten verteilt, von denen je nach publizistischer Konjunkturlage einmal die einen, ein anderes Mal die anderen profitieren.

2. Das Verfassungsprinzip Sozialstaat ist mehr als eine Verteilungskategorie und die Sozialpolitik mehr als die Reparaturwerkstatt der Wirtschaft.

Daß Sozialstaat und Sozialpolitik noch immer leichterhand auf Verteilungskorrekturen eingeschränkt werden, ist möglicherweise auch ein Erbstück aus den Anfängen der Sozialpolitik.
»Die Sozialpolitik ist diejenige Politik des Staates, welche die Mißstände im Gebiet des Verteilungsprozesses mit den Mitteln der Gesetzgebung zu bekämpfen versucht.« (Adolph Wagner)
Den Sozialstaat auf Verteilung festzulegen und sogar seinen Erfolg an der Soziallastquote zu messen, führt in die politische Verlegenheit. In der Zeit wirtschaftlicher Notlagen wachsen gewöhnlich die Soziallasten. Aber diese Steigerung der Soziallast ist nicht gleichbedeutend mit Steigerung des Sozialstaates, denn sonst wäre Arbeitslosigkeit Ausbau des Sozialstaates und Vollbeschäftigung seine Demontage.

3. Die Rede von den Grenzen des Sozialstaates, die ihren Beweis mit der Soziallastquote zu führen versucht, ist möglicherweise nur eine Form der politischen Gedankenlosigkeit.

Das Maß der Freiheit ist nicht an Verteilungsquoten ablesbar. Verteilungsminimum ist nicht in jedem Fall Freiheitsmaximum. Es läßt sich z.B. eine bürokratische Reglementierung der Wirtschaft bewerkstelligen, die sich in der Staats- und Soziallastquote kaum niederschlägt, aber die freie Verfügung massiv lähmt. Umweltschutz z.B. wäre in einem System von tausend Verboten sicher billiger, aber nicht freiheitlicher als in einem System, das auch finanzielle Anreize in den Dienst gewünschter Ziele stellt. Die finanziellen Anreize allerdings treten in der Staatsquote auf. Sie sind eine Form von Verteilungspolitik.

4. Je mehr Wachstum, um so mehr Freiheit. Auch diese populäre Annahme ist nicht so haltbar wie sie scheint.

Sicher hat wirtschaftliches Wachstum auch die Voraussetzung zur Nutzung von Freiheitsrechten geschaffen. Freiheit von Not ist ein elementares Freiheitsrecht. Aber die Gleichung »Wachstum ist Freiheit« läßt sich daraus noch nicht ableiten. Wer Freiheit den Wachstumsraten überantwortet, würde bei abnehmendem Wachstum Freiheit zum Rückzug drängen und Durchbruchdiktaturen mit hohen Wachstumsraten die Chance geben, sich als freie Systeme zu tarnen. Für Karl Marx war Freiheit eine Funktion des Reichtums. Freiheit ist, marxistisch gedacht, dann erfüllt, wenn der Reichtum der Kapitalisten ein gesamtgesellschaftlicher geworden ist.
Mit diesen Beispielen soll nicht einfach das Verhältnis Wirtschaft und Soziales auf den Kopf gestellt, sondern lediglich die Hierarchie der verschiedenen gesellschaftspolitischen Bereiche in Zweifel gezogen werden.
In dem so vom politischen Prestige freigeräumten Feld lohnt sich das Nachdenken über das Verhältnis von Sozialstaat und Marktwirtschaft.

5. Mit der einfachen Formel der Einheit von Wirtschafts- und Sozialpolitik ist dabei noch nicht alles gesagt.

Spannungslos ist nämlich das Verhältnis zwischen Sozial- und Wirtschaftspolitik nicht. Ich sehe in der Sozialen Marktwirtschaft den Versuch der Synthese zwischen Wirtschafts- und Sozialpolitik, und ein Konzept, die Ansprüche von Sozialstaat und Marktwirtschaft miteinander zu versöhnen. Bevor jedoch Sozialstaat und Marktwirtschaft in eine begriffliche Beziehung zueinander gebracht werden, müssen wir Klarheit über ihre jeweilige eigene Bedeutung schaffen.

Marktwirtschaft

Die Marktwirtschaft ist eine der jüngeren Erfindungen der Wirtschaft. Solange in der Hauswirtschaft Produzieren und Konsumieren unter einem Dach vereint waren, gab es keinen Markt. Aber auch die primitiven Tauschwirtschaften erfüllten noch nicht den Sinn der Marktwirtschaft, weil in ihnen das wesentliche Element des Wettbewerbs fehlte. Und in der feudalen Lehensherrschaft konnte sich Marktwirtschaft deshalb nicht entfalten, weil die Institution des Privateigentums als Risikoträger im Erwerbsleben unbekannt war. Der damals wichtige Produktionsfaktor, der Boden, befand sich im Besitz der Lehensherren.

6. Wettbewerb als Merkmal entwickelter Marktwirtschaften ist auf unternehmerische Initiative angewiesen. Der Typ, der Neues als Noch-nie-Dagewesenes sucht und durchsetzt, ist eine neuzeitliche Gestalt.

Wenn Wettbewerb, Privateigentum, Risiko, unternehmerische Initiativen unverzichtbare Bestandteile der Marktwirtschaft sind, wird verständlich, wo die Differenzen gegenüber älteren Wirtschaftssystemen und konkurrierenden neueren liegen. Gegenüber ihrem neuzeitlichen Konkurrenten, der Planwirtschaft, muß jedoch zugunsten der Marktwirtschaft mehr gesagt werden, als nur ihre Bestandteile aufzuzählen.

7. Der entscheidende Unterschied zur Planwirtschaft liegt in der Art und Weise, wie Marktwirtschaft Bedarf ermittelt.

Jede Wirtschaft dient zwar der Bedarfsdeckung, und in jeder Wirtschaft wird geplant. In der Marktwirtschaft ebenso wie in der Planwirtschaft. Die gravierende Differenz besteht aber darin, daß in der Marktwirtschaft das Unternehmen plant und in der Planwirtschaft die Planungsbehörde. Die Planungsbehörde ist weiter sowohl vom Produzenten als auch vom Konsumenten entfernt, als dies das Unternehmen ist.

Indikator unternehmerischer Planung ist der Preis, der erzielt wird: der Indikator der Planwirtschaft ist die Planungsvorgabe. Der Preis ergibt sich aus dem Wechselspiel von Angebot und Nachfrage, die Planvorgabe dagegen ist ein Produktionsbefehl, in den bestenfalls über bürokratische Umwege Konsumentenwünsche eingehen.

8. Die Marktwirtschaft ist die basisnahe Form einer antiautoritären Bedürfnisermittlung.

Der große Vorsprung der Marktwirtschaft besteht in ihrer Verbrauchernähe. Die Produktion folgt den Bewegungen der Nachfrage und nicht den Befehlen der Planungszentrale. Die funktionierende Marktwirtschaft ist eine Konsumentenwirtschaft. Die Planwirtschaft dagegen ist in allen Varianten, die wir kennen, eine Behördenwirtschaft.

In der Auseinandersetzung mit ihren Gegnern haben es die Anhänger der Marktwirtschaft bisher weitgehend versäumt, den Spieß der Einwände umzudrehen. »Antiautoritäre Basisnähe« ist ein Lieblingsbegriff spätmarxistischer Theoretiker. In Anspruch nehmen kann jedoch diese Auszeichnung eher die Marktwirtschaft als die Planwirtschaft. Wer in der Marktwirtschaft gegen die Nachfrage der Konsumenten produziert, scheidet aus dem Angebot aus; diese Folge aber tritt in der Planwirtschaft nicht zwangsläufig auf. Wenn die Planungsbehörde will, werden Nägel produziert, obwohl gar nicht so viel Bretter geliefert werden wie die produzierten Nägel zusammenhalten können.

9. Auch in der modernen Planungswirtschaft scheitert, trotz computergesteuerter Datentechnik, die Koordinierung der Verbraucherwünsche an dem natürlichen Beharrungsvermögen, das verhindert, daß die sich ständig verändernden Bedürfnisse rechtzeitig zur Planungszentrale und von dort zu den Produktionsstätten weitergegeben werden.

Das Hauptprobelm einer hochentwickelten Wirtschaft ist die Koordination der differenzierten und sich dauernd verändernden Verbraucherwünsche. Es mag sein, daß die modernen Planwirtschaften das Koordinationsproblem mit Hilfe computergesteuerter Datentechnik besser bewältigen als die alten Planwirtschaften. Aber mit der Datenverarbeitung ist die Aufgabe der Datenbeschaffung noch nicht gelöst. Solange der Anreiz fehlt, auf sich verändernde Daten schnell zu reagieren, ist das natürliche Beharrungsvermögen eine stete Hemmung, neue veränderte Daten zur Zentrale weiterzugeben. Aber auch in der entgegengesetzten Richtung der Datenweitergabe von der Planungszentrale zu den Produktionsstätten sind natürlich Ungenauigkeiten eingebaut, solange der Belohnungsautomatismus an das Wohlwollen der Planungsbehörde und nicht an die Gunst der Verbraucher geknüpft ist. Ota Sik hat das am Beispiel der Schraubenproduktion erläutert. Wenn die Planungsvorgabe in Tonnen angegeben ist, versuchen alle Produzenten möglichst große Schrauben herzustellen. Ist dagegen das Soll in Stückzahlen ausgedrückt, »rentieren« (im Sinne des Systems) sich die kleinen Schrauben.

10. Die funktionierende Marktwirtschaft ist eine Form permanenter Demokratie in Form der dauernden Abstimmung der Verbraucher über die Produktion.

Die Kaufentscheidung ist eine Analogie zur Wahlentscheidung. Die Verteidigung der Marktwirtschaft würde vielleicht mehr Eindruck bei ihren Widersachern erwecken, wenn in den Vordergrund ihrer Vorzüge die demokratischen und machtverteilenden Mechanismen, die in sie eingebaut sind, gestellt würden. Sozialproduktrekorde sind für eine nachwachsende Generation, der das existentielle Erlebnis von Armut fehlt, nicht mehr die gleiche Attraktion wie für ihre Mütter und Väter. Der Sinn der Marktwirtschaft wird nicht mehr hauptsächlich in der Güterfülle gesucht, die sie zu liefern in der Lage ist, sondern möglicherweise mehr in der freiheitssichernden Methode, in der sie Bedürfnisse ermittelt.

11. In der Marktwirtschaft ist das Maß der Leistung an Bedarf gekoppelt. Diese marktwirtschaftliche Leistung kann dem Gemeinwohl näherkommen als eine Leistungsfixierung, für die die Verwertbarkeit ihrer Ergebnisse zweitrangig ist.

Der Vorwurf des Leistungsfetischismus trifft die Marktwirtschaft hart. Die Vorwürfe müssen daraufhin jedoch geprüft werden, ob sie die marktwirtschaftliche Leistung an einer Stelle suchen, wo sie vielleicht gar nicht anzutreffen ist.
Die Belohnung marktwirtschaftlicher Leistung wird nicht gemessen mit dem Maß der individuellen Anstrengung, sondern als Ergebnis des Absatzes. Als z.B. der Kohleabsatz stockte, fielen die Bergleute im Einkommensgefüge zurück, obwohl ihre Anstrengung nicht geringer geworden war.
Einkommensunterschiede sind in der Marktwirtschaft durch unterschiedliche Leistung im Dienste des Verbrauchers legitimiert. Die Knappheitsrelation ist der Indikator der Leistung. Die Müllwerker von San Franzisko verdienen mehr als die Professoren von Berkeley. Ihre Arbeitskraft ist rar. Je knapper ein Gut ist, um so teurer ist es.

12. Für Karl Marx dagegen ist Leistung identisch mit der Menge der Arbeit, die in sie eingeht. Leistungslohn ist im marxistischen Verständnis Gegenleistung für die Arbeitsmenge abzüglich jenes Quantums, das an die gesamtwirtschaftlichen Fonds abgeführt werden muß.

In der Marktwirtschaft dagegen wird die Leistung durch den Preis bewertet, den der Käufer zu zahlen in der Lage ist. Nicht zufällig dient in der Planwirtschaft die obrigkeitliche Auszeichnung als Anreiz der Arbeit. Helden der Arbeit sind in Marktwirtschaften unbekannt. Der Fetischismus der Produktionsrekorde ist in sozialistischen Systemen weiter verbreitet als in marktwirtschaftlichen. Leistung läßt sich offenbar von ihrem Zweck leichter in der Planwirtschaft abkoppeln als in der Marktwirtschaft.

13. Man erweist der Marktwirtschaft keinen Gefallen, wenn man ihren Leistungsbegriff zum umfassenden Lebensprinzip erhebt, denn erstens sind über den Markt nicht alle Leistungen vermittelbar und zweitens kann Leistung nicht das einzige Motiv eines lebenswerten Lebens sein.

Die Marktwirtschaft muß davor bewahrt werden, daß an Stelle von Marktleistung Marktmacht tritt und aus dem Käufermarkt ein Produzentenmarkt wird. Machtzusammenballungen sind also der stärkste Angriff auf die marktwirtschaftliche Leistungsordnung. »Auch die Entstehung der berühmten großen Vermögen in den letzten hundert Jahren ist nicht so sehr auf die Tatsache der Einkommen aus Besitz als vielmehr auf die starke Marktmachtstellung zurückzufüh-

ren.« (Walter Eucken) Diese Entwicklung steht im Widerspruch zum marktwirtschaftlichen Leistungsbegriff.
Leistungsungerechtigkeiten resultieren in der Marktwirtschaft nicht primär aus der Quelle Besitz, wo sie antibürgerliches Denken vor allem sucht. Die Quelle der Leistungsungerechtigkeit liegt nicht im toten Besitz, sondern in Monopolmacht.

14. Der Staat ist weder der Nachtwächter noch der Versicherungsagent der Wirtschaft, sondern er muß Hüter marktwirtschaftlicher Ordnung sein. Das ist kein Titel, sondern Aufgabe.

Marktwirtschaft kann nicht sich selbst überlassen bleiben. Es gehört zu den großen Verdiensten der Neoliberalen, daß sie an die Stelle des Glaubens an den Marktautomatismus die Erkenntnis gesetzt haben, daß durch eine zuverlässige Ordnungspolitik der Markt davor geschützt werden muß, sich selbst aufzulösen. Ein sich selbst überlassener Wettbewerb degeneriert zur Freiheit des Naturreiches, in dem bekannterweise der große Fisch die kleinen Fische frißt.
»Wer frei sein will, muß sich dem Wettbewerb unterwerfen und darauf verzichten, Macht auf dem Markt zu erstreben. Wer Macht auf dem Markt besitzt, das heißt, wer nicht durch Wettbewerb kontrolliert ist, darf nicht frei sein.« (Düsseldorfer Leitsätze CDU, 1949)
Die Marktwirtschaft kann nicht Allzuständigkeit beanspruchen. Ihre Grenze zu akzeptieren, ist die Bedingung, ihren Spielraum zu sichern. Wer sie an dem falschen Platz einsetzt, gefährdet ihre Verwendung auf ihrem eigentlichen Gelände. Die Verwirtschaftung der Gesellschaft wäre ein ebenso großes Unglück wie die Vergesellschaftung der Wirtschaft. Es ist allerdings ein Kurzschluß, wenn im Bereich der Wirtschaft überall dort, wo Marktwirtschaft nicht funktionieren kann, der Staat einspringen soll. Auch im nichtmarktwirtschaftlichen Bereich sind private Unternehmen am Platze. Wo jedoch die Marktkontrolle fehlt, muß die öffentliche Kontrolle zunehmen.

Sozialstaat

Die Soziale Frage entstand als Arbeiterfrage. Die von der Bauernbefreiung entwurzelten Bauernsöhne und die dem Zunftzwang entlaufenen Handwerksburschen lieferten den Nachschub für das Proletariat, dessen Lage durch Elend gekennzeichnet war.

15. Der Sozialstaat wurde aus der Not geboren. Am Anfang dient er deshalb nur der Verteidigung. So ist er zunächst durch sozialpolitische Maßnahmen gekennzeichnet, mit denen der Verelendung Einhalt geboten und dem Markt Grenzen gesetzt werden sollen.

Arbeiterschutz und soziale Sicherheit waren die ersten Lebenszeichen des neuzeitlichen Sozialstaates. Der Sozialstaat verdankt also seine Entstehung der Nothilfe. Deshalb sind seine ersten Regungen sozialpolitischer Natur. Sie sind aus der Defensive gegen einen Fortschritt geboren, der mit Ausbeutung bezahlt wurde. In die Entstehung des Sozialstaates war also Abwehr gegen die Wirtschaft eingebaut, und seine ersten Erfolge erreichte er, indem er mit Arbeiterschutzgesetzgebung und Sozialversicherung dem Markt Grenzen setzte.
Der orthodoxe Sozialismus hielt diesen Versuch für aussichtslos oder untauglich. Lasalle ging davon aus, daß das eherne Lohngesetz nicht überwunden werden könne. Jeder materielle Fortschritt der Arbeiterschaft würde durch die in seinem Gefolge einhergehende größere Kinderzahl wieder aufgezehrt, und Karl Marx hielt Sozialpolitik unter kapitalistischen Bedingungen lediglich für einen Aufschub der Revolution, die ihre Initialzündung aus der Verelendung der Massen erhalten sollte. Diese Behauptungen des Sozialismus haben sich inzwischen selbst überlebt.

16. Das moderne Sozialstaatverständnis kann sich nicht an den alten Kampflinien zwischen Wirtschafts- und Sozialpolitik orientieren. Den sozialen Zusammenhang zu sichern, ohne den Eigenwert der Person in Frage zu stellen, das Gemeinwohl zu fördern, ohne die Selbstfürsorge zu verhindern, dem dient der Sozialstaat in Wirtschaft und Gesellschaft. Er ist deshalb der Wirtschafts- und Sozialpolitik vorgeordnet.

Der Sozialstaat selbst ist der Abschied vom revolutionären Trost, übermorgen sei alles gut. Er ist im Hier und Heute eingerichtet und entspringt deshalb einem Verständnis vom Menschen, dessen Würde es verbietet, daß eine Generation, eine Klasse oder auch nur ein einzelner für ferne Zwecke »verheizt« wird. Der Mensch »ist sich

selbst Zweck«, wie Kant gemeint hat, oder »gottesunmittelbar«, wie es christlich ausgedrückt wird. Der Sozialstaat ist Gegenstück zur marxistischen Endzeiterwartung. Er steht aber auch im Gegensatz zu einer kapitalistischen Philosophie, die dem Staat die Pflicht zur Daseinsvorsorge bestreitet oder ihn bestenfalls auf eine Sozialpolitik nachträglicher Ausbesserung abschob.
Sozialstaat als Verfassungsprinzip ist nicht einem Auftrag vergleichbar, der erfüllt werden kann und damit erledigt ist. Der Sozialstaat ist ein Prinzip, das alle konkreten Handlungen des Staates unter den Anspruch des Sozialen stellt. Als eines unter mehreren tragenden Prinzipien unserer Verfassung muß es freilich mit anderen vermittelt werden. So z.B. mit dem Prinzip des Rechtsstaates und dem demokratischen Prinzip.

17. Soziale Marktwirtschaft ist die Einheit von Wirtschafts- und Sozialpolitik. Sie schafft dem Sozialstaat ein Feld, in dem wirtschaftliche und soziale Ansprüche nicht gegeneinander ausgespielt werden können.

Eine ordnungspolitische Konzeption wie die Soziale Marktwirtschaft erspart es dem Sozialstaatsprinzip, sich in politisches Fachdenken einzwängen zu lassen. Wirtschafts- und Sozialpolitik waren schon für die Väter der Sozialen Marktwirtschaft eine Einheit. Im Freiburger Gutachten, das im Widerstand gegen Hitler in einem Kreis um Walter Eucken entworfen und jüngst veröffentlicht wurde, heißt es: »Zu einer Wirtschaftsordnung gehört vielmehr eine Sozialordnung. Wirtschaftsordnungspolitik ist ein – allerdings höchst wichtiger, ja unentbehrlicher – Teil der Sozialpolitik, wobei dieser Ausdruck seines Wortsinns entsprechend viel weiter verstanden wird als ein Sammelsurium für die seit 1881 ergriffenen Maßnahmen zur Förderung der Lohnarbeiter, Handwerker und Bauern.«
Die Einheit von Wirtschafts- und Sozialpolitik schafft dem Sozialstaat ein Feld, in dem wirtschaftliche und soziale Ansprüche nicht gegeneinander ausgespielt werden können. Solange Sozialpolitik und Wirtschaftspolitik als getrennte politische Bereiche angesehen werden, wird jeder der Wirtschaft abgerungene Meter als sozialpolitischer Geländegewinn gefeiert und andererseits jede wirtschaftliche Überlegung im sozialpolitischen Gebiet wie ein Einbruch behandelt. Soziale Ansprüche können nicht einfach auf die Sozialversicherung abgeschoben werden und wirtschaftliche Notwendigkeiten nicht einfach der Wirtschaft überlassen bleiben.

Der Sozialstaat ist nicht erst bei der Arbeitslosenversicherung auf dem Weg, sondern bereits bei einer Wirtschaftspolitik der Vollbeschäftigung.
Enteignung des Gläubigers mit Hilfe der Inflation ist nicht nur eine Gefahr für die Marktwirtschaft, sondern auch ein Angriff auf die sozialstaatliche Leistungsgerechtigkeit.

18. Das Leistungsprinzip darf nicht für die Wirtschaftspolitik reserviert werden. Es ist auch (unter mehreren) ein Ordnungsfaktor des Sozialstaates und bewertet im Bereich der Sozialpolitik Leistungen, die gar nicht auf dem Markt auftreten.

Familienlastenausgleich und Alterssicherung sind leistungsbezogen. In beiden Fällen werden Gegenleistungen für Leistungen erbracht. Die zukunftssichernden Leistungen der Familien werden mit Hilfe des Familienlastenausgleichs auch von denen mitfinanziert, die sonst an den Ergebnissen, aber nicht an möglichen Kosten partizipieren. Auch die Rentenversicherung folgt der Leistungsgerechtigkeit. Die Rentenhöhe entspricht der Zahl und Höhe der Beiträge. Die Leistungsgerechtigkeit ist Ausdruck der Äquivalenz: Leistung für Gegenleistung.
Die Beitragszahler erhalten ihre Leistung nicht als nominellen Geldwert gutgeschrieben, sondern dem Arbeitsstundenwert entsprechend. Die Rente verbleibt so im Zusammenhang mit dem Leistungseinkommen, und zwar sowohl mit dem individuellen wie dem allgemeinen. In die Rentenformel, mit deren Hilfe die individuelle Rentenhöhe errechnet wird, geht sowohl der Platz im Einkommensgefüge ein, den der Rentner sich erarbeitet hat (individuelle Bemessungsgrundlage) wie die allgemeine Entwicklung der Löhne (allgemeine Bemessungsgrundlage). Rente ist also Leistungsentgelt.

19. Wo immer in unserem Sozialleistungssystem Leistungsgerechtigkeit Platz greifen kann, sollte ihre Chance im Interesse der Betroffenen genutzt werden.

Ein vorschneller Ersatz der Leistungsgerechtigkeit durch die Barmherzigkeit ist eine Beschädigung des Selbstwertgefühls der Empfänger, welche die soziale Zuwendung als Gegenleistung für ihre Leistung beanspruchen.

Wo sich soziale Probleme durch Leistungsansprüche lösen lassen, sollte eine Sozialpolitik der Bedürftigkeit aus dem Spiel bleiben. Die Leistungsgerechtigkeit ist die Stütze des aufrechten Ganges der Empfänger von Sozialleistungen und ein Garant der Berechenbarkeit der Sozialleistungen.

20. Der Sozialstaat ist jedoch nicht darauf beschränkt, Leistungsäquivalenz, die über den Markt nicht organisierbar ist, zur Verfügung zu stellen. In jeder humanen Gesellschaft müssen Schwache unterstützt werden. Barmherzigkeit ist ein Erkennungszeichen jeder humanen Gesellschaft.

Im utopischen Fall der absoluten Verwirklichung von Leistungsgerechtigkeit, was menschenunmöglich ist, wäre das Glück entschwunden, nicht nur, weil jeder auf dem Platz wäre, der ihm zustünde, und die zu Kurzgekommenen keine selbstbestätigenden Entschuldigungen mehr zur Verfügung hätten, sondern auch weil die Menschheit auf Nächstenliebe verzichten müßte, auf die bekanntlich keine Rechtsansprüche bestehen. Barmherzigkeit und Nächstenliebe sind unverzichtbar. Sie sind jedoch primär keine staatlichen Veranstaltungen. Nicht alles, was sozial sinnvoll ist, muß staatlich organisiert werden. Zu den geforderten Leistungen des Sozialstaates gehört, daß er seine Zuständigkeitsgrenzen akzeptiert.

21. Kompetenzregelungen sind eine der wichtigsten Aufgaben von Großgesellschaften. Die katholische Soziallehre hat als Gliederungs- und Kompetenzprinzip der Solidarität das Prinzip der Subsidiarität entwickelt. Mit dem Prinzip wird das Vorrecht der jeweils kleineren Gemeinschaft behauptet.

»Wie dasjenige, was der Einzelmensch aus eigener Initiative und mit seinen eigenen Kräften leisten kann, ihm nicht entzogen und der Gesellschaftstätigkeit zugewiesen werden darf, so verstößt es gegen die Gerechtigkeit, das, was die kleineren und untergeordneten Gemeinwesen leisten und zum guten Ende führen können, für die weitere und übergeordnete Gemeinschaft in Anspruch zu nehmen.« (Pius XI. Enzyklika Quadragesimo anno)

22. Eine so gegliederte Solidarität unterscheidet sich von der Stufenlosigkeit sozialistischer Solidaritätsvorstellungen.

Weder der Sozialismus noch der Liberalismus haben Sinn für den Bereich zwischen dem einzelnen und dem Staat entwickelt. In der Zerstörung aller intermediären Institutionen gleichen sich die französische Revolution von 1789 und die sowjetische von 1917.
Subsidiarität gibt der Verantwortung in überschaubaren Dimensionen neue Gelegenheiten. Die Existenzrechte der kleinen Lebensgemeinschaften müssen gegen Individualismus und Kollektivismus verteidigt werden. Individualismus oder Kollektivismus ist nur die Alternative zwischen zwei Einsamkeiten: der Einsamkeit des Individualismus, in welcher der Nachbar vergessen wird, und der des Kollektivismus, in welcher der einzelne gar nicht merkt, daß es ihn gibt.

23. Personen sind auf Gemeinschaft hingeordnet. Aber ihre Bindungsfähigkeit ist nicht beliebig dehnbar. Der Zug zur Gigantonomie überdehnt sie. Er ist deshalb von Entfremdung begleitet.

Anders als Karl Marx annahm, ist Entfremdung keine kapitalistische Spezialität. Sie taucht überall dort auf, wo der Mensch sich in die Spurenlosigkeit anonymer Großorganisationen verliert. Weder die Großgemeinde, noch das Großkrankenhaus, noch die Großschule, noch das Großunternehmen haben alle Erwartungen erfüllt, die mit ihnen verbunden waren. Größe ist offenbar ein unzuverlässiger Maßstab menschlichen Fortschritts.
Die Rückbesinnung auf Gemeinschaft gibt der Familie eine neue Chance. Die Familienpolitik ist die aktuellste sozialpolitische Pflicht.

24. Subsidiarität läßt sich als gesellschaftliche Fortsetzung der Gewaltenteilung und als Einbindung des machtverteilenden Prinzips in der vertikalen Dimension des Staatsaufbaus beschreiben. Im Subsidiaritätsprinzip treffen sich also rechts- und sozialstaatliche Notwendigkeiten.

Die selbstverwaltete Sozialversicherung ist Ausdruck einer subsidiären Organisation der sozialen Sicherheit. Selbstverwaltung hat jedoch fast unbemerkt in der Öffentlichkeit immer mehr von ihrer

Selbständigkeit eingebüßt und ist mehr zu einer Zweigniederlassung des Staates geworden. Es ist nicht nur so, daß der Staat weitgehend den Aufgabenkatalog der Sozialversicherung bestimmt, sondern auch Aufgaben an die Sozialversicherung abschiebt, die nicht in den Kreis des solidarischen Risikoausgleichs gehören. Was haben z.B. die Kosten des Schwangerschaftsabbruches aus sozialen Gründen mit der Krankenversicherung zu tun? In der Rentenversicherung machen die Fremdleistungen inzwischen ein Drittel der Rentenausgaben aus. Der Bundeszuschuß beträgt jedoch nur rund 17 Prozent der Rentenausgaben. Die Grenzverwischung zwischen Staat und Sozialversicherung öffnet den Schleichweg zur staatlichen Einheitsversicherung.

25. Die primäre Einkommensverteilung des Marktes kann nicht alle gerechtfertigten Erwartungen erfüllen. Zu Recht wird sie durch eine zweite Einkommensverteilung ergänzt. Umverteilung also ist notwendig. Die Frage bleibt aber, ob die Organisation dieser Umverteilung heute noch alle Zwecke erfüllt, die ihr gestern gestellt wurden.

Die erste Aufgabe der klassischen sozialpolitischen Umverteilung bestand darin, den Arbeitern zu helfen. Als die Rentenversicherung eingerichtet wurde, umfaßte sie rund 10 Prozent der Bevölkerung. Damals konnte man zu Recht die Auffassung vertreten, daß die 90 Prozent, welche außerhalb der Sozialversicherung stehen, mit Hilfe der Reichszuschüsse die Minderheit unterstützen. Das war eine soziale Umverteilung. Heute jedoch haben sich die Verhältnisse umgekehrt. 90 Prozent der Bevölkerung sind in der Sozialversicherung, und es ist eine Illusion, anzunehmen, jene 10 Prozent, die nicht Mitglied der Sozialversicherung sind, würden mit Zuschüssen die Lage der Mehrheit verbessern. Als Steuerzahler zahlt diese Mehrheit inzwischen auch die staatlichen Zuschüsse.
So findet sehr viel eher eine Umverteilung von der rechten zur linken Hosentasche statt, und niemand weiß so recht, wer eigentlich wessen Hand in wessen Hosentasche hat. So wird ein Teil der Umverteilung ein kostspieliger Umweg, auf dem die Begünstigten ihre Begünstigungen selbst finanzieren. Je größer der Kreis ist, der von der Umverteilung auf der Empfängerseite betroffen ist, um so weniger treffsicher ist der Vorgang, weil mit zunehmendem Empfängerkreis die Wahrscheinlichkeit der Selbstfinanzierung wächst.
Sobald die Sozialversicherung allgemeine Aufgaben mit dem Geld der Beitragszahler bezahlt, sind es sogar die unteren Einkommens-

gruppen, die überproportional zur Kasse gebeten werden. Denn die höheren Einkommensbezieher zahlen zwar denselben Beitragssatz, da aber Beiträge nur bis zur Beitragsbemessungsgrenze bezahlt werden, führen sie diesen Beitrag nicht von ihrem gesamten Einkommen ab, sondern nur von jenem Teil, der unterhalb der Beitragsbemessungsgrenze liegt. So findet mit Hilfe der versicherungsfremden Leistungen in der Sozialversicherung eine Subventionierung der höheren Einkommen statt. Das ist »Umverteilung paradox«.

26. Das Schwergewicht der tatsächlichen Umverteilung verlagert sich von der interpersonalen zur intertemporären Umverteilung. Anstelle der Umverteilung zwischen Personen auf der gleichen Zeitebene, tritt die Umverteilung zwischen Personen in verschiedenen Lebensabschnitten.

Für Kinder muß gesorgt werden und für Alte auch. Aber die, die auf der Geberseite der Leistungen stehen, waren auch einmal Kinder und werden in der Regel alt. Im Lebenslauf gleichen sich Geber und Nehmer aus. Als kollektive Selbsthilfe findet ein solidarischer Risikoausgleich unter den Beteiligten statt.
Umverteilung zwischen Lebensabschnitten hat nichts mit Zuwendung von reich zu arm zu tun. Der neue bevorzugte Umverteilungsvorgang in der Sozialversicherung dient der Verstetigung von Lebenseinkommen. Niemand soll im Risikofall der Krankheit, des Unfalls, der Invalidität, der Arbeitslosigkeit aus der selbsterarbeiteten Position im Gefüge des Lebensstandards herausfallen.
In der Politik der sozialen Sicherheit muß die Struktur des Regelkreises gestärkt werden. Die eingegebenen Impulse landen durch Rückkoppelung wieder beim Geber. Ein Gesetzgeber, der vom hektischen Verordnungs- und Reglementierungszwang geplagt wird, nimmt den Einrichtungen der sozialen Sicherheit nicht nur jede Kalkulierbarkeit, sondern behindert auch das Wechselspiel zwischen Entscheidung und Folgen. Die Solidarität der Sozialversicherung muß selbstverwaltet werden, damit Entscheidung und Folgen sich in einem Regelkreis befinden.

27. Vor die Alternative gestellt, die Probleme durch Steuernachlaß oder Subventionen zu lösen, sollte dort, wo dies möglich ist, in der Regel dem Steuernachlaß der Vorzug gegeben werden.

Allzuleicht nämlich tritt der Subventionsgeber als Spender auf und der Empfänger als Danksager. Aber der Danksager ist nur die Kehrseite des Bittstellers. Der Subventionsstaat ist der Untertanenstaat und seine unausweichliche bürokratische Organisation kommt den Bürger teuer zu stehen. Der Sozialstaat wird nicht in jedem Fall ausgebaut, wenn der Kreis der Schutzbedürftigen erweitert wird. Die Ausdehnung des Schwerbehindertenbegriffs z.B. hat dem Schwerstbehinderten neue Konkurrenten um die geeigneten Arbeitsplätze besorgt. Und solange das Verhältnis zwischen Sozialwohnungen und Berechtigten 1 zu 3 steht, wird sich der gemeinte Schutz entgegen seiner Intention zu ungunsten der Schwächsten auswirken. Die kinderreiche Familie wird im Zweifelsfalle unter den beiden Berechtigten sein, die im Konkurrenzkampf um die Sozialwohnung leer ausgehen.

Schlußfolgerung

28. Sozialstaat und Marktwirtschaft sind im Programm der Sozialen Marktwirtschaft eine Verbindung eingegangen, die das »und« in unserer Themenstellung nicht als Addierung versteht, sondern als Aufgabe wechselseitiger Durchdringung.

Die Soziale Marktwirtschaft ist von einem ihrer Väter, Müller-Armack, als ein Stilbegriff bezeichnet worden. »Die Soziale Marktwirtschaft ist keine ausschließliche Wettbewerbsidee. Sie mag am ehesten als ein Stilbegriff bezeichnet werden, in dem Sinne, daß in der Sozialen Marktwirtschaft eine stilhaltige Koordination erstrebt wird zwischen den Bereichen des Marktes, des Staates und der gesellschaftlichen Gruppen.«
Im Stilbegriff sind auch jene Anforderungen enthalten, deren Erfüllung nicht in einem fertigen Ergebnis liegen, sondern als Formansprüche des politischen Prozesses angesehen werden müssen.

29. Auf den Wirtschaftsprozeß angewandt, bedeutet dies, daß uns nicht nur das »Was« und »Wieviel« des Produzierens interessiert, sondern auch das »Wie«. Humanisierung der Arbeit und Mitbestimmung haben hier ihren Platz.

Mitbestimmung hat nur in einem marktwirtschaftlichen System Platz.

Wo Planungsbehörden entscheiden, gibt es für echte Mitbestimmung in Unternehmen keinen Spielraum. Dieses Schicksal teilt die Mitbestimmung mit der Tarifautonomie.

30. Sozialstaat und Marktwirtschaft gehen im Konzept der Sozialen Marktwirtschaft keine spannungslose Beziehung ein. Da aber beide Begriffe kein geschlossenes System bezeichnen, ist der Entwicklung Raum gegeben. Sozialstaat als Verfassungsprinzip und Soziale Marktwirtschaft als Stilbegriff – das könnte eine Paarung sein, zu der sich auch die katholische Soziallehre gesellen könnte.

Wilfried Schreiber hat die Soziale Marktwirtschaft als das »Gewußt wie« beschrieben und ihr die katholische Soziallehre als das »Gewußt was« zur Seite gestellt.

Eine an einem christlichen Menschenbild orientierte Soziallehre könnte auch heute einen Beitrag für Sozialstaat und Soziale Marktwirtschaft erbringen. Sie stellt an alle sachlichen Entwürfe die Frage, ob und wie sie dem Menschen dienen. »Die Ordnung der Dinge muß der Ordnung der Personen dienstbar gemacht werden.« (II. Vatikanisches Konzil)

Im Gutachten des Freiburger Kreises um Walter Eucken wird die Soziale Marktwirtschaft zwischen Kollektivismus und Anarchie angesiedelt. Es sei ihre Aufgabe »ebensowohl das Extrem des wirtschaftlichen Kollektivs und seine seelisch verwüstenden Wirkungen zu vermeiden wie der Wirtschaftsanarchie, eines einseitig falsch verstandenen Wirtschaftsliberalismus, der dem privaten Egoismus schlechthin alles überläßt und auf eine preisstabilisierte Harmonie als Wirtschaftsegoismus vertraut«.

Zwischen den Antipoden Kollektivismus und Anarchismus, zwischen Sozialismus und Kapitalismus ist auch der Platz der katholischen Soziallehre.

Die ideelle Beunruhigung der Politik ist die Auflösung aller technokratischen Introvertierbarkeiten. Sie verbleibt allerdings im Stadium der Selbstgenügsamkeit, wenn ihre Ansprüche nicht der Erfahrung ausgesetzt werden, wobei in Rechnung gestellt werden muß, daß alle Praxis hinter ihren Ansprüchen zurückbleibt. Alle Versuche, Idee und Wirklichkeit zur fugenlosen Deckung zu bringen, sind allzu leicht geneigt, bei der Gewalt Anleihe zu nehmen.

Das Zugeständnis der prinzipiellen Überholungsbedürftigkeit aller Entwürfe ist das Eingeständnis realistischer Humanität und entspringt nicht nur christlicher Einsicht: »Aus so krummem Holz, woraus der Mensch gemacht ist, kann nichts Gerades gezimmert werden. Und nur die Annäherung zu dieser Idee ist uns von der Natur auferlegt.« (Immanuel Kant)

Referat zum 10. Bitburger Gespräch der Gesellschaft für Rechtspolitik, 11. Januar 1980

Entspannung unter europäischer Perspektive

Zielpunkt aller deutschlandpolitischen Überlegungen ist Frieden, Freiheit und Einheit. Ohne Frieden werden Freiheit und Einheit sinnlose Ziele, ohne Freiheit für alle Wiedervereinigten wäre die deutsche Einheit nicht erstrebenswert. Frieden, Freiheit und Einheit stehen also in einem inneren Zusammenhang und in einem Wertgefälle, an dessen Spitze der Frieden, an dessen unterem Ende die Einheit steht.

Ausgangspunkt aller bundesrepublikanischen Überlegungen war eine der drei möglichen Alternativen:

1. Westintegration der Bundesrepublik Deutschland;
2. Neutralisierung der Bundesrepublik Deutschland;
3. Ostanschluß der Bundesrepublik Deutschland.

Die Ostpolitik Adenauers

Die Politik Konrad Adenauers ging von der 1. Alternative aus. Es darf jedoch nicht übersehen werden, daß auch diese Alternative nur Mittel zum verfassungsrechtlich verpflichteten Zweck Frieden – Freiheit – Einheit war.

Die SPD hat lange Zeit, – mindestens zwischen 1952 und 1955 – als Ausgangspunkt ihrer politischen Bestrebungen die Neutralisierung der Bundesrepublik bevorzugt. Dies wurde insbesondere deutlich in der Beurteilung der russischen Note vom 10. März 1952, in der die Sowjetunion ein Wiedervereinigungsangebot mit der Bedingung der Neutralität für dieses wiedervereinigte Deutschland anbot.

Der Ostanschluß war weder für die CDU noch für die SPD jeweils ein gangbarer Weg für Wiedervereinigung.

Adenauer lehnte das Angebot der Sowjetunion auf ein wiedervereinigtes, neutrales Deutschland ab, weil er in der Annahme des Vorschlages eine Gefährdung der Freiheit sah. Er zog die Sicherung der Freiheit einer möglichen aber ungewissen Einheit vor. Die Freiheit konnte nach Adenauers Ansicht nur durch einen Zusammenschluß der freien Völker Europas gesichert werden. Ohne die Bundesrepublik Deutschland – das stand für Adenauer fest – würde diese Einigung nicht gelingen und wäre der Rückfall in den Nationalismus zwangsläufig. Die Einheit des freien Europa war allerdings nach Adenauers Meinung auf die Rückendeckung der USA angewiesen. Sein Europakonzept war also vom Einschluß der Bundesrepublik und der Unterstützung Amerikas abhängig. Der Schritt auf die Wiedervereinigung hin konnte für Adenauer nur von der zuvor gesicherten Basis der Einbeziehung der Bundesrepublik in ein westliches Bündnissystem gewagt werden.

Für Adenauer also war Freiheit wichtiger als Einheit, ohne daß deshalb das Einheitsstreben aufgegeben wurde.

Auf der Seite Sowjetrußlands sah Adenauer erst dann eine echte Chance für die Wiedervereinigung, wenn die Russen einsähen, »daß der Westen mindestens ebenso stark wie Sowjetrußland war und daß die Methoden des kalten Krieges ihnen keine weiteren Vorteile mehr bringen würden, wenn sie ferner die Entwicklung Rotchinas als bedrohlich empfänden, so daß ihnen daran liegen müßte, den Rükken nach Europa frei zu haben.« (Adenauer, Erinnerungen 1953 – 1955, S. 63)

In diesen Bedingungen für aussichtsreiche Verhandlungen mit Rußland ist die für Adenauer erstrebenswerte deutschlandpolitische Konstellation sichtbar. Die Komponenten sind Machtgleichheit und Bindung Rußlands an außereuropäische Aufgaben, wobei er besonders an die Abwehr Rotchinas dachte.

Auch Franz-Josef Strauß hat immer wieder auf diese Konstellationen aufmerksam gemacht. Es ist erstaunlich, daß sein Hinweis auf Rotchina und dessen Bedeutung für die Deutschlandpolitik in der öffentlichen Diskussion nie eine große Rolle gespielt hat. Strauß stellt in seinem Buch »Herausforderung und Antwort« die Frage: »Warum aber sollten die Chinesen die Amerikaner eigentlich attackieren, obwohl nichts für sie zu gewinnen, viel aber zu verlieren wäre.« Und er gibt sich selber darauf die Antwort: »Auf längere Zeit kann Peking nicht auf einen großen Krieg mit Washington hinauswollen, da es sich Moskau damit in die Hände gäbe.«

Ostpolitische Alternativen der großen Koalition

Ziel für Konrad Adenauer war also die Sicherung des Friedens und der Freiheit und mit Hilfe von Frieden und Freiheit: Einheit. Die Wiederaufrüstung war für ihn dabei nicht Selbstzweck, sondern sollte Voraussetzung für gesicherte und damit echte Entspannungsbemühungen sein.
Um dieser Ziele willen hat er schon früh versucht, mit dem Osten Verbindungen herzustellen. Seine Moskauer Gespräche im Jahre 1955 hat er selbst als den Versuch qualifiziert, »einen Faden anzuknüpfen, der verstärkt werden könnte«. (Adenauer, Erinnerungen 1953 – 1955, S. 493)
Die Versuche, den Faden anzuknüpfen und zu verstärken, wurden von allen Bundesregierungen fortgesetzt. Erinnert sei an die Friedensnote von Erhard am 25. März 1966 und die Wiederholung dieses Angebotes in der Regierungserklärung von Kurt-Georg Kiesinger am 3. Dezember 1966.
Kiesinger war nicht nur bereit, mit den osteuropäischen Staaten und der Sowjetunion Gewaltverzichtserklärungen auszutauschen, sondern in diesen Gewaltverzicht auch »das ungelöste Problem der deutschen Teilung« einzubeziehen.
Im Kontext dieser Versuche wird sowohl der Briefwechsel zwischen dem Vorsitzenden des Ministerrates der DDR, Willi Stoph, und dem Bundeskanzler der Bundesrepublik Deutschland, Kurt-Georg Kiesinger, verständlich, wie auch die bereits unter Außenminister Schröder eingeleiteten Verhandlungen zur Errichtung von Auslandsvertretungen in den Ostblockstaaten.

Der Rechtsstandpunkt

Einen Rechtsstandpunkt in den zwischenstaatlichen Verkehr einzubeziehen, entspricht unserer Überzeugung, daß ein dauerhafter Frieden nur auf einer gesicherten Rechtsordnung beruhen kann. Wir bringen in das Ost-West-Gespräch das Recht auf Selbstbestimmung ein.
Dieses Selbstbestimmungsrecht wirkt in zweifacher Bedeutung:
1. Als Recht, die innere Ordnung des Staates zu bestimmen, also als innerstaatliches Verfassungsprinzip, und
2. als Recht, die räumliche Abgrenzung festzulegen, also als völkerrechtliche Fundamentalform.

Das Recht, die innere Ordnung zu bestimmen, ist höherer Art, als das Recht der Grenzziehung. Die Autonomie in der Gestaltung dieser ersten Form des Selbstbestimmungsrechtes ist stärker, denn das Recht der Grenzfestlegung ist kein ausschließliches Selbstbestimmungsrecht, sondern muß mit den Ansprüchen anderer Völker abgewogen werden.
Das Recht, auch das Selbstbestimmungsrecht, ist nicht schon dann realisiert, wenn es formuliert ist. Seine Wirklichkeit bezieht es durch Anerkennung der Betroffenen oder durch machtmäßige Durchsetzung auch gegen den Willen der Betroffenen.
Das Völkerrecht jedoch wird durch keine übergeordnete Instanz sanktioniert, die seine Verletzung verhindern oder seine Durchsetzung erzwingen könnte. Im Falle der Nichtanerkennung völkerrechtlicher Forderungen verbleibt nur die Möglichkeit der gewaltsamen Durchsetzung durch den Fordernden selbst. Angesichts des heutigen Weltzustandes kann jedoch das Völkerrecht, sobald es die Einflußsphären der beiden Großmächte tangiert, nur im Rahmen eines Gewaltverzichtes durchgesetzt werden. Diese Einsicht gehört zu den Bedingungen des Überlebens.

Beharren auf dem Rechtsstandpunkt stößt ins Leere

Wer sich nicht zufrieden geben kann mit der verbalen Wiederholung von Rechtsstandpunkten, ohne daß dies auch nur die geringste Veränderung auszulösen in der Lage ist, andererseits auch die gewaltsame Durchsetzung wegen der gefürchteten Folgen verneint, dem bleibt nur die Möglichkeit, einen Weg zwischen Rhetorik und Gewalt zu suchen.
Es muß in diesem Falle im politischen Raum nach einer maximalen Realisation des Völkerrechtes gesucht werden. Dabei wird es keine reinen Lösungen geben. Wer jedoch diese Versuche als Verrat am Recht bezeichnet oder gar als »Ausverkauf«, verschließt die Augen vor der realen Bezogenheit des Rechts auf den konkreten Frieden.
Die Ziele unserer Ostpolitik können nur politisch durchgesetzt werden. Weder das Festhalten an bestimmten Rechtspositionen, noch die Aufgabe von Rechtsstandpunkten ist schon Politik. Vor der Überschätzung der politischen Kraft rein rechtlicher Prinzipien des Völkerrechtes muß gewarnt werden. Sie sind moralische Stützen – und heute wichtiger denn je –, aber eben nicht mehr als moralische Stützen, solange sie nicht durch Übereinkunft anerkannt sind.

Das Ergebnis unserer historischen Betrachtung und der Einordnung des Völkerrechtes in einen politischen Komplex kann nur sein, daß im Interesse der übergeordneten Ziele Frieden, Freiheit, Einheit der politische Versuch des Abbaus von Ost-West-Spannungen unternommen werden muß.

Der politische Spielraum

Die politische Nachkriegsordnung hat sich ohne Rücksicht auf Anerkennung oder Nichtanerkennung des Status quo verfestigt. Sie ist als Status quo festgeschrieben. Das atomare Patt, das sich im Zünden der ersten russischen Wasserstoffbombe 1953 angekündigt hat, ist perfekt, und beide Weltführungsmächte haben sich durch Respektierung ihrer Einflußspären darauf eingestellt. Der Einfall der Russen in die Tschechoslowakei beweist ebenso wie ihr Rückzug aus Kuba, daß es eine Aufteilung der Welt gibt mit nur noch wenigen weißen Flächen.

In Europa sind solche Flächen nicht vorhanden. Hier sind der westliche und östliche Herrschaftsbereich scharf abgegrenzt, was im Berliner Mauerbau handgreiflich symbolisiert wurde. Das Interesse an der Aufrechterhaltung dieses Status' ist beiderseitig. Es ist eine der wichtigen Bestandteile des Machtgleichgewichtes. Die andere besteht im militärischen Patt. Beide – territoriale und militärische Balance – sind Voraussetzungen und paradoxerweise auch Folgen des Machtgleichgewichtes.

Voraussetzungen und Mittel der Entspannungspolitik

Beiderseitig sind jedoch die Interessen, die Kosten des militärischen Gleichgewichts zu reduzieren. Dieser Balanceakt darf nicht gleichzeitig mit der Veränderung der territorialen Einflußsphären verbunden werden. Der Wunsch nach paralleler Abrüstung soll durch Entspannung flankiert werden. Abrüstung ist hier als relative Größe zu verstehen. Stillstand der weiteren Aufrüstung ist eine Variante der Abrüstung. Diese Entspannung setzt die Erhaltung des Status quo voraus. Also nur durch wechselseitige Versicherung der territorialen Machtsphäre kann der Prozeß der militärischen Entspannung eingeleitet werden.

Entspannung setzt die Respektierung realer Machtbereiche voraus,

also der bestehenden Grenzziehung. Entspannung auf einem anderen als dem von den Großmächten bevorzugten Wege stößt auf deren Widerstand. Ein bundesrepublikanischer Sonderweg zur Entspannung und damit der Friedenssicherung als über die Respektierung der realen Verhältnisse in Europa ist deshalb zur Zeit nicht möglich. Respektierung der realen Verhältnisse setzt nicht die juristische Position außer Kraft. Die Respektierung der Realität als Ausgangslage soll zunächst das Völkerrecht aus seinen platonischen Höhen herunterholen und ihm eine Chance zur Gestaltung irdischer Möglichkeiten einrichten. Also erst ein Feld schaffen, auf dem das Völkerrecht wirken kann.
Ein die Grenzen als unantastbar erklärender Gewaltverzicht steht dem Selbstbestimmungsrecht nicht im Wege. Hinzu kommt, daß wir die Überwindung der Teilung Deutschlands dem Selbstbestimmungsrecht der Deutschen in der Bundesrepublik und dem Selbstbestimmungsrecht der Deutschen in der DDR übergeben haben. Selbst wenn alle Bundesrepublikaner sich für Wiedervereinigung entschieden hätten, würde die Aufhebung der Teilung mit Hilfe des Selbstbestimmungsrechtes erst dann gerechtfertigt, wenn auch die Mehrheit der DDR-Bürger zustimmt. Eine Grenzveränderung ist auch in Deutschland an die Zustimmung der Mehrheit beider Teile gebunden. Insofern gibt es nur eine Aufhebung der Teilung Deutschlands im Einvernehmen beider Teile. Diese Übereinkunft tangiert die Unverletzlichkeit des Gewaltverzichts nicht.

Der deutsch-sowjetische Vertrag

Der deutsch-sowjetische Vertrag ist nur als sozusagen notarielle Bestätigung des in der Nachkriegsentwicklung festgeschriebenen Besitzstandes akzeptabel. Beide Partner bestätigen sich, die Grenzen unangetastet zu lassen. Damit sind alle Korrekturen ausgeschlossen, die nicht einvernehmlich geregelt werden. Allein der Ausschluß von Gewalt und die Bestätigung der realen Verhältnisse kann einer von der Furcht vor wechselseitiger Übertölpelung freien Entwicklung Raum geben.
Ob eine solche Entwicklung in Gang kommt, die Frieden und Freiheit stärkt, muß die Praxis beweisen, und zwar die Praxis, die der Vertrag auszulösen imstande ist. Die Realitätsbezogenheit einer neuen Politik muß in Berlin bewiesen werden. Nicht wir stehen unter Beweislast, sondern die Sowjetunion. Die Sowjetunion muß die

faktische Zugehörigkeit Westberlins zur Bundesrepublik anerkennen und sichern. Eine Störung dieser Bindungen widerspricht den geforderten Realitätsbindungen der Vertragspartner. Wenn die Sowjetunion mit juristischen Argumenten die Zugehörigkeit Westberlins unterbinden wollte, würde sie die Westalliierten zwingen, mit juristischen Argumenten auch die Einbeziehung Ostberlins in die DDR in Frage zu stellen.
Eine endgültige Sicherung des Status' von Westberlin würde in zweifacher Hinsicht den Entspannungen dienen: sie würde der DDR den Hebel aus der Hand nehmen, durch Störung der Zufahrtswege Entspannungsbemühungen zu verhindern. Aber auch die Sowjetunion selbst kann ein ungesichertes Westberlin immer wieder als taktisches Mittel ihrer weltpolitischen Absichten einsetzen; Berlin war mehr als einmal in der Nachkriegszeit Objekt sowjetischer Erpressungsversuche, auch um die Westalliierten auseinanderzumanövrieren oder im Falle einer Ermüdung des Engagements der Westalliierten in Berlin einen Mißtrauenseffekt in der Bundesrepublik auszulösen.
Berlin hat also in mehrfacher Hinsicht eine Schlüsselfunktion. Es ist Probierstein der Entspannung, die auf der Akzeptierung realer Gegebenheiten beruht. Die Funktion des Zankapfels zwischen den westlichen Alliierten und der Sowjetunion muß ihm deshalb genommen werden. Es darf auch nicht die Reizstation der DDR sein, mit der sie ihr unliebsame Entwicklungen stört.

Nichtstun ist keine Alternative

Das Schwergewicht meiner Überlegungen liegt auf einer praxisverändernden Ost- und Deutschlandpolitik. Nichtstun ist keine Alternative.
Vertröstung auf einen Friedensvertrag ist Nichtstun. Denn es ist weit und breit niemand zu sehen, der uns einen Friedensvertrag anböte. Und selbst wenn er käme, könnte er erst dann andere Ergebnisse zutage fördern als die heute erreichbaren, wenn er am Ende einer Eintwicklung stünde. Der Anfang aber jeder Entwicklung ist die Anerkennung der bestehenden Realitäten. Ob allerdings die Sowjetunion auf diese Weise nur die ihr angenehmen Realitäten akzeptiert und die für sie ungünstigen eliminiert, wird sich am Beispiel Berlin zeigen. Eine unbefriedigende Berlinregelung entwertet den Gewaltverzicht zu einem Trick der Sowjetunion.

Was von der CDU erwartet wird, ist weder eine Hurra-Zustimmung noch ein voreiliges Nein. Allein ruhiges Abwarten setzt den sowjetischen Partner in einen Zugzwang, Leistungen vorzeigen zu müssen. Ein bedingungsloses Nein wie ein bedingungsloses Ja entläßt die Sowjetunion aus dieser Verpflichtung.
Ein bedingungsloses Nein, verbunden mit den Ausverkaufsparolen des »Bayernkurier« provoziert auf seiten der SPD schon allein aus Gründen der Selbstversicherung ein ebenso bedingungsloses Ja. Beide Reaktionen sind der Sache schädlich. Eine nüchterne Deutschlandpolitik der CDU, die sich der Versuchung enthält, auf Kosten der Sache oppositionell Gewinn herauszuschlagen, wird auch auf jene überschwenglichen Euphoriker in den Reihen der SPD einen ernüchternden Zwang zur Prüfung auslösen.
Die Opposition darf sich in ihrem deutschlandpolitischen Widerstand nicht nationaler Emotionen bedienen, denn, das zeigt unsere Geschichte: es gibt Worte – wozu ich das von der 2. Kapitulation zähle – die, einmal losgelassen, ihr eigenes Schwergewicht entwikkeln. Vor der dann ausgelösten Lawine bleibt niemand verschont.
Es war eine der großen Attraktionen der CDU, daß sie bewußt europäisch dachte und handelte. Deshalb sollte die Position der SPD auch heute nicht von einem nationalen Standpunkt kritisiert werden, denn die schwache Stelle ist die europäische Seite der sozialdemokratischen Ostpolitik. Die Begeisterung, die mancherorts ausgebrochen ist, läßt die europäische Bindung jeder chancenreichen Ostpolitik in Vergessenheit geraten.
Die Bundesrepublik muß von der Buhmann-Funktion befreit werden, die sie im Interesse der Sowjetunion gegenüber den östlichen Satelliten spielt. Selbst die im Ostblock aufbrechende Kritik an den Vorhaben der Warschauer-Pakt-Staaten gegen die Tschechoslowakei wurde mit dem Hinweis auf den westdeutschen Revanchismus abgelehnt. Der Abbau der Buhmann-Funktion kann nur durch die UdSSR selbst vorgenommen werden. Mit bilateralen Beziehungen zu den östlichen Nachbarn ist dies nicht zu schaffen, weil diese bilateralen Beziehungen selbst, wenn sie nicht in ein Gesamtkonzept des Ost-West-Ausgleichs einbezogen sind, dem Verdacht der Konterrevolution ausgesetzt sind.

Redemanuskript zur Ostpolitik, Juli 1970

Bleibt dem Alter treu

Wie komme ich, Jahrgang 1935, dazu, vor älteren Mitbürgern über das Alter zu sprechen? Die meisten von Ihnen sind älter als ich. Die Erfahrung des Alters kann durch keine Theorie des Alters ersetzt werden. Sie alle, liebe Mitbürger, haben einen Vorsprung: Sie wissen nicht nur, was Alter ist, Sie erfahren es tagtäglich.

Dürfen nur Junge über Junge, Alte über Alte sprechen? Ist nur jede Gruppe für sich selbst zuständig? Arbeiter nur für Arbeiter, Frauen nur für Frauen, Bischöfe nur für Bischöfe und Kranke nur für Kranke? Wollen wir die Welt aufteilen wie einen zoologischen Garten, in dem Käfige hinter Käfige gereiht sind: ein Altersghetto, ein Sozialghetto, ein klerikales Ghetto? Die Welt braucht nicht mehr Teilung, sie braucht mehr Zusammenhang. Das Defizit liegt in der Unfähigkeit, aufeinander zu hören, miteinander zu sprechen und voneinander zu lernen. Laßt uns die Mauern zwischen alt und jung einreißen ohne deshalb die Unterschiede zu leugnen, die zwischen alt und jung bestehen und die niemand beseitigen will.

Warum auch sollten sie beseitigt werden? Die Jungen und die Alten bringen je etwas Eigenes in die Welt ein. Und weder auf den Beitrag der Jungen noch auf den der Alten kann verzichtet werden. Die Jungen und die Alten unterscheiden sich in ihrem Verhältnis zur Zeit. Die Wasserscheide zwischen gestern und morgen ist das Heute. Es ist der flüchtige Augenblick, der das, was war, von dem trennt, was kommt. Wir leben im Augenblick, aber unser Leben umfaßt Vergangenheit und Zukunft. Der gegenwärtige Zeitpunkt läuft mit, und deshalb verändern sich die Anteile von Vergangenem und Zukünftigem. Die Jungen haben viel Zukunft, aber weniger Vergangenheit, und die Alten haben viel Vergangenheit und weniger Zukunft. Es ist der Zeitvorrat, der jung und alt scheidet. Der Tod ist näher, die Geburt ferner. Das ist die Würde des Alters, und das ist der existentielle Schatz der alten Leute: Ihr Leben, ihre Erfahrung ist unaustauschbar und unersetzbar.

Nehmt die Zeit an

Das vergreiste Kind ist ebenso abschreckend, wie der jugendliche Greis unwürdig ist. Das Alter ist eine Lebensphase mit eigenem Recht. Die Zwanzigjährigen sind nicht 60 Jahre alt und die Siebzigjährigen sind nicht 30 Jahre alt.
Jede Lebensphase fördert ihre eigenen Erfahrungen zutage. Es wäre eine Vergewaltigung der Gesellschaft, alles mit dem Schema der Jugend gleichzuschalten. Und es wäre ebenso ein Verlust, das Leben allein nach den Mustern der Alten zu ordnen. Wir brauchen weder Altenkultur noch eine Jugendkultur, sondern eine Kultur der Vielfalt, die den Reichtum des Lebens zum Ausdruck bringt, in dem alt und jung zur Entfaltung kommen. Der Greis, der nicht alt werden will, ist keine Gestalt der Hoffnung, sondern eher der Prototyp der Angst.
Der Abstand zwischen tatsächlichem und erwünschtem oder vorgetäuschtem Lebensalter wächst, wie neuere Untersuchungen zeigen, mit zunehmendem Alter. Mit anderen Worten: Je älter man wird, um so mehr wünscht man sich einige Jahre zurück. Das war nicht immer so. Warum ist es jetzt so? Ich glaube, daß die Flucht zurück mit der Verdrängung des Alters zu tun hat und daß deshalb viele Alte sich einer erbarmungslosen Jugendkultur anzuschmeicheln versuchen. Jugend wird über- und Alter unterschätzt. Und deshalb heucheln manche Alten Jugend und täuschen sich und die Mitwelt. Aber erschlichene Anpassung ist kein fester Grund der Zufriedenheit. Auf Täuschung folgt Enttäuschung. Die Alten haben viel Erinnerung, aber weniger Erwartung. Die Jungen haben wenig Erinnerung aber viel Erwartung. In einer Gesellschaft, die immer »mehr haben« will, bestimmt die Erwartung, und Erinnerung verfällt. In einer erwartungsgeilen Gesellschaft wird mit der Erinnerung und der Vergangenheit das Altsein abgewertet.

Auch den Tod in die Gemeinschaft zurückholen

Die Verleugnung des Alters ist das Ergebnis eines Imperialismus, der alles unter die Herrschaft der Jugendlichkeit, Zukunft und Erwartung zu zwingen sucht. Diese zwanghafte Jugendkultur ist ebenso kraftstrotzend wie herz- und einfallslos. Aber die tieferen Sehnsüchte unserer Zeit werden weder durch Kraftmeierei noch durch Unbarmherzigkeit befriedigt. Unter der Herrschaft einer machthabenden,

brutalen, herzlosen Leistungskultur werden Alte nur so lange geduldet, solange sie mithalten können.
Wer nicht mehr mitspielen will oder kann, wird verdrängt in Altersheime, die wie Isolierstationen eingerichtet sind. Sterben vollzieht sich unter Ausschluß der Jugendgesellschaft als Randerscheinung.
Selbst jene amerikanischen »Sonnenstädte«, die angeblich völlig altersspezifisch gebaut sind, erinnern eher an gut ausgestattete Wartesäle des Todes als an lebensvolles Alter. Die Alten leben dort mit einem Minimum an Schwierigkeiten: Wohnungen, die ohne Treppensteigen erreichbar sind, Zeitungen, in denen keine schlechten, aufregenden Nachrichten enthalten sind, kein Kindergeschrei stört dort, weil es keine Kinder gibt etc. Solche Alterseinrichtung ist in Watte gepackte Einsamkeit. Und die Gesellschaft beruhigt sich über diese Grausamkeit, weil sie den Ausschluß der Alten mit materiellem Wohlstand tarnt. Wir wollen nicht Ruhe und Abschiebung der Alten. Wir wollen sie das ganze Leben mitten unter uns. Kinder und Alte in guter Nachbarschaft.
Die großen Ereignisse des Lebens dürfen nicht der Verharmlosung eines glatten Lebensstils zum Opfer fallen. Geburt und Tod sind in Gefahr, aus dem Bewußtsein der Öffentlichkeit gestrichen und in Spezialfabriken – genannt Krankenhäuser – verlegt zu werden. Dort wird Unbehagen hinter Apparaten und Intensivstationen versteckt. Doch wir sind dabei, die Geburt wieder ins Leben zurückzuholen. Väter nehmen an der Entbindung im Krankenhaus teil. Wir sollten auch den Tod enttabuisieren und in die Gemeinschaft zurückholen, damit der wichtigste Augenblick des Lebens nicht der Verlassenheit anheimfällt.

Alt und jung aufeinander angewiesen

Der Zerfall des Generationenzusammenhalts ist ein Verlust an Sorge für die Nachwachsenden. Die Moorbauern legten Moore trocken, obwohl sie wußten, daß erst in hundert Jahren Torf gestochen werden konnte. Wenn der Generationenzusammenhalt zerfällt, geht die Welt kaputt. Weil in Süditalien Wälder abgeholzt wurden, leben die Nachkommen in einem verkarsteten Land.
Was bedeutet das Alter für uns? Die Alten dürfen nicht nur alt für sich sein. Alt sein für uns, die Jüngeren, bedeutet, daß die alten Erfahrungen weitergegeben werden. Eine hektische, erfolgssüchtige Welt kann vielleicht durch das gelassene Dasein der Alten beruhigt werden. Jeder bedeutet etwas.

Christen wissen von der Unverwechselbarkeit der menschlichen Person. Und es ist nicht sicher, ob diejenigen, deren Namen in unseren Geschichtsbüchern aufbewahrt werden, tatsächlich diejenigen sind, welche die tiefsten Spuren ins menschliche Leben eingegraben haben. Wenn die Familien zerfallen, muß der Staat eintreten. Wie viele junge Ehen verdanken ihren Eltern die Gründung des Hausstandes. Und wenn der Opa auch nur tapezieren hilft und die Oma für den Enkel Pullover strickt. Aber von den Leistungen der Großeltern für Kinder und Kindeskinder spricht man nicht.
Es wird Zeit, ihnen dafür zu danken. Generationensolidarität ist lebenswichtig, sie macht einen Teil der staatlichen Hilfe überflüssig. Generationenegoismus verstaatlicht das Leben. Die Politik, die Familie und Generationenzusammenhalt stützt, ist nicht nur billiger, sondern auch menschlicher.

Liebe verändert die Welt

Die Oma, welche für ihre Enkel sorgt, hat möglicherweise mehr Freude auf die Welt gebracht, als Feldherren, deren Schlachten wir seit Generationen auswendig lernen. Und vielleicht hat ein freundliches Wort zum Arbeitskollegen die Welt mehr verändert, als ein barscher Befehl, den wir in unseren Annalen aufbewahrt haben. Ein Hauch Liebe ist mehr als ein Kilo Gehässigkeit.
Liebe verändert die Welt zum Besseren. Haß wirft sie zurück. Und was in Gottes Gedächtnis bleibt, wissen keine Historiker. Liebe baut auf, Haß zerstört. Höss, der Kommandant von Auschwitz, wird vergessen. Aber Pater Kolbe, der sein Leben in Auschwitz für einen notgequälten Familienvater opferte, wird nicht in die Namenlosigkeit zurückfallen. Und das ist die Hoffnung der Menschheit, auch der kleinen Leute: Liebe ist stärker – und zur Liebe ist jeder fähig. Sie ist nicht abhängig von Alter, Reichtum, Rasse, Geschlecht, Religion, Rang, Prestige und Intelligenz.

Solidarität der Generationen lebt von Toleranz

Aber auch ihr Gegenteil, die Lieblosigkeit, ist jedem zugänglich und für sie ist jedermann anfällig. Der nörgelnde Alte ist so lieblos wie der besserwisserische Junge. Wenn jeder etwas bedeutet für das allgemeine Schicksal und jeder sein Eigenes einbringen kann, wird es

Vieles und Unterschiedliches geben. Die Gesellschaft der Vielfalt ist die reiche Gesellschaft. Und die eintönige Gesellschaft ist eine arme Gesellschaft, auch wenn sie materiell wohlversorgt ist. Vielfalt jedoch ist nur erträglich mit Toleranz. Wo der andere nicht geduldet wird, weil er anders ist, da kann sich keine Vielfalt entfalten. Auch die Alten müssen tolerant sein, wenn die Jungen etwas Neues versuchen.

Den Alten wird oft vorgeworfen, sie seien unduldsam. Stimmt das? Jene Älteren, die meinen, es müßte im Jahr 1980 noch alles genauso gemacht werden wie 1910, die sind intolerant. Aber die meisten älteren Mitbürger sind weiser geworden. Sie haben im Laufe ihres Lebens viel Veränderung erfahren. Der technische Fortschritt versprach den Hunger zu besiegen. Es gibt jetzt viel Technik auf der Welt und immer noch sehr viel Hunger.

Die Altersweisheit muß unseren technologischen Übermut abkühlen. Sie lehrt uns Skepsis und Geduld mit dem Neuen. Und sie lehrt uns, daß der Fortschritt der Menschheit nur ein menschlicher Fortschritt ist, wenn er dem Menschen dient. Wenn der technische Fortschritt an Stelle von mitmenschlicher Zuwendung maschinelle Bearbeitung und bürokratische Betreuung an die der Nächstenliebe setzt, leiden nicht nur die Alten Not. Es schwinden aus unserer Welt Gemütlichkeit und Geborgenheit. Die Welt wird kälter. Die Gewaltsamkeit nimmt zu. Der Terrorismus ist nur die Spitze der Gewalt. Die Gewalt wächst in einer kalten Welt der Apparate.

Die Alten – Lehrer der Sanftmut

Die Alten des Jahres 1980 haben viel erlebt: 1. Weltkrieg: Inflation, Hitler. 2. Weltkrieg: Vertreibung, Teilung unseres Vaterlandes etc. Altersweisheit könnte uns Mißtrauen gegenüber allzu großen Worten lehren. Denn alle Katastrophen wurden mit großen Versprechungen eingeleitet. Aber es gilt, nicht nur Skepsis zu haben, sondern auch Geduld. Geduld und Hoffnung sind Geschwister. Das Bessere ist auf Neues angewiesen. Und nicht nur Schlechtes brachte dieses unser Jahrhundert.

Die Kindersterblichkeit ging zurück, die Armut wurde in unseren Breitengraden geringer. Wir erfahren mehr von der Welt; also nicht nur Trauer und Rückschläge, sondern auch Hoffnung und Glück gehören zu den Erfahrungen des alten Lebens.

Skepsis gegenüber Besserwisserischen, Geduld mit Mitmenschen und Hoffnung, das sind die Mitbringsel für eine sanfte Gesellschaft. Die Alten können die Lehrer der Sanftmut sein. Den jugendlichen Besserwissern halten sie Duldsamkeit aus Erfahrung entgegen. Die Jungen wollen etwas werden, Karriere machen, den Nachbarn übertreffen, mithalten können im Leistungswettbewerb; die Älteren haben das alles nicht mehr nötig. Ihre Gelassenheit könnte unsere harte Erfolgsgesellschaft entkrampfen. Die Alten könnten die Vorboten einer sanften Gesellschaft werden.

Die Weisheit der Alten, gespeist aus Erfahrung, kann durch keinen jugendlichen Lerneifer ersetzt werden. Und die Universität des Lebens ist etwas anderes als die Schulbücher der Kindheit. Die Jungen können von den Alten lernen, aber vielleicht auch die Alten von den Jungen. War die Kindheit wirklich so sonnig, wie sie oft nach langer Zeit im Gedächtnis erscheint? Die Zeit vergoldet. Erinnern sich nicht auch die Alten an Kindheitsangst, Angst vor der Schularbeit, Angst vor dem nächsten Tag? Gab es nicht Not in Kindertagen? Erinnert sich niemand mehr, wie mühsam Erziehung empfunden wurde? Wie lästig es war, ständig ermahnt und korrigiert zu werden? Das Alter erscheint im schlechteren Licht, wenn die Kindheit sonnig gesehen wird. Im Wettbewerb mit einem illusionären Kinderglück verliert die Alterszufriedenheit. Je rosiger die Kindheit gemalt wird, um so dunkler erscheint das eigene Alter. Die Wahrheit befreit Alte vom illusionären Klischee, früher wäre alles besser gewesen. Glück und Leid sind gleichmäßig auf die Lebensphasen verteilt. Weniger Verdrängung und weniger Verstellung im Alter ließen vielleicht auch die Wirklichkeit der eigenen Kindheit ehrlicher im Gedächtnis erscheinen. Verständnis für die Jungen kann auch durch Erinnerung an die eigene, unverschobene, unverstellte Vergangenheit gespeist werden. Sie waren als junge Generation auch nicht so fehlerlos vorbildlich wie viele von Ihnen nachträglich meinen. Im merkwürdigen Gegensatz zur verschönernden Vergangenheitsbewältigung steht allerdings die oft anzutreffende Behauptung, früher sei alles schwieriger gewesen. Sicher, das Jahr 1945 war schlimmer als das Jahr 1979. Aber in dieser Feststellung entdeckte ich auch oft einen Hauch Neid auf die Jüngeren, die es heute besser haben. Aber ich bin gegen Neid. Freuen wir uns zusammen, wenn es besser wird als es war. Und ob es besser wird, wissen wir nicht. Die Alten können auch helfen, daß die Älteren, die nach ihnen kommen, es besser haben. Muß denn alles so bleiben, wie es ist, auch wenn es schlecht ist?

In das Alter hineingleiten können

Schlecht ist, daß wir das Leben dreigeteilt haben. Kindheit, Erwerbsleben, Ruhestand. Und die Trennlinien zwischen diesen Lebensphasen sind schroff. Die Industrialisierung spannte uns in ein Zeitkorsett, das früheren Zeiten unbekannt war. Über Jahrhunderte übernahm der junge Bauer Schritt für Schritt seine Lebensaufgabe, den Hof, und der alte zog sich Zug um Zug zurück.
Erst das Maschinenzeitalter behandelt Menschen wie Ersatzteile, die ausgewechselt werden nach den Regeln der Technik. Das sind aber nicht die Regeln der Menschen. Der Maschinentakt ist kein Modell des Lebensrhythmus. Die Übergänge von der Kindheit ins Erwerbsleben und vom Erwerbsleben in den Ruhestand müssen sachte gestaltet werden.
Der technische Fortschritt muß genutzt werden für eine menschengemäße Maschinenwelt. Die Maschinen müssen den Menschen bedienen – nicht umgekehrt.
Wenn die Arbeiter wie Maschinen behandelt werden, dann werden die Alten zu Schrott. Ein Mitbürger, der ein Leben lang stumpfe und monotone Arbeit verrichtet hat, hat es im Alter schwer, zu Initiative und Kreativität zurückzufinden. Wenn die Alten nicht abgeschrieben werden sollen, dann dürfen die Arbeiter nicht wie Maschinen eingesetzt werden.

Auf das Altsein vorbereiten

Das Schicksal der dritten Lebensphase entscheidet sich in den beiden vorhergehenden. Wir brauchen eine Bildung, die zur Mitmenschlichkeit befähigt, und wir brauchen ein Erwerbsleben, das uns nicht abstumpft.
Die dritte Lebensphase – das Alter – erhält größeres Gewicht. Mehr Menschen werden alt und mehr Menschen werden länger alt. Bereitet die Schule auf diese dritte Lebensphase vor? Die Schule reduziert das Leben, für das gelernt wird, noch immer auf das Erwerbsleben. Aber im Alter muß niemand mehr Karriere machen, mehr werden und sich durchsetzen. Bereitet die Schule auf Muße vor? Der Wechsel zwischen An- und Ausspannen ist wie das Ein- und Ausatmen ein natürlicher Rhythmus. Aber wir trainieren Kinder wie Motoren, die ständig auf Hochtouren laufen.
Ich fürchte, unsere Leistungsschule ist auf Arbeiten fixiert und nicht

auf Ausspannen. Aber gerade die Vorbereitung auf Muße ist eine wichtige Voraussetzung für das menschenwürdige Alter. Wer erst mit 60 sich vorbereitet auf die Zeit nach dem Erwerbsleben, der schafft die Umstellung nur schwer.
Lernen als Wissensanhäufung erreicht das Alter nicht mehr. Denn das Wissen aus der Kindheit ist im Alter zum Teil überholt. Was in der Kindheit gelernt werden muß, ist nicht nur Wissen, sondern auch Verhalten. Denn das Wissen kann möglicherweise der Computer besser speichern als die Gehirnzellen.
Nächstenliebe kann uns kein Computer abnehmen. Solidarität läßt sich nicht maschinell produzieren. Wir müssen lernen, miteinander das Leben zu bewundern, zu ertragen und zu verändern. Neues zu erfahren, sich auf Neues einzustellen, ist kein Privileg der Jugend – so wie das Alte zu hüten, keine Spezialaufgabe der Alten ist. Die Alten sind nicht die Museumswächter der Vergangenheit.
Neues und Altes, jung und alt sind keine Gegensätze. Neue Erlebnisse gibt es in jedem Lebensalter. Die größte Neuigkeit erwartet uns im Alter. Es wird der Tod uns noch zu neuen Erfahrungen führen, die noch niemand von uns kennt. Denn das Jenseits ist nicht die Fortsetzung des Diesseits.
Wer weiß, wie der Himmel aussieht? Selbst die Mondfahrer haben es nicht erkunden können. Ihre Abenteuer sind nichts gegenüber den Neuigkeiten, die uns das Leben nach dem Tode aufbewahrt hat. Wie naiv war Gagarin, als er nach dem ersten Weltraumflug meldete, er habe den lieben Gott nicht gesehen. Gottes Neuigkeiten sind nicht technokratischer Natur. Und dafür müßten alte Menschen mehr Sinn haben.

Die Alten brauchen nicht dankeschön zu sagen

Die Alten sind eine politische Macht. Ihre Zahl ist groß. Das gibt die Sicherheit, daß sich die Politik nicht einfach über die Wünsche der Alten hinwegsetzen kann. Sie, die älteren Mitbürger, sind mehr als zu jeder anderen Zeit ein mitgestaltender Faktor unserer politischen Gegenwart. 15 % der Bevölkerung der Bundesrepublik sind älter als 65 Jahre. Zu Bismarcks Zeiten, also vor 100 Jahren, waren es nur 4 %. Das Durchschnittsalter zur Zeit von Christi Geburt war 25 Jahre. Heute nähert sich die durchschnittliche Lebenszeit dem 70. Lebensjahr.
Die älteren Mitbürger sollen das Selbstbewußtsein haben, das auf

Bewährung beruht, und nicht das Bewußtsein von passiven Empfängern von Wohltaten. Ihre Generation hat Erstaunliches geleistet. Ein zerstörtes Deutschland aufgebaut, Schutt und Asche unter Hunger und Kälte weggeräumt. Die Trümmerfrauen des Jahres 1945 waren emanzipierter als manche ihrer Enkelinnen, obwohl sie im Gegensatz zu diesen das Wort gar nicht kannten. Sie haben ihre Kinder unter Bombenhagel großgezogen. Väter starben im Krieg oder blieben lange in Gefangenschaft. Das Leben ging weiter. Die Zähigkeit und der Lebenswille Ihrer Generation ist beispielhaft.
Sie brauchen dem Staat nicht dankeschön zu sagen, wenn er sie unterstützt. Er zahlt nur ihre Leistung zurück. Die Jungen stehen auf den Schultern der Alten. Ohne die Alten gäbe es keine Jungen. Und ohne ihre Arbeit gäbe es heute kein relativ gutversorgtes Deutschland. Sie sind nicht Empfänger von Geschenken – auch Ihr Alterseinkommen ist kein Geschenk, denn Ihre Rente ist der späte Lohn für frühere Erwerbsarbeit. Wenn wir Rente für Mütter verlangen, fordern wir keine Geschenke, sondern Anerkennung der Mutterarbeit. Mutterarbeit ist soviel wert wie Erwerbsarbeit. Wenn die Kindererziehung in der Rentenversicherung wie Erwerbsarbeit gezählt wird, entgelten wir endlich das Lebenswerk der Mutter. Sie hat Kinder erzogen, die schließlich heute auch die Beiträge zur Rente der kinderlosen Ehe zahlen. Die alten Mitbürger haben keinen Grund, sich zu verstecken.
Bleibt dem Alter treu! Lehrt die Jugend Gelassenheit, indem Ihr tolerant seid und öffnet Euch dem Neuen! Das ist nicht mehr als ein Vorschlag eines Jüngeren an die Älteren, den ich vortrage in der Hoffnung, daß jung und alt die Welt verbessern können. Denn es ist christlicher Glaube, daß die Welt nicht nur verbesserungsbedürftig, sondern auch verbesserungsfähig ist. Wir werden den Himmel nicht auf die Erde zwingen. Es wird zu keiner Zeit das absolute Glück geben. Aber ein bißchen Glück auf die Welt zu bringen, daran müssen jung und alt arbeiten.

Referat auf dem Deutschen Katholikentag in Berlin, 6. Juni 1980, im Rahmen einer Kundgebung mit Mutter Theresa, Friedensnobelpreisträgerin 1980.

Die Republik in der Erinnerung der Dichter

Als Volk der Dichter und Denker sehen wir uns gern. Es wäre der bürgerliche Stolz, dem dieser Titel gut paßte. Besitz und Bildung sollten die Erkennungszeichen eben jenes bürgerlichen Zeitalters sein. Zum wirtschaftlichen Erfolg auch noch ein bißchen Kultur. Wer wollte das verachten? Aber was auf den ersten Blick wie stolzes Selbstbewußtsein ausschaut, entpuppt sich bei Licht betrachtet als »schlechtes Gewissen«. Deutschland hatte es schwer mit seinen Dichtern und Denkern und umgekehrt. Geist hat es nicht leicht, sich mit der Macht zu vertragen. Und Platons Ideal, die Könige mögen Philosophen sein, blieb seit über 2000 Jahren ein frommer Wunsch. Allerdings, es fällt schon auf: wenn hierzulande Dichter, Denker und die Mächtigen miteinander in Verbindung geraten, ist der Ton gereizt oder devot. In der normalen Stimmlage ruft niemand über einen breiten Graben. Es sind im übrigen nicht immer die Politiker, die jungfräulich beleidigt auf die Einsprüche der anderen Seite reagieren. Selbstmitleid aus Selbstüberschätzung ist auch auf der Literaturseite nicht unbekannt. Und wers nicht glauben will, beschaffe sich »Vaterland, Muttersprache«, Deutsche Schriftsteller und ihr Staat von 1945 bis heute.

Im Ausführen sind unsere Zeitgenossen nicht zimperlich; im Einstekken dagegen weinerlich.

Aber dem Buch wäre Unrecht geschehen, wenn es mit dieser Kurzformel schon abgehandelt wäre. Nachkriegsdeutschland, aufgereiht an Dokumenten literarischer Polemik und polemischer Literatur, das ist sein Inhalt, und da Sprache auch Teil unseres politischen Lebens ist, gibt es Entwicklung zu Protokoll. Freilich, das Protokoll hat Schlagseite. Es kommt nur immer eine Seite zu Wort. Es spricht die Anklage. Von Verteidigung ist nur selten die Rede. So führt vor allem vornehmlich ein »roter Faden« durch die Zeitgeschichte und manchmal nur zu den Schrebergärten der Vorurteile.

»Bekanntmachungen«, vorgetragen im Ton, das Ende ist gekommen, sind nicht schon deshalb eindrucksvoll, weil sie von großen Namen stammen: »Diese Wahl war der letzte Versuch, in Westdeutschland einen Regierungswechsel mit parlamentarischen Mitteln zu erreichen, das Machtmonopol der herrschenden CDU und ihre desaströse Politik zu ändern«, – schrieb Enzensberger 1967. Zwei Jahre später hatten wir einen sozialdemokratischen Bundeskanzler und zwölf Jahre danach noch immer.

Auch Schriftsteller können durch die Wirklichkeit dementiert werden. Wer auftritt wie der Nachrichtensprecher des lieben Gottes, der nicht nur alles, sondern alles besser weiß, darf sich nicht wundern, wenn höchst irdische Schadenfreude seine Falschmeldungen begleitet.

Nun gut, lieber zu scharf als fad. Zur Polemik gehört die Pointe, und manches muß auf die Spitze getrieben werden, damit es sticht. Aber »allzu spitz sticht nicht«, sagt ein altes Sprichwort.

Ich muß gestehen, daß mir Brechts und Bölls Ironie oft kindlicher Mitleiden mehr »imponiert« als die Weissagungen eines Enzensberger in mir Sympathien bewegen.

»Nach dem Aufstand des 17. Juni
Ließ der Sekretär des Schriftstellerverbandes
In der Stalinallee Flugblätter verteilen,
Auf denen zu lesen war, daß das Volk
Das Vertrauen der Regierung verscherzt habe
Und es nur durch verdoppelte Arbeit
Zurückerobern könne. Wäre es da
Nicht doch einfacher, die Regierung
Löste das Volk auf und
Wählte ein anderes?«

In diesen zehn Zeilen von Brechts Gedicht »Die Lösung« wird Diktatur demaskiert. Diktatur als versuchter Umkehrschluß der Demokratie: Wenn die Regierung nicht zufrieden ist, muß das Volk abgewählt werden!

Im Wagenbachschen Lesebuch erscheint die Geschichte unserer Republik im Nachkriegselend, im Zusammenhang von Widerbewaffnung, Vietnamprotest, Studentenunruhen, Notstandsgesetzen, Radikalen im Öffentlichen Dienst. Das sind die Stichworte unserer Konflikte.

Von allen Kapiteln jedoch macht auf mich den stärksten Eindruck jenes, das die Überschrift trägt: »Rückkehr zu den Daheimgebliebenen«. Da schreibt Walter von Molo einen offenen Brief an Thomas Mann und Thomas Mann einen für Deutschland; und Hermann Hesse wechselt Briefe mit Luise Rinser. Wie Deutschland mit der Schuld fertig wird, das ist das Thema. Aber manchmal meine ich, sie reden aneinander vorbei – die Daheimgebliebenen und die, die Exilianten waren. Einmal denke ich, das ist alles zu allgemein und zu viel Predigerpathos. Ein anderes Mal erscheint es mir zu privat-subjektivistisch. Ja, wie hätten Sie es denn gerne, frage ich mich selber.

Damals wie jetzt noch immer ist es schwer, die Greuel in Aufsatzform zu bewältigen, und manchmal sogar sind die, welche den Anfang als Abkehr vom Alten wollen, selbst noch in der Sprache derjenigen befangen, deren Geist überwunden werden soll. Wenn Ernst Wiechert in seinem Aufruf an die Jugend aus dem Jahre 1945 schreibt, »daß es in der ganzen Weltgeschichte niemals eine größere Aufgabe gegeben hat als die eurige, das Blut eines Volkes zu erneuern und die Schande von dem Gesicht eines ganzen Volkes abzuwaschen«, dann höre ich wieder das Raunen einer Blutmystik, diesmal nur in einem anderen Gewand und Gott sei Dank besseren Zielen dienend. Aber auch die Mittel können die Ziele verändern.

Bei einigen der Erinnerungsstücke fällt mir auf: auch Dichter wissen nicht mehr, sie sagen es oft nur besser, und auch mancher verwechselt die Scheuklappen mit der Brille. Zum Beispiel Günther Weisenborn: »Aber unser Volk hörte nicht auf seine Dichter, es hörte auf die gestiefelten Scharlatane.«

So einfach war die Welt leider nie geteilt. Selbst 1933 nicht. Hier die guten Dichter und da die bösen Scharlatane. Auch unter den Dichtern gab es größere Namen, die in der Hitlerischen Heilskompanie zu finden waren.

Das Buch enthält viele Namen, viele Worte. Es spiegelt einen Teil unserer Nachkriegsgeschichte, aber eben nur einen Teil, wider. Weitsicht, Engstirnigkeit, tragische Mißverständnisse, historische Bekenntnisse, kleinste Bettnässerei, Solidaritätsappelle und Aggressionspamphlete. Alles, was zu haben ist, ist vielleicht nicht in dem Buch enthalten. Aber doch viel von politischem Engagement der Literaten.

Deutschlandfunk, 10. Februar 1980. Bürger im Gespräch I: Besprechung des Buches: »Vaterland, Muttersprache. Deutsche Schriftsteller und ihr Staat von 1945 bis heute.« Klaus Wagenbach-Verlag, Berlin

Zwischenspiel

QUINTESSENZ

»Die Distanzierung, die in jeder literarischen Bändigung des Problems durch die Form geschaffen wird, könnte Politik vor Sachblindheit retten. Ironie, Satire, Scherz sind seltener geworden, ohne daß deshalb die Politik an Ernsthaftigkeit gewonnen hätte. Die Eindeutigkeit der direkten Sprache hat oft etwas von der Brutalität eines Dampfhammers an sich. Sie ist ungeeignet, die diffizilen Probleme einer differenzierten Gesellschaft zu lösen. Aber wo ist die Kommunikation zwischen der Sprache der Literatur und der Sprache der Politik? Sie reden aneinander vorbei und fühlen sich durch das Unverständnis des Kontrahenten beiderseitig bestätigt.
Unverständnis des anderen ist Stabilisierung der eigenen Isolierung. Doch Schlagabtausch tritt an die Stelle des Gespräches.«

Literatur und Politik

Rumpelstilzchens Macht bestand im Geheimnis seines Namens. Doch als die Kundschafter ihm das Geheimnis entrissen, den Namen erlauscht hatten, war die Macht des Zwerges beendet.
Politik hat manches mit der Kundschaft gemein, durch die der Bann gelöst und die Blockade eines Problems durch Sprechen abgebaut wird.
Es entspricht offenbar einer uralten Erfahrung, daß mit Worten Wirklichkeit gemeistert werden kann. Die Politik hat zwar nichts mit Zauberei und Geisterbeschwörung zu tun, aber die Wirklichkeit ins Wort zu bringen, ist ebenso Aufgabe der Politik; denn was nicht ins Wort gebracht wird, wird nicht erkannt. Und was nicht erkannt ist, kann nicht politisiert werden. Deshalb war und ist das bevorzugte Handwerkszeug der Politik die Rhetorik. Und nicht zufällig ist der Hauptkampfplatz der Politik das Parlament – in dem parliert wird.
Freilich kann die politische Redekunst auch zu einer Art von Selbstimmunisierung degenerieren, ohne Bezug zur Wirklichkeit. Die Wortkaskaden erfüllen dann lediglich verschleiernde Aufgaben.

Die Fähigkeit der Literatur, Politik zu entlarven

Seitdem das Marketing die Politik erreicht hat, sind manche in Gefahr, ein neues Wort schon für die Lösung eines neuen Problems zu halten. Das ist der oft unter progressivistischer Attitüde einherstolzierende Mißbrauch politischer Rhetorik. Konservative erliegen oft einer anderen Gefahr. Sie antworten auf neue Probleme mit alten Formeln und erwecken so den Eindruck, daß sie das Neue nicht erkannt haben. Natürlich hat dies alles nichts mit Literatur zu tun. Oder?
Literatur lebt von der Sprache, Politik auch. Beide sind auf Sprache angewiesen, für beide ist sie ein Qualitätsmesser.

Aber was könnte den Politiker an der Sprache der Literatur interessieren? Politische Sprache ist auf Wirkung gerichtet, auf Absatz von Forderungen. Diese Konvention muß die politische Sprache erfüllen. Politik wirkt häufig auf die Nichtpolitiker steril, dank steriler politischer Sprache. Literatur entfaltet ihre Schönheit jenseits aller Systematik. Ihre Wahrheiten sind nicht in theoretische Formeln abfüllbar. In der Form der Gestaltung liegt ein Teil der Wahrheit des literarischen Kunstwerkes. Insofern übertrifft sie ihre abfragbare Mitteilung. Literatur enthält immer ein spielerisches Moment des Überraschenden.

Im Gegensatz dazu sichert sich Politik ständig gegen das Unberechenbare. Die Sterilität der Politik aber beruht vielleicht auch auf ihrer Sprache, die gegen Überraschungen immun ist. So könnte eine dogmatische Politik am leichtesten aufgebrochen werden durch eine literarische Sprache. Eine neue politische Sprache nimmt den ideologischen Dogmatikern, deren Rechenexempel immer auf Kosten der unberechenbaren Menschen gehen, die Luft. Literatur zeigt den Menschen nicht als einen unter hunderttausend anderen, sondern als einen jeweils unverwechselbaren, als einen, der Erfahrungen leid- oder lustvoll sammelt. Sie, die Literatur, führt ihn, selbst wenn sie ihn in Kolonnen zeigt, als Individualität vor, und beweist so die Unerschöpflichkeit menschlicher Möglichkeiten. Wo Kunst nur auf Nutzanwendung getrimmt ist oder lediglich Rezepte pädagogisch empfiehlt, ist sie bieder oder ganz einfach Unkunst.

Literatur, die nur die Veranschaulichung eines Systems sein sollte, hat nur dort Bedeutung erhalten, wo sie das System selbst sprengte. Nur wo die Absicht vom Gestaltungswillen des Dichters übertroffen wurde, verwandelt sich Belehrung in Kunst.

Brecht und das marxistische Dogma

Eines der Musterexemplare für diese Behauptung ist Bertold Brecht, dessen marxistische Absicht von der Kunst des Stückeschreibers relativiert und gerade darin am glaubwürdigsten wurde. »Mutter Courage«, »Shen Te« oder gar die »Grusche« sind mehr als marxistisches Anschauungsmaterial.

Die abstrakte These, die im kaukasischen Kreidekreis exemplifiziert werden soll, heißt:

»Daß da gehören soll, was da ist, denen, die für es gut sind, also
die Kinder den Mütterlichen, damit sie gedeihen

die Wagen den guten Fahrern, damit gut gefahren wird
und das Tal den Bewässerern, damit es Frucht bringt.«
Und zur Beweisführung für diese politische Empfehlung wird den Mitgliedern des Ziegenzuchtkolchos Galinsk und des Obstbaukolchos Rosa Luxemburg der »Kaukasische Kreidekreis« vorgeführt.
Aber Grusche, welche das Kind der Großfürstin vor den Verfolgungen der Panzerreiter rettet und sich als die wahre »Mütterliche« erweist, transzendiert in eben jener Mütterlichkeit den marxistischen Funktionalismus, indem sie Tugenden vorführt, die nicht klassenbedingt sind, sondern einer vom sozialen Status offenbar unabhängigen Fähigkeit zum Mitleiden entsprechen.
Zwar könnte man zur Not noch das Mitleid der Grusche als Tugend erklären, die zwar ausgebeutet wird, aber im positiven Erleiden der Ausbeutung nicht den Zwängen zur Brutalität ausgeliefert ist, durch welche die Ausbeuter »geknechtet« werden. Doch so nahtlos geht das Klassenschema nicht auf. Denn nicht aus reflektierter Einsicht in das Dilemma der Klassengesellschaft gewinnt das Stück seine dramatische Dimension, sondern aus einer menschlichen Konstellation, die durch die Brille des Marxisten sogar wie Spießbürgerlichkeit aussehen mag:
Nach der Auflösung des Streites und dem Sieg der Grusche über die Großfürstin erklärt Grusche ihrem Simon, daß sie den Michael, ihr Kind, von den Stufen des Palastes aufgehoben habe: »Und jetzt sag ich Dir's: ich hab ihn genommen, weil ich mich Dir verlobt hab an diesem Ostertag, und so ist's ein Kind der Liebe«.
Liebe läßt sich beim besten Willen nicht in das marxistische ABC übersetzen, und dennoch ist sie die einzig bewegende Kraft des Kreidekreises.
Ähnliche Verwechslungsspiele finden sich auch in anderen klassischen Dramen des Brecht. Ist es nicht merkwürdig, daß der Marx-Jünger Brecht ausgerechnet in der Gestaltung der Mutter Courage seine Affinität zur aristotelischen Kategorie des Mitleides entfaltet? Die Mutter Courage ist eine Händlertype. Sie ist angelegt auf Entlarvung des Krieges als einer Variante des kapitalistischen Feilschens. Aber die Unerbittlichkeit eben dieses Handels bringt den Konflikt zwischen der Händlerin und der Mutter zutage, eine Teilung, die freilich auch vom Kriege bedingt ist, der die Mutter nicht Mutter sein läßt, sondern sie zum Handel zwingt, damit sie Mutter sein kann. Aber ihr eigentliches Wesen enthüllt die Mutter Courage dort, wo von Handel keine Rede mehr ist und sie ihre stumme Katrin als Tote auf dem Schoße hält.

»Der gute Mensch von Sezuan« ist nur deshalb gezwungen, sich in den bösen Shui Ta zu verwandeln, damit die gute Shen Te ihr eigenes Kind ernähren kann. Um dieser Pflicht willen ist sie bereit, die Götter zu täuschen und der Tugend verlustig zu gehen. Wieder ist die Mutter-Kind Beziehung der Kondensationspunkt des Klassenkampfes, und wieder ist es diese Menschlichkeit, welche die Entfremdung in der miserablen Gesellschaft transzendiert.

Die Literatur dieser Zeit

Die Literatur vergangener Zeiten konnte leichter ihr soziales Engagement artikulieren. Die Frontstellung war klar: Kapitalisten auf der einen, Proleten auf der anderen Seite. Das Personal war mit wenigen Strichen gezeichnet. Der Unternehmer fiel auf. Auch optisch unterschied er sich von »seinen« kragenlosen Arbeitnehmern. Zwischen den Damen des Hofes und denen der Waschküche war ein augenfälliger Unterschied.
In der nivellierten Mittelstandsgesellschaft, in der wir leben, sind die optischen Unterschiede unbekannt.
Aber unter der dünnen Schicht konfektionierter Konsumgewohnheiten ist das Machtgefälle ungeschmälert hart. Die Ausdrucksformen sind allerdings nicht mehr die verhärmten Gesichter Unterernährter, die dem feisten Lachen der Satten ins Gesicht starren. Das Bild unserer Zeit ist eher das wohltemperierte Einerlei industrieller Wohlversorgtheit, in der Technokraten die Abläufe managen.
Aber nicht nur das soziale Substrat hat an Eindeutigkeit der Kontrastierung verloren, auch der Fundus »nationaler Pathos« erscheint heute als bloße Staffage. Die Welt wird als Einheit erlebt. Humanität läßt sich nicht mehr in Zollschranken einzwängen. Während jedoch der Kommunikationsradius wächst, igelt sich die Literatur in Heimat ein. Aber die Heimat ist nicht sentimentales Milieu sondern konkretes Beziehungsgefüge von Individuen, die in ihrer Einmaligkeit Stoff der Darstellung geben. Die Welt wird kleiner, weil sie zur Einheit zusammenwächst, und dennoch wird sie bunter, wie die Literatur.
Grass beschwört sein verlorenes Danzig und mischt in barocker Phantasie die Gassen, Kautzen und andere halb historische, halb erfundene Gestalten der Erinnerung zu einer neuzeitlichen Phantasmagorie. Nicht die große, weite Welt, sondern die überschaubare »Ortschaft« ist der Spielplatz seiner Erzählungen, ohne daß er deshalb jemals in den Verdacht kleinbürgerlicher Butzenscheibenliteratur gekommen wäre.

Das Welttheater, das Heinrich Böll in seinen Stücken vorführt, ist aus den Brettern Kölns gezimmert. Nicht mehr der weitausholende Atem des Romanciers vergangener Tage, sondern der liebevoll ins Einzelschicksal sich versenkende Schriftsteller gewinnt die Zuneigung der Leser.
Die Nationalliteratur im bürgerlichen Sinn ist ebenso passé wie die Literatur des Klassenkampfes von gestern.
Die industrielle Welt, der Rhythmus der Fließbänder, der Takt der Kolben und Motoren, der kleine und große Aufstiegskampf in den Betrieben bleiben weiterhin ein weißer Flecken auf der literarischen Landkarte. Auch die Kumpelliteratur des Max von der Grün hat dieses unbekannte Land nicht topographiert, sondern mehr Eindruck durch das Pathos sozialen Engagements gemacht, das auch vor den Tabus nicht halt gemacht hat. Der Weg zurück zu Lersch und seinen Epigonen ist versperrt. Der proletische Enthusiasmus der halbmythisch den Pulsschlag der Arbeitswelt zu erfassen suchte, ist verrauscht. Dennoch harrt das graue Einerlei der Industrie eines adäquaten, literarischen Ausdrucks.

Eine neue Politik – oder nur eine neue Sprache?

Freilich, die Politik hat auch nichts dazu beigetragen, Nachfrage nach einer neuen Literatur zu entwickeln. Ihre Sprache lebt noch immer von den Ausdrucksmustern vergangener Zeiten. Der pietistische Duktus der Brandtschen Regierungserklärung mag ein verspätetes Echo auf die »Schmücke Dein Haus-Philosophie« des Kleinbürgers sein. Zwar hat die Moralisierung der Politik gegen den Zynismus eines technokratischen Opportunismus ihre Stimme erhoben, dennoch aber ist noch keine Form gefunden, in der die Probleme der Bürger von heute repräsentiert sind.
Die Distanzierung, die in jeder literarischen Bändigung des Problems durch die Form geschaffen wird, könnte Politik vor Sachblindheit retten. Ironie, Satire, Scherz sind seltener geworden, ohne daß deshalb die Politik an Ernsthaftigkeit gewonnen hätte. Die Eindeutigkeit der direkten Sprache hat oft etwas von der Brutalität eines Dampfhammers an sich. Sie ist ungeeignet, die diffizilen Probleme einer differenzierten Gesellschaft zu lösen. Aber wo ist die Kommunikation zwischen der Sprache der Literatur und der Sprache der Politik? Sie reden aneinander vorbei und fühlen sich durch das Unverständnis des Kontrahenten beiderseitig bestätigt.

Unverständnis des anderen ist Stabilisierung der eigenen Isolierung. Doch Schlagabtausch tritt an die Stelle des Gespräches.
Im eigenen Terrain getroffen, fühlt sich die Politik durch die in Mode gekommenen Dokumentarspiele. Beispiel: Hochhuths »Stellvertreter«. Aber die Diskussion fand nicht über die Literatur statt, sondern über das historische Vorbild des Stückes. Theater war wieder zur moralischen Anstalt geworden, und die Einwürfe des Theaters selbst wurden an seiner historischen Originalität geprüft. Doch die Sprache und die Gestalt des Dokumentartheaters wurde weder bei Hochhuth noch bei Weiß zum Gegenstand der Aussprache. Es war eine politische Diskussion, in der die Literaten bestenfalls die Faktensammlung aufführen und in der die Politiker bestenfalls ihre Thesen aber nicht die Sprache überprüfen konnten.

Die Literatur im Wahlkampf

Es gehört zum modischen Trend etablierter Parteien, Intellektuelle vorführen zu können. Die CDU hatte ihre Schwierigkeiten. Aber der Neid auf die intellektuelle Schickeria sozial-demokratischer Wählerinitiativen war selbst noch in der handfesten Wahlkampfunterstützung unionsfreundlicher Wählerinitiativen nicht zu verheimlichen.
Linksintellektuelle Wahlhelfer haben sich im Wahlkampf 1972 jedoch selbst auf die Schwarzweiß-Politmalerei und eine Scherenschnittagitation eingelassen. Sie stehen jetzt betroffen da, wenn ihre nach dem Muster eines »Präzeptor Germania« vorgetragenen Anweisungen zum Wahlverfahren von der kleinkarierten Prosa der Politik ihrer Götter desavouiert wird.
Es bekommt der Literatur immer schlecht, wenn sie sich einer Partei, und sei es einer linken, an den Hals wirft. Sie gerät ins Schlepptau schneller als ihr lieb ist und findet die Kehrtwendung nicht, wenn es gilt gegen die Fahrtrichtung zu steuern.
Dieses Bedauern über Abhängigkeit läßt sich nicht ummünzen in ein Plädoyer für eine Literatur, die am Ufer steht und sorgfältig darauf achtet, daß sie nicht von den tagespolitischen Spritzern benetzt wird. Aber während der Politiker ständig im Zwang steht, durch taktische Manöver mehrheitsfähig zu bleiben oder gar erst zu werden, können die Intellektuellen ohne Rücksicht auf Koalitions- oder andere Freunde die Sache beim Namen nennen. Sie erfüllen dann einen hilfreichen Dienst, wenn sie die politischen Finessen auf die politischen Alternativen reduzieren. Dazu ist aber eine prinzipielle Koali-

tionsunwilligkeit Bedingung. Anderenfalls geraten sie selber ins Taktieren und werden Bestandteil des politischen Spiels.

Nur eine »vogelfreie« Literatur inspiriert Politik. Politische Literatur ist Unkunst. Die Pausbäckigkeit jenes parteiamtlich verordneten Optimismus, den realistische Literatur kommunistischer oder gar nazistischer Herkunft ausstrahlt, ist nur als Propaganda verkraftbar. Sie dient weder der Sensibilisierung politischer Aufnahmefähigkeit, noch ist sie zur Politisierung von Literatur fähig.

Propaganda ist auf Absatz gerichtet. Politik die nur an »Verkauf« denkt, steht in Gefahr, die Produktion von neuen Lösungen zu unterdrücken. Das Feld der neuen Probleme wird nicht durch die sprachlichen Klischees des Verkaufs artikuliert. Literarische Sprache könnte die Abkürzungen politischer Verkaufsmarotten auflösen und Politik befähigen, Neues aufzunehmen.

Aus »Publik Forum« Mai 1973

An einem Wintermorgen, vor Sonnenaufgang

Gedanken zu einem Gedicht von Eduard Mörike

O flaumenleichte Zeit der dunklen Frühe!
Welch neue Welt bewegest du in mir?
Was ist's, daß ich auf einmal nun in dir
Von sanfter Wollust meines Daseins glühe?

Einem Kristall gleicht meine Seele nun,
Den noch kein falscher Strahl des Lichts getroffen;
Zu fluten scheint mein Geist, er scheint zu ruhn,
Dem Eindruck naher Wunderkräfte offen,
Die aus dem klaren Gürtel blauer Luft
Zuletzt ein Zauberwort vor meine Sinne ruft.

Bei hellen Augen glaub ich doch zu schwanken;
Ich schließe sie, daß nicht der Traum entweiche.
Seh ich hinab in lichte Feenreiche?
Wer hat den bunten Schwarm von Bildern und Gedanken
Zur Pforte meines Herzens hergeladen,
Die glänzend sich in diesem Busen baden,
Goldfarbgen Fischlein gleich im Gartenteiche?

Ich höre bald der Hirtenflöten Klänge,
Wie um die Krippe jener Wundernacht,
Bald weinbekränzter Jugend Lustgesänge;
Wer hat das friedenselige Gedränge
In meine traurigen Wände hergebracht?

Und welch Gefühl entzückter Stärke,
Indem mein Sinn sich frisch zur Ferne lenkt!
Vom ersten Mark des heutgen Tags getränkt,
Fühl ich mir Mut zu jedem frommen Werke.
Die Seele fliegt, so weit der Himmel reicht,

Der Genius jauchzt in mir! Doch sage,
Warum wird jetzt der Blick von Wehmut feucht?
Ist's ein verloren Glück, was mich erweicht?
Ist es ein werdendes, was ich im Herzen trage?
– Hinweg, mein Geist! hier gilt kein Stillestehn:
Es ist ein Augenblick, und alles wird verwehn!

Dort, sieh, am Horizont lüpft sich der Vorhang schon!
Es träumt der Tag, nun sei die Nacht entflohn;
Die Purpurlippe, die geschlossen lag,
Haucht, halbgeöffnet, süße Atemzüge:
Auf einmal blitzt das Aug, und, wie ein Gott, der Tag
Beginnt im Sprung die königlichen Flüge!

Auf der Grenze zwischen Schlafen und Wachsein erwischt uns manchmal jener merkwürdige Zustand, dem wir seine Beunruhigung nehmen, indem wir ihn in den trivialen Vergleich mit der Trunkenheit bringen und ihn »Schlaftrunkenheit« nennen: Bändigung durch Banalisierung.

Schlaftrunkenheit stört unsere Selbstgewißheit, denn anders als im Traum sind bereits die höheren Schichten unseres Bewußtseins beschäftigt, vielleicht nur fetzenhaft, aber immerhin. Und dennoch sind wir nicht Herr der Lage. Deshalb vielleicht verdrängen wir gerne die Erinnerung an diesen Augenblick. Es ist uns nicht lieb, dabei entdeckt zu werden.

Ganz anders Eduard Mörike. Im Niemandsland zwischen Tag und Nacht beschwört die Möglichkeit die Eigentlichkeit des Menschseins. Erstaunlich, wie oft und in wieviel Gedichten Mörike diesen »frühen« Zeitpunkt als unverhüllten Standpunkt des Menschen betrachtet. »Ein Stündlein wohl vor Tag« verrät ein »Schwälblein« betrogene Liebe. In »Liebesvorzeichen« enthüllen im frühen Morgen die Knospen die Blüten und die Liebe im Küssen sich. »In der Frühe« beschreibt Mörike den Übergang vom Zweifel der Nachtgespenster zur Sicherheit der Realität, von der die Morgenglocken künden. Und den »verlassenen Mägdleins« tritt »früh, wann die Hähne krähn«, der treulose Knabe ins Gedächtnis. Alles Gedichte der Morgenstunde.

Es ist nicht der Zauberschein der Nacht oder die Wandlung der Dämmerung, in der sich romantische Sehnsucht ausspricht, sondern der gefährdete Augenblick des Morgens, in welchem existentielle Wahrheit aufblitzt. Abenddämmerung und Nacht sind nähere Nachbarn als Morgen und Tag. Der späten Romantik waren die Begren-

zungen des Glückes geläufiger, als sie dem zeitlosen Allein-sein bekannt sein wollten. »Eingebung«, »Einfall«: das sind die punktuellen Dimensionen, in denen Mörike die wirkliche Wirklichkeit erfaßt. Die Morgenzeit geht abrupter in den Tag über als der Abend in die Nacht. Mörike selbst beschreibt den Sprung am Ende unseres Gedichtes: »Auf einmal blitzt das Aug, und, wie ein Gott, der Tag beginnt im Sprung die königlichen Flüge!« Und dennoch, der Morgen ist nicht Insel im Einerlei der Tageszeit. In ihm versammelt sich der Tag. Das handlungslose Glück, das er verspricht, weist vor- und rückwärts in erlebte Wirklichkeit. »Ist's ein verloren Glück, was mich erweicht? Ist es ein werdendes, was ich im Herzen trage?«
Blende: Wie komme ich dazu, mich an Mörikes »An einem Wintermorgen, vor Sonnenaufgang« zu wagen?
Es war einmal ... auf dem Abstieg vom Kilimandscharo. Drei Tage Aufstieg lagen hinter uns. Nur kurz war das Gipfelglück. Kaum zehn Minuten Aufenthalt. Morgens um sechs Uhr war das Ziel erreicht. Menschenfeindliche Kälte. Abwärtsschreitend verschwand der Mond hinter dem Mavesi, rechts ein Afrika von lautloser Weite. Unter den Füßen knirschte das Geröll. Von Erschöpfung keine Spur, obwohl nur wenige Stunden vorher die Luft zu knapp, die Beine zu schwer waren und die Gedanken zwischen »Aufhören – Hinlegen – egal!« herumhopsten. Das alles lag jetzt wie im Traum weit hinter uns. Im »Vollgefühl der Existenz« höre ich hinter mir im schwäbischen Tonfall Eduard Mörike. »O flaumenleichte Zeit der dunklen Frühe! ...« Ich hatte das Gedicht noch nie gehört und es blieb die » ... flaumenleichte Zeit ...« im Gedächtnis mir nur hängen und » ... von sanfter Wollust meines Daseins glühe? ...«
Es ist mir fast einerlei, was sonst noch im Gedicht steht, weil alles nur Nachklang jener ersten Strophe ist. Gleichsam ihre rationalisierende Übersetzung auf die bekannte Bühne romantischer Lyrik. Einmal noch, später, blitzt jener Funke verdichteter Glücksexistenz ins Bild »entzückender Stärke«.
Lyrik soll nicht paraphrasiert werden. Wie sollte auch das Double der flaumenleichten Zeit genannt werden? Alles Gefühl einer Zeit, welche die Erdklumpen unter den Füßen verloren hat, übertrifft die Hieroglyphen unserer sprachlichen Mitteilung. Und die »sanfte Wollust meines Daseins« kommt in keinem Porno zum Vorschein. Sie kann nicht vermarktet werden und steht selbst nicht zur Verfügung. Die »sanfte Wollust meines Daseins« muß auch etwas anderes sein als wärmelnde Behaglichkeit. Übersetzungen wirken banal, Umschreibungen gehen darüber, der Ausdruck ist »einmalig«.

Mörikes Beschwörung eines morgendlichen Glücksaugenblickes läßt den Hauch ihrer Verzauberung selbst über die Trivialitäten der Zeit ziehen.

Jüngst morgens auf der Autobahn, nach ermüdender langweiliger Fahrt auf längst bekannter Strecke, graute der Morgen belanglos eintönig. Aber indem Mörikes Gedicht mir durch den Kopf schoß, veränderte sich die Welt ...

Freilich ließe sich noch viel Angelesenes und Germanistisches über das Gedicht sagen. Die »dunkle Früh« ist nicht nur »in mir«, sondern das »ergriffene Ich« einmal nun in Dir. Der Augenblick des Glückes tauscht Subjekte aus. Was ist mit diesem Ich, das von sich spricht? »Zu fluten scheint mein Geist, er scheint zu ruhn.« Was nun: fluten oder ruhn? Es ist die Ruhe einer flutenden Einheit, in der die unverwechselbare Identität eines Objektes sich auflöst (oder ausflippt).

Wie dem auch sei, christliche Erinnerung und mythisches Einst zerschmelzen in Mörikscher Seelenmystik. »Ich höre bald der Hirtenflöten Klänge, wie um die Krippe jeder Wundernacht, bald weinbekränzter Jugend Lustgesänge.«

Dem »Schwarm von Bildern und Gedanken« halten nur geschlossene Augen stand, aber nicht wie naturselige Romantik vermutet. Es ist die Überschwemmung von äußeren Eindrücken. Der Andrang kommt von innen. »Bei hellen Augen glaub ich doch zu schwanken; Ich schließe sie, daß nicht der Traum entweiche.« Das eigene Ich wird fremd. Ein »Feenreich«. Es ist nicht das Glück der Einheit mit der Natur, noch das der Vertrautheit mit der eigenen Seele. Die Bilder und Gedanken sind weder heimisch noch heimlig, eher artifizielle Empfindungen als »Goldfarbgen Fischlein gleich im Gartenteiche?«.

Mörikes Naturgedicht schwankt zwischen dem Enthusiasmus der Naturentzückung und Betroffenheit von der Fremdheit des eigenen Ichs. Ihm ist nicht mehr die Geborgenheit der Mutter Natur zu eigen. Die Haarrisse zwischen Ich und Kosmos offenbaren sich. Aber in ihnen kommt auch zum Vorschein »O flaumenleichte Zeit ..., von sanfter Wollust meines Daseins glühe.«

Unveröffentlichtes Manuskript 1980

Arbeit

QUINTESSENZ

»Mache Dir die Erde untertan«, das ist der Inhalt des einzig zeitlos gültigen Arbeitsvertrages. Das ist nicht so erbaulich, wie es klingt, denn der Schöpfungsbericht läßt sich auch als kritisches, politisches Programm zur Humanisierung der Arbeitswelt lesen.
Es ist eine hochnotpeinliche Frage, der alle ausgesetzt sind, die Arbeitsplätze einrichten, ob sich die Arbeiter auf jedem dieser Arbeitsplätze auch als Teilhaber an der Schöpfung Gottes empfinden können. Stumpfsinnig sechstausend Schrauben in einer Schicht anzuziehen, das kann nicht gemeint sein, wenn die Bibel die Arbeiter zu Koproduzenten der Schöpfung machen will.
Wir lassen Arbeit nicht abdrängen auf Verteilungsfragen und einschränken auf die Frage, was mit ihr verdient werden kann. Es kommt nicht darauf an, wieviel gearbeitet wird, sondern auch, wie gearbeitet wird.
Arbeit soll ein Stück genießbarer Freiheit sein. Freiheit darf nicht auf den Feierabend beschränkt werden oder gar zur Freizeit verniedlicht werden. Die ›Hobbyfreiheit‹ ist zu schwach, um mit ihr im Wettkampf der Systeme bestehen zu können.
Wenn sich das Arbeitsleid des Arbeiters in Detroit nicht wesentlich von dem seines Kollegen in Kiew unterscheidet, hat die freie Gesellschaft viel von ihrer alltäglichen Plausibilität verloren.«

Und wann kommt die Moral?

Solidarität ist das Schlüsselwort der Gewerkschaftsbewegung. Ohne Zusammenarbeit wären aus Proletariern nie Arbeitnehmer geworden. Die Diskriminierten waren vor 100 Jahren leicht zu erkennen; im Zweifelsfalle am Hemdkragen. In unserer Wohlstandsgesellschaft von heute gibt es solche einfachen Erkennungszeichen nicht mehr. Dabei haben sich unter dem dünnen Mantel »sozialisierter« Konsumgewohnheiten möglicherweise neue Diskriminierungen versteckt, die mit dem alten Gegensatz von Kapital und Arbeit nur mangelhaft beschrieben werden.

Selbst die Arbeitslosen sind hierzulande nicht mehr im Elend, und die Alten leben zwar nicht in Saus und Braus, aber das Hungertuch ist auch nicht gerade ihre tägliche Tischdecke. Die Arbeitslosigkeit ist nicht mehr wie früher ein materielles Problem. Sie ist Teil eines erbarmungslosen Verdrängungsvorganges.

Die Schwachen werden ausgeschwitzt

Dieser Gesundschrumpfungsprozeß hat in den Betrieben begonnen. Die Schwachen, Kranken und Leistungsgeminderten werden ausgeschwitzt. Die zurückgebliebenen Belegschaften nähern sich der Olympiareife. Wer nicht in die Hochleistungsmannschaften paßt, wird mit Hilfe von Sozialplänen ins Freie befördert. Doch für die nächste Runde bedarf es keiner Sozialpläne mehr, denn die Nachfolger der Schwachen können nicht mehr entlassen werden. Sie bekommen erst gar keine Arbeit.

Unsere Gesellschaft wird sich gewiß bald eine Rechtfertigungsideologie für diese neue Arbeitsteilung zurechtlegen. Schon beginnen die öffentlichen Disqualifizierungen der Arbeitslosen. Der Zweifel an ihrem Arbeitswillen und an ihrer Arbeitsfähigkeit wird systematisch genährt. Der sozial-liberalen Regierung kommt diese Entlastungskampagne gelegen, solange sie nicht gar zu plump betrieben wird. Denn die Pseudo-Moralisierung der Arbeitslosigkeit entschärft das politische Problem. Der neue Zynismus entlarvt sich mit dem Etikett »Bodensatz«, das der Arbeitslosigkeit angehängt wird.

Arbeitsverteilung gibt es nicht umsonst

Kandidaten für die Arbeitslosigkeit sind vornehmlich ungelernte und leistungsschwache Arbeitnehmer. Über die Hälfte der jetzt Arbeitslosen kommt aus diesem Potential. Werden sie von der gewerkschaftlichen Solidarität erreicht? Die Lohnprozente vor dem Komma interessieren schließlich nur jene, die Lohn erhalten, und vom Rationalisierungsschutz haben diejenigen nichts, die sowieso keine Arbeit haben. Wenn die Arbeit knapper wird, bleibt nur die Wahl, den Zugang zu ihr für alle offenzuhalten oder Arbeit nur einem Teil der Arbeitnehmer zu reservieren. Der erste Weg führt über die Arbeitszeitverkürzung, der zweite konserviert die Privilegien der Tüchtigen und programmiert den neuen Klassenkampf zwischen Arbeitsbesitzern und Arbeitslosen. Gute gewerkschaftliche Tarifpolitik hat stets Arbeitsentgelt und Arbeitszeit miteinander verrechnet. Der DGB-Vorsitzende Heinz-Oskar Vetter hat mehrfach darauf aufmerksam gemacht, daß Arbeitszeitverkürzungen nicht umsonst zu haben sind. Doch der Schwall der alten Rhetorik verdeckt bei den Chefs der Industriegewerkschaften neue Einsichten. Die beharrliche Weigerung der Gewerkschaftsfunktionäre zum Umdenken hat einen Grund: Sie leben noch immer in der Illusion, Initiativen für kürzere Arbeitszeiten und jährlich wiederkehrende harte Tarifpokereien seien miteinander zu vereinbaren. Wer so handelt, betreibt Verteilungspolitik, die lediglich darüber entscheidet, wie hoch die Arbeitslosenzahl ist. Im günstigsten Fall müssen die Arbeitsbesitzer über hohe Beiträge zur Arbeitslosenversicherung zurückgeben, was sie durch einen Tarifabschluß oberhalb einer solidarischen Lohnpolitik hereinholten. Wäre Solidarität da nicht vernünftiger? Nur eine Gewerkschaftsbewegung, die mit dem Besitzstandsdenken in den eigenen Reihen aufräumt, kann mit überzeugender moralischer Reputation die Arbeitgeber attackieren.

Aus »Stern«, 24. Mai 1978

Knappe Arbeit – aber für alle

An die Stelle der Fräs- und Schleifmaschinen und der Bohrwerke, die die Motorblöcke bearbeiten, war ein vollautomatisierter Maschinenzug getreten. Sie nannten ihn »Transferstraße«. Am meisten imponierte mir, daß oben jene Transferstraße ihre eigenen Produktionsergebnisse kontrollierte und Fehler automatisch korrigierte. Das war vor über 20 Jahren bei Opel in Rüsselsheim.
An die Stelle der vielen Fräser, Schleifer und Bohrer waren drei Kontrolleure getreten. Sie beobachteten bunte Lämpchen auf einem großen Schaltbrett. Uns fiel auf, daß sie graue Kittel trugen statt des traditionellen »Blauen«. Automatische Selbstkontrolle und Kittel statt »Blauer« – das sind die Erinnerungen, die ich mit der Transferstraße verbinde. Die technische Perfektion imponierte.

Arm in Arm in den Wohlstand

Daß diese Transferstraße aber Arbeitsplätze vernichtet hatte, darüber machten wir uns damals keine Gedanken: Keiner der alten Motorblock-Bearbeiter war arbeitslos geworden. Sie wurden »umgesetzt«, irgendwo im großen Opel-Werk eingesetzt, denn mehr neue Autos verließen das Fließband.
Rationalisierung schloß die Lücke, die zwischen den rapide steigenden Produktionszahlen und der langsamer steigenden Arbeitnehmerzahl klaffte. Die beiden Erfolgsfaktoren der Nachkriegsjahre waren »wirtschaftliches Wachstum« und »technischer Fortschritt«. Arm in Arm – mal zog der eine, mal der andre – führte uns das Paar in die Wohlstandsgesellschaft.
Für die Arbeitsplätze insgesamt bestand keine Gefahr – zumindest so lange nicht, wie der rationalisierte Arbeitsplatzverlust durch verstärktes Wachstum, das neue Arbeitsplätze schuf, wettgemacht wurde. Was aber, wenn plötzlich der technische Fortschritt schneller

vorankommt als das wirtschaftliche Wachstum? Das Ungleichgewicht zwischen technischem Fortschritt und wirtschaftlichem Wachstum ist nur die Pointe des Ungleichgewichts zwischen Produktion und Verbrauch.

Ist das Wachstum schneller als der technische Fortschritt, so muß mehr gearbeitet werden. Übertreffen jedoch die arbeitsplatzsparenden Innovationen das Wachstum, so nimmt die Arbeit ab.

Der neue Klassenkampf, Arbeitslose gegen Arbeitsbesitzer

Weniger Arbeit heißt freilich nicht, daß alle weniger arbeiten müssen. Die Übereinstimmung mit der Nachfrage läßt sich auch dadurch herstellen, daß ein Teil der Arbeitnehmer nicht arbeitet, also arbeitslos ist, während die anderen weiterhin, wie bisher, ihre Arbeit besitzen. Der Verteilungskampf wird dann nicht nur um Einkommen geführt, sondern auch um Arbeit.

Während unsere Altmarxisten noch immer an der Front zwischen Kapital und Arbeit eingegraben liegen, haben sich die neuen Auseinandersetzungen schon längst als Klassenkampf zwischen den Arbeitnehmern etabliert, nämlich zwischen »Arbeitsbesitzern« und »Arbeitslosen«. Und der Nachschub für diesen Krieg rollt: 300 Millionen Arbeitslose in der Dritten Welt, jeder dritte Erwerbsfähige ohne Arbeit; 18 Millionen Arbeitslose in den 23 wichtigsten Industrienationen der Welt; hierzulande über eine Million Mitbürger arbeitslos oder teilarbeitslos durch Kurzarbeit.

Die Verteilung der materiellen Güter läßt sich mit etwas gutem Willen sogar noch bei hoher Arbeitslosigkeit befriedigend lösen. Die »Arbeitsbesitzer« müssen dann eben einen Teil ihres Arbeitsergebnisses mit Hilfe der Arbeitslosenunterstützung und der Entwicklungshilfe für die Dritte Welt an die Arbeitslosen abführen. Das macht gewiß einen sehr sozialen Eindruck. Das Recht auf Arbeit allerdings gerät bei dieser Art von »Versorgungspolitik« in Vergessenheit.

Die Balance zwischen arbeitsplatzsparender Rationalisierung und wirtschaftlichem Wachstum ist mithin ein Kunststück. Nur durch Korrektur auf der einen oder anderen Seite oder auf beiden gleichzeitig kann das Gleichgewicht gehalten werden. Doch leider sind weder Wachstum noch technischer Fortschritt so künstliche Gebilde, daß wir mit ihnen machen können, was wir wollen.

Für eine sanftere Technik

Es ist die Natur des Fortschritts, daß er sich nicht aufhalten läßt. Stoppzeichen für technische Neuerungen mögen Verzögerungen auslösen, zu Umgehungen verleiten – Sperren sind es nicht. Die neuen Lehrmeister des Fortschrittsverzichts sollten sich bei den mittelalterlichen Päpsten die Erfahrungen über die Haltbarkeit von Fortschrittstabus entleihen, um zu lernen, wie brüchig Denkverbote sind. Eine ganz andere Frage ist jedoch, wohin wir unsere innovatorische Phantasie lenken.

Die Rationalisierung hängt am Gängelband der traditionellen Produktivitätsberechnungen. Die Verminderung jener Kosten, die beispielsweise nervenaufreibender Streß verursacht, hat darin keinen Platz. Die Berufskrankheiten, deren Zahl in den letzten Jahren um 40 Prozent gestiegen ist, werden nicht unmittelbar vom Betrieb bezahlt, sondern auf die Sozialversicherung abgewälzt. Und die »Reparatur« der Gesundheit steigert sogar das Sozialprodukt, denn gäbe es weniger Berufskrankheiten, so würden weniger ärztliche Leistungen im Sozialprodukt gezählt.

Die Menschlichkeit einer sanfteren Technik läßt sich mit der herkömmlichen Produktivität nicht messen. Neben der Art der Ermittlung des Sozialprodukts sind es auch die Methoden der Berechnung des Rationalisierungserfolges, die möglicherweise die technische Innovation und das Wachstum auf die falschen Erfolgsbahnen lenken. Das Gleichgewicht zwischen Technik und Wirtschaft ist kein abstraktes Modell. Auf der Schaukel sitzen die Bürger als Arbeitnehmer und Verbraucher. Die Gewohnheiten auf beiden Seiten müssen verändert werden. Das Wachstum kann dabei ebensowenig unter Denkmalschutz gestellt werden wir der technische Fortschritt.

Umverteilung der Arbeit

Wachstum kann uns Erleichterung und Zeitgewinn verschaffen. Allein jedoch schafft es keine Lösung. Denn auch auf dem Wachstumspfad führt kein Weg an der Tatsache vorbei, daß die Arbeit knapper wird. Wir können die Nachfrage mit weniger Arbeitern »erledigen«. Die Industrie produziert heute genauso viel wie vor drei Jahren, nur sie benötigt dazu eine Million Beschäftigte weniger als damals. Die Rationalisierungseffekte werden zukünftig schneller steigen als die Nachfrage.

Wollen wir allerdings mehr Arbeitslose verhindern, so werden wir weniger Arbeit auf mehr Arbeiter verteilen müssen. Schon in den letzten beiden Jahren haben wir in der Bundesrepublik 1,7 Millionen Arbeitsplätze verloren. Die Arbeitslosenstatistik blendet im Blitzlicht der Momentaufnahme den tatsächlichen Verlust an Arbeit ab. Wir haben uns Entlastung geschaffen, indem wir 600000 ausländische Arbeitnehmer entlassen haben. Die Entlassungen jedoch wurden verdeckt, indem wir die Arbeitslosigkeit der Ausländer in deren Heimatländer exportiert haben.
400000 Einheimische gingen früher in Pension, als dies bisher üblich war. Die flexible Altersgrenze half ihnen dabei. Hohe Exportüberschüsse waren eine weitere Hilfe bei dem Versuch, unsere langfristigen Beschäftigungsprobleme zu verdecken. Aber wird sich die Dritte Welt weiter auf diese Weise von uns beglücken lassen? Die Armen wollen Arbeit, keine Kredit-Almosen.
Wenn die Investitionen steigen, sind damit noch nicht gleichermaßen neue Arbeitsplätze geschaffen. Nach Erhebungen des Ifo-Instituts dienen nur 15 Prozent der geplanten Investitionen der Erweiterung. 49 Prozent aber der Rationalisierung und 36 Prozent dem Ersatz alter Anlagen.

Es geht nicht ohne Arbeitszeitverkürzung

Der wirtschaftliche Aufschwung wird neue Arbeitsplätze schaffen und die Rationalisierung alte vernichten. Den Saldo von Gewinn und Verlust schätzen die Experten des Kieler Weltwirtschaftsinstituts für die nächsten zehn Jahre als ein Arbeitsplatzminus von einer halben Million, das Prognos-Institut in Basel von einer Million und der Deutsche Gewerkschaftsbund von zwei Millionen.
Wer allein auf Wachstum seine Hoffnungen setzt, dem werden arbeitsmarktpolitische Enttäuschungen nicht erspart bleiben. Selbst bei einem Wachstum von 4,5 Prozent, so haben Experten der Bundesanstalt für Arbeit errechnet, wird die Arbeitslosigkeit frühestens erst 1990 beseitigt sein. Haben wir so lange Zeit? Und vor allem: Sind 4,5 Prozent Steigerung als langfristiger Durchschnitt machbar? Wenn trotz Wachstum die Arbeit weniger wird, aber für alle da sein soll, führt kein Weg an der Arbeitszeitverkürzung vorbei. Die Verkürzung der Arbeitszeit hat als Spielraum keineswegs nur die Wochenarbeitszeit, sondern ebenso die Jahres- und Lebensarbeitszeit. Eine Verkürzung der wöchentlichen Arbeitszeit um eine Stunde

schafft rein rechnerisch einen neuen Arbeitsvorrat für 650000 Arbeitnehmer; die Verlängerung des Urlaubs um einen Tag oder ein Bildungsurlaub von 14 Tagen, genutzt von zehn Prozent der Arbeitnehmer, einen Arbeitsvorrat für je 100000 Arbeitnehmer. Die Senkung der Altersgrenze um ein Jahr ergäbe ebenfalls 100000 zusätzliche Arbeitsmöglichkeiten. Das Bildungsjahr würde auf Dauer eine beschäftigungspolitische Entlastung von rund 40000 Arbeitsplätzen schaffen.

Bedingungen der Arbeitszeitverkürzung

Mit wachsender Freizeit verändern sich auch die Bedürfnisse. Die Nachfrage nach Dienstleistungen steigt. Im Dienstleistungsbereich selbst jedoch ist der arbeitsplatzsparende Effekt geringer als im warenproduzierenden Gewerbe. In einer Art Rückkoppelungsprozeß würde also der Druck auf Arbeitszeitverkürzung mit wachsender Freizeit geringer. Der Kneipenwirt, der Lehrer, die Krankenschwester lassen sich schwerer »wegrationalisieren« als der Schweißer oder Kranführer.
Die Umsetzung der rechnerischen Entlastung des Arbeitsmarktes durch Arbeitszeitverkürzung in eine tatsächliche Verhinderung von Arbeitslosigkeit gelingt jedoch nur unter zwei Bedingungen. Zum einen muß den Arbeitnehmern das Umsteigen von alten zu neuen Arbeitsplätzen durch Mobilitätshilfen erleichtert werden. Berufliche Bildung, Umschulung und Fortbildung schaffen überhaupt erst die Voraussetzung für Mobilität. Es war deshalb dumm, das Arbeitsförderungsgesetz durch Sparmaßnahmen zu zertrümmern.
Die zweite Bedingung für die Umsetzung von kürzerer Arbeitszeit in mehr Arbeitsplätze ist die Abstimmung von Einkommen und Arbeitszeit. Eine Verkürzung der Wochenarbeitszeit auf 35 Stunden erhöht, grob gerechnet, die Lohnkosten um 12,5 Prozent, eine Woche Urlaubsverlängerung um rund zwei Prozent.

Kosten der Arbeitszeitverkürzung

Der Teil des Sozialproduktes, auf den wir durch Arbeitszeitverkürzung verzichten, steht für die Einkommensverteilung nicht mehr zur Verfügung. Das Sozialprodukt läßt sich nicht zweimal verfüttern. Einkommenspolitik ohne Rücksicht auf Arbeitszeitverkürzung wäre lediglich eine Politik, die über die Höhe der Arbeitslosigkeit entscheidet, an der realen Verteilung des Sozialproduktes jedoch entweder inflationär vorbeigeht, oder die gewohnte Steigerung des Lohnes lediglich einem privilegierten Teil der Arbeitnehmer vorbehält. Doch die »Arbeitsbesitzer« werden ihres lohnpolitischen Egoismus' nicht recht froh werden: Sie müssen nämlich die Arbeitslosen mit Hilfe hoher Beiträge miternähren.

Die Abstimmung der Einkommens- mit der Arbeitszeitpolitik muß nicht zu einem Lohnstopp oder gar zu einem Abbau führen. Allerdings werden die liebgewonnenen Steigerungsraten der Löhne der Vergangenheit angehören. Vielleicht mußte Heinz Oskar Vetter diese Erkenntnis mit Hilfe einer Schocktherapie unter seine Kollegen bringen. Der apparat-übliche Abstimmungsprozeß unter Gewerkschaftsführern hätte vielleicht erst mit einem Antrag auf dem Bundeskongreß 1990 sein Ziel erreicht. Nur, bis dahin sind viele Arbeitslose von heute schon Rentner.

Was kostet also die Arbeitszeitverkürzung? Sie kostet einen Teil des vertrauten Wachstums und einen Teil der gewohnten Lohnsteigerung. Aber auch ohne Arbeitszeitverkürzung werden wir auf diese Teile verzichten müssen. Schrankenloses Wachstum hat sich als Illusion erwiesen. Und die alte Lohnsteigerungsrate muß möglicherweise durch hohe Arbeitslosigkeit bezahlt werden. Arbeitslose kosten Geld! Arbeitszeitverkürzung mutet uns also einen Verzicht auf Dinge zu, die wir auch ohne sie so nicht mehr haben können. Verzicht?

Die Möglichkeiten kombinieren

Unter derVoraussetzung eines jahresdurchschnittlichen Produktivitätszuwachses von 4,4 Prozent und einer Verteilung des Zuwachses zu zwei Drittel auf Einkommen und zu einem Drittel auf Arbeitszeitverkürzung könnte in zehn Jahren die Arbeitszeit auf 35 Stunden oder der Urlaub auf elf Wochen oder das Rentenalter auf 53 Jahre festgesetzt oder die Schulzeit um fünf Jahre verlängert werden. Realistischerweise kann auf keinen dieser Wege ausschließlich gesetzt werden. Viel eher ist eine Kombination der verschiedenen Möglichkeiten, die Arbeitszeit zu reduzieren, sinnvoll.

Die lohnpolitische Zurückhaltung der Arbeitnehmer könnte freilich auch dadurch erleichtert werden, daß neue Formen der Tarifverträge in den Dienst der Verteilungspolitik gestellt werden. Wenn die

Arbeitnehmer an den Investitionen einkommenspolitisch beteiligt werden und sie durch Investiv-Lohn Miteigentümer werden, vermindert sich der Zwang, sich auf der Seite des Konsumlohnes schadlos zu halten.
Ohnehin werden die bekannten Tarifkämpfe um den Teil des volkswirtschaftlichen Ergebnisses, der verbraucht werden kann, immer illusionärer. Inflation und Steuerpolitik manipulieren den realen Wert von Lohnerhöhungen seit geraumer Zeit so, daß die traditionellen Lohnkämpfe zu bloßen Schaukämpfen herunterzukommen drohen. Der Teil des Sozialproduktes, der gar nicht verzehrt werden kann, sondern investiert werden muß, soll für eine neue Tarifpolitik zur Disposition stehen: Investiv-Lohn muß den Konsumlohn ergänzen.

Arbeit auch als Irrenhaus organisierbar

Als Alternative zu einer Politik, die im Dreieck von Wachstum, Produktivität und Arbeitszeitverkürzung handelt, bleiben nur Rettungsaktionen wie Lohnkosten-Zuschüsse und Eingliederungsbeihilfen. Sie sind geeignet, über schwierige konjunkturpolitische Situationen hinwegzuhelfen. Den Arbeitsvorrat jedoch verändern sie nicht um ein Jota. Was durch Lohnkostenzuschüsse bei der Einstellung von Arbeitnehmern ermöglicht wird, kann durch Entlassung an anderer Stelle wettgemacht werden.
Arbeit als ein elementares Freiheitsrecht kann weder sozialversicherungsrechtlich verkauft werden, indem die Arbeitslosen mit einer hohen Unterstützung getröstet werden, noch durch eine Beschäftigungstherapie befriedigt werden, die Arbeit aus dem Zusammenhang der Befriedigung von Bedürfnissen löst und sie auf sinnlose Betätigung reduziert. Ginge es nämlich lediglich um eine Arbeit, bei der weder nach dem Ergebnis noch nach der Art und Weise, wie es zustande kommt, gefragt wird, so empfiehlt sich das Modell einer Beschäftigung, in der eine Kolonne die Straßen aufreißt, damit die nächste sie wieder teeren kann. Der Einfachheit halber ließe sich das Modell in Kreisform anlegen. Es wäre dann lediglich die Aufgabe der Arbeitsmarktpolitik, dafür zu sorgen, daß die Aufreißerkolonne nicht schneller als die Teerkolonne ihr Pensum erledigt. Die Gesellschaft läßt sich auch als allgemeines Irrenhaus organisieren.

Essay im »Spiegel«, 10. Januar 1977

Arbeit ist nicht alles

Den Himmel den Pfaffen und Spatzen zu überlassen, ist ein Ratschlag des 19. Jahrhunderts. Dem Kampfruf folgten viele. Religion war in ihren Augen eine Flucht ins Jenseits, die in ihrer Welt nichts änderte. Und Christen taten zu wenig, um Religion vor diesem Mißverständnis zu schützen, sie sei ein Ausweichen vor dem Unrecht und eine billige Vertröstung auf das bessere Jenseits.
Unter diesem Mißverständnis der christlichen Botschaft haben am meisten die Arbeiter gelitten. Sie fühlten sich von der Kirche im Stich gelassen. Aber der Platz blieb nicht frei, den Christen geräumt hatten. Ein Teil der Arbeitnehmer wandte sich irdischen Heilslehren zu. Der Marxismus wurde für sie zum Kirchenersatz.
Wir können geschichtliches Versagen nicht ausradieren wie einen Schreibfehler auf einem Blatt Papier. Aber ein Katholikentag, der Arbeit und Arbeitnehmer in den Mittelpunkt seines öffentlichen Nachdenkens rückt, ist ein Stück Wiedergutmachung.

Jammern ist kein Signal des Aufbruchs

Wir machen jedoch nichts gut, indem wir Vergangenheit selbstquälerisch wiederkauen. Jammern ist kein Signal zum Aufbruch. Was wir brauchen, ist Bereitschaft, aus Fehlern zu lernen und uns den Anforderungen der Gegenwart zu stellen.
Nächstenliebe ist ein Programm zur Gegenwartsbewältigung. Die Leiden der Gegenwart werden nicht in fernen Zeiten – vor oder hinter uns – geheilt. Es ist ein schwacher Trost, wenn uns Ideologen ein Paradies der Zukunft versprechen, aber als Preis das Opfer der Gegenwart fordern. Das ist nur eine andere Form von Jenseitsflucht, die einst den Christen vorgeworfen wurde. An die Stelle des Jenseits ist vielerorts die Zukunft getreten. Auch sie kann zur Flucht aus der Verantwortung mißbraucht werden.

Laßt uns der Gegenwart treu und dem Nächsten hilfreich bleiben. Der Nächste lebt jetzt.
Niemand ist so wenig wert, als daß sein Glück als Baustein für ein Gebäude vermauert wird, in dem er selbst nicht mehr wohnen wird.
Die Gegenwartstreue, die eine Form der Nächstenliebe ist, darf freilich nicht mit jener behäbigen Spießbürgergesinnung verwechselt werden, deren einziges Interesse an der Zukunft am besten mit dem Satz umschrieben wird: Nach uns die Sintflut. Wir sind für unsere Hinterlassenschaft mitverantwortlich. Ob die Erde in hundert Jahren noch bewohnbar oder ein globaler Schuttabladeplatz ist, wird jetzt mitentschieden. Auch diese Verantwortung für die Zukunft hat ihren praktischen Anknüpfungspunkt in der Gegenwart. Jetzt muß gehandelt werden!

Die Welt zwischen Fettsucht und Schwindsucht

Was ist jetzt mit der Arbeit los? Eine Million Arbeitslose hierzulande, 23 Millionen in den dreißig wichtigsten Industrienationen, 300 Millionen in der Dritten Welt. Was haben Christen dazu zu sagen? Wenn sie schon keine Antworten haben, dann wenigstens ein paar Fragen.
Wie schaffen wir Arbeit für alle? Sind wir schon zufrieden, wenn der Lebensstandard ausreichend ist? Wenn Überleben schon alles ist, dann geht es in der Politik nur um Wohlstand.
Doch selbst der Wohlstand der Industrienationen ist nur eine Insel in einem Meer des Elends. Zwei Drittel der Menschheit hungert. Ein Teil der Welt krankt an Schwindsucht, ein Teil an Fettsucht. Die einen werden vom Über-, die anderen vom Untergewicht bedroht. Der Zustand der Welt ist abnormal. In einem Jahr fordert der Hunger auf der Welt mehr Opfer als der 2. Weltkrieg in 6 Jahren. Armut wird auf Dauer nicht durch Almosen überwunden, sondern nur, wenn sich die Armen durch Arbeit aus der Armut herausarbeiten können.

Die Armen brauchen Arbeit

Es ist verrückt, wenn mit der Entwicklungspolitik Fabriken aufgebaut und mit der Wirtschaftspolitik der Absatz der Fabrikate bei uns ver- oder auch nur behindert wird. Wir müssen uns auf eine internationale Arbeitsteilung einlassen. Das schafft auch Unbequemlichkei-

ten für die einheimischen Arbeitnehmer. Entwicklung schafft nicht nur neue Absatzmärkte, sondern auch neue Konkurrenz. Die Entwicklungsländer brauchen eine Chance im Wettbewerb. Die Armen brauchen Arbeit.
Und noch mal die Frage: Warum Arbeit für alle? Weil die Aufforderung »Macht Euch die Erde untertan« ein Auftrag an alle Menschen ist.
Unter dem biblischen Blickwinkel gibt es nur einen wirklichen Arbeitgeber, und das ist der, der diesen Arbeitsauftrag ausgesprochen hat. Alle anderen sind bestenfalls Filialleiter des Unternehmens: »Schöpfung«, an der alle Kinder Gottes als Mitarbeiter beteiligt sind.

Das Gesicht der Arbeit braucht wieder menschliche Züge

Das Vorbild menschlicher Arbeit ist im Schöpfungsbericht beschrieben. Schöpfung ist Arbeit, und unsere Arbeit ist Mitwirkung an der Schöpfung.
Auch von der Mühsal und dem Schweiß der Anstrengung weiß die Bibel zu berichten. Sie ist auch der mühsame Dienst für die Gemeinschaft.
So erbaulich – wie das alles klingt – ist jedoch der Schöpfungsbericht nicht. Er ist ein Spiegel, welcher der Welt vorgehalten werden muß. Ich bin nicht sicher, ob jeder Arbeitnehmer sich an seinem Arbeitsplatz als Mitarbeiter des Schöpfers und als Teilhaber an der Schöpfung wiedererkennen kann. 6000 Schrauben monoton in einer Schicht angeschraubt, 3000 Druckknöpfe im Acht-Stunden-Akkord angenäht, das kann nicht alles gewesen sein, was mit dem Arbeitsauftrag »Macht Euch die Erde untertan« gemeint war.
Ein christliches Programm der Arbeit geht über eine vordergründige Humanisierung der Arbeit hinaus, die schon zufrieden ist, wenn alle zufrieden sind. Zufriedenheit kann auch das Ergebnis von Manipulation oder Resignation sein. Ein christliches Programm der Arbeit nimmt Maß am Schöpfungsauftrag.

Arbeit ist mehr als Broterwerb

Es kommt nicht allein darauf an, »wieviel« produziert wird und »was« produziert wird, sondern auch, »wie« gearbeitet wird. Die

Steigerung des Sozialprodukts genügt nicht: der Mensch muß wachsen. Der Arbeiter ist nicht der Lückenbüßer für eine Technik, die ihn nur so lange braucht, wie ihr noch nichts Besseres eingefallen ist, oder so lange menschliche Arbeit vorerst noch billiger ist.
Die Sprache verrät unsere geheime Maschinenvergötterung und Menschenverachtung, wenn wir davon reden, daß Arbeiter Maschinen »bedienen«. Das ist nicht die Sprache der Bibel. In ihr ist der Mensch »Herr der Schöpfung« und nicht »Diener der Maschinen«. In dieser biblischen Einsicht liegt die verändernde Kraft christlicher Botschaft.
Arbeit ist mehr als nur Broterwerb. »Durch sein Werk formt der Mensch nämlich nicht nur die Dinge und die Gesellschaft um, sondern vervollkommnet auch sich selbst. Er lernt vieles, übersetzt seine Fähigkeiten, überschreitet sich und wächst über sich empor.« Das ist ein schöner Konzilstext. Aber für viele ist er nicht die Beschreibung einer Arbeitssituation, sondern ein frommer Wunsch. Wir müssen aus diesem Wunsch Praxis machen.

Es gibt keinen Preis für Menschenverschleiß

Es war das Christentum, das der Arbeit den Anschein der Verachtung nahm, den sie im klassischen Altertum hatte. Im alten Athen war nur der ein Vollbürger der Stadt, der sich nicht durch Arbeit schmutzig machte. Das klassische Athen war die Angelegenheit reicher Arbeitsloser. Den Arbeiter ging die Athener Demokratie nichts an. Arbeit war Sklavensache.
Das Christentum dagegen setzt die Arbeit in den Rang eines Gottesauftrags. Der Arbeiter selbst ist Abbild des Schöpfers, der die Erde geschaffen hat. Die Erde verdankt ihr Entstehen nicht einem Zauber, sondern einem göttlichen Schaffensprozeß. Nicht als Rädchen im Getriebe, sondern als Schöpfer ist der Arbeiter im Konstruktionsplan der Schöpfung vorgesehen.
Deshalb dürfen wir uns mit keinem Arbeitsplatz abfinden, der Menschen kaputtmacht.
Kein noch so hoher Gewinn für das Unternehmen und kein noch so hoher Lohn ist ein akzeptabler Preis für Menschenverschleiß.

Das moderne Arbeitsleid

Die Ausbeutung, unter welcher das Proletariat in der Anfangsphase der Industrialisierung litt, hat sich aus unserem Land zurückgezogen. Aber, was wir an Menschenverschleiß durch die Vordertüren der Fabrikhallen herausdrängten, kam mancherorts in neuer Gestalt durch die Hintertür wieder herein und erreichte nicht nur die Schraubstöcke und Werkbänke, sondern auch die Schreibtische und Büroräume. Arbeitsleid hat neue Gesichter. Monotonie, Isolation, Fremdbestimmung sind ihre hervorragenden Kennzeichen.
Immer das gleiche zu tun, Stunden und Tage und Wochen, ein Leben lang, kann dem Menschen jede Initiative abgewöhnen.
Einsamkeit, zum Beispiel durch ohrenbetäubenden Lärm in Fabrikhallen erzwungen, oder durch einen Gehörschutz, welcher die Arbeitnehmer acht Stunden wie in ein Gefängnis der Sprachlosigkeit einsperrt, gewöhnt den Arbeitnehmern die Fähigkeit zum Gespräch ab.
Fremdbestimmung, welche den Arbeitsrhythmus, die Pausen, nicht nur die Arbeitsaufgaben, sondern auch die Art und Weise ihrer Erledigung bis ins kleinste vorschreibt, lähmt den Willen zur Eigenverantwortung. Wir wollen Arbeitsplätze, in denen Abwechslung, Gemeinschaft, Eigen- und Mitverantwortung möglich ist. »Mehr Mensch ist man nicht durch mehr Besitz oder Einkommen, sondern durch mehr Verantwortung.« (Synode)
Herr der Schöpfung, das ist der biblische Titel des Arbeiters. Das ist kein Ehrentitel für den Feierabend, sondern kritischer Maßstab, und dieser Titel steht nicht nur den deutschen Arbeitnehmern zu.

Die Nigger unserer Gesellschaft

Ob sich allerdings unser Kollege aus Anatolien als Herr der Schöpfung empfindet, wenn er mit seinem Köfferchen auf dem Frankfurter Hauptbahnhof ankommt, um in einem fremden Land Arbeit zu suchen? »Gastarbeiter« nennen wir sie, als Gäste werden sie oft nicht behandelt. Oft sind für sie nur jene Arbeitsplätze reserviert, für die sich kein deutscher Arbeitnehmer mehr findet. Was werden unsere Kollegen Achmed, Ali, Mohammed eigentlich denken, wenn ihnen jemand erzählen sollte, in der christlichen Bibel sei vom Menschen als dem Herrn der Schöpfung die Rede? Sie werden diese Bibel für ein Märchenbuch der Christenkinder halten.

Dem ausländischen Arbeitnehmer muß vielmehr die Maschine als Platzanweiser in unserer Gesellschaft erscheinen. Denn nicht die Maschinen kommen zu den Menschen, sondern die Menschen zu den Maschinen.
Unsere ökonomischen, politischen und soziologischen Erklärungen für diesen Vorgang stimmen alle, aber der biblische Erzähler wollte keine neue Volkswirtschaftslehre erfinden, sondern die Botschaft vom Menschen als Ebenbild Gottes verkünden. Und wenn der Volkswirtschaft die Bibel unwirklich erscheint, dann muß nicht die Bibel umgeschrieben, sondern die Wirklichkeit verändert werden. Und die Intelligenz der Fachleute muß uns dabei helfen. Denn wie wir es schaffen, die Welt menschlicher zu machen, dazu sagt die Bibel nichts. Sie ist kein Rezeptbuch, sondern ein Auftragsbuch.
Die Kirche darf die ausländischen Arbeitnehmer nicht allein lassen. Schließlich hat Jesus in Ägypten als Kind eines Gastarbeiters namens Josef gelebt.

Arbeitslos – hoffnungslos

Christen müssen immer unter denen sein, die den Schwächeren helfen und sich schützend vor die stellen, welche an den Rand der Gesellschaft gedrängt werden.
An den Rand gedrängt oder in die Ecke gestellt werden die Arbeitslosen. Neuerdings werden sie auch als Faulenzer beschimpft. Sicher gibt es auch solche unter ihnen. Aber es sind doch nicht plötzlich 1975 aus heiterem Himmel eine Million Mitbürger auf die Idee gekommen, sich vor der Arbeit zu drücken.
Mit der allgemeinen Verdächtigung der Arbeitslosen versuchen sich die »Arbeitsbesitzer« ein Alibi für mangelnde Solidarität zu verschaffen. Denn wenn die Arbeitslosen selbst schuld sind an ihrem Los, dann glauben die anderen, aus der Verantwortung entlassen zu sein. Die Arbeitslosen sollen sich gefälligst selbst helfen.
Was sollen eigentlich die Beschimpfungen, daß nicht jeder Arbeitslose die Arbeit annimmt, die ihm geboten wird? Ich zweifele sehr, ob aus dem gehobenen Stand der Spitzenpositionen, von denen meistens die Klagen gegen arbeitsunwillige Arbeitslose vorgetragen werden, jeder jede Arbeit annähme, wenn er arbeitslos würde. Die Verdächtigungen der Arbeitslosen fügen dem Verlust des Arbeitsplatzes noch den Verlust der allgemeinen Achtung hinzu. Wer in die Isolation gedrängt wird, verliert leicht die Lust an der eigenen

Initiative und richtet sich in der Hoffnungslosigkeit ein. Damit sind die Arbeitslosen dann endgültig abgeschrieben.

Jugendarbeitslosigkeit: Für den Ausschluß programmiert

Eine besondere Investition in Hoffnungslosigkeit ist die Jugendarbeitslosigkeit. Wenn der erste Schritt in den Ernst des Lebens ein Schritt in ein Leben ist, in dem der 15jährige nur verschlossene Türen vorfindet und gar nicht erst gebraucht wird, dann wird die Versuchung groß, aus dieser Gesellschaft auszusteigen.

Sich in der Welt zu bewähren, in ihr Spuren des eigenen Werkes zu hinterlassen, mit anderen und für andere etwas zu leisten, sich selbst sein Geld zu verdienen, ist ein natürliches Verlangen. Wenn es den Jungen verwehrt wird, liegt der Ausweg nahe, sich auf andere Weise bemerkbar zu machen. Die zunehmende Gewalttätigkeit fällt schließlich nicht wie der Regen vom Himmel. Sie wächst auf dem Boden der Sinn- und Ausweglosigkeit.

Arbeit für alle jungen Mitbürger schaffen wir nur, wenn jede Begabung eine Chance erhält. Wieso soll eigentlich die »Kopfarbeit« wertvoller sein als die »Handarbeit«. Viele begreifen die Welt mit der Hand besser als durch abstraktes Denken. Wir brauchen alle, die mit musischen Anlagen und die mit praktischer Begabung. Erst in der Ergänzung aller Fähigkeiten wird die Welt reicher. Es ist der eigentliche Sinn der Solidarität, daß wir durch wechselseitige Ergänzung unsere gemeinsamen Probleme lösen und die Menschheit entfalten.

Solange und je mehr die Schule vornehmlich Transportunternehmer zu den angeblich höheren Bildungsanstalten ist, bleiben die Hauptschüler auf der Strecke. Wer gar den Hauptschulabschluß nicht schafft oder von der Sonderschule kommt, hat einen Startplatz hinter den Tribünen. Den sieht schon niemand mehr. Ein Großteil der jungen Arbeitslosen kommt aus diesem Bereich. Vorschnell werden sie als Leistungsunwillige abgestempelt.

Vielleicht finden sie aber in den vertheoretisierten Schulfabriken nur nicht die Förderung ihrer Leistungsmöglichkeiten und die Herausforderung ihres Leistungswillens.

Brüderlichkeit als soziale Maxime

Wir brauchen für alle Arbeit. Eine Gesellschaft, die nur für die Gesunden und Tüchtigen Arbeit hat, ist eine harte Gesellschaft.
Die Teilhabe an der Arbeit steht allen zu. Wer nur für sich sorgt und sich rücksichtslos sein eigenes Stück aus dem Kuchen schneidet, läßt anderen zu wenig übrig. Das gilt für die Einkommenspolitik ebenso wie für die Arbeitszeit.
Wer Lohn über das Maß des Erträglichen erzwingt, muß über hohe Beiträge zur Arbeitslosenversicherung wieder zurückgeben, was oberhalb einer solidarischen Lohnpolitik liegt.
Wer Überstunden zur Gewohnheit macht, während seine Kollegen null Stunden arbeiten, ist ein Egoist. Es ist auch vernünftiger, der Sechzigjährige erhält, wenn er will, Rente, als sein achtzehnjähriger Enkel Arbeitslosenunterstützung.
Wir müssen über den Schatten alter Gewohnheiten springen. Die Umstellung muß durch Umdenken vorbereitet werden. Die Epoche, die ihre sozialen Probleme vornehmlich durch wirtschaftliches Wachstum löste, neigt sich ihrem Ende zu. Dieses Ende einer Epoche darf nicht das Ende der Freiheit und Menschlichkeit sein. Der Mensch ist nicht erst etwas, wenn er etwas leistet.

Arbeit ist mehr als Erwerbsarbeit

Die Bibel berichtet vom siebten Tage der Schöpfung. An diesem Tage ruhte Gott. Das war keine vom Gewerbeaufsichtsamt vorgeschriebene Arbeitspause, die zum Auftanken neuer Arbeitskraft nötig war. Arbeitsruhe hat nicht erst ihren Sinn in der Auffrischung der Arbeitskraft, und Muße ist mehr als lediglich arbeitsfreie Zeit. »Bete und arbeite!« ist eine alte abendländische Lebensweisheit, in der die Polarität des Lebens zum Ausdruck gebracht wird. Arbeit und Muße sind aufeinander angewiesen wie das Ein- und Ausatmen. Und was von beiden wichtiger ist, läßt sich sowenig beantworten, wie die Frage, ob Sonne oder Regen für das Wachstum des Baumes wichtiger sind. Eine arbeitswütige Welt vergißt sich selber. Kapitalismus und Marxismus sind geistige Verwandte. Für beide erfüllt sich das Leben in der Arbeit. Immer höher, weiter, schneller – das sind die Ziele, die trotz aller Unterschiede beide verfolgen.
Wenn Arbeit jedoch alles wäre, gäbe es keinen Lebenssinn für Behinderte, keinen mehr für Alte und noch keinen für Kinder. Vor

allem jedoch: Arbeit ist nicht nur das, wofür es Lohnsteuerkarten und Einkommensteuererklärungen gibt. Wer nur Erwerbsarbeit für Arbeit hält, hat einen Schrumpfbegriff von Arbeit.
Wenn Anstrengung nur noch um des Geldes willen geschieht, gibt es keine Kunst mehr, keine Amateure, keine Barmherzigkeit, keinen Gesangverein, keine Kirche, keine Liebe und keine Mutter.

Mutterarbeit ist Arbeit für die Gesellschaft

Vielleicht ist die Demontage der Familie auch eine Folge der unbarmherzigen Ausdehnung des Erwerbstriebes. Wenn zum Beispiel nur noch erwerbstätige Frauen die Chance haben, als emanzipiert zu gelten, ist die Mutter und Hausfrau ein Mängelwesen. Wieso aber soll eigentlich in jedem Fall die Mutter, die ihr Kind pflegt, unterdrückt und verkümmert sein, und die Frau, welche 300 Reißverschlüsse in einer Schicht annähen muß, emanzipiert? Ich fürchte, viele Frauen sind nicht aus freien Stücken erwerbstätig, sondern um den Lebensstandard ihrer Familie einigermaßen im Gleichschritt mit dem der kinderlosen Nachbarsfamilie zu halten.
Kinderreichtum ist nämlich in dieser Gesellschaft eine wirtschaftliche Dummheit. Über die Hälfte der sechsköpfigen Familien lebt von einem Einkommen unter dem Sozialhilfesatz. Durch die Brille dieser Zahl erscheint unsere Gesellschaft als eine Organisation der Kinderfeindlichkeit. Vielleicht ist Kinderfeindlichkeit nur ein anderer Ausdruck für Bequemlichkeit und Egoismus.
Die Kinder des Jahres 1978 werden auch die Rentenbeiträge des Jahres 2000 bis möglicherweise 2040 bezahlen. Die Abwertung der Familie und die Diskriminierung der Mutter werden uns alle noch teuer zu stehen kommen. Die Gesellschaft darf nicht allein die Erwerbsarbeit honorieren und das Steuerrecht nicht vornehmlich die Berufstätigen im Blick haben.

Den menschlichen Reichtum der Gesellschaft fördern

Das Defizit an Mütterlichkeit produziert überdies einen Überschuß an Gewalttätigkeit.
Ein Erwerbstrieb, der die Familie verdrängt oder sie bestenfalls noch als Garage akzeptiert, in die man abends einfährt, um morgens frischgetankt ins eigentliche Leben zurückzukehren, befördert uns

auf dem kürzesten Wege in eine Gesellschaft der grauen Mäuse. Liebe, Vertrauen und Treue werden nicht aus Büchern gelernt, sondern erfahren. Familiäre Nestwärme läßt sich nicht durch ideologische Brutkästen ersetzen. Jede Mark, die wir heute für die Familie ausgeben, ist eine doppelt gesparte Mark, die wir sonst morgen für Gefängnisse und Polizei und Nervenärzte abgeben müssen.

Wenn wir die Arbeitszeit verkürzen, dem Kind seine Mutter lassen, dem Alten seinen wohlverdienten Lebensabend, den er nicht ausgepreßt wie eine Zitrone erreicht, dann ist dies keine Mangelverwaltung, sondern ein Zuwachs an menschlichem Reichtum.

Christen wissen nicht alles, vor allem nicht alles besser. Deshalb steht am Beginn eines neuen Versuches, die Kirche in der Arbeitnehmerschaft darzustellen, nicht besserwisserische Belehrung, sondern auch die Bereitschaft zum Zuhören und der Wille zur Solidarität mit allen, die guten Willens sind.

Referat: »Kreuzfest« der Katholischen Kirche Hessens am 10. September 1978 in Frankfurt

Arbeitswelt – Welt für den Menschen?

Die schlesischen Weber zerschlugen ihre Webstühle, weil sie um ihr tägliches Brot fürchteten. 100 Jahre später zertrümmerten die Automobilarbeiter von Lordtown ihr Fließband, weil sie die Langeweile ihrer Arbeit satt hatten. Die Zeiten ändern sich.
Die Proletarier des 19. Jahrhunderts kämpften ums Überleben. Ihre Nachfahren in der Wohlstandsgesellschaft fragen, wie sich's in der Arbeit leben läßt.
»Wie« gearbeitet wird, diese Frage schiebt sich langsam und unmerklich vor das »Was« und »Wieviel« des Wirtschaftens.

Die freien Arbeitnehmer

Die Wirtschaft selbst kann nicht mehr ausschließlich von ihrem herkömmlichen Ziel der Bedürfnisbefriedigung her definiert werden. Und der Arbeiter gibt sich nicht mit einer Freiheit zufrieden, die lediglich die Wahl läßt, sich zwischen verschiedenen Produkten (manchmal auch nur Etiketten) frei zu entscheiden.
Freie Konsumwahl, freie Unternehmer sind notwendige, aber nicht ausreichende Bestandteile einer freiheitlichen Wirtschaftsordnung: Der freie Arbeitnehmer gehört dazu.
Freiheit, die auf den Feierabend verschoben wird, ist eine Freiheit im Hobbyformat. Aber selbst die Feierabend-Freiheit kann sich nicht entfalten, solange die der Arbeitswelt als schicksalhaft fremdbestimmte erfahren wird.

Arbeit und Freizeit

Es hieße, die Schizophrenie als Programm zu verkünden, wenn von dem Arbeiter, der ausgelaugt, abgestumpft das Fabriktor verläßt, erwartet wird, daß er als Initiativbündel und Kreativitätsmotor nach Hause kommt.

Die Arbeit nimmt noch immer einen wesentlichen Teil des bewußt gelebten Lebens in Anspruch. Sie ist noch immer eine Kernzone des Lebens, von der alle Lebensbereiche beeinflußt werden. Die in der Arbeitswelt bevorzugten Verhaltensmuster, die antrainierten Einstellungen setzen sich auch in der Freizeit fort.

Die Behauptung, daß Arbeitswelt und Lebenswelt nicht unverbunden miteinander existieren, die erstere nicht einfach unzugängliche Insel in der zweiten ist, läßt sich auch durch wissenschaftliche Untersuchungen belegen.

Obwohl wir uns hier auf spärlich betretenem Neuland der Freizeitforschung befinden, ist die Wechselwirkung zwischen Arbeit und Freizeit auch wissenschaftlich nicht von der Hand zu weisen. Deutlich zeigen bisherige Ergebnisse die Abhängigkeit unterschiedlicher Aktivitätsrichtungen von der Art der beruflichen Tätigkeit.

Bei stark physisch belasteten Arbeitern läßt sich der enorm hohe Stellenwert der Regeneration feststellen. Die TV-Einschaltquote ist an Werktagen überdurchschnittlich hoch, während sie sich am Wochenende dem allgemeinen Pegel angleicht. Für eine aktive Freizeitgestaltung bleiben am Werktag offensichtlich wenig Reserven. Am Wochenende dagegen nähert sich das Freizeitverhalten dem der übrigen Bevölkerung. Jetzt ist wie bei anderen Berufen bereits am Wochentag eine weniger häusliche Freizeitgestaltung bemerkbar.

Bei psychisch und nervlich belasteten Arbeitnehmern sind dagegen kulturelle Aktivitäten an den Wochentagen stärker ausgeprägt. Auch politische Betätigung findet sich in höherem Maße bei diesen Arbeitnehmern. Die häuslichen Tätigkeiten werden vornehmlich ans Wochenende placiert.

Isolation am Arbeitsplatz findet ebenso ihre Entsprechung durch Kontaktschwächen in der Freizeit, wie Monotonie der Arbeit die Freizeitinitiative schwächt.

Es kann uns also nicht egal sein, wie die Arbeitswelt aussieht, nicht nur ihrer selbst, sondern auch der Freizeitkultur wegen. Wer am Arbeitsplatz nicht Freiheit als ein Mindestmaß an Autonomie, Mitsprache und Mitverantwortung erfährt, wird auch in der politischen Praxis keinen Hunger nach Freiheit entwickeln.

Appetit auf Freiheit

Wir müssen die Lust an der Mitbestimmung, den Geschmack an der Mitverantwortung, den Appetit auf Freiheit in der Arbeitswelt provozieren.
Eine solche Bewegung muß freilich Abschied nehmen von dem Leitbild des homo oeconomicus, wie er sich in den Bilderbüchern des »Uraltkapitalismus« ebenso findet, wie in denen seines ideologischen Milchbruders »Marxismus«.
Der Mensch kann zu keiner Zeit davon absehen, daß er mehr ist als ein Nur-Produzierender. Wer diese Abstraktion verlangt, erzwingt die Amputation des ganzen Menschen.

Zufriedenheit

Ich weiß, daß solche Ansichten als leicht wirklichkeitsfremde Gefühlsduseleien abgetan werden und zum Kronzeugen die Zufriedenheit der Arbeitnehmer aufgerufen wird. Abgesehen davon, daß neue Untersuchungen zu einer derartig pausbäckigen Selbstgewißheit der angeblichen Kenner kaum noch Veranlassung geben (immerhin wollen nach einer Umfrage 40 % nicht bei ihrer jetzigen Tätigkeit bleiben), so muß auch vor einer oberflächlichen Interpretation des Begriffs »Berufszufriedenheit« gewarnt werden.
Die subjektive Zufriedenheit stellt sich häufig bei Licht betrachtet als ein Produkt von Verdrängung, Anpassung, Selbstversicherung, Gewöhnung oder als eine Mischung von alledem heraus.
»Die psychosomatische Erfahrung zeigt deutlich, daß das Glück des Unglücklich- und Unbefriedigtseins sehr leicht verdrängt werden kann ... Die Tendenz, den Mangel an Glücksgefühl und Befriedigung zu verdrängen, wird stark unterstützt durch das weitverbreitete Gefühl, Unzufriedenheit mit dem Leben bedeute, man sei mißraten, ein Sonderling, erfolglos und so fort ...« (E. Fromm)

Sachzwang

Auch der zweite Einwand gegen eine an der Menschenwürde ausgerichtete Arbeitswelt ist durch seine scheinbare Plausibilität verlokkend.
»Arbeit ist eben so, wie sie ist«: Das ist das tautologische Credo einer

blinden Praxis. Wer so argumentiert, verwechselt den Horizont der Möglichkeiten mit dem Brett des Bestehenden vor dem Kopf, dem die Phantasie abhanden gekommen ist. Der Sachzwang wird als eine fixe unabänderliche Kraft verehrt, von der widerstandslos sich treiben zu lassen, als »einsichtig« gilt.

Diese »Sachzwang-Theoretiker« erscheinen meist im strengen Gewande technologischer Erfordernisse oder als besorgte Hüter der wirtschaftlichen Effizienz.

Es ist allerdings so: Technologische Bedingungen und Effizienzerfordernisse können als Einwand gegen Humanisierung der Arbeit nicht einfach vom Tisch gewischt werden.

Eine Wirtschaft, die nichts mehr produziert und eine Technik, die auf die Bäume des Neandertals zurückkehrt, wäre versorgungsunfähig. 3 Milliarden wollen schließlich leben, oder demnächst 6 Milliarden Menschen. Also ein einfaches »Zurück zur Natur« ist ebenso romantisch wie weltfern. Aber wir stehen gar nicht, wie uns die »Schwarzweiß-Techniker« weismachen wollen, vor der Alternative: Alles muß so bleiben, wie es ist, oder Zusammenbruch.

Der technologische Fortschritt ist kein Einbahnweg, er vollzieht sich nicht mit der Zwangsläufigkeit naturgesetzlicher Abläufe. Er ist unser Werk, ein kulturelles Produkt und voller Wahlmöglichkeiten. Wir müssen nicht alles machen, was wir können.

Es war möglich, Menschen auf den Mond zu transportieren. Ein Teil der Investitionen, Intelligenz und Phantasie müßten ausreichen, eine sanftere Technik, eine menschenfreundlichere Maschinenwelt in den Betrieben und Verwaltungen landen zu lassen.

Wirtschaftliche Effizienz

Und was die wirtschaftliche Effizienz anbelangt, so ist die Frage, was wir in ihre Rechnung einbeziehen. Ob etwa auch der Raubbau an der Menschlichkeit oder der Verschleiß der Arbeitskraft als Unkosten verbucht werden.

In einer betriebswirtschaftlichen Gewinn- und Verlustrechnung taucht traditionellerweise der Schaden, der durch Unfall und Frühinvalidität entsteht, als Verlust gar nicht erst auf. Die betriebswirtschaftlichen Erfolge werden auch mit Kosten bezahlt, die auf die Gemeinschaft abgewälzt, von uns allen beglichen werden. Alle zwei Stunden passiert ein Arbeitsunfall und alle 7 Minuten wird ein schwerer Unfall mit Rentenfolge registriert.

Was nutzt uns Sozialpolitik, wenn sie zu spät kommt. Die flexible Altersgrenze selbst ab 50 Jahren ist nichts wert, wenn die Arbeitnehmer mit 40 Jahren schon ausgelaugt sind. Was nutzt eine dreifach hohe Rente, wenn unsere älteren Mitbürger ausgesaugt vom Arbeitsleben nur dem Tod entgegendösen können. Wir können ihnen das Alter dann als wohleingerichteten, wohltemperierten Wartesaal herrichten – bis der Tod sie abholt. Vom Alter als drittem, eigenständigen Lebensabschnitt kann dann allerdings nicht mehr die Rede sein.

Preis der Humanität

Freilich, das ist eine Frage auch an uns alle, auch an die Arbeitnehmer: Was darf uns die Humanität kosten? Auch sie hat ihren Preis. Arbeitnehmer, die auf die Verbesserung ihres Arbeitsplatzes verzichten, weil sie dadurch Schmutzzulage oder Gefahrenprämien verlieren, haben sich genauso entschieden, wie Unternehmer, welchen die Humanisierung zu teuer ist. Dies ist keine moralische Wertung des Arbeitnehmers, denn wer kennt die Zwänge für eine solche Entscheidung? In einer Welt, in welcher der Prestigekonsum gleichsam die Funktion eines Imponiergehabes übernommen hat, ist auch der Arbeitnehmer in Gefahr, für sein Wohlbefinden Gesundheit geringer einzuschätzen als es ihm gut tut. Vielleicht zwingt auch wirkliche Not im Einzelfall zum »Festhalten« an der Gefahrenzulage. Wie auch immer: Die Entscheidung stabilisiert Inhumanität der Arbeit.
Wir befinden uns – so meine ich – in einem Stadium der technisch-wirtschaftlichen Entwicklung, wo wir auch auf mögliche Prozentpunkte der Produktivitätssteigerung verzichten können, zugunsten von menschenfreundlicheren Arbeitsplätzen.
Es ist im übrigen nicht ausgemacht, was langfristig teurer ist, eine agressive, rücksichtslose Technik oder eine sanfte; ein nur auf wirtschaftlichen Ausstoß orientierter Fortschritt wird schon bald an die Grenzen des Wachstums stoßen.
Ich glaube, daß wir einen Punkt in der Entwicklung erreicht haben, der uns erlaubt, auf Produktionsformen zu verzichten, die den Menschen »kaputt« machen, auch wenn sie kurzfristig als wirtschaftlich gelten. Dazu zähle ich – sozusagen als wohl eingeführtes Anschauungsmaterial und Lehrmittel – das Fließband.

Fließband

Seine Einführung charakterisiert ebenso den Geist der Zeit, der es erfand, wie seine Abschaffung das Signal einer neuen Epoche, womöglich eines nachindustriellen Zeitalters ankündigen könnte. Insofern steht das Fließband nur stellvertretend für Formen der Arbeit, die nicht mehr hingenommen werden.
1. Es belastet den Arbeiter einseitig, oft geistig kaum, körperlich nur punktuell.
2. Es läßt mit seinem ständigen Wiederholungszwang den Arbeiter in Monotonie versinken.
3. Es nimmt dem Arbeiter jede Initiative, die Arbeit erscheint zwanghaft, fremdbestimmt.
4. Es erfordert vom Arbeiter keine besonderen Qualifikationen, der Arbeiter wird einem abgerichteten Affen vergleichbar.
5. Es isoliert den Arbeiter und entzieht ihm das Erlebnis von Arbeitsgemeinschaft.
Das sind die hervorragenden Merkmale einer Arbeit, die nicht menschenwürdig ist. Denn zur Humanität der Arbeit zählen
1. erträgliche Belastungsgrenzen,
2. berufliche Qualifikationen,
3. Mindestmaß an Selbstbestimmung,
4. soziale Kontakte,
und weil dies alles fehlt, kann man nur die Hoffnung haben, daß Edgar Faure mit seiner Voraussage recht behält, kommenden Generationen werde die Fließbandarbeit so unverständlich sein wie uns die Sklavenarbeit.
Die untermenschliche Beschäftigung werden wir allerdings nicht einfach wegreglementieren können. Für wirksamer als alle Verbote, die nicht so perfekt sind, als daß sie nicht umgangen werden können, halte ich das Geld. Schlechte Arbeit muß teuer, sehr teuer werden.

Schlechte Arbeit teuer machen

Die Spitzen unserer industriellen Entwicklung verdecken die Fortschrittslücken, die auch dadurch erhalten werden, daß wir noch immer billige Arbeitskräfte für schlechte Arbeit »vorrätig« haben. So bleibt die Rationalisierung teurer als die Erhaltung untermenschlicher Arbeitsplätze. Aber auch hier war die Wirtschaft erfinderisch, in der Herstellung billiger Umwege um den Rationalisierungsdruck.

Wo wir hierzulande keine so dummen Arbeiter mehr finden, die für billiges Geld schlechte Arbeit machen, holen wir uns ausländische Arbeitnehmer. Die nennen wir dann noch großzügig – mit offenbar caritativem Unterton – Gastarbeiter. Auch unsere Gesellschaft hat also ihre Nigger. Der Handabbau im Bergbau ist fest in der Hand der Türken.
Die ausländischen Mitbürger, die bei uns arbeiten, sind ebenso Menschen wie wir. Humanisierung ist keine nationale Spezialaufgabe. Deshalb ist die Einfuhr willig-billiger Arbeitskräfte keine Lösung, sondern Ablenkung vom Desaster untermenschlicher Arbeiten. Der Rationalisierungszwang darf auch durch ausländische Arbeitnehmer nicht von menschenunwürdigen Arbeitsplätzen genommen werden.
Wirksamstes Mittel für die Abschaffung schlechter Arbeit ist Kostendruck. Der Kostendruck beschleunigt die Eliminierung inhumaner Arbeitsplätze.

Automation

Für manche Arten von Fließband bietet sich als akzeptabler Nachfolger die Transferstraße an. Sie ist ein automatisierter Ersatz und befreit den Arbeitnehmer von der Lückenbüßerfunktion, indem sie ihn zum Kontrolleur mit hoher Verantwortung befördert.

Rotation

Die Monotonie der ständigen Wiederkehr gleicher Handgriffe läßt sich auch durch ein System der Rotation auflockern: Die Arbeitnehmer wechseln die Arbeitsplätze. Dieses System bietet den Vorteil, daß der Grad der Abwechslung wächst und die Gefahr allzu einseitiger Belastung gemindert wird. Die Lösung des Monotonieproblems ist es jedoch noch nicht.

Pausenregelung

Der Zwang eines vorgegebenen Arbeitsablaufes, sei es am Fließband oder an der Maschine mit automatisierten Arbeitsanforderungen an den Arbeitnehmer, nimmt auf den natürlichen Rhythmus des Arbeiters keine Rücksicht, sondern arbeitet mit der Unempfindlichkeit eines Getriebes, das den Menschen als Rädchen verwendet. Dieser unnatürliche Zwang sollte dort, wo er noch nicht beseitigt ist, durch eine großzügige Pausenregelung aufgesprengt werden.

»Springer«

Außerdem sollte bei Fließbandarbeit eine ausreichende Anzahl von »Springern« eingeplant werden, die dem Arbeiter das Gefühl nehmen, 8 Stunden lang an seinen Arbeitsplatz wie an eine Galeere gekettet zu sein. »Springer« füllen die Lücken, die entstehen, wenn der Bandarbeiter einmal – aus welchen Gründen auch immer – kurzfristig »ausscheren« muß.

Arbeitszusammenlegung

Neben diesen Erleichterungen sind die Arbeitszusammenlegung und die Arbeitsbereicherung weitere Hilfen, welche die schlimmste Not der Inhumanität lindern.
Die Arbeitszusammenlegung kann wirksam durch die Verlängerung der Taktzeiten eines Arbeitsvorganges vorwärtsgetrieben werden. Es ist ein großer Erfolg der Gewerkschaftsbewegung, daß im baden-württembergischen Lohnrahmentarif II, 1,5 Min. als Taktzeit festgelegt wurden, unter die bei Neueinrichtung von Anlagen der Arbeitsgang nicht absinken darf.

Arbeitsbereicherung

Die Zusammenlegung von Arbeitsvorgängen vermindert zwar das Belastungsproblem, die qualitative Unterforderung wird jedoch allein nur durch die qualitative Arbeitsbereicherung überwunden. Es sollten generell keine Arbeitsplätze mehr akzeptiert werden, bei welchen der Arbeitnehmer nicht ein Mindestmaß an Qualifikation entfalten kann. Der Mensch ist schließlich nicht der Notstopfen der Maschinenwelt, obwohl unsere Sprache mit Ausdrücken wie »eine Maschine bedienen« unsere uneingestandenen Perversionen der Arbeit und die Degradierung des Arbeiters entlarvt.

Gruppenarbeit

Zum modernen Arbeitsleid gehört auch die Einsamkeit isolierter Einzelarbeitsplätze. Aus dem Ghetto einer von außen gelenkten, gleichsam abgeschotteten Einzelarbeit kann nur die Arbeitsgruppe befreien.

Die schwedischen und italienischen Erfahrungen mit der Abkehr vom Fließband und der Rückkehr zur Gruppenarbeit ermuntern zu dieser Heimkehr in alte Arbeitsformen, übrigens auch unter betriebswirtschaftlichen Gesichtspunkten. Der Krankenstand ist bei Volvo in Schweden ebenso gesunken wie bei Fiat in Italien. Arbeitsplatzwechsel und Fehltage sind zurückgegangen.

Selbstorganisation

Aber nicht nur die betriebswirtschaftlich erfreulichen Nebenwirkungen der Humanisierung unterstützen den Trend zu kooperativen Arbeitsformen. Die Arbeitsgruppe kann auch Träger der Selbstorganisation der Arbeit werden. Es ist ein Vorurteil zu meinen, die jeweils Oberen wüßten immer und in jedem Fall alles besser.

Die meisten Betriebe hätten schon bankrott gemacht, wenn sie nur auf Anweisung von oben funktionieren würden. In unvorhergesehenen Fällen des Betriebsablaufes helfen sich die Arbeitnehmer meist selbst, aber leider meist im Halbdunkeln des Nichtvorschriftsmäßigen. Muß dies so bleiben?

Eine moderne, dem Mitbestimmungsbedürfnis der Arbeitnehmer gerecht werdende Arbeitsorganisation wird bei der Gestaltung der Arbeitsplätze auf das Potential von Wissen und Erfahrung zurückgreifen, das oft in langer Berufstätigkeit angesammelt wird.

Fundament der Mitbestimmung

Die Mitbestimmung hat am Arbeitsplatz ihr existentielles Fundament. Solange der Betrieb als fremde, unbeeinflußbare Welt erlebt wird, bleibt Vorrat an Initiative, Kreativität, Verantwortungsfreude, auf den jede Mitbestimmung angewiesen ist, unangezapft, und die Mitbestimmung auf der Unternehmensebene gerät in Gefahr, zu einer praxisfernen Veranstaltung zu werden, die bestenfalls alte Eliten durch neue ersetzt.

Den Mitbestimmungsrechten des Betriebsrates bei der Gestaltung menschengerechter Arbeitsplätze trägt der § 90 f des Betriebsverfassungsgesetzes Rechnung. Arbeitgeber und Betriebsrat sollen danach bei der Neu- und Umgestaltung von Arbeitsplätzen »die gesicherten arbeitswissenschaftlichen Erkenntnisse über die menschengerechte Gestaltung der Arbeit berücksichtigen«. Der Betriebsrat kann angemessene Maßnahmen zur Anwendung, Milderung oder zum Ausgleich der Belastung verlangen. Das ist zweifellos eine Verbesserung der Wirkungsmöglichkeiten des Betriebsrates.
Doch auch die Mitbestimmungsrechte müssen stärker als in der Vergangenheit an die Basis rückgekoppelt werden. Die gewerkschaftseigene Ängstlichkeit vor einer Mitbestimmung, die an die Basis »Arbeitsgruppe« rückgekoppelt ist, läßt sich nur aus verdrängten Besitzstandsgewohnheiten einer sich im erreichten Fortschritt häuslich eingerichteten Funktionärsmentalität erklären. Es würde der Mitbestimmung wie den Gewerkschaften guttun, wenn sie sich stärker den unberechenbaren, emanzipatorischen Impulsen öffnen würden, die freilich, das hat Emanzipation so an sich, weniger von oben abrufbar sind.

»Vorgesetzte«

Müssen »Vorgesetzte« immer einfach den »Untergebenen« vorgesetzt werden? Die Mitbestimmung der Arbeitsgruppe grast nicht auf herkömmlichem Feld. Sie läßt sich, wie das erfolgreiche Beispiel der Hauni-Werke beweist, bis zur Mitwirkung der Betroffenen bei der Bestellung der unmittelbaren »Vorgesetzten« ausdehnen. Von ihnen, den oft kleinen Herrgöttern des Betriebsalltages, hängt das Betriebsklima oft entscheidender ab als von den großen Bossen oder wie sonst immer die Unternehmensführung genannt wird.
Es kann uns nicht egal sein, welcher Ton in Betrieb und Verwaltung herrscht: Die Über- und Unterordnungsverhältnisse in den Betrieben waren nie unbeeinflußt von den gesellschaftlichen Führungsstrukturen, auf die sie selbst immer allerdings auch zurückgewirkt haben.
Betriebliche Führungsformen waren immer synchronisiert mit den allgemeingesellschaftlichen Führungsmustern: Der »allergnädigste Fürst« fand seine Entsprechung im »Betriebspatriarchen«. Industrielle Eroberungsepochen bevorzugten mehr die militärische Befehlsstruktur als die Gesellschaft, von der sie umgeben waren. Der Meister im Betrieb war damals dem Feldwebel vergleichbar.

Eine partnerschaftliche Gesellschaft bedarf des kooperativen Leiters. Wer im Betrieb Führungsverantwortung trägt, steht in doppelten Loyalitätspflichten einerseits gegenüber dem Betriebsganzen – repräsentiert in der Geschäftsleitung – andererseits auch gegenüber denjenigen, denen er »vorgesetzt« ist und die von seiner Verfügungsgewalt betroffen sind. Diese vielfache Verpflichtung muß auch institutionell zum Ausdruck gebracht werden.
Nach der Regelung, die in den Hauni-Werken seit 5 Jahren praktiziert wird, setzt die Geschäftsleitung den Vorgesetzten ein. Nach einer Probezeit des Vorgesetzten hat die Arbeitsgruppe ein Vetorecht. Eine solche institutionelle Regelung dient einer heilsamen Pädagogik, die den unumgänglichen Lernprozeß jedes Vorgesetzten unterstützt, auf zwei Schultern tragen zu müssen, und verhindert so die Verkrümmung einer Vorgesetztenrolle der dem Radfahrer gleicht, der nach oben buckelt und nach unten tritt.
Die Geschäftsleitung ist auf diese Weise zur Vermeidung des Vetos zu einer Personalentscheidung gezwungen, welche die menschlichen Eigenschaften zu einem hervorragenden Kriterium der Personalauswahl macht, und den betroffenen Arbeitnehmern wird eine bislang unbekannte Verantwortung abgefordert.
Solchen Vorstößen in ein unbekanntes Land stehen alte Denkschablonen mit der scheinbar unangreifbaren Erfahrung im Wege, daß es diese Art von Vorgesetztenberufung noch nie gab. Eine solche Überzeugung jedoch, beispielsweise zum Muster der technischen Entwicklung gemacht, würde uns heute noch mit der Steinaxt im Neanderland herumlaufen lassen.
»Verbesserung» lebt von »Neuigkeit«. Und auch das Zusammenleben ist verbesserungsfähig. Das Experiment muß auch als Stimulans der Entwicklung der menschlichen Beziehungen systematisch eingesetzt werden.

Arbeitszeit

Auf der Suche nach neuen Chancen erlebbarer Freiheit in der Arbeitswelt bleibt auch die Arbeitszeit nicht unangetastet. Der Spielraum der Arbeitszeitgestaltungen ist wahrscheinlich größer, als wir – durch Gewohnheit erlahmt – annehmen.
Die flexible Arbeitszeit kommt den individuellen Bedürfnissen, dem unterschiedlichen Lebensrhythmus mehr entgegen als die übliche starre Arbeitszeit. Im Rahmen der gleitenden Arbeitszeit sind zwar

Kernzonen der Pflichtanwesenheit angegeben, jedoch innerhalb einer vorgeschriebenen Bandbreite sind Beginn und Ende der Arbeitszeit der Verfügung des Arbeitnehmers überlassen.
Die zur variablen Arbeitszeit weiterentwickelte gleitende Arbeitszeit verzichtet auch auf die Kernzone und überläßt während einer wöchentlichen oder gar monatlichen Sollzeit dem Arbeitnehmer völlig, wie er seine Arbeitszeit festlegt. Freilich, nicht überall läßt sich diese Arbeitszeitregelung kopieren. Aber ihre Anwendungsmöglichkeiten sind bei weitem nicht erschöpft.
Die flexible Arbeitszeit kann auch ein Beitrag zur Entkrampfung städtischer Ballungsgebiete sein, die durch die Gleichzeitigkeit des Berufsverkehrs in starke raumordnerische Verlegenheit geraten sind.
Das Element einer neuen, spielerischen Arbeitszeitverteilung kann auch durch die Vermehrung von Teilzeitarbeitsplätzen gestärkt werden, und zwar nicht nur, wie vorschnell eingerastet wird, für Frauen.
Warum sollte es eigentlich nicht möglich sein, daß Arbeitnehmer, denen es Spaß macht, mehrere Arbeitsplätze haben und womöglich zwischen sehr unterschiedlichen speziellen beruflichen Anforderungen wechseln.
Warum kann ein Busfahrer nicht auch Krankenpfleger sein im Rahmen zweier Teilzeitarbeitsverhältnisse und die Büroangestellte auch Verkäuferin und der Gießereiarbeiter auch Gärtner. Die Arbeitswelt muß nicht so stur bleiben, wie unsere Großväter meinten
Doch bevor wir unsere Ausflüge zu den schöneren Möglichkeiten der Zukunft unternehmen, sollten wir den dunkleren Zonen der Arbeitszeit noch einige Aufmerksamkeit schenken.

Nacht- und Schichtarbeit

3,5 Mio. Arbeitnehmer gehören hierzulande zu den Nacht- und Schichtarbeitern. Sie gehören damit zu einer neuen kulturellen Randgruppe. Unser weites Bildungssystem nimmt auf sie so gut wie keine Rücksicht. Aus dem Vereinsleben sind sie ausgeschlossen oder zumindest stark behindert, mit einem Wort: von sozialem Ausschluß bedroht.
Aber nicht nur Desintegration ist durch Schichtarbeit ausgelöst. Der Nachtarbeiter findet am Tag nicht den für die Gesundheit unerlässlichen Tiefschlaf. Die ständige Umstellung des Schichtarbeiters bringt den Lebensrhythmus außer Gleichgewicht und schadet seiner Gesundheit.

Deshalb muß der Schutz dieser Arbeitnehmergruppe ausgebaut werden. Die Zahl der jährlichen Wechselschichten sollte begrenzt werden. Der Urlaub müßte verlängert werden. Die Verschiebung des jetzigen gängigen Rhythmus der Schichtarbeit – von 6 bis 14 Uhr, 14 bis 22 Uhr und von 22 bis 6 Uhr – um 2 Stunden würde wenigstens den zur Frühschicht fahrenden Vater mit den normalen Lebensgewohnheiten seiner Familie in Übereinstimmung bringen. Das Frühstück ließe sich gemeinsam einnehmen.
Humanisierungsstrategien können nur zielgerichtet wirksam werden. Guter Wille allein genügt ebensowenig wie ein blinder Aktionismus. Andererseits wird jede Politik der Verbesserung nicht in eine ferne Zukunft auswandern, welche die Gegenwart unverändert zurückläßt. Jede große Reise beginnt mit dem ersten Schritt.

Ältere Arbeitnehmer

Zu den akuten Maßnahmen gehören Hilfen für den älteren Arbeitnehmer. Das Arbeitsförderungsgesetz aus dem Jahre 1969 bietet mit Umschulungs-, Fortbildungs- und Eingliederungsbeihilfen eine erste wichtige Grundlage zur sozialen Absicherung der Mobilität, welche die technischen Neuerungen den Arbeitnehmern abverlangen. Hinzu kommt für ältere Arbeitnehmer ein mancherorts tarifvertraglich verschärfter Kündigungsschutz.
Die Ver- und Gebote sind hilfreich, sie sollten jedoch unterstützt werden durch eine neue Einstellung gegenüber unseren älteren Mitbürgern. Eigentlich handelt es sich nicht um eine neue Einstellung, sondern viel eher um die Renovation einer alten Handwerkergesinnung. Der »Alte« war dort der Erfahrene, derjenige, welcher den größten Vorrat an Berufswissen und Erfahrung angesammelt hatte. Eine Wirtschaft, deren Dynamik ständig Neuerungen produziert, verschließt die Berufserfahrung zu einer Erinnerung daran, wie man es früher machte, ohne daß dies bei neuen Produktionsbedingungen noch einen Wert hat. In diesem Wertverfall des Gestrigen erlitt der ältere Arbeitnehmer auch einen Ansehensverlust und eine Statusminderung, die ihn schließlich auch sozial gefährden wird. Müssen wir uns damit abfinden?
Solange die Arbeitnehmer nur Zubehör und Ersatzteil der technischen Ausstattung der Produktion sind, ist die Gefahr groß, daß sie mit den Maschinen veralten, abgeschrieben und schließlich verschrottet werden.

Ein neuer Betriebsstil wird dem humanen Potential der Arbeit eine neue Position einräumen müssen. Der ältere Arbeitnehmer und seine menschlichen Erfahrungen könnten jener aggressiven Hektik des wirtschaftlichen Wandelns einen humanen Dämpfer aufsetzen. Dies setzt freilich eine Gesinnungsreform, einen Wetterumschlag des vielerorts herrschenden Betriebsklimas voraus. Das wäre eine Rückkehr zu einer Handwerkergesinnung, in der allerdings die Wertschätzung des »Alten« nicht mehr so sehr auf der Fülle verwertbarer beruflicher Kenntnisse und Fertigkeiten beruht als auf menschlichen Qualitäten, die dem Alter adäquat sind und einer neuen Industriementalität entsprechen.

Gesinnung, Betriebsklima – das alles sind sehr sensible, zerbrechliche Wesen. Es ist gut, sie in der rauhen Wirtschaft durch materielle »Denkhilfen« zu unterstützen. Fürs erste scheinen mir dabei Anreize besser zu wirken als das grobe Geschütz Strafe.

Die Anreize sollten die Beschäftigung älterer Arbeitnehmer materiell reizvoller machen. Mein Fraktionskollege Elmar Pieroth hat beispielsweise vorgeschlagen, den Sozialversicherungsbeitrag am Lebensalter orientiert degressiv zu gestalten. Da auf diese Weise auch der Arbeitgeberanteil sinkt, entsteht ein wirtschaftlicher Vorteil durch Beschäftigung älterer Arbeitnehmer. Ich halte diesen Vorschlag nicht nur für reizvoll in der Diskussion, sondern auch für im Interesse der Arbeitgeber. Und warum sollten neue Einstellungen nicht auch den Umweg über materielle Brücken nehmen?

Freiheit – Brüderlichkeit – Partnerschaft

Alle diese Vorschläge sind Detail eines neuen Konzeptes erlebbarer Freiheit. Nicht die Freiheit nach Feierabend und auch nicht die Freiheit weniger ist gemeint, wenn Christen sich an der großen Befreiungsbewegung beteiligen. Deshalb ist Freiheit auf jene Spiritualität angewiesen, die in der Brüderlichkeit sichtbar wird.

Freiheit, die auf Privilegien beruht, ist eine Beschränkung der Freiheit derjenigen, die diese Privilegien nicht besitzen. Freiheit und Brüderlichkeit stehen deshalb in einem unauflösbaren Bedingungsverhältnis. Und die Partnerschaft ist die Umsetzung dieser Prinzipien in ein gesellschaftspolitisches Ordnungsmodell.

Wenn wir von Partnerschaft reden, dann ist damit das gesellschaftspolitische Gesicht der Brüderlichkeit gemeint und zwar eine Brüderlichkeit, die nicht kollektivistisch informiert, sondern den Reichtum der menschlichen Person in einer Vielfalt von Lebensmöglichkeiten offenbart.

Eine Gesellschaft, in der jeder jedermanns Partner ist, hält gleichweiten Abstand zur individualistischen wie zur kollektivistischen Vereinseitigung des Menschen.

Im partnerschaftlichen Ordnungsmodell bleibt der Mensch als Partner unverwechselbarer Einzelner und existiert dennoch nur in sozialen Beziehungen, die ihn als Partner anderer konstituieren, wie er zur sozialen Existenzbedingung anderer gehört.

Partnerschaft ist also nicht der sentimentale Schaum über den Ungerechtigkeiten dieser Welt, sondern Leitbild einer Gesellschaft, in dem sich nicht der Zustand unserer Gesellschaft, aber unsere Wünsche widergespiegelt finden. Warum eigentlich sollten Christen nicht mit von der Partie sein, die Welt ihren Idealen etwas näher zu bringen?

Es erscheint mir eine oft unausgesprochene Häresie weit verbreitet zu sein, die nicht weniger gefährlich ist als die Irrlehre von der absoluten Vollendbarkeit der Welt. Ich meine jene Hoffnungslosigkeit, aus welcher die Resignation entspringt, die Welt bleibe so wie sie ist. Diese Jammer- und Tränentalphilosophie ist unchristlich. Die Welt ist verbesserungsbedürftig und verbesserungsfähig.

Referat: Deutscher Katholikentag,
Mönchengladbach 13. September 1974

Kaputt ins Alter?

Das Leben ist noch immer nach kollektiven Mustern geordnet: Kindheit – Schulzeit – Arbeit – Lebensabend. Diese Lebensabschnitte sind in feste Zeitgrenzen gezwängt. Im 6. Lebensjahr beginnt die Schulzeit. Mit 15 Jahren geht es in die Lehre. Ähnlich ist der Tag geordnet. Die Schulglocke klingelt um acht Uhr. Die Arbeitskolonnen quälen sich zur gleichen Zeit durch verstopfte Straßen zum Arbeitsplatz und kehren ebenso kollektiv zurück.
Als eigentliches Leben zählt vor allem das Arbeitsleben. In der Regel beginnt es mit der Lehre und endet mit der Pensionierung. Für einen Teil der Jugendlichen liegt der Anfang etwas später als für die anderen. Aber ihr Kampf um den Studienplatz ist bereits kein Spiel mehr. Es geht ums Überleben in der Karrieregesellschaft. Und wenn dann 40 Jahre später die Rente gezahlt wird, fragt sich mancher: Das kann doch nicht alles gewesen sein?

Das Arbeitsmaß selbst bestimmen

Das Kolonnendenken, dem die starren Muster unserer Lebenszeitordnung folgen, ist allerdings nicht so selbstverständlich wie es uns die Gewohnheit einzureden versucht. Die Disziplinierung des Lebens durch fixe Zeitkontingente ist jüngeren Datums. Im Vergleich zu den langen Zeiten, in denen sie unbekannt waren, sind die letzten zweihundert Jahre der Zeitdisziplinierung nur ein Bruchteil der menschlichen Geschichte.
Vor dieser Zeit folgte die Lebenseinteilung mehr einem natürlichen Rhythmus. Tempoveränderungen waren durch die biologische Uhr bestimmt. Die Natur teilte auch die Arbeit des Jahres ein. Im Sommer wurde mehr und länger gearbeitet als im Winter. Auch die Lebensarbeitszeit verlief parallel den natürlichen Bedürfnissen des Menschen. Die höchste Beanspruchung lag im Zenit des Lebens.

Aber schon die Bewertung »höchste Beanspruchung« ist nur vom Blickwinkel des Industriezeitalters möglich. Beanspruchung war nicht vornehmlich eine Frage körperlicher Fitneß. Die Ratschläge der Alten standen in hohem Ansehen der mittelalterlichen Gesellschaft. Die Veränderung der Beanspruchung verlief also nicht wie die Lebenskurve. Im Wissensschatz der Alten kulminierten die Erfahrungen des Lebens. Aber was gilt das Wissen eines 60jährigen Arbeiters heute?

Was er als 15jähriger gelernt hat, ist längst überholt. Seine Erfahrungen sind nicht mehr gefragt. Wie aber schaffen wir eine Nachfrage, welche die besonderen Fähigkeiten der älteren Arbeitnehmer nutzt? Mit der weiteren Verkürzung der Arbeitszeit wandeln sich auch die Bedürfnisse. In der Freizeitgesellschaft wächst die Nachfrage nach Dienstleistung. Im Bereich der mitmenschlichen Dienste könnte der ältere Arbeitnehmer wieder eine neue Chance und Wertschätzung erhalten. Freilich bedarf es dazu auch eines veränderten Bildungssystems. Es genügt nicht die spezialisierte Vorbereitung auf einen Lebensberuf. Die Fähigkeit zur Umstellung ist gefragt. Nur so können die wechselnden Anforderungen den sich ändernden Eignungen in den verschiedenen Lebensabschnitten angepaßt werden.

Die Beherrschung des Lebens durch fixierte Arbeitszeit ist moderner Natur. Der Kampf um den 8-Stunden-Tag war nur innerhalb der industriellen Zeitordnung möglich. Zwar gab es im Mittelalter keine Gewerbeaufsicht und keinen Arbeiterschutz, aber das Leben war im allgemeinen viel weniger unter der Despotie eines alles einebnenden Arbeitsbegriffes als heute.

»Bet' und arbeit'« war der Wahlspruch einer benediktinischen Kultur, welche die abendländische Zivilisation mitprägte. Niemand wäre im Mittelalter auf die Idee gekommen, die Arbeitsleistung aus dem Zusammenhang der Bedürfnisbefriedigung zu lösen und sie zum Selbstzweck zu erheben. Arbeit war eine unter vielen Lebenspflichten. Zählt man die kirchlichen Fest-, Fast- und anderen Tage geminderter Arbeitsleistung zusammen, so haben die mittelalterlichen Arbeiter – wie Prof. Scheuch nachgewiesen hat – nicht mehr gearbeitet als die Arbeiter am Ausgang des Zweiten Weltkrieges.

Aber was hat dies alles mit der Lage der älteren Arbeitnehmer zu tun? Der historische Vergleich entzaubert die angeblichen Selbstverständlichkeiten unserer Arbeitsordnung.

■ Die Übergänge zwischen Jugend-, Erwachsenem- und Altersleben waren nicht immer so abrupt wie heute.

- Die Arbeitsleistung war nicht immer so zentriert auf die Phase körperlicher Fitness.
- Die Arbeit nahm nicht schon immer jenes alles verschlingende Prestige in Anspruch, welches die Leistungsgesellschaften charakterisiert.

Kann das industrielle Zeitalter nicht dadurch entkrampft werden, daß wir uns – konservativ im besten Sinne des Wortes – auf Lebenserfahrungen früherer Zeiten zurückbesinnen? Es führt zwar kein Weg zurück zur Natur. Aber die Verkünstlichung des Lebens darf nicht weitergetrieben werden.

Nicht von Volldampf auf Null

Die heutige Arbeitsorganisation ist nicht so unausweichlich, wie sie sich gibt. Menschliche Intelligenz war fähig, Raketen zum Mond zu transportieren. Wenn wir nur einen Teil der technologischen Anstrengungen für humane Arbeitsplätze investieren, könnte die Arbeit wieder »natürlicher« werden.
Warum muß der 64jährige bis zum letzten Tag seiner Lebensarbeitspflicht acht Stunden täglich arbeiten und dann am nächsten Tag null? Sein Vorgänger in der agrarischen Gesellschaft bevorzugte gleitenden Übergang, und seine Zeitgenossen im Topmanagement scheiden auch heute noch nicht gleichsam mit dem Kopfsprung aus dem Arbeitsleben.
Der Großvater übergab früher nur nach und nach dem Sohn das Heft, so wie der Enkel erst allmählich den Übergang in den Ernst des Lebens schaffte. Und Topmanager stehen meistens auch nicht vor der Arbeitsalternative »Alles oder nichts«. Sie wechseln in vielen Fällen zunächst vom Vorstand in den Aufsichtsrat, bevor sie sich ganz aus dem Betrieb zurückziehen. Spitzenkräfte werden in der Regel nicht über Nacht »abgeschrieben«. Nur der gewöhnliche Arbeiter malocht bis zum 31. März mit voller Kraft, und am 1. April wird er nicht mehr gebraucht.
Der Altersschock bezieht seine stärksten Impulse aus der erzwungenen abrupten Veränderung von Lebensgewohnheiten. Altersspezifische Arbeitsverkürzungen würden an Stelle einer Pensionierung, die wie eine kalte Dusche wirkt, einen temperierten Übergang von der Erwerbsarbeit in die Pensionierung schaffen.
Der Lohnausgleich zwischen der Normalarbeitszeit und der verkürz-

ten Altersarbeitszeit müßte allerdings überbetrieblich organisiert werden. Denn sonst wären die alten Arbeitnehmer die teuersten und deshalb die bevorzugten Entlassungskandidaten.

Flexibel ins Alter gleiten

Die perfekte Arbeitsteilung hat den physischen Verschleiß auf bestimmte Arbeitnehmergruppen konzentriert. Wer 40 Jahre am Fließband gearbeitet hat, ist mit 60 Jahren fertig. Wer dagegen 40 Jahre in der Entwicklungsabteilung seiner kreativen Phantasie freien Lauf lassen konnte, legt möglicherweise noch gern ein paar Jahre Arbeit jenseits allgemeiner Altersgrenzen zu.
Die flexible Altersgrenze kann unterschiedlichen Arbeitsbedürfnissen besser Rechnung tragen. Braucht denn der 60jährige unbedingt die Bescheinigung des Amtsarztes, wenn er sich kaputt fühlt? Laßt ihn sich doch in Ruhe zur Ruhe setzen! Vielleicht findet er so noch rechtzeitig Anschluß an eine sinnvolle häusliche Aufgabe. Wenn er zu spät ausscheidet, erreicht er möglicherweise den Lebensabend nur noch als Wrack. Ausgelaugte Arbeitnehmer werden gleichsam auf dem Abholplatz des Todes abgestellt, und auch eine hohe Rente verändert dieses Schicksal nicht. Sie temperiert nur den Wartesaal der Alten. Arbeit war und ist eine wichtige Chance zur Selbstverwirklichung. Diese Selbstverwirklichung durch Arbeit kann allerdings nicht auf die Arbeit zum Broterwerb beschränkt bleiben. Mutterarbeit beispielsweise ist eine gesellschaftlich nicht ersetzbare Arbeitsleistung, obwohl sie, anders als die Erwerbsarbeit, auf dem Arbeitsmarkt nicht entlohnt wird. Wenn die Lebenszufriedenheit allein von der Erwerbsarbeit gefüttert wird, verdrängen wir ganze Lebensabschnitte an den Rand, und die Bewohner dieser Abschnitte werden Randgruppen. Eine solche Gesellschaft ist so alten- wie kinderfeindlich. Ihr schlechtes Gewissen beruhigt sie durch materielle Wohltaten. Aber in den eigentlichen Zentren des Lebens hat sie weder Platz zum Spielen der Kinder noch zum Wohnen der Alten.

Erst bei Asbach Uralt taucht der Opa auf

Schon heute gibt es in Amerika altersspezifische »Sonnenstätten«, deren Idylle durch keine Aufregung beunruhigt wird. Die Alten sind unter sich: Kein Kindergeschrei stört sie, keine aufregende Nachricht

findet in den »Altenzeitungen« Platz. In ihrer Lebensferne erinnert das so produzierte Glück allerdings mehr an den Schutz, den auch die Quarantäne bietet.
Die Prototypen der Bewunderung in unserer Gesellschaft sind offenbar – wie das Werbefernsehen uns allabendlich vorführt – jung, gesund, tüchtig und dynamisch. Bestenfalls bei »Asbach Uralt« taucht der Opa auf.
Die Gesellschaft der Gesunden und jungen Tüchtigen zeichnet sich durch eine Härte aus, denen die Alten nicht mehr gewachsen sind. Die Tüchtigkeit der Alten ist von anderer Art als die der Jungen.
Die Alten bedürfen nicht nur der menschlichen Zuwendungen, sie selbst können auch ihren Beitrag leisten, die Defizite an Sympathie in unserer Zivilisation zu decken. Die Jungen bedürfen auch der Zuwendung der Alten.
Mitmenschlichkeit besänftigt die Gesellschaft. Die harte Gesellschaft ist der Boden, auf dem die Aggressionen wachsen. Wo Menschen keine Spuren hinterlassen, versuchen sie gewalttätig Eindruck zu machen. Das Verhältnis zu den Alten ist das Thermometer für das soziale Klima.
Aufs Alter vorbereitet werden müssen die Jungen. Das Altern muß offenbar gelernt werden. Die starre Arbeitsorganisation ist ein Lernhindernis. Die Arbeit darf nicht gegen das Leben abgeschottet werden.
Die Wegscheide der Zukunft liegt wahrscheinlich nicht auf der Frontlinie des 19. Jahrhunderts. Wir müssen uns entscheiden zwischen einer uniformierten Gesellschaft, welche die Schmerzen der Monotonie vielleicht mit hoher materieller Versorgung chloroformiert, und einer bunten Gesellschaft, die ein Maximum an Wahlmöglichkeiten zwischen verschiedenen Lebensformen eröffnet.
Die total verwaltete Welt braucht einförmiges Material. Die freiheitliche Gesellschaft dagegen lebt von der Vielfalt.

Aus »Welt der Arbeit« 12. Januar 1978

Mach mal Pause

Muß eigentlich alles in der Gesellschaft stur und schematisch festgelegt werden? Noch immer ist die Arbeitszeit der meisten Mitbürger nach fast militärischen Mustern organisiert. Frühmorgens marschiert die Kolonne geschlossen in den Betrieb und abends im Gleichschritt wieder heraus. Kein Wunder, wenn mit »Rush-Hour« die Vorstellung von »verstopften Straßen« verbunden ist. Dabei bietet der technische Fortschritt mehr Chancen für Alternativen als die Anhänger des vermeintlichen Sachzwanges behaupten. Verbesserungen der Lebensweise müssen sich doch nicht allein in Mark und Pfennig ausdrücken. Wenn technischer Fortschritt in das Leben mehr Wahlmöglichkeiten bringt, ist das auch ein Fortschritt: Ein Fortschritt in Sachen Freiheit.
Variation ist auch bei der Festlegung der Wochenarbeitszeit nötig. Samstags sind die Schwimmbäder überfüllt, montags dagegen stehen sie leer. Bei einer weiteren Verkürzung der Wochenarbeitszeit werden wir die freien Tage besser über die Woche verteilen müssen. Die Zeit, in der der Betrieb läuft, muß nicht identisch sein mit der individuellen Arbeitszeit. Der Sonntag allerdings sollte auch in Zukunft der gemeinsame Festtag bleiben.
Über Jahrhunderte verlief der Übergang zwischen den Lebensphasen reibungslos und gleitend. Der Großvater auf dem Bauernhof wurde nicht mit einem Ruck in den Ruhestand gestoßen. Schritt für Schritt zog er sich von seiner Arbeitsaufgabe zurück, so wie sein Enkel allmählich in die Lebensaufgabe hineinwuchs. Erst das Industriezeitalter trennte die Lebensphasen abrupt. Der 15jährige landet heute mit einem Kopfsprung in der Welt der Erwachsenen: eben noch die Schulbank – morgen Werkbank. Der 65jährige erlebt die Pensionierung wie ein Fallbeil: bis zum letzten Arbeitstag volle Stundenzahl – am nächsten Tag null Stunden.
Der Lebensrhythmus ist nicht so eintönig wie die Muster der Arbeitszeitverteilung. Warum sollte man nicht mitten im Erwerbsleben

Pause machen können? Wenn der jährliche Urlaub anwächst, warum sollte man nicht einen Teil zurücklegen können und die so gesparten Urlaubstage dann für einen längeren Urlaub »ausgeben«.
So selbstverständlich, wie sie oft hingestellt werden, müssen die alten Arbeitszeitmuster nicht sein. Oder ist es unvermeidlich, daß alle Bildung in das erste Lebensdrittel gezwängt wird? Manche jungen Leute studieren (und frustrieren dabei) bis ins 30. Lebensjahr. Wäre es für uns und sie nicht besser, sie würden in der Bildung erst einmal etwas kürzer treten, um dafür in späterer Zeit ein Jahr zum Auftanken zu nutzen? Die Freisemester der Professoren könnten ein geeignetes Modell sein. Wenn der zeitweilige Rückzug aus der Alltagsroutine für den »Kopf« eines Hochschullehrers nützlich ist, warum sollte ein größerer Urlaubszeitraum einmal im Leben nicht auch für das »Herz« eines Stahlarbeiters gut sein?
Ist es denn ein unumstößliches Gesetz, daß die Arbeitnehmer keine Zeit für eine große Weltreise haben, wenn sie dazu Lust haben und daß sie alt und klapprig sind und ihnen die Kondition fehlt, wenn sich die notwendige Zeit mit der Pensionierung endlich einstellt? In der Pionierphase des Industriezeitalters war die Kolonnenordnung der Arbeitnehmer auch ein Mittel, die entwurzelten Bauernsöhne und herumstreunenden Handwerksburschen in die Disziplin der neuen, rationalen Industrieordnung zu zwingen. Der technische Fortschritt hat diese harten Sachnotwendigkeiten längst überholt, und die Arbeitspraxis hat oft mehr Phantasie offenbart als es die Industrie zugeben will. In Ländern wie Amerika, Australien und Schweden gibt es längst »Sabbatjahre«.
Der Einwand, daß das Sabbatjahr nicht für alle Arbeitnehmer organisierbar sei, ist stichhaltig, aber kein überzeugendes Argument, um die schöpferische Pause für niemanden möglich werden zu lassen. Die nivellierte Einheitsgesellschaft funktioniert nach dem Motto »Alles oder nichts« – und was nicht für alle geht, darf keinem erlaubt sein. Unsere pluralistische Gesellschaft muß mehr Varianten bieten. Wenn die Ablehnung des Sabbatjahres mit der Behauptung begründet wird, daß es nie so war und deshalb nie so sein kann, dann ist dies pure Einfallslosigkeit. Wenn die Angst vor dem Neuen zum Muster des technischen Fortschritts gemacht worden wäre, würden wir heute noch auf den Bäumen des Neandertalers sitzen. Die Diskussion über die Verkürzung der Arbeitszeit darf nicht mit der Phantasie einer Dampfwalze betrieben werden.

Aus »Stern« 19. Juli 1979

Women's Lib

QUINTESSENZ

»Ob wir in die plattgewalzte Ebene einer nivellierten Einheitsgesellschaft marschieren oder an der Vielheit einer offenen Gesellschaft teilnehmen, ob wir in ein total veröffentlichtes Leben eingefügt werden oder die Chance des Rückzugs hinter die vier Wände privater Räume möglich bleibt, das entscheidet sich mehr als durch alle politischen Großwetterlagen am Schicksal der Familie. Ich bin davon überzeugt, daß der Ton in der Familie die Musik bestimmt, die morgen in der Gesellschaft gespielt wird.
Wenn sie Vater und Mutter sezieren und wie Maschinen auseinandernehmen, wenn Vater und Mutter zu bloßen Rädchen in einem Getriebe werden, das staatlich bedient wird, dann schrumpfen eben Vater und Mutter auf die Größe von Bezugspersonen, Rollen- und Funktionsträgern zusammen. Ich bekenne, ich habe meine Mutter nie ›Bezugsperson‹ genannt und auch nie so empfunden.
Der eigentliche Widerpart gegen den Einheitsbrei des Kollektivismus ist eine gegliederte Gesellschaft, in der die jeweils kleinere Gemeinschaft den Vortritt hat, und die Bürger so vor der Überwältigung durch die Großapparate geschützt werden.
Die Herrschsucht kommt nicht immer mit Fanfaren und Kanonen einher. Der neue Imperialismus schleicht auf Filzpantoffeln. Und wenn diese Variante der Herrschaft ein Sozialismus technokratischer Herkunft ist, so ist er doch ein Ausdruck des obrigkeitsstaatlichen Denkens.«

Der gemachte Mensch

Es ist wie mit den Hosenträgern. Man kommt notfalls auch ohne sie aus, aber lästig ist es, die Hosen fortwährend mit den Händen festzuhalten. Eigentlich sind die Hände für wichtigeres und für mehr gedacht als für das Hosenhalten.
So ähnlich ist es mit der menschlichen Subjektivität. Überschwemmt von Eindrücken und gedrängt von einer brodelnden Fülle von Antrieben, muß sie sich von der Flut von Entscheidungsnotwendigkeiten durch stellvertretende Einrichtungen entlasten und sich so ein Spielfeld für die wichtigen Alternativen freihalten. Institutionen sind die Hosenträger der Subjektivität.

Institutionen als Instinktersatz

Was für das Tier die Instinkte, sind für den Menschen die Institutionen. Institutionen sind Entlastungseinrichtungen.
Wo kämen wir hin, wenn wir jeden Morgen erneut bestimmen müßten, wer denn »die« Frau und »der« Mann fürs Leben ist? Die Institution der Ehe hat uns die permanenten Entscheidungen abgenommen. Ohne Regeln wäre das Leben ein Chaos.

Freiheit ohne Bindung?

Die Idee der bedingungslosen Freiheit funktioniert schon nicht mehr im Straßenverkehr, und selbst wenn wir ihn in pausenloser Übereinkunft regeln wollten, würde er zusammenbrechen. Ob rechts oder links überholt wird, kann nicht von Fall zu Fall ausgemacht werden. Ungefragte Konvention ist der Ersatz für permanenten Konsens.
Die Überforderung der menschlichen Entscheidungsfähigkeit, der pausenlose Zwang zur Wahl läßt die Sehnsucht nach der alles erledi-

genden Vormundschaft wachsen. Entscheidungsflucht ist die Folge von Entscheidungsinflation. »Tante, müssen wir heute wieder spielen, was wir wollen?« Dieses kindliche SOS aus antiautoritären Kinderläden ist nur die rührende Vorform einer Gesellschaft, die der Freiheit überdrüssig geworden ist, weil ihre Bindungsleere als Orientierungslosigkeit empfunden wird.

Eine sich als grenzenlos verstehende Subjektivität ist Freiheit ohne Bindung. Die jedoch ist die Freiheit der Idioten. Am reinsten wird sie von jenen verwirklicht, die keine Bindungen anerkennen, weil sie diese gar nicht erkennen können.

Das von Sigmund Freud bezeichnete Lustprinzip entfaltet seine Kraft unter der Bedingung des von ihm so genannten Todestriebes, und aus der Spannung zwischen diesen beiden Prinzipien erwächst menschliche Kultur. Man könnte aus der Freudschen Trieblehre auch eine Analogie zum Verhältnis Freiheit – Bindung herstellen. Dahrendorf beschreibt die Fruchtbarkeit von Polaritäten im Verhältnis von Freiheit und Ligaturen. In immer neuen Varianten wird die Zuordnung von Freiheit zu ihren Beschränkungen beschrieben. Bedingungslose Freiheit ist die Selbstauflösung von Freiheit. Willkür ist nicht Freiheit. Erst in der Annahme von Grenzen entstehen Spielräume.

Als Circe den scheidenden Odysseus zur Bleibe verführen wollte, versprach sie ihm ewiges Leben als Preis für seine Liebe. Odysseus entschied sich erst nach Zögern und auf Mahnung seiner toten Mutter, die ihm im Traume erschienen war, für Weiterfahrt und damit für den Tod. Das Leben ohne Tod, so lehrte ihn die Mutter aus dem Hades, verflache sich zur konturlosen Einförmigkeit, und die Einmaligkeit des menschlichen Schicksals verliere unter dem Zwang der ewigen Dauer und prinzipiellen Wiederholbarkeit aller Handlungen ihre Identität. Auch in den Bildern des Mythos erweist sich also Beschränkung als Kontur der Freiheit.

Aber immer wieder stößt sich die freischwebende menschliche Subjektivität an der Härte der objektiven Verhältnisse, und der Zusammenstoß wird um so verletzender empfunden, je mehr die Wand der Objektivität als menschliches Machwerk entlarvt wird. Es ist eben doch sehr viel mehr »Kunst«, was als Natur erscheint. Aber die Künstlichkeit sagt noch nichts über ihre Verzichtbarkeit.

Die schwache Natur des Menschen

Der Mensch ist offenbar das Wesen, das mit einem Minimum an Natur auskommt. Er ist »das freigelassene Tier«, wie ihn Nietzsche nannte. Der Mensch ist das Wesen, das zu früh von der Natur im Stich gelassen wurde. Als biologische Frühgeburt ist er mehr als alle anderen Lebewesen auf den Ersatz der Natur durch die Künstlichkeit der Kultur angewiesen. Sein erstes Lebensjahr ist ein »extrauterines Frühjahr.« (Adolf Portmann) Ausgesetzt aus seiner vorgeburtlichen Geborgenheit in die Welt, ist für ihn Familie nicht nur Schutz, sondern auch Einfluß. Sie ist der elementare Bildungsfaktor. Die Menschwerdung ist mit der biologischen Geburt nicht abgeschlossen.

Die Familie als Elementarinstitution

Die Familie ersetzt den Mutterleib und macht das Nest, das den Menschen schützt, zum Kulturpunkt. Die Familie ist eine elementare Institution des menschlichen Zusammenlebens. Die Humanisierung war einen Schritt vorwärts gekommen, als der Mensch die Horde verließ und Familienverbände gegründet hatte. Mit der Stabilisierung zwischenmenschlicher Verhältnisse schaffte sich der Mensch Halt und entlastete sich von den Bedrängnissen seiner Launen. Wenn jedoch alle Strukturen, die gleichsam Dämme sind, die unsere Sozialbeziehungen kanalisieren, eingeebnet werden, wird dieser Fortschritt der Humanität verkommen und die Gesellschaft verwüstet. Die Einöde ist das Bild der familienfeindlichen Gesellschaft.
Im Angriff auf die Familie vollzieht sich ein Stück Rebarbarisierung. Die neuen Hunnen kommen nicht auf Pferden und mit Kampfgeschrei daher. Auf den Schleichwegen eines Fortschrittes, der sich als Emanzipation verkleidet, unterminieren sie die Familie.
Es muß nicht immer gleich die Familie als überholte oder vernachlässigte Einrichtung attackiert werden, wie es von den Jungdemokraten versucht wird. »Ehe und Familie bilden in unserer Gesellschaft sprichwörtlich einen Rahmen für Unfreiheit, Unterdrückung und Unzufriedenheit.« (Deutsche Jungdemokraten, Landesverband NRW, 1980) Zur Unterminierung der Familie genügt, ihre auf Lebensdauer angelegte Bindung in Frage zu stellen oder eine Ehegesetzgebung zu akzeptieren, die unter dem Stichwort von »Zerrüttung« eine Zeitautomatik in Gang setzt, gegen welche der Partner, der an der Ehe festhalten will, machtlos ist.

Die Eliminierung der Schuldfrage erweist sich in vielen Fällen als Entzug des Schutzes für den Schwächeren und der Versorgungsausgleich in manchen Fällen als die Weglaufprämie bzw. der Finderlohn für den neuen Partner.

Privat – öffentlich

Die Terminologie von der »Fremdbestimmung« und den »Gewaltverhältnissen«, die kontrolliert und abgebaut werden müßten, markiert einen Erkenntnisfortschritt der Gesellschaftswissenschaften. Auf die Familie übertragen offenbart sie jedoch die Unfähigkeit, zwischen der Intimität des Privaten und der Öffentlichkeit der Gesellschaft zu unterscheiden.

Die Polarität von privat – öffentlich ist allerdings ein Modus der Freiheit. Im Wechsel zwischen verschiedenen Lebenssektoren und Ansprüchen entzieht sich das Individuum der totalitären Verfügung. So wie der mittelalterliche Dualismus zwischen Kaiser und Papst Freiheit ermöglichte, indem er Rückzug unter das Schwert des Kaisers und Schutz vor dem Zugriff des Papstes gewährte, so liegt in der Trennung von privat – öffentlich eine Kompetenzaufteilung, welche die ausweglose Überwältigung des Menschen durch totalitäre Zuständigkeit verhindert.

Die absolute Veröffentlichung unseres Lebens wäre ein ebenso großes Unglück, wie die totale Privatisierung. Die plattgewalzte Gesellschaft ist das Experimentierfeld der Manipulateure.

Die Familie wird nach anderen Regeln zusammengehalten als der Staat regiert wird. Partnerschaft ist nicht mit den Kategorien der Herrschaft beschreibbar, und es verwundert, daß ausgerechnet Anhänger einer herrschaftsfreien Gesellschaft die Familie mit den Waffen des Klassenkampfes reparieren wollen. Der Teufel läßt sich nicht mit dem »Beelzebub« austreiben und die familiäre Gemeinschaft nicht mit den Mitteln herstellen, die ihre Ziele demontieren. Das Verhältnis von Eltern und Kindern hat keine Verwandtschaft mit den Beziehungen zwischen Tarifpartnern.

Gleichmacherei

Die Stabilität der Familie wird nicht allein von außen bedrängt. Die Bedrohung wächst auch von innen. Wer die Rollen von Mann und

Frau nivelliert und sie für austauschbar erklärt, nimmt den familiären Binnenverhältnissen die Kontur und damit die Haltbarkeit.

Manches, wahrscheinlich das meiste, was sich an Unterschieden zwischen Mann und Frau festgesetzt hat, ist willkürlich und könnte auch anders geregelt werden. Und in vielen dieser »gewordenen« Verhältnisse ist Diskriminierung der Frau eingebaut. Wer aus der Tatsache dieses Mißstandes jedoch den Schluß zieht, jedwede Differenz zwischen Mann und Frau sei nur ein Vorwand der Unterdrükkung und Befreiung sei erst in der Unterschiedslosigkeit zum Ziel gekommen, verkennt, daß der Mensch als Mann und Frau erschaffen wurde. In der Weisheit des biblischen Schöpfungsberichtes ist mehr als nur ein Hinweis auf die biologischen Eigenheiten von Mann und Frau enthalten.

So könnte uns die Überraschung blühen, daß in einem Teil der Gleichberechtigungsforderungen eine Vergewaltigung der Frau steht. Die Zweifel wachsen, ob nicht der Aufbruch der Emanzipation auch die Vermännlichung gefördert hat. »Das den Männern nicht mehr Nachstehen ist die große Errungenschaft, der dafür gezahlte Preis aber ist eine neue und radikale Variante der Unterdrückung, nämlich der auferlegte Verzicht, die Welt weiblich zu sehen und das Zusammenleben nach weiblichen Kriterien zu gestalten.« (Horst Eberhard Richter) Ob mit der Befreiung von der Geschlechtlichkeit des Menschen nicht auch der Verlust der Menschlichkeit einhergeht? Die Antwort auf diese Frage entscheidet über die Zukunft einer emanzipatorischen Humanität.

»Die klassenlose Gesellschaft der Zukunft entspricht der geschlechtslosen Zukunft unserer Spezies.« (E. Borneman) Was für den einen Wunsch, ist für den anderen Angsttraum, und die Erwartungen und Befürchtungen lassen sich nicht einfach auf das gängige Rechts-/Links-Schema bringen. Daß »die Weiblichkeit auch ein Element einer neuen Befreiung der Gesellschaft enthält«, hat Herbert Marcuse immer betont und im Gespräch mit Vertretern einer egalisierenden Emanzipation verwundert festgestellt: »Ich bin noch immer auf der Suche nach den Gründen, warum Sie so häufig gegen die Annahme spezifisch weiblicher Qualitäten zu Felde ziehen.« In der Utopie der Zukunft, wie sie Marcuse vorstellte, ging nicht die Nivellierung von Mann und Frau ein. »Emanzipation der Frau ist hier nicht bloß im Sinne von Gleichberechtigung zu verstehen, sondern vorab als Durchsetzung von neuen Werten, von anderen Bedürfnissen, die der Mann in den gegebenen Produktionsverhältnissen als Mann nicht befriedigen konnte, nicht befriedigen durfte.«

Sozialistische Emanzipation: Arbeit als einzige Wirklichkeit

Der Uraltsozialismus eines August Bebel dagegen sah die Lösung der Frauenfrage erst in der »uneingeschränkten Einbeziehung der Frau in die öffentliche Industrie«, und auf diesen ausgefahrenen Gleisen bewegt sich auch heute noch ein Teil der Gleichberechtigungsdiskussion. Es ist schon fast rührend, wie jene, die gegen die Härte der Leistungsgesellschaft zu Felde zogen, offenbar nicht ruhen und rasten, bis auch die letzte Hausfrau in den »Genuß« der Erwerbszwänge gerät. Während das Erwerbsvolumen in Industriegesellschaften im Rückzug begriffen ist, veranstalten die Sozialisten eine Emanzipationsprozession, die dieser Entwicklung entgegenläuft.

Die Überschätzung der Erwerbsarbeit hat ihren Grund in der marxistischen Anthropologie, nach welcher der Mensch nur durch Arbeit Mensch wird. Nach christlicher Lehre jedoch »ist« der Mensch schon, bevor er etwas wird oder bewirkt.

Die sozialdemokratische Sozialpolitik verstärkt den Sog zur Erwerbsarbeit der Mutter. Die finanziellen Leistungen des Mutterschaftsurlaubes zum Beispiel werden zwar von allen Steuerzahlern aufgebracht, erhalten können sie dagegen nur die erwerbstätigen Mütter. Die Hausfrau und Mutter geht leer aus. Die wirtschaftlichen Diskriminierungen der Familie lösen in vielen Fällen einen Zwang zur Erwerbsarbeit beider Elternteile aus. Mutter und Vater gehen in die Lohnarbeit, damit ihr Lebensstandard einigermaßen im Gleichschritt bleibt mit dem der kinderlosen Nachbarehe. Unter den jetzigen Gegebenheiten unseres Steuer- und Sozialsystems ist Kinderreichtum eine wirtschaftliche Dummheit. Die kinderreiche Familie finanziert überproportional das Leistungssystem und partizipiert unterproportional. Familienfeindliche Politik ist mit Doppelstrafe verbunden. Erstens werden die Eltern durch einen rapiden Lebensstandardrückfall bestraft und zweitens die Kinder später als Erwachsene, indem sie die Lasten ihrer nichtgeborenen Zeitgenossen mittragen müssen. Die Versorgung der alten Generation geschieht nämlich immer über das akute Sozialprodukt.

Die Produktion des Menschen

Die Aggressionen der Gleichmacherei erreichen mit ihren Spähtrupps bereits den biologischen Bereich, und der Egalitätstrip erreicht inzwischen groteske Zonen.

Ein amerikanischer Arzt konnte den Wunsch des Ehemanns erfüllen, der sein Baby selbst stillen wollte. »Der New Yorker Psychiater Leo Wollmann (65), der auch Facharzt für Gynäkologie ist, berichtet jetzt über das gelungene Experiment, einem werdenden Vater durch Hormontherapie und Akkupunkturbehandlung Brüste wachsen zu lassen. Wollmann, der in Brooklyn tätig ist, berichtet weiter, sein Patient habe das Kind abwechselnd mit der Mutter acht Monate lang gestillt.« (Die Welt, 18. Februar 1980)
Ob in einer Gesellschaft, wie die Technokraten der Austauschbarkeit sie bewerkstelligen, Kinder sich noch wohlfühlen? Was wäre uns passiert, wenn die Mutter am Kinderbett nicht gesungen hätte »Schlaf, Kindchen, schlaf, Deine Mutter hütet die Schaf«, sondern »Schlaf, Kindchen, schlaf, Deine Bezugsperson hütet die Schaf«? Und wenn sie noch weiter gesungen hätte »Die andere Bezugsperson ist im Pommernland«, dann hätte das Kind auch nicht mehr gewußt, ob jetzt die Mutter oder der Vater im Pommernland ist. In der kalten Sprache der Soziologie wird eine Präzision vorgetäuscht, die bei näherem Zusehen sich als ein Verlust an Lebensnähe erweist. Die Sprache ist verräterisch, sie degeneriert den Menschen zum Anteil im Stabilbaukasten einer neuen Gesellschaft.

Vermännlichung als Fortschritt?

Die Gleichberechtigung, verkürzt auf Gleichmacherei, bietet offenbar nur die Alternative zwischen Vermännlichung oder Verweiblichung der Welt an. Nach dem Muster der unter Prestigezwängen stehenden Angleichung endet dieser Vorgang meist in der Übernahme des Verhaltens der Privilegierten durch die Unterprivilegierten. Auf diesem Wege gleichen sich die Frauen den Männern an und verdecken diese neue Form der Unterwerfung, die sie sich selber nicht eingestehen, durch Kampfgeschrei.
Leidtragende dieser Art Emanzipation sind nicht nur die Frauen selbst, sondern auch die Kinder. Rollenunsicherheiten von Vater und Mutter finden ihre Fortsetzung in Verhaltensunsicherheiten der Kinder.
Eine Gesellschaft ohne Privilegien ist nicht auf Unterschiedslosigkeit angewiesen. Die Unterschiede verletzen erst das Selbstbewußtsein, wenn sie mit Unterdrückung verbunden sind. Leider sind die Unterschiede zwischen Mann und Frau geschichtlich allzu oft mit angeblicher männlicher Überlegenheit begründet und mit Herrschaft des

Mannes verknüpft. Aber Differenzierung ist nicht unausweichlich mit Diskriminierung verbunden. Aus schlechten Erfahrungen darf nicht auf die Unmöglichkeit besserer Erfahrungen geschlossen werden. Man darf das Kind nicht mit dem Bade ausschütten.
Zu den Wachträumen einer neuen Humanität gehört die Vorstellung einer Gesellschaft, die auf Diskriminierungen verzichtet und dennoch Differenzierungen zuläßt, weil sie den Reichtum menschlicher Entfaltungsmöglichkeiten ins Spiel bringt. So könnten Mutter und Vater je Eigenes in den familiären Zusammenhang einbringen, ohne daß dies zur Unterwerfung des einen unter den anderen führt.
Die Phantasielosigkeit der nivellierten Gesellschaft arbeitet im ersten Schritt mit der absoluten Vertauschbarkeit von Mann und Frau und im zweiten Schritt mit der Produktion eines neuen Menschen, der schon nicht mehr die Frage nach den Unterschieden stellt. Die künstliche Befruchtung gehört in diese Testreihe des neuen Menschen. Auf Vollendung gebracht läßt sich der leibliche Vater wie die leibliche Mutter aus dem Gedächtnis der Menschheit streichen und die natürliche Schwangerschaft des Menschen als eine Art Defekt betrachten.

Die technokratisch befriedete Einheitsgesellschaft

Für die Herrschsüchtigen jedweder Herkunft und jedweden Bedarfs muß es eine verlockende Vorstellung sein, sich Menschen nach Wunsch, nämlich nach dem jeweiligen Wunsch der Obrigkeit, vorzustellen. Die Programmierung der Erbsubstanz gehört schon heute nicht mehr zu den Zukunftsphantasien, sondern zu dem realen Angebot einer Biotechnik, die sich ihrer Mittel relativ sicher weiß. Es läßt sich die Herstellung von Tausendlingen betreiben: eintausend identische Menschen. Für die Verehrer der Zufriedenheit als höchstes Gut der Menschheit ist die Machbarkeit des Menschen der kürzeste Weg zum Ziel. Denn die Austauschbarkeit des Menschen ließe sich bis in die Bereitstellung physischer Ersatzteile betreiben. Wenn die Geburt des Menschen fest im Griff der Programmierer ist, ist auch die Wahrscheinlichkeit groß, daß jeder auf dem Platz der Gesellschaft placiert ist, für den er mit seiner psychisch-physischen und intellektuellen Ausstattung vorgesehen ist. Eine so beschaffene Gesellschaft bietet eine unüberwindbare Stabilität, denn jeder befindet sich auf dem Platz der Gesellschaft, der seinen Anlagen entspricht. Aufstiegswünsche und Abstiegsangst sind unbekannt, die

Zufriedenheit ist rundum, und sollten entgegen dem Plan dennoch aus unvorhergesehenen Gründen Störungen entstehen, könnte er leicht mit den Mitteln der Psychotechnik repariert werden.
Es läßt sich denken, daß der personale Kern des Menschen ebenfalls der Austauschbarkeit zum Opfer fällt und aus einem glühenden Gegner eines Systems im Wege des seelischen Austauschs ein ebenso fanatischer Anhänger des Systems wird, der noch den Vorzug hat, gar nicht zu wissen daß er jemals Gegner war. Märtyrer vergangener Zeiten werden angesichts solcher Aussichten geradezu beneidenswerte Gestalten, denn sie konnten in aller äußeren Bedrohung noch den Rückzug antreten in das, was man einst fast idyllisch »das Herzenskämmerlein« genannt hat. Selbst in der Vernichtung konnten die Märtyrer noch denken, was sie wollten, und selbst dann, wenn unter Zwang Geständnisse erpreßt wurden, war der eigene Gedanke noch frei. Den Gegnern der Zukunft wird möglicherweise durch einen allmächtigen Staat der Rückzug zum unerreichbaren Ich abgeschnitten.
Es könnte notwendig werden, daß wir den Schutzraum des Lebens nur durch eine Anleihe an der gleichsam mythischen Kategorie des Tabus sichern. In diesen Zusammenhang gehört die Diskussion über den Schwangerschaftsabbruch. Der Damm gegen Manipulation kann nur gehalten werden, wenn die Verfügung über das Leben dem Menschen prinzipiell entzogen wird und sie nur als Ausnahme der Notwehr zulässig ist. Die Grenze der Verfügbarkeit allein dem intellektuellen Abwägen zu überlassen, läßt die Grenze verschwimmen, und wer am Beginn des Lebens die Relativität der Grenze akzeptiert, wird keinen Grund haben, auch die Bestimmung des Lebensendes einem Ermessensspielraum anheim zu geben.
Die Freiheit ist nur zu retten, wenn der Abstand zwischen Können und Dürfen als eine moralische Distanz anerkannt wird, die der Mensch nicht beliebig festlegen kann. Wir werden uns den Versuchungen technokratisch-emanzipatorischer Phantasien, die mit den Hoffnungen auf Problemlosigkeit versehen sind, nur entziehen durch Verzicht auf eine Alles-Könner-Gesellschaft.

Leicht abgeändert erschienen in »Die Welt«, 3. 5. 1980

Das Leben ist unantastbar

In den letzten Tagen und Wochen waren wieder die politischen Landvermesser am Werk und haben das Feld um den § 218 in rechts und links eingeteilt. Ich weiß nicht, ob die alten Feldzeichen noch sehr viel Erkenntniswert haben. Für die Diskussion um die Reform des § 218 taugen sie ganz gewiß nichts. Wenn jedoch »links« in Anspruch genommen werden soll für eine besondere soziale Verpflichtung, so ist von meinem Standpunkt aus die Fristenlösung die am weitesten rechts stehende Lösung in diesem Hause.
Ein sozialer Staat – nicht der Machtstaat, an dem sich vergangene Zeiten in Bewunderung aufgerichtet haben – muß es mit den Schwachen, Hilflosen und Ohnmächtigen halten. Und ohne Macht ist das ungeborene Kind. Reform ohne Rücksicht auf die Rechte von Machtlosen ist sozialer Rückschritt. Ein Staat, der das ungeborene Kind, und sei es auch nur für drei Monate, des Rechtsschutzes entblößt, ist kein Sozialstaat.
Wir leben nicht mehr im Neandertal. Freiheit 1974 ist im Unterschied zu ihren eiszeitlichen Vorformen mehr denn je Freiheit unter sozialen Bedingungen, nämlich Abstimmung, Vermittlung der eigenen Freiheitsrechte mit denen anderer. Wer nur den eigenen Kopf durchsetzen will, gefährdet mehr als nur die Wand, gegen die er anrennt; er gefährdet die soziale Freiheit als Bedingung des humanen Miteinander.
Selbstbestimmung verwirklicht sich nicht allein in individuellen Räumen, sondern auch in sozialen Dimensionen; sonst wäre Mitbestimmung sinnlos. Freiheit heißt also immer, auf das Mitbestimmungsrecht anderer, auf das Mitbestimmungsrecht der Schwachen Rücksicht nehmen. Wer dem ungeborenen Leben das Recht auf diese Rücksichtnahme bestreitet, gefährdet das Recht aller derjenigen, die sich nicht selber wehren können.
Deshalb ist die Parole »Der Bauch gehört mir« die Proklamation einer Neandertal-Philosophie moralischer Eiszeit. Es gibt aber auch

einen schicken Materialismus, und eine Emanzipation, die diesem Bahn bricht, kann nicht sozial sein. Emanzipation kann nicht Rücksichtslosigkeit bedeuten.

Was ist sozial an der Fristenlösung? Ich glaube, daß die Kampagne für die Fristenlösung auch – nicht nur – mobilisiert wurde von den Wünschen einer Oberschicht, die ihre liebgewonnenen Konsumgewohnheiten nicht opfern oder auch nur einschränken wollte.

Ich will das gern begründen. Immerhin hat Frau Helge Pross, eine der leidenschaftlichsten Anhängerinnen der Fristenlösung, als Grund für den Schwangerschaftsabbruch die Anschaffung eines Automobils angegeben. Ich frage mich: Was ist an einer solchen Entscheidung sozial? Was ist an einer solchen Politik fortschrittlich, die sonst immer von Konsumterror spricht, aber offenbar liebgewonnenem Konsum das Vorrecht vor dem ungeborenen Leben gibt?

Muß es nicht uns allen zu denken geben, daß die Zahl der Schwangerschaftsabbrüche keineswegs in wirtschaftlichen Krisenzeiten am höchsten war, sondern daß offenbar, wie eine Schweizer Untersuchung beweist, mit steigendem Wohlstand auch die Zahl der Schwangerschaftsabbrüche steigt?

Meine Damen und Herren, die Sie die Fristenlösung vertreten: Sie sollten nicht so tun, als ginge es Ihnen nur um die Interessen einer minderbemittelten Schicht, der Unterschicht, und als sei die bei Ihnen am besten aufgehoben. Wenn heute morgen Herr Kollege von Schoeler das Beispiel von der Mutter mit sieben Kindern angeführt hat, die das achte Kind abtreiben wollte, was ihr nicht erlaubt worden sei, so finde ich in diesem Beispiel nicht die Spur einer Begründung für die Fristenlösung, weil man fragen könnte: Hat denn das achte Kind einer armen Mutter weniger Lebensrecht als das achte Kind einer reichen Mutter? Diesem Kinde die gleiche Lebenschance zu geben wie dem Kind der Reichen, ist die Aufgabe der Gesellschaftspolitik. Mit der Fristenlösung ist das nicht zu schaffen. Niemand in diesem Hause bestreitet, daß es Not und Leid gibt, und es wäre Zynismus, Eltern, die in Not sind, sich selbst zu überlassen. Aber ich glaube nicht, daß die Not durch Fristenlösungen gemeistert werden kann. Ein Staat, der die Fristenlösung zuläßt, schafft bequeme Auswege. Umgekehrt: Eine Gesellschaft, welche die Fristenlösung ablehnt, nimmt sich selber in soziale Pflicht.

Unsere Gesellschaft trägt noch immer Züge von Kinderfeindlichkeit. Dabei sind zufriedene Kinder eine Bedingung für das Glück einer zukünftigen Gesellschaft. Die Fristenlösung, so fürchte ich, trägt nichts dazu bei, die Zustimmung zum Kind zu unterstützen.

Die Versuchung zur Abtreibung muß vor allem durch eine Gesellschaftspolitik eingedämmt werden, die Not gar nicht entstehen läßt. Das Strafrecht hat lediglich flankierende Funktion. Die Freigabe des Schwangerschaftsabbruchs dagegen entlastet die Gesellschaft vom Zwang, eine soziale Politik zu betreiben. Meine Fraktion hat deshalb den Gesetzentwurf für ein Erziehungsgeld eingebracht.
Aber ich weiß, daß auch das Thema »kinderfreundliche Gesellschaft« nicht mit materiellen Leistungen für den einzelnen zu erledigen ist, sondern daß es auf unsere Einstellung ankommt, auf unsere produktive Phantasie, die Probleme zu erkennen. Es ist schon merkwürdig, daß in den Städten mehr Platz für parkende Autos als für spielende Kinder ist.
Zu den zentralen Themen gehört meines Erachtens auch die Familienplanung. Verantwortliche Elternschaft kann die Frage nach dem Wunschkind nicht mit Hilfe des Schwangerschaftsabbruches lösen, sondern nur mit Hilfe einer sinnvollen Familienplanung, die Schwangerschaft verhütet, wenn diese nicht gewollt ist.
Wer die Fristenlösung ablehnt, dessen soziale Einstellung wird auf die Probe gestellt. Man kann nicht die ledige Mutter, die ihr Kind abtreibt, gerichtlich bestrafen, und die, die es austrägt, durch gesellschaftliche Diskriminierung. Scheinheiligkeit wäre ein schlechtes Mittel gegen die Fristenlösung. Es geht auch nicht, für den Schutz des behinderten ungeborenen Kindes einzutreten, das behinderte geborene Kind aber an den Rand der Gesellschaft zu drängen, der Mutter zuzumuten, ein behindertes Kind auszutragen, sich aber dagegen zu wehren, mit behinderten Kindern unter einem Dach – und sei es auch nur das eines Urlaubshotels – zu leben.
Ich bin überzeugt, daß wir die Not in dieser Gesellschaft vermindern können, wenn wir wollen. Doch das Bild einer Gesellschaft ohne Leid gehört in den Bereich der gefährlichen Utopien, die nur um den Preis einer totalen Manipulation erreichbar wäre.
Wer maßt sich an, über den Wert des Lebens eines Behinderten das Urteil zu sprechen? Ich finde es auch merkwürdig und unverständlich, wenn diejenigen, die ansonsten die Leistungsgesellschaft verdächtigen, den Lebenswert des ungeborenen behinderten Kindes offenbar von der möglichen Leistungsfähigkeit des geborenen Kindes abhängig machen. Lebenswert hat nichts mit leistungsfähig zu tun. Wer Leidlosigkeit mit Tüchtigkeit identifiziert und die Fähigkeit zum Glück mit Leistungsfähigkeit, hat offenbar das Idealbild einer technokratischen Robotergesellschaft vor Augen. Sie mag effizient sein, sozial ist sie nicht.

Der Traum von der totalen Machbarkeit der Welt schickt sich an, auch das Leben in die Hand zu nehmen. Es ist aber die Frage, ob es in unserem aufgeklärten Industriezeitalter noch immer so etwas geben muß wie Tabuzonen, die der Verfügbarkeit einer prometheischen Lebensmeisterung entrissen werden. Ich bin sicher, daß das Leben selbst diesen Anspruch auf Unantastbarkeit hat.

Insofern wird heute und hier über mehr entschieden als nur über Leibesfrucht, obwohl dieses »nur« schon ausreichen würde, um der Fristenlösung Widerstand entgegenzusetzen. Ich glaube, daß wir hier und heute einen Damm gegen mögliche weitergehende Manipulationen des Lebens setzen müssen. Schon in der Fristenlösung liegt ein Ansatz zur Willkür. Warum denn drei Monate? Warum nicht vier Monate? Beantworten Sie die Frage! Warum nicht sechs Monate? Auch hier ist schon ein Ansatz zur Willkür.

Eine soziale Gesellschaft steht nicht nur unter der Verpflichtung der Solidarität mit den Mitmenschen, die jetzt leben, sondern auch mit den Mitmenschen, die unsere Nachkommen sind. Sozial schließt die Verantwortung für die Zukunft ein. Ich glaube, daß vom Schutz des ungeborenen Lebens nicht nur die Gegenwart betroffen ist. Wir entscheiden auch über die Konsequenzen für die Zukunft. Lassen Sie mich nur als ein Beispiel am Rande – ich will es nur als solches anführen – auf die Bedenken des Zukunftsforschers Hermann Kahn hinweisen, der darauf aufmerksam gemacht hat, daß die Fristenlösung, verbunden mit der Möglichkeit der Früherkennung des Geschlechts des ungeborenen Kindes, wahrscheinlich zu einem Männerüberschuß in unserer Gesellschaft führen wird, da das Wunschkind vieler Familien ein Junge ist. Ich erwähne das Beispiel nur, um den Verdacht zu äußern, daß nicht alle Konsequenzen der Fristenlösung bedacht sind. Politische Kurzsichtigkeit aber kann nicht der Ausweis sozialer Gesinnung sein, meine Damen und Herren.

Es geht hier nicht darum, daß eine spezielle kirchliche Moral für alle verbindlich sein soll. Diesen Anspruch könnte in einer pluralistischen Gesellschaft niemand erheben. Aber auch in einer weltanschaulich so bunten Gesellschaft wie der unsrigen, muß es noch etwas geben wie einen Grundbestand moralischer Überzeugungen, und dazu zählt die Unantastbarkeit des Lebens.

Lassen Sie mich deshalb, meine Damen und Herren, mit einem Zitat des von uns allen hoch angesehenen sozialdemokratischen Kollegen Adolf Arndt schließen. Ich zitiere mit Genehmigung des Präsidenten: »Keimendes Leben ist Leben. Jede Unterbrechung der Schwangerschaft ist Tötung schuldlosen Lebens. Der Rechtsstaat hat die

Aufgabe, Leben zu schützen. In der Regel wird er als letztes Mittel die Strafe androhen müssen, um sich als Staat des Rechtes zu bewähren.«

Debattenbeitrag im Deutschen Bundestag zur Reform des § 218 vom 26. April 1974

Mitbestimmung

QUINTESSENZ

»Die Christlich-Demokratische Arbeitnehmerschaft bleibt der Idee der Machtverteilung treu. Die Skepsis gegen Macht ist im Christentum tief verwurzelt, denn die Menschen sind im allgemeinen nicht so wie sie in Heiligenlegenden beschrieben werden. Kein Mächtiger ist so gut, als daß man ihm die Macht allein überlassen könnte. Macht muß durch Gegenmacht kontrolliert werden. Die Fusions- und Konzentrationswelle jedenfalls ist nicht gerade eine Lebenshilfe für die Marktwirtschaft.
Der Wettbewerb ist ein Mittel, wirtschaftliche Macht in Schach und Proportionen zu halten. Die Soziale Marktwirtschaft ist ein Ordnungsmodell, in dem die Betroffenen über die Befriedigung der Bedürfnisse entscheiden sollen. Wir verzichten deshalb auf die Vormundschaft einer Planungsbürokratie, die in weiser Voraussicht entscheidet, wieviel Reißverschlüsse, Streichhölzer und Walzdrahtstahl hergestellt wird.
Für uns ist der Sinn der Sozialen Marktwirtschaft allerdings noch nicht erfüllt, wenn die Freiheit der Konsumenten gesichert ist. Freiheit fängt nicht erst am Feierabend an. Freiheit muß auch ein stärkeres Erlebnis in der Arbeit werden. Deshalb sind wir für Mitbestimmung und Miteigentum, und deshalb sind wir dafür, daß alle Arbeit haben. Arbeit ist nicht nur Broterwerb, sondern auch Selbstverwirklichung.«

Aktive Partizipation in der Demokratie

Die Idee der Demokratie wird von mehreren Traditionsströmen gespeist, und wenn man von allen Verästelungen absieht, erkennt man zwei Quellen, aus denen sie entspringt. Einmal die angelsächsische Tradition, in deren Mittelpunkt die Idee stand, die Mächtigen in ihre Grenzen zu verweisen, die Macht in Schach zu halten. Die Demokratie gab dafür das Mittel in die Hand, die Mächtigen, die Herrschenden, auszuwechseln. Demokratie als eine alternative Herrschaftsausübung ist der Grundgedanke jener angelsächsischen Tradition der Demokratie.

Doch die zweite Quelle darf ebensowenig übersehen werden. Es ist die stark von der romanischen Tradition bestimmte Demokratie: das Verlangen, die Inhalte der Entscheidungen mitzubestimmen, sich nicht nur damit zu begnügen, alle vier Jahre den Freifahrtschein auszustellen, sondern jeweils mitzubestimmen, was Inhalt der Entscheidung ist, der man sich beugen soll: Rechtsstaatliche Kontrolle auf der einen Seite, Mitbestimmung der Entscheidungsinhalte auf der anderen Seite.

Was sich idealtypisch auf diese Weise auseinandernehmen läßt, ist in der Verfassungswirklichkeit eine Einheit. Beides gehört zur Demokratie. Und bei näherem Zusehen entdecken wir, wie beide Impulse sich verschränken. Denn jenes rechtsstaatliche Verlangen, das dem Bürger die Pflicht und das Recht gibt, hinter seinen vier eigenen Wänden eine Autonomie aufzubauen, hinter den eigenen vier Wänden geschützt zu sein, problematisiert sich angesichts perfekter Herrschaftstechniken des modernen Staates. Es geht nicht mehr nur um die Freiheit hinter den vier Wänden, obwohl ich selbst glaube, daß sie ein elementares, unverzichtbares Recht ist. Das haben auch die Vorgänge des Prager Frühlings gezeigt. Sicherlich kann dieser Prager Frühling auch erklärt werden als das Bemühen, sich seine Privatsphäre wieder zurückzuerobern, sicher zu sein vor der Allmacht des Staates: Freiheit als Freisein von Willkür.

Und dennoch – wir können uns mit dieser rein geometrischen Grenzziehung nicht begnügen, denn es geht heute und in der Zukunft schon nicht mehr nur um die Freiheit hinter den vier Wänden, sondern vielleicht eher um die Freiheit unter der eigenen Haut.
Dem Staat der Zukunft werden größere Manipulationstechniken zur Verfügung stehen, als das jemals denkbar war. Der Staat braucht das Recht der freien Meinungsäußerung nicht zu knebeln, wenn er die Meinung unbemerkt liefern kann, wenn er seine Bürger bis ins Unterbewußtsein erreicht. Politische Gegner können – auch das ist keine Zukunftsutopie mehr, sondern schon reale Möglichkeit – umfunktioniert werden. Der Mensch ist in seinem Unterbewußtsein erreichbar. Aus politischen Gegnern können politische Anhänger produziert werden, die gar nicht wissen, daß sie jemals Gegner waren. Märtyrer vergangener Zeiten werden angesichts dieser Möglichkeiten geradezu beneidenswerte Gestalten. Denn in aller Unterdrückung, in aller Knebelung, hatten jene noch die Möglichkeit, sich zurückzuziehen auf einen personalen Kern, sich zurückzuziehen auf das, was man romantischerweise einmal das Herzenskämmerlein genannt hat. Die klassischen Tragödien werden nicht mehr möglich sein, wenn das Schicksal nicht in den freien Willen aufgenommen werden kann, weil der freie Wille selber manipuliert ist. Die Frage ist, wie man gegenüber dem großen Bruder, der da am Horizont der Zukunftserwartungen erscheint, einen Damm errichten kann. Ob man sich lediglich begnügen darf mit der Forderung nach Privatautonomie, die sich eben – wie die Techniken zeigen – unterlaufen läßt. Ich glaube, daß die Forderungen des Rechtsstaates nur erfüllt werden können, wenn wir das Bedürfnis nach Selbstbestimmung beim Bürger selbst wecken. Aus der Lust zur Mitverantwortung und dem Geschmack an der Mitbestimmung werden Dämme gegen den totalitären Staat errichtet werden müssen. Und hier verschränkt sich eben jene angelsächsische Tradition mit der, die ich als die romanische ausgab. Entscheidungen dürfen nicht mehr hingenommen werden wie ein Schicksal, sondern Entscheidungen sind in Zukunft nur akzeptabel, wenn diejenigen, die von den Entscheidungen betroffen sind, an deren Zustandekommen beteiligt sind. Selbstbestimmung unter den Bedingungen der Massengesellschaft wird zur Mitbestimmung. Wir müssen miteinander absprechen, welchen Bedingungen wir uns unterwerfen wollen. Das ist kein Randproblem, sondern das ist die zentrale Aufgabe unserer Gesellschaft.
Die Entscheidungsbasis wird breiter werden müssen. Nicht nur mehr Menschen verlangen, mitzureden, mitzubestimmen; es werden auch

immer mehr Fakten berücksichtigt werden müssen, wenn die Qualität der Entscheidung akzeptiert sein soll. Es geht also nicht mehr nur um die Freiheit von der Willkür, sondern es geht um die Freiheit zur Selbstbestimmung und damit zur Mitbestimmung über die Inhalte, denen wir uns beugen sollen. Herrschaft wird damit zu einer Funktion der Beherrschten. Herrschaft relativiert sich nicht nur dadurch, daß sie in ihre Grenzen verwiesen wird, sondern daß sie sich als abhängig von dem Beherrschten versteht. Das ist die Maxime der Demokratie, Abbau von Herrschaft.

Wir können diesen Vorgang in allen Lebensbereichen feststellen, sogar bis in die Kirchen hinein macht sich dieser Vorgang bemerkbar. Selbst die Vorgänge des Zweiten Vatikanischen Konzils können noch eingeordnet werden in diesen großen Trend. In dem die väterliche Autorität des Papstes zurückgenommen wurde zugunsten des Prinzips Kollegialität der Bischöfe, hat sich eine Variante des Mitbestimmungsrechtes deutlich gemacht, nämlich jene Variante, die Entscheidungsbasis zu verbreitern, die Entscheidung zu binden an die Betroffenen.

Die Wirtschaft hat hier eine Schlüsselfunktion. Nicht nur deshalb, weil der Mitbürger den größten Teil seines bewußt gelebten Lebens noch immer, trotz aller Arbeitszeitverkürzung, im Arbeitsleben vollbringt, sondern weil hier auch neue Machtphänomene greifbar werden. Machtphänomene, die keineswegs von der staatlichen Macht trennbar sind, weil auf vielfache Weise die Verschränkung von Wirtschaft und Staat greifbar wird.

Auszug aus »Hessische Hochschulwochen für staatswissenschaftliche Fortbildung«, 24. - 30. Oktober 1971. Bad Sooden - Allendorf, Verlag Dr. Max Gehlen 1972

Die Zukunft der wirtschaftlichen Mitbestimmung

Die Mitbestimmung wird immer das sein, was ihre Träger aus ihr machen. Träger der Mitbestimmung ist der Mensch, und zwar nicht der abstrakte, auf der Höhe einer Typologie angesiedelte Mensch, sondern das konkrete Individuum, ein an einem bestimmten Platz zu angebbarer Zeit mit anderen zusammenlebender Arbeitnehmer.
Was ihn, den Arbeitnehmer, von der großen Idee Mitbestimmung erreicht, ist wirklich. Was nur Wort, Appell oder Ankündigung ist, bleibt Theorie. Diese Feststellung ist kein Affront gegen Theoriefreundlichkeit, sie entspringt lediglich der Einsicht, daß die Theorie entweder die Noch-nicht-Wirklichkeit oder die Illusion, also das verkehrte Bewußtsein ist.
Als Ankündigung der gewollten Wirklichkeit ist die Theorie Programm, als Ablenkung oder Vertröstung aber Ideologie. Gewerkschaftliche Theorie muß Programm sein. Deshalb drängt sie zur Praxis. Die Theorie der Mitbestimmung verfällt dem Ideologieverdacht, wenn sie, auf Urlaub geschickt, für bessere Zeiten oder auch nur für andere Regierungskonstellationen aufbewahrt wird. Also:

- Der Erfolg der Mitbestimmung bemißt sich an seiner Erlebbarkeit für den einzelnen Arbeitnehmer. Das ist seine Nagelprobe.

- Die Mitbestimmung ist ein Jetzt-Programm und gehört so wenig wie die Gewerkschaften selbst zu den End-Zeit-Instanzen. Mitbestimmung ist eine Institution permanenter Evolution.

MITBESTIMMUNG ALS FREIHEIT ZUR SELBSTBESTIMMUNG

Die elementare Form der Freiheit ist das Freisein von Not. Die Gewerkschaften sind ein Kind der Not und als Notwehr eine Einrich-

tung der Freiheit. Erst als sich die Arbeitnehmer zur Koalition zusammengeschlossen hatten, verwandelte sich die liberale Vertragsfreiheit in die sozialstaatliche Chance vereinbarungsfähiger Verhandlungen. Zuvor war die rechtliche Vertragsfreiheit tatsächlich ein Vertragsdiktat, denn der Arbeitgeber konnte länger ohne Arbeitnehmer aushalten als der Arbeitnehmer ohne den Arbeitgeber.
Der Prolet ist gerade dadurch definiert, daß er nichts hat als seine Arbeitskraft, also von der Hand in den Mund leben muß. Die Konkurrenz der Arbeitnehmer untereinander ersparte den Arbeitgebern sogar die Geduldsprobe, denn sie konnten sich unter dem überschüssigen Arbeitskräfteangebot ausreichend mit jenen Arbeitskräften versorgen, die ihre Vertragsbedingungen akzeptierten. Die Bauernbefreiung wie die Gewerbefreiheit erwiesen sich als Emanzipation der Bauernburschen und Handwerksgesellen in die Schutzlosigkeit.

Freiheit von Willkür und Not

Es ist das große Verdienst der Gewerkschaften, daß sie als Kartell der Arbeitskräfte überhaupt erst ein Gleichgewicht auf dem Arbeitsmarkt herstellten und so die Voraussetzungen für Entproletarisierung schufen.
Die geregelten Rechtsbeziehungen zwischen Arbeitgeber und Arbeitnehmer stellen eine weitere Stufe der Freiheit der Arbeitnehmer dar. Indem die rechtsstaatlichen Grundsätze auch auf das Arbeitsvertragsrecht angewendet wurden, schufen sie Schutz vor Willkür.
Freisein von Willkür ist das tragende Element des Arbeitsrechtes. An seiner Ausformung ist die Arbeiterbewegung sowohl in ihren parteipolitischen wie gewerkschaftlichen Zweigen beteiligt. Aber auch sozial aufgeschlossene Wissenschaftler und fortschrittliches Bürgertum waren mit von der Partie.
Es war ein großer Kampf bis zur Anerkennung der Gewerkschaften, der Koalitionsfreiheit und der Tariffähigkeit. Freiwillig haben die Arbeitgeber zu keiner Zeit ihre Privilegien geopfert und leider häufig nur unter dem Druck von Systemkrisen nachgegeben.
Die rechtliche Anerkennung der Gewerkschaften wurde erst unter Kriegszwängen vollendet. Das Gesetz »betreffend den vaterländischen Hilfsdienst« wurde am 15. Dezember 1916, also mitten im Ersten Weltkrieg erlassen, und die Betriebsrätegesetzgebung des

Jahres 1920 war mehr Abwehr der allgemeinen Rätebewegung als Zugeständnis aus Einsicht. Die ersten Regelungen der paritätischen Mitbestimmung verdanken ihr Zustandekommen der gemeinsamen Abwehr der Demontage durch Arbeitgeber und Arbeitnehmer in den ersten Nachkriegsjahren des Zweiten Weltkrieges.

Mitbestimmung – Freiheit in sozialer Dimension

Freisein von Not und Freisein von Willkür sind gleichsam das Vitalfundament der Freiheit. Ihre volle Entfaltung erhält die Freiheit jedoch erst als Freisein zur Selbstbestimmung. Während Befreiung von Not und Willkür noch Negationen sind, nämlich Ausschluß der Freiheitsbehinderung, ist die dritte Form der Freiheit ein positiver Aufschluß des menschlichen Freiheitsvermögens.

Selbstbestimmung als Vollzug der Freiheit ist der unaufhörliche menschliche Versuch, Selbstverursacher des eigenen Willens zu sein. Selbstbestimmung unter den Bedingungen wechselseitiger sozialer Verflechtungen gelingt jedoch weniger als individuelle Alleinbestimmung, sondern eher als solidarische Beteiligung an den Entscheidungen, die jeden einzelnen bedingen. Freiheit hat neben der individuellen Verantwortung auch noch diese soziale Dimension.

Entscheidungen selbst werden nur noch in abnehmender Weise als Fremdbestimmung akzeptiert, sondern müssen zunehmend legitimiert werden durch die Beteiligung derjenigen, die von diesen Entscheidungen betroffen werden. Das ist der Sinn einer demokratischen Herrschaftsstruktur, die von der vertikalen Ausrichtung in die horizontale kippt. An Stelle des alten Schemas von Befehl und Gehorsam treten zunehmend Mitverantwortung und Kooperation und an die Stelle von Hierarchie das Team.

Freiheit von Not, Freiheit von Willkür, Freiheit zur Selbstbestimmung. Die Geschichte der Arbeiterbewegung läßt sich in diese drei Dimensionen der Freiheit gliedern. Die Mitbestimmung gehört zu dem Verlangen nach Freiheit zur Selbstbestimmung.

Die Forderung nach ausreichendem Lohn war der Kampf gegen das Elend. Sie wird fortgeführt in der Forderung nach Lohngerechtigkeit. Arbeitsrecht war der Schutz vor Willkür. Er wird weitergetrieben in der Forderung nach menschenwürdigen Arbeitsplätzen. Lohn- und Arbeitsplatzforderungen sind jedoch immer vorrangig Festlegung eines defensiven Rahmens, in den unternehmerisches Handeln eingesperrt werden soll. Erst die Mitbestimmung überschreitet die

Festlegung von Rahmenbedingungen und ist der Versuch, die unternehmerischen Entscheidungen selbst positiv zu beeinflussen.

PARTNERSCHAFT ALS PROGRAMM DES MACHTGLEICHGEWICHTS

Voraussetzung dieser neuen Chancen ist eine neue Sicht des Unternehmens. Die kapitalistische Version des Unternehmens kennt als rechtliche Träger nur den Eigentümer und seinen Beauftragten, den Unternehmer, die auch personell identisch sein können.
Das Gesellschaftsrecht geht von der Fiktion aus, Kapitalgeber und Unternehmer konstituieren das Unternehmen, und der Arbeiter tritt als Außenstehender mit dem Unternehmen lediglich mit Hilfe eben des Arbeitsvertrages in Kontakt.

Arbeitnehmer blieb Schuldner der Arbeit

Der Arbeitnehmer ist seiner rechtlichen Stellung nach nicht Mitglied des Unternehmens. In seiner Grundstruktur ist der Arbeitsvertrag ein Austauschvertrag, in dem Leistungen gegen Gegenleistung vereinbart werden. »Er (der Arbeitnehmer) ist Gläubiger von Lohnforderungen und Schuldner von Arbeitsleistungen.« (Gutachten der Biedenkopf-Kommission)
Im Laufe der arbeitsrechtlichen Entwicklung hat das Arbeitsvertragsrecht viele Gemeinschaftsbezüge in sich aufgenommen: Fürsorge- und Treuepflichten wurden integriert. Seine Verwurzelung im Schuldrecht hat der Arbeitsvertrag jedoch dadurch nicht verloren.
Alle bisherigen Mitbestimmungsregelungen sind gleichsam dem kapitalistischen Unternehmensrecht aufgepfropft. Integriert werden kann die Mitbestimmung aber erst in einem Unternehmensrecht, in dem der Arbeitnehmer endlich als Träger des Unternehmens auch rechtlich anerkannt wird.
Die laboristische Alternative zum geltenden Arbeitsrecht besteht im Austausch des Bestimmungsfaktors Kapital mit dem Faktor Arbeit. So wird im laboristischen Unternehmensrecht das Kapital analog der heutigen Stellung des Faktors Arbeit durch einen Kontrakt an das Unternehmen gebunden, ohne daß aus dieser In-Dienst-Nahme unternehmerische Bestimmungsrechte abgeleitet werden. Kapital wird durch Zinsen dann entgolten wie heute die Arbeit durch Lohn.

Die Funktion des Unternehmers selbst bleibt bei diesem Rollenwechsel zwischen Kapital und Arbeit unberührt. Lediglich seine Legitimation, Einsetzung und Überwachung, wird von Kapital auf Arbeit übertragen.

Mitbestimmung auf Privateigentum angewiesen

Das Mitbestimmungsmodell entspricht nicht dieser laboristischen Alternative zum kapitalistischen Unternehmensrecht. Sie fordert nicht die Alleinbestimmung des Faktors Arbeit. Sie ist damit im Unterschied zu orthodoxen marxistischen Unternehmensmodellen auf die Institution des Privateigentums angewiesen, mit dem sie sich die Legitimationsbasis des Unternehmens teilt. Das Mitbestimmungsprogramm folgt deshalb nicht der klassenkämpferischen Empfehlung nach Vernichtung des Kontrahenten, sondern der partnerschaftlichen Konzeption der Kooperation. Seine geistigen Wurzeln sind deshalb eher in der christlichen Soziallehre als im Marxismus zu suchen. Beide christlichen Kirchen gehörten deshalb schon früh zu den Vorkämpfern der Mitbestimmung. In einer Denkschrift der Evangelischen Kirche Deutschlands aus dem Jahre 1950 heißt es: »Es ist der Sinn des Mitbestimmungsrechtes, das bloße Lohnarbeitsverhältnis zu überwinden und den Arbeiter als Menschen und Mitarbeiter ernst zu nehmen.« Der Bochumer Katholikentag von 1949 hob die Mitbestimmung in die Nähe des Naturrechtes, er nannte die Mitbestimmung »natürliches Recht in gottgewollter Ordnung«.
Schon in der ersten großen Sozialenzyklika »rerum novarum« erklärte Papst Leo XIII. 1891: »So wenig das Kapital ohne Arbeit, so wenig kann die Arbeit ohne das Kapital bestehen.«
Siebzig Jahre später schreibt Papst Johannes XXIII. in »mater et magistra«: »In der menschlichen Natur selbst ist das Bedürfnis angelegt, daß, wer produktive Arbeit tut, auch in der Lage sei, den Gang der Dinge mitzubestimmen und durch seine Arbeit zur Entfaltung seiner Persönlichkeit zu gelangen.«
Paul VI. erklärte 1969 vor der Internationalen Arbeitsorganisation, es sei unsere Aufgabe, allen Arbeitnehmern »eine organisatorische Beteiligung zu sichern, nicht nur an den Früchten der Arbeit, sondern auch an den Entscheidungen über wirtschaftliche und soziale Angelegenheiten, die für deren eigenes Los und dasjenige ihrer Nachkommenschaft von Bedeutung sind«.

Eigentumsrecht begründet kein Verfügungsrecht über Menschen

Die christliche Soziallehre verbindet mit dem Eigentumsrecht kein Verfügungsrecht über Menschen. Wenn zur Handhabung seines Eigentums der Eigentümer auf Dritte angewiesen ist, so müssen mit diesen die Bedingungen ausgehandelt werden, unter denen die Verfügung über Eigentum zustandekommt. Die Arbeitnehmerschaft begnügt sich nicht mehr mit der Forderung nach gerechtem Lohn und menschenwürdigen Arbeitsverhältnissen, sie stellt die Bedingung, bei der Verfügung über Eigentum mitzubestimmen, weil sie in ihrer Existenz von dieser Verfügung betroffen ist.
Partnerschaftliche Mitbestimmung darf nicht mit paternalistischem Wohlwollen verwechselt werden. Partnerschaft, die diesen Namen verdient, ist ein Programm des Machtgleichgewichtes. Freiheit ist immer dann am sichersten, wenn sie von einem System der Machtbalance ermöglicht wird. Machtvorsprünge sind nur in einer »Gesellschaft der guten Menschen« erträglich. Diese kommen in der Wirklichkeit jedoch zu selten vor, als daß man darauf eine Gesellschaft gründen könnte. Gesellschaftsordnungen, die auf »gute Menschen« setzen, waren meist das Ergebnis der mit Usurpation verbundenen Selbsteinschätzung der Herrschenden.

PLURALISMUS

Die klassenkämpferische Gesellschaft wird umso eher überwunden sein, je schneller die Begriffe Arbeit und Kapital nicht mehr Personengruppen eingrenzen, sondern nur noch Funktionen bezeichnen, die an dieselben Personen gebunden sind. Der neue Wirtschaftsbürger vereint in sich die Rollen von Arbeit und Kapital.
Erst dann kann sich jenes pluralistische Spiel entfalten, in dem die Bürger sowohl in der Perspektive des Faktors Arbeit als auch der des Faktors Kapital zu denken gezwungen sind. Ein partnerschaftliches Unternehmensrecht, das auf der Grundlage der Parität von Kapital und Arbeit beruht, schafft dazu die Voraussetzungen. Deshalb kann die Mitbestimmung nicht auf Parität verzichten. Wo eine Seite einen Vorsprung hat, und sei es nur mit Hilfe eines Stimmentscheides, ist die andere von deren Wohlwollen abhängig. Erst von der Parität geht Kooperationszwang aus.
Eine pluralistische Gesellschaft, die partnerschaftlich gestaltet ist, darf nicht verwechselt werden mit Harmonieidylle, wie sie mögli-

cherweise im Arbeitgeberlager vertreten wird. Kapital- und Arbeitsperspektiven sind von Natur aus unterschiedlich, und sie können nicht vorschnell in die Gegensatzlosigkeit aufgelöst werden.
In einer pluralistischen Gesellschaft der Machtbalance verwandelt sich der Klassenkonflikt Arbeit – Kapital in einen Funktionskonflikt. Der partnerschaftliche Pluralismus ist nicht konfliktfrei, wohl aber frei von der Zentrifugalkraft des klassenkämpferischen Antagonismus.
Die Darstellung eines solchen Modells ist keine Zustandsbeschreibung, sondern Vorstellung eines gesellschaftspolitischen Modells der Zukunft, dem wir allerdings dank gewerkschaftlichen Kampfes nähergekommen sind, als es unsere Großväter waren. Die Parität jedoch ist noch nicht verwirklicht. Deshalb sind wir am Ziel eines entwickelten gesellschaftlichen Pluralismus noch nicht angekommen.
Das Mitbestimmungsgesetz aus dem Jahre 1976 hat die Mitbestimmungsverhältnisse nicht grundlegend, sondern nur graduell verändert. Seine Gefährlichkeit besteht darin, daß die zahlenmäßige Gleichheit der Sitze zwischen Arbeitnehmer- und Anteilseignervertretern im Aufsichtsrat mit der Parität verwechselt werden könnte, während die tatsächlichen Verhältnisse mit Hilfe des Stimmentscheides, welcher der Anteilseignerseite zusteht, immer noch disparitätisch sind. Es besteht die Gefahr, daß aus einer solchen optischen Parität, der keine faktische zur Seite steht, eine Korruption der Posten entspringt, die zu einer vorschnellen Beruhigung des Mitbestimmungsverlangens der Arbeitnehmerschaft führt.

Effektivität der Mitbestimmung

Das Programm der Mitbestimmung ist nicht schon erfüllt mit der Parität. Die Parität muß so organisiert sein, daß die Mitbestimmung am Arbeitsplatz ankommt.
Die erste Voraussetzung eines Maximums von Mitbestimmung der Arbeitnehmer ist ein Maximum der Mitbestimmung bei der Auswahl ihrer Vertreter. Das Wahlrecht ist integrierter Bestandteil eines effektiven Mitbestimmungsrechtes und der erste Test des Partizipationseffektes der Mitbestimmung.
Weder die Montan-Mitbestimmung mit ihrem quasi gewerkschaftlichen Delegationsmechanismus noch das Mitbestimmungsgesetz von 1976 mit seiner Vielzahl von unübersichtlichen Wahlgängen, die einem Slalom gleichen, der nur noch von Mitbestimmungsprofis

beherrscht wird, erfüllen die Voraussetzungen einer demokratischen Wahl, zu deren Kriterien seit der Französischen Revolution »geheim, gleich und direkt« gehören. Diesem Urbestand demokratischer Wahl sollte auch das Wahlverfahren in der Mitbestimmung entsprechen.
Die zweite Gefahr für eine effektive Mitbestimmung droht von einem unternehmerischen Management, das vom Aufsichtsrat und den ihm zugedachten Rechten nur ungenügend »eingefangen« wird. Die Emanzipation des Managements vom Aufsichtsrat ist relativ unabhängig von der Zusammensetzung des Aufsichtsrates, deshalb auch relativ unbeeinflußt von der Mitbestimmung.
Das geltende Aktienrecht ist gedanklich konzipiert worden, als Unternehmen in der heute möglichen Größe und technokratischen Struktur nicht vorstellbar waren. Deshalb ist das heutige Aktienrecht veraltet. In der Mehrzahl der Fälle bewertet der Aufsichtsrat längst abgelaufene Vorgänge. Ihm steht kein Initiativrecht zur Verfügung. Die Auswahl der Informationen, die zur Bewertung der Vorstandsvorlage benötigt werden, stammt von eben diesem Vorstand selbst. Es liegt in der Natur einer solchen Informationsorganisation, daß die alternativen Fakten, welche gegen die Vorstandsinformation sprechen, in Gefahr sind, ausgeblendet zu werden. Die Vorlagen selbst erreichen in den meisten Fällen den Aufsichtsrat erst zu einem Zeitpunkt, wo ihre Zurückweisung kaum noch möglich ist, weil sie gleichbedeutend wäre mit der Entwertung langwieriger und kostspieliger Planungsinvestitionen.
Selbst das eindrucksvolle Recht der Vorstandsbestellung verliert – bei Licht betrachtet – sehr viel von seiner Attraktivität. Denn häufig ist die Vorstandsnachfolge das Ergebnis einer langfristigen Personalstrategie des Vorstandes. Den Aufsichtsrat selbst erreicht der Personalvorschlag erst, wenn diese Personalstrategie mit ihren eingebauten Bewährungsproben erfolgreich abgeschlossen ist.
Die Zurückweisung des Vorschlages scheitert in vielen Fällen an dem Mangel vergleichbarer Alternativen. So verwandelt sich die rechtliche Vorstandswahl in eine faktische Selbstkooptation des Vorstandes. Wie sehr der tatsächliche Einfluß des Aufsichtsrates geschwunden ist, beweist das Verhalten vieler Banken. Ihr größeres Interesse gilt »ihrem« Mann im Vorstand, und ihr Hauptbetätigungsfeld sind nicht die Aufsichtsratssitze, sondern die Vorstandskontakte.
Der Aufsichtsrat gerät bei dieser Entwicklung immer mehr in die Nähe einer Alibi-Instanz. Aufsichtsratssitze werden mehr »ehrenhalber« als funktional vergeben und ihre Besetzung selbst von jenem Vorstand mitbestimmt, den sie kontrollieren sollen. So verwandelt

sich der Aufsichtsrat unterderhand immer mehr zu einem Ausschuß zur Pflege der Geschäftsbeziehungen, in dem der Großkunde ebenso vertreten ist wie der Großlieferant. In einem so denaturierten Aufsichtsrat könnte zu gegebener Zeit selbst die Parität wohlfeil zu haben sein, wenn geklärt ist, daß in einem so gestalteten Aufsichtsrat »das Geschäft nicht mehr beeinflußt wird«. John Kenneth Galbraith hat die Emanzipation des Managements von den Kapitalgebern in amerikanischen Großunternehmen auf die Pointe gebracht, daß im Konfliktfalle die Manager eines Großunternehmens die Aktionäre auszahlen und nach Hause schicken könnten, ohne daß das Unternehmen Schaden leiden würde, weil es sich von einer bestimmten Größe an als eine selbständige Technokratie etabliert hat. Von diesem Funktionsverlust des Kapitalgebers könnte eine Mitbestimmung mitbetroffen werden, die ihren Einfluß allein auf die bestehenden Unternehmensorgane fixiert, ohne die Frage zu prüfen, ob für eine tatsächliche Kontrolle des Managements nicht ein neues Unternehmensrecht Voraussetzung ist.

Ausbau der Mitbestimmung ist verfassungskonform

Der pragmatische Sinn der Gewerkschaften muß immun bleiben gegen abstrakte Modellspiele. Ziel ist Machtverteilung durch Gleichgewicht. Organisiert werden muß es im Rahmen eines Unternehmensrechtes, in dem die Mittel diesem Zweck dienen. Eine in sich selbst verliebte Zieldiskussion verliert den Boden der Praxis unter den Füßen, und das wäre das Schlimmste, was der Mitbestimmung passieren könnte.

Das Verfassungsgericht hat der paritätischen Mitbestimmung nicht die Verfassungsmäßigkeit abgesprochen. Im Urteil des Bundesverfassungsgerichtes vom 1. März 1979 wird die Verfassungsbeschwerde der Arbeitgeber zurückgewiesen. Der Vorsprung der Anteilseigner ist nicht zur unabdingbaren Voraussetzung einer weiteren verfassungskonformen Entwicklung der Mitbestimmung gemacht worden. Die Entwicklung der Mitbestimmung zur Parität ist entgegen der Mitbestimmungsklage der Arbeitgeber vom 29. Juli 1977 nicht blokkiert. Es wird von der Kraft und der Phantasie der Gewerkschaften abhängen, ob und wie schnell die Mitbestimmung weiterentwickelt wird.

An der Mitbestimmung scheiden sich die Geister. Rechts von ihr läuft alles auf dem »Herr-im-Hause-Standpunkt«, selbst wenn er

sozial-temperiert dekoriert wird. Links von der Mitbestimmung stehen die Sozialisierungsanhänger, deren Vertrauen zu bürokratischen Lösungen gegen alle Erfahrungen ungebrochen ist.
Ohne Engagement für die Mitbestimmung wird sie zwischen die rechten und linken Mühlsteine geraten.

Aus der »Festschrift für Eugen Loderer«, Februar 1980

Das Modell der Sozialausschüsse der CDA

Im Streit um die Mitbestimmung ist vor einigen Jahren ein Wort lanciert worden, das damals von manchen geradezu emphatisch als Sirene der Entwarnung begrüßt wurde. Rainer Barzel hat den neuen Markenbegriff auf dem Berliner Parteitag der CDU 1968 in die Diskussion eingeführt: »Funktionsgerechte Mitbestimmung«. Gegen Funktionsgerechtigkeit wird sich niemand wehren; mit einer nicht funktionierenden Mitbestimmung ist niemandem gedient. Fragt man jedoch nach dem Ziel, in dessen Dienst die Mitbestimmung funktionieren muß, so zeigt sich, daß »Funktionsgerechtigkeit« nicht weiterhilft, wenn nicht zuvor geklärt ist, wie die unabhängige Variable in der Rechnung heißt. Funktionsgerechtigkeit ist eine Bedingung auf der Ebene der Mittel. Über die Ziele der Mitbestimmung sagt sie nichts. Wer die Mitbestimmung auf Organisationstechniken reduziert, entzieht der Debatte die Wertprämissen; er suggeriert ein technokratisches Verständnis der Wirtschaft; es läßt sich leicht als Stabilisierung des Status quo entlarven. Wer Mitbestimmung nur auf der Ebene der Mittel diskutiert, setzt sich dem Ideologieverdacht aus. Die Ziele müssen angegeben werden, bevor geklärt wird, mit welchen Mitteln die Mitbestimmung funktionsfähig werden soll.

Freiheit als Ziel der Mitbestimmung

Wahre Freiheit ist Selbstbestimmung. Selbstbestimmung unter den Bedingungen der Massengesellschaft verwirklicht sich nicht als private Alleinbestimmung, sondern als soziale Mitbestimmung. Die Mitbestimmung soll die Chancen der Betroffenen erhöhen, am Zustandekommen der Entscheidungen teilzuhaben, denen sie sich selber beugen müssen. Die Mitbestimmung zielt deshalb auf Freiheit ab, und zwar auf eine Freiheit, die nicht beschränkt ist auf Freiheit von Not, von Willkür, auch nicht auf freie Konsumwahl. Freiheit

erreicht in der Selbstentfaltung durch Selbstbestimmung ihre höchste Stufe, gesellschaftliche Freiheit also als Mitbestimmung.
Damit entspricht sie einer allgemein feststellbaren Tendenz. Die Entscheidungsbasen müssen verbreitert werden. Nicht nur mehr Informationen müssen berücksichtigt werden, sondern immer mehr Menschen verlangen, in den Entscheidungsprozeß aktiv integriert zu werden. Die Zurücknahme der väterlichen Autorität des Papstes zugunsten der Kollegialität der Bischöfe kann und muß als eine sehr spezielle Variante der Mitbestimmung verstanden werden. Die Mitbestimmung ist kein Spezialproblem von Gewerkschaften, sondern das Existential einer Epoche.

Humanisierung der Wirtschaft geht vor Produktivität

Der Prozeß der Emanzipation auf Mitbestimmung hin läuft allerdings nicht mit naturgesetzlicher Zwangsläufigkeit ab. Er kann auf mannigfache Weise abgelenkt und umgebogen werden. Denkbar ist ein Staat, der selbst die öffentliche Meinung so wohlfeil produziert, daß sie vom Staatsbürger nur noch konsumiert werden muß. Techniken dazu sind jedenfalls vorhanden und sicherlich auch noch perfektionierbar. Wo nicht die Lust am Mitwirken und der »Geschmack« an der Mitbestimmung, der Wille zu ihr vorhanden ist, ist man für solche Manipulationen anfällig.
Die Nachfrage nach Mitverantwortung entsteht andererseits nicht durch gutes Zureden. »Der Appetit kommt beim Essen«, sagt ein altes Sprichwort. Das Potential der Selbstbestimmung wächst nur in der konkreten Praxis. In einer Gesellschaft, in der der Wohlstand bis zum Überfluß wächst, muß die Bedeutung von Produktionszahlen zurücktreten. Neben das »Wieviel« des volkswirtschaftlichen Ausstoßes tritt das »Wie« des Produzierens: neben die Lohnerhöhung die Mitbestimmung.
Die Mitbestimmung geht nicht auf Kosten der Produktivität, wie auch das Biedenkopf-Gutachten nachgewiesen hat; aber sie wäre auch dann notwendig, wenn wir um ihretwillen auf einen Teil des möglichen Wirtschaftswachstums verzichten müßten. Die Emanzipation hat ihren Preis. Wir müssen klären, was uns die Mündigkeit kosten darf. Man ist den Gegnern der Mitbestimmung bereits auf den Leim gegangen, wenn man sich in einen Beweisnotstand vor den Forderungen der Produktivität versetzen läßt. Die reale Argumentation für die Mitbestimmung muß die Gegner in den Zwang versetzen,

ihre Ablehnung vor der geforderten Humanisierung der Wirtschaft zu rechtfertigen.

Partnerschaft ist kein Besänftigungsmodell

Wenn die Christlich-Demokratische Union »Partnerschaft« als Leitbild ihrer gesellschaftspolitischen Vorstellungen ausgibt, dann muß diese Vorstellung an der des Menschen gebunden sein, der auf freie Selbstverantwortung angelegt ist. Nur dann bezeichnet die Idee der Partnerschaft eine gesellschaftsphilosophische Position, die zur Verabsolutierung des Individuums und zu der des Kollektivs den gleichen Abstand hält. Im Wort Partner sind zwei Aspekte der menschlichen Person vereint, ihre Autonomie und ihre Sozialität. Eine gesellschaftspolitisch relevante Partnerschaft muß sowohl die Selbständigkeit als relative Unabhängigkeit als auch die Solidarität aktivieren, in der die einen auf den anderen wechselseitig angewiesen sind.
Die Gefahr, daß Partnerschaft politisch sentimentalisiert wird, ist groß. Sie ist nicht lediglich Regulativ des Betriebsklimas. Partnerschaft ist ein Ordnungsmodell mit einer strukturverändernden Dimension. Wo ein Partner einen Machtvorsprung hat, sind alle anderen bestenfalls das Objekt von Wohltaten und nicht Träger der gemeinsamen Verantwortung. Nur in der Partnerschaft des Gleichgewichts sind die Partner auf das Miteinander angewiesen und jeder auf Argumentation verwiesen, wenn er seine Interessen in die Entscheidung einbringen will.

Das geltende Unternehmensrecht

Ansatzpunkt für jede Reform ist die gegebene Wirklichkeit, die verändert werden muß. Deshalb genügt der Blick in den Zielkatalog der Mitbestimmung nicht. Die bestehenden – die rechtlichen und tatsächlichen – Verhältnisse müssen erkannt werden, damit die Weiterentwicklung auf das gewünschte Ziel an der richtigen Stelle ansetzt.
Die rechtliche Gestalt des Unternehmens beruht bis heute auf einem Gesellschaftsrecht, das die Eigentümer und ihre Beauftragten in den Vordergrund stellt. Die Arbeitnehmer gehören nicht dazu. »Rechtlich gesehen sind die Beziehungen der Arbeitnehmer zum Unternehmen nicht Teil dieser auf dem Gesellschaftsrecht aufbauenden Orga-

nisation«, so steht es im Biedenkopf-Gutachten. Der Arbeitnehmer ist nicht Mitglied des Unternehmens. Seine Beziehungen zum Unternehmen werden durch einen Arbeitsvertrag geregelt. Dieser ist ein schuldrechtlicher Vertrag: Leistung gegen Gegenleistung. »Er rechnet im Unterschied zu gesellschaftlichen Rechtsbeziehungen zu den sogenannten Austauschverträgen.« (Biedenkopf-Gutachten) Trotz der personenrechtlichen Bezüge des Arbeitsvertrages bleibt der Arbeitnehmer nach der bestehenden Rechtsfiktion ein Außenstehender, der einem Dritten Arbeitskraft zur Verfügung stellt und dafür Lohn erhält.

Prinzipiell steht damit der Arbeitnehmer auf der Stufe eines Lieferanten. Zwar ist die Position des Arbeitnehmers allmählich auf vielfache Weise verstärkt worden. Die Sozialgesetzgebung hat durch Fürsorgepflichten des Arbeitgebers und Schutzansprüche des Arbeitnehmers die Härte des schuldrechtlichen Arbeitsvertrages gemildert. Hinzu kommt, daß die Gewerkschaften die Schwäche des einzelnen durch Sammlung in Kollektivansprüche überwunden haben. Aber es bleibt dabei: Der Arbeitnehmer ist Lieferant von Arbeitskraft und Empfänger von Lohn. »Er ist Gläubiger von Lohnforderungen und Schuldner von Arbeitsleistung.« (Biedenkopf-Gutachten) Diesen Zustand nenne ich einen Skandal, der weder vom partnerschaftlichen Leitbild noch vor einer sozialethischen Position, wenn sie christlich gedeutet sein will, gerechtfertigt werden kann.

Eine kirchliche Stimme dazu: Die Bestimmungsrechte der Kapitaleigner in einem Wirtschaftsunternehmen leiten sich aus dem Eigentum her. Eigentum an Produktionsmitteln stellt aber in der Regel nur zusammen mit menschlicher Arbeitskraft einen Wert dar. Der Begriff des Eigentums schließt nicht das Recht zur Herrschaft über Menschen ein. Wo die Rechte der Kapitaleigner und der Arbeitnehmer aufeinander angewiesen sind, stehen beiden Seiten Mitbestimmungsrechte zu. (»Mitbestimmung in der Wirtschaft«. eine Studie der Kammer für soziale Ordnung, herausgegeben vom Rat der EKD, Nr. 14.)

Effektive Mitbestimmung im Aufsichtsrat nicht möglich

Wer im deutschen Unternehmensrecht das Gleichgewicht der Kräfte etablieren will, muß die Korrektur an der Stelle vornehmen, wo tatsächlich die unternehmerischen Entscheidungen fallen Eine Parität im Kantinenausschuß kann man jeden Tag erhalten. Die landläufigen Mitbestimmungsmodelle wollen die Parität im Aufsichtsrat installieren. Ist aber der Aufsichtsrat die Institution, die die Unternehmenspolitik bestimmt? Die Antwort auf diese Frage ist einerseits durch die Rechtslage, andererseits durch die Wirklichkeit bestimmt. Die Lösung kann nur in einer Rechtslage gefunden werden, die mit der Wirklichkeit übereinstimmt.

Das Aktiengesetz weist dem Aufsichtsrat zwei Aufgaben zu, die Wahl von Vorstandsmitgliedern, unter Umständen ihre Abberufung, sowie die Kontrolle der Vorstandsentscheidungen.

Empirische Untersuchungen beweisen, daß die Einflußnahme des Aufsichtsrates auf die Vorstandsbestellung relativ gering ist. Das zeigt sich schon dadurch, daß Vorstandsmitglieder – einmal bestellt – in der Regel bis zu ihrer Pensionierung im Amt bleiben. »Unternehmer auf Zeit gibt es nicht.« (Siegfried Cassier: »Wer bestimmt die Gesellschaftspolitik der Großunternehmen«, Frankfurt 1962.) Nach dem Gesetz wird zwar der Vorstand auf höchstens fünf Jahre bestellt. Aber der Aufsichtsrat macht von der juristischen Möglichkeit der Kurskorrektur durch Vorstandsveränderungen nur wenig Gebrauch. Offenbar fehlt ihm dazu auch der Überblick über die möglichen personellen Alternativen. Schon vor Jahren stellte der Ausschuß zur Untersuchung der Erzeugungs- und Absatzbedingungen der deutschen Wirtschaft fest: »Die Sachverständigen stimmen darin überein, daß in großen Unternehmen die Ergänzung des Vorstandes mehr und mehr eine Funktion des Vorstandes wird, daß also eine Art Kooptation stattfindet.«

Doch auch die zweite Aufgabe – die Kontrolle des Vorstandes – gibt, bei Licht betrachtet, nicht viel her. Sie bezieht sich zunächst auf bereits realisierte Entscheidungsergebnisse, so auf den Jahresabschluß. Bei bestimmten Fragen, die in der Satzung zu katalogisieren sind, besteht darüber hinaus die Chance einer »mitwirkenden Überwachung der laufenden Geschäftsordnung« (Potthof). Auch hier handelt es sich nicht um ein Initiativrecht: Der Aufsichtsrat »kann die fraglichen Geschäfte durch Versagen seiner Zustimmung verbieten, er kann die Vornahme aber nicht positiv erzwingen«. (Baumbach-Hueck: »Aktiengesetz, Becksche Kurzkommentare«, Bd 23, 13. Auflage, München 1968.) In der Praxis werden dem Aufsichtsrat Alternativen vorgelegt. Der Kreis der zustimmungsbedürftigen Geschäfte darf nach geltender Rechtsprechung nicht so umfangreich sein, daß er auf eine Verschiebung der Zuständigkeiten hinausläuft. Die Zuständigkeit für die Geschäftsführung ist nach Paragraph 111 des Aktiengesetzes ausschließlich dem Vorstand übertragen.

Der Dualismus zwischen Aufsichtsrat und Vorstand hat in den Großunternehmen auch dank des Informationsüberschusses des Vorstandes dazu geführt, daß sich der Aufsichtsrat weitgehend entfunktionalisiert hat; die Manager haben sich der Kontrolle dieses Organs in zunehmendem Maße entzogen. So kann Cassier zu Recht formulieren: »Im typischen Großunternehmen stirbt das Kapitaleigentum als unmittelbare Einflußquelle aus.« Der Aufsichtsrat ist in vielen Großunternehmen ein »Ausschuß zur Pflege der Geschäftsbeziehungen« geworden. (Vergleiche E. Gutenberg: »Funktionswandel des Aufsichtsrates«, in: Zeitschrift für »Betriebswirtschaft«, Ergänzungsheft 1970.) Die Auswahl der durch den Sitz im Aufsichtsrat gleichsam personifizierten Beziehungen wird in den Großunternehmen wesentlich vom Management bestimmt. Die vom Aktienrecht vorgesehene Wahlinstanz Hauptversammlung »wählt« immer noch. Aber dank der vom Vorstand getroffenen »Vorklärungen« ist in vielen Fällen diese Wahl zu einem Zeremoniell geworden, durch das nichts mehr entschieden wird. Auch dieser Vorgang ist ein weiteres Indiz für eine verselbständigte Machtentfaltung des Managements.
Doch soll keineswegs behauptet werden, daß der Einfluß von Großaktionären gänzlich entschwunden sei. Aber wo er sich bemerkbar macht, bedient er sich abermals kapitalloser Funktionäre, nämlich der Manager.
Die Gründe für den schwindenden Einfluß der Anteilseigner und die Emanzipation der Unternehmensführung liegen auch im Zurücktreten des Grundkapitals bei der Finanzierung des Unternehmens, das einerseits stärker sich selbst finanziert und andererseits auf ein vermehrtes Kapitalangebot zurückgreifen kann: »Indem das Großunternehmen sich eine eigenständige Kapitalbasis schafft, die durch erfolgreiche Geschäftstüchtigkeit von selbst immer stabiler wird, entläßt es den Kapitaleigentümer insoweit aus der letzten Funktion, die er im Großunternehmen sinnvollerweise wahrnehmen kann: aus der Rolle des Kapitalgebers.« (Cassier)
Die Eigentümer nehmen deshalb auch in der Mitbestimmungsdiskussion mehr und mehr eine Position ein, die man vorschiebt, um die eigentliche Macht, die des Managements, zu verdecken. Eine effektive Mitbestimmung muß dagegen in einem Organ des Unternehmens institutionalisiert werden, in dem die wirklichen Grundentscheidungen fallen.

Das Modell der CDA-Sozialausschüsse

Die Sozialausschüsse der CDA plädieren deshalb für eine Mitbestimmungsregelung, die den Dualismus Aufsichtsrat/Vorstand beseitigt und ein unternehmerisches Spitzenorgan schafft – das wir Verwaltungsrat nennen –, in dem Kapital und Arbeit gleichgewichtig sind und das Management als dritter Faktor vertreten ist. Dieses Spitzenorgan ist nicht als Kontrollorgan wie der Aufsichtsrat gedacht, sondern als eine Institution, in der die unternehmerischen Grundentscheidungen fallen. Das Management müßte in dieser Institution seine Karten früher auf den Tisch legen, und die Repräsentanten der Anteilseigner und Arbeitnehmer würden bereits bei der Vorbereitung der Entscheidungen in die Führung des Unternehmens integriert. Das Management würde durch die Zusammenarbeit mit »Arbeit« und »Kapital« im Verwaltungsrat in stärkere Kommunikationszwänge gebracht als das durch die Kontrolle des Aufsichtsrates möglich ist.

Der dritte Faktor »Öffentliches Interesse«

Ideologisch ist der springende Punkt das Gleichgewicht von Arbeit und Kapital. Die CDA-Sozialausschüsse haben sich 1967 auf ihrer Bundestagung in Offenburg mit großer Mehrheit (220 gegen 7 Stimmen) für dieses Prinzip entschieden. Aber über das Modell, durch das diese Parität erreicht werden soll, wurde allerdings drei Jahre lang nicht entschieden. Zur Diskussion gestellt war zunächst ein Vorschlag, nach dem die Parität zwischen Arbeit und Kapital durch einen Faktor »Öffentliches Interesse« ergänzt werden sollte.
Die Öffentlichkeit ist in der Tat ein legitimer Partner der Großunternehmen, denn mit ihrer Größe wachsen die Unternehmen über den Rahmen privater Gebilde hinaus. Ihre Bedeutung für ganze Wirtschaftssektoren, ja für ganze Regionen ist unbestreitbar. Allein von der Firma Siemens hängen 30 000 Zulieferanten ab; sie fühlen sich wohl alle als selbständige Unternehmer, sind aber tatsächlich häufig nur Filialleiter. Unbemerkt entsteht durch Konzentrationen und Verflechtungen so etwas wie ein neues Lehenssystem. Die Sozialausschüsse wollten durch die Einbringung des dritten Faktors »Öffentliches Interesse« dafür sorgen, daß das Gemeinwohl auch unternehmensintern artikuliert werden kann. Der Vorschlag scheiterte jedoch an den für die pluralistische Gesellschaft typischen Definitions-

schwierigkeiten, in denen sich natürlich die ganze Kompliziertheit dieser Gesellschaft ausdrückt. Wer vertritt in ihr einen den Partialinteressen übergeordneten Standpunkt, den er autonom bestimmt?
In jenem Vorschlag war vorgesehen, das Vorschlagsrecht für die Besetzung der dritten Bank den Parlamenten zu geben. Doch die Diskussion hat gezeigt, daß auf diese Weise eine neue »Ehrenloge« entstehen würde: die Rathausfraktion würde auf jener dritten Bank Platz nehmen. Dem Öffentlichen Interesse einen Platz innerhalb des Großunternehmens einzuräumen, bleibt jedoch weiterhin diskutabel.
Die Korrektur des ursprünglichen Vorschlages der Sozialausschüsse ist das Ergebnis von Diskussionen. Es ist keine Schande, aus Erfahrung klüger zu werden.

Das Management in neuer Rolle

Die Erfahrungen haben einerseits gezeigt, daß das Management ein bisher unterschätzter Machtfaktor ist, andererseits, daß der Aufsichtsrat nicht der Ort ist, an dem es »gebändigt« werden kann, indem es sich mit den Interessen von Arbeit und Kapital abstimmt. Dieser dritte Faktor Management ist keineswegs eine interessenneutrale Instanz, aber ihre Interessenrichtung ist nicht von Natur aus mit der der Anteilseigner identisch. Ein Mitbestimmungsmodell, das die drei Faktoren Arbeit, Kapital, Management integriert, muß faktisch und rechtlich das Management aus der Abhängigkeit von den Anteilseignern befreien. Die Berufung ins Management muß von der Zustimmung der beiden Seiten Kapital und Arbeit abhängig gemacht werden.
Das Engagement sowohl der Anteilseignervertreter als auch der Arbeitnehmervertreter müßte in dem neuen unternehmerischen Spitzenorgan »Verwaltungsrat« allerdings größer sein, als das im Aufsichtsrat bei dessen beschränkten Aufgaben nötig war. Der Einfluß der Arbeitnehmer und der Anteilseigener durch Mitwirkung bei der Entscheidung selbst wird stärker sein als das bei der nachträglichen Bewertung bereits vollzogener Entscheidungen im Aufsichtsrat möglich ist. Über die Beteiligung am Verwaltungsrat dringen Arbeitnehmer und Anteilseigner von der Mitaufsicht zur Mitbestimmung vor.

Die Entwicklung der Mitbestimmung ist nicht abgeschlossen

Die Mitbestimmungsdiskussion wird erst zur Ruhe kommen, wenn das Gleichgewicht von Kapital und Arbeit hergestellt ist. Doch jeder Idee bietet sich nur in einem begrenzten Zeitraum die Chance, Wirklichkeit zu werden. Es könnte sein, daß in dieser schnellebigen Zeit die Realisierungsfristen noch kürzer werden. Wenn die Mitbestimmung in dem verkürzten Zeitraum nicht Formen annimmt, die den Begriff rechtfertigen, werden andere Ideen, und zwar mit sicher mehr Anziehungskraft als bisher, an die Stelle der Mitbestimmung treten.

Wer Mitbestimmung will, muß sie »jetzt« durchsetzen. Die Gewerkschaften dürfen sich keine parteipolitischen Fesseln anlegen lassen. Sie sind nicht Fortsetzung einer Regierungskoalition mit anderen Mitteln, sondern eine parteipolitisch unabhängige Kraft.

Der Soziale Katholizismus sollte ungebunden von parteipolitischen Rücksichten und taktischen Zwängen die Forderungen stellen, die in dieser Zeit gestellt werden müssen. Unser gesellschaftliches System wird an Verkalkung zugrunde gehen, wenn es nicht Gruppen gibt, die ohne Rücksicht auf Beifall die gesellschaftliche Diskussion in Bewegung halten. Eine christliche Unternehmens-Struktur wäre irreal, ja unsinnig. Aber Christen könnten in allen Gruppen, die für die Humanisierung der Arbeits- und Wirtschaftswelt ansprechbar sind, das Salz sein.

Aus »Frankfurter Hefte« 6/1971

Mitbestimmung am Arbeitsplatz

Das Bedürfnis nach mehr Mitsprache muß zunächst im elementaren Vitalbereich des Bürgers geweckt werden. Was nicht heißt, daß wir Selbstbestimmung auf jenen Schrebergarten des unmittelbar Erreichbaren beschränken.

Der Arbeitsbereich ist eben jener elementare Bereich, in dem der Mitbürger, der Arbeitnehmer, Herrschaft erfährt. Herrschaft nicht in Glanz und Glorie, sondern Herrschaft in der bescheidenen Form des Vorarbeiters, des Meisters, oder wie immer jene kleinen Götter des Alltags heißen, die aber den Alltag bestimmen. Es käme darauf an, auch jene »Götter« in eine doppelte Abhängigkeit zu bringen, daß die Vorgesetzten sich nicht nur sehen in einer Berufung durch die Unternehmensleitung, sondern sich auch abhängig sehen von denjenigen, denen sie vorgesetzt sind.

Nun ist das keine Frage – wie ich glaube – des guten Zuredens und des Appells, sondern es ist eine Frage an die Institutionen.

Ich stehe hier vor Ihnen nicht mit perfekten Rezepten, das wäre auch merkwürdig, denn auf diesem Feld haben wir bisher so gut wie nichts getan, sondern nur mit einem Angebot möglicher Experimente. Denn ich glaube nicht, daß wir am Reißbrett diese Frage entscheiden können, sondern daß wir die Grenze abtasten müssen, an der Partizipation am Arbeitsplatz möglich ist.

Die Arbeitsgruppe nicht nur als Produktionsfaktor

Ich verweise darauf, daß in einer Hamburger Firma, den Hauni-Werken, vor nicht allzu langer Zeit das Experiment gestartet wurde, die unmittelbar Vorgesetzten dem Vetorecht der Betroffenen auszusetzen. Das bedeutet in der Praxis, daß die Unternehmensleitung weiterhin den Vorgesetzten einsetzen kann, daß die Arbeitsgruppe allerdings das Recht hat, ihn abzulehnen, daß es eine Probezeit gibt nicht nur in Richtung der Unternehmensleitung, sondern ebenso eine Probezeit für den Vorgesetzten gegenüber denjenigen, denen er vorgesetzt ist. Es läßt sich heute schon sehr viel mehr auf der kollegialen Herrschaftsebene organisieren mit Hilfe der Organisationsformen Teamarbeit und Koordination – dieses Feld ist so gut wie nie unbestellt. Aber die Arbeitsgruppen sind bis heute weitgehend nur als Produktionsfaktor gesehen worden. Es ist auch nicht zu leugnen, daß die Arbeitnehmer selbst sich vornehmlich als Lohnempfänger verstanden haben und deshalb vornehmlich Nachfrage entwickelt haben nach mehr Lohn.

Mitbestimmung bei der Vorbereitung der Planung

Es genügt heute nicht mehr, nur Anteile am materiellen Fortschritt der Wirtschaft zu fordern, es muß die Nachfrage geweckt werden, auch mitzubestimmen im human menschlichen Bereich des Betriebes. Im Betrieb ist auch ein Erfahrungsschatz vorhanden, der so gut wie nicht genutzt wird.
Man sollte den Arbeitsgruppen das Recht einräumen, bei betrieblichen Planungen, die ihren Arbeitsplatz verändern, mitsprechen zu können. Hier ist ein Potential an Wissen vorhanden, das zum Teil auf Grund langjähriger Berufserfahrungen erworben ist, das von den Planungsabteilungen in keiner Weise genutzt wird. Meine Forderung zielt auch nicht darauf, diese Planungsabteilungen außer Betrieb zu setzen, sondern ist lediglich die Forderung, daß Planung nicht über die Köpfe der Betroffenen hinweg getätigt werden darf, sondern daß das Gespräch, die Mitsprache, Vorbedingung der Planung ist. Und ich begründe das keineswegs nur aus betriebswirtschaftlichen Gründen, obwohl dieser Gesichtspunkt auch sicherlich eine Rolle spielt, sondern ich begründe es von unserem Ausgangspunkt her: das Bedürfnis nach mehr Mitbestimmung zu wecken.

Aus »Hessische Hochschulwochen für sozialwissenschaftliche Fortbildung«, 24. - 30. Oktober 1971, Bad Sooden-Allendorf, Verlag Dr. Max Gehlen 1972

Überbetriebliche Mitbestimmung

Die dritte und von mir nun zum Abschluß darstellbare Ebene der Mitbestimmung, das ist die sogenannte Ebene der überbetrieblichen Mitbestimmung. Ich weiß, daß der Terminus etwas mißverständlich ist, aber wir sollten ihn als eine Verständigungshilfe benutzen.
Es dreht sich darum, daß auf der öffentlich-rechtlichen Ebene die Arbeitnehmer ebenso vertreten sind, wie die Unternehmer. Die Arbeitgeber haben es verstanden, ihre Interessen auf sehr viele Rollen zu verteilen. Wer dies anzweifelt, dem rate ich, sich die Tischliste der Konzertierten Aktion einmal anzusehen. Da tritt der Deutsche Industrie- und Handelstag, der Zentralverband des Deutschen Handwerks, der Bundesverband der Deutschen Industrie, die Bundesvereinigung der deutschen Arbeitgeberverbände auf; ich behaupte nicht, daß es zwischen den verschiedenen Institutionen keine Differenzen im Detail gäbe, aber die Interessensrichtung ist dieselbe.
Die Arbeitnehmer dagegen haben es nicht verstanden, ihre Interessen auf ebensoviele Rollen zu verteilen. Und die Kammern, die hier im Mittelpunkt der Kritik stehen, sind immer noch mit einem ungeheuren Vertrauensvorsprung ausgestattet, was offenbar damit zusammenhängt, daß alles, was öffentlich-rechtliches Gewand trägt, von den Bürgern – das müssen Sie ja noch besser beurteilen können als ich – doch in der Nähe des Gemeinwohls angesiedelt wird. Ja, Sie können dies feststellen – eine Stellungnahme der Vereinigung der deutschen Arbeitgeberverbände ist einem sehr viel kritischeren Blick der Öffentlichkeit ausgesetzt, als eine Stellungnahme des Deutschen Industrie- und Handelstages, und ich kann Ihnen dafür praktische Beispiele liefern, obwohl auch die Stellungnahme des Deutschen Industrie- und Handelstages keine interessensneutrale Stellungnahme ist, weil es so etwas nicht gibt, sondern eine Stellungnahme aus der Optik der Arbeitgeber. Nun ist die Frage, wie man das verändern will.

Dies wäre möglich, indem man die Kammern paritätisch besetzt. Dagegen gibt es den Einwand, daß es offenbar möglich ist, diese Kammern zu unterlaufen – der Apparat ist traditionell sehr stark arbeitgeberverflochten. Die Alternative zur paritätischen Kammer ist, neben die Arbeitgeber-Kammern die Kammern der Arbeitnehmer zu setzen als eigene Institution, die mit den Unternehmerkammern sich dann Aufgaben teilen müssen.
Auf keinen Fall kann es so bleiben wie bisher, daß z. B. die berufliche Bildung, die Lehrlingsausbildung den Kammern übertragen bleibt. Auch wenn es durch das Berufsbildungsgesetz paritätische Ausschüsse gibt, so sind diese paritätischen Ausschüsse doch an den Haushalt der Arbeitgeber gebunden, nämlich an den Haushalt der Kammern. Auf alle Fälle müssen solche Aufgaben den Kammern der Unternehmer weggenommen werden, weil die Kontrolle der Berufsausbildung nicht am besten bei denjenigen aufgehoben sein kann, die zu kontrollieren sind, bei den Arbeitgebern. Hier – glaube ich – ist ein typisches Beispiel, wie Aufgaben neu und in die Parität verlagert werden müssen, in eine echte Parität.
Diese Kammern werden sicherlich ein Bedürfnis erfüllen müssen, das im Wachsen begriffen ist, nämlich das Bedürfnis nach Beratung, und zwar sowohl der Beratung der Parlamente wie des einzelnen Mitbürgers.
Der Parlamentarier der Zukunft wird sich ja einem immer komplizierteren Gesetzgebungsweg gegenübersehen, was damit zusammenhängt, daß unsere Gesellschaft sich differenziert, und eine differenzierte Gesellschaft kann adäquat von Gesetzen nur eingefangen werden, wenn auch die Gesetze differenziert sind. Der Nachteil der Differenzierung in bezug auf die Durchschaubarkeit muß kompensiert werden durch eine verstärkte Beratung. Und deshalb müssen die Arbeitnehmer mit Stellungnahmen im Spiel sein, wie es die Arbeitgeber bisher schon sind, auch der einzelne Arbeitnehmer selbst hat ein verstärktes Beratungsbedürfnis. Die Arbeitnehmerkammer des Landes Bremen hat allein im Jahre 1969 acht Millionen DM Lohnsteuerjahresausgleich für die Betroffenen – wenn Sie den Begriff erlauben – sozusagen »herausgeholt«. Die besten Gesetze nützen nichts, wenn die Bürger von den Möglichkeiten keinen Gebrauch machen.
Von den Arbeitnehmerkammern sind zweifellos die Gewerkschaften betroffen. Nur glaube ich, dies dürfte keine Konkurrenz-Institution werden. Die Gewerkschaften müßten darauf achten, daß diese Arbeitnehmerkammer in ihrer Hand bleibt. Im übrigen sollten die

Gewerkschaften auch einsehen, daß sie in dieser Dienstleistungsgesellschaft nicht alle Sektoren besetzen können, und sich deshalb konzentrieren müssen auf ihre wesentlichen Aufgaben, die sicherlich auch in einer betriebsnahen Tarifpolitik liegen. Eine Tarifpolitik, die keineswegs nur als Lohnmaschine betrieben wird, sondern die viele Lücken ausfüllt, die der Gesetzgeber mit seinen globalen Maßnahmen gar nicht erreichen kann. Sie sehen also, daß in diesem Thema Mitbestimmung auch die Stellung der Gewerkschaften betroffen ist. Es wäre merkwürdig, wenn die Gewerkschaften behaupten könnten, alles muß sich ändern, nur wir bleiben die alten. Auch die Gewerkschaften müssen über ihr verändertes Selbstverständnis in einer sich ändernden Gesellschaft nachdenken.

Aus »Hessische Hochschulwochen für sozialwissenschaftliche Fortbildung« 24. - 30. Oktober in Bad Sooden-Allendorf,
Verlag Dr. Max Gehlen 1972

Soziale Sicherheit

QUINTESSENZ

»Eine Gesellschaft ohne Gemeinschaft ist kostenträchtig. Wo die kleinen Netze versagen, müssen die großen teuren gespannt werden. Der Abbruch der Familie ist ein sozialpolitisch teures Unternehmen. Die Rückkehr der Familie in den Lebenszusammenhang könnte auch eine sozialpolitische Entlastung sein. Für eine Aufwertung der Familie kann der Staat nur die materiellen Bedingungen schaffen, der Rest – ist von der Wertschätzung abhängig, die nicht eine Funktion des Geldes ist.

Die größeren Aufgaben der Sozialpolitik liegen in einer gesellschaftlichen Aufwertung der kleinen Gemeinschaften: Familie, Schule, Nachbarschaft, Betrieb.

Das Auseinanderfallen der Lebenszusammenhänge ist nicht nur eine Frage des Geldes, sondern viel eher die Folge jeder gigantischen Selbstüberschätzung der Mammutorganisationen, deren Größe mit der Spurenlosigkeit des Menschen erkauft wurde.

Vielleicht ist der Ausbruch in die Aggression eine letzte verzweifelte Erinnerung an die mitmenschliche Aufmerksamkeit, auf die die Sozialpolitik angewiesen ist.«

Gegen die sozialpolitischen Simplifikateure

Den Sozialstaat gibt es so wenig als isolierte Größe wie die Sozialpolitik auf einer politischen Insel angesiedelt ist. Eine Sozialpolitik, die sich aus dem gesamtgesellschaftlichen Zusammenhang lösen wollte, wäre nicht nur kostspielig, sondern auch ungerecht. Sie wäre kostspielig, weil es zum Beispiel teurer ist, Arbeitslose zu bezahlen als Vollbeschäftigung zu ermöglichen. Sie wäre menschlich unzumutbar, weil sie sozusagen die Wunden einprogrammieren würde, die sie zu heilen sich anschickte. Insofern könnte man als Utopie formulieren, die beste Sozialpolitik ist die, die sich selbst überflüssig macht. Zweifellos eine Utopie. Aber richtig ist, daß eine gute Wirtschaftspolitik auch gute Sozialpolitik ist, wobei dieses »gut« zu qualifizieren wäre. Eine florierende Wirtschaft ist zwar Voraussetzung einer guten Sozialpolitik, aber eine florierende Wirtschaft ist noch nicht die Erfüllung unserer gesellschaftlichen Ziele. Und nicht alles vermag die Wirtschaft zu lösen, weil der Mensch – ich bewege mich in Stichworten vorwärts – nicht allein vom Brot lebt.
Wenn von der Krise des Sozialstaates gesprochen wird, so müßte gefragt werden, ob sie eine isolierte Krise eines politischen Bereiches ist oder Spiegelbild einer allgemeinen Krise, die sich in der Sozialpolitik besonders augenfällig zum Vorschein bringt.

Krise: Umbruch oder Zusammenbruch

Die Behauptung, daß unsere Zeit eine Zeit der Krisen sei, ist nicht sehr originell. Denn es gab so gut wie keine Zeit, die sich nicht selbst als Krisenzeit empfunden hat. Nur manche waren es eben auch und andere waren es nicht. Ob die unsrige das wirklich ist, was wir vermuten, werden spätere Zeiten treffender feststellen können als wir. Die Geschichte bewegt sich nicht mit der Kontinuität eines Naturprozesses vorwärts, sondern in Schüben und Sprüngen.

Es gibt mehrere Anzeichen, daß wir wieder einmal springen müssen, weil wir an einer historischen Wende stehen. Das Industriesystem, das staunenswerte Leistungen hervorgebracht hat, ist offenbar an seine Grenzen gestoßen. Das Motto: Immer größer, immer höher, immer schneller, von dem die letzten 400 Jahre fasziniert waren, verliert seine Plausibilität. Wir haben das, so glaube ich, zum erstenmal mit der Eindringlichkeit eines existentiellen Lehrmittels im herbstlichen Fahrverbot des Jahres 1973 erlebt. Das Manöver der Ölscheichs hat uns gelehrt, was wir zwar immer alle wußten, nur offensichtlich nicht akzeptierten, daß die Energievorräte dieser Welt nicht unbegrenzt sind. Und ich halte es für eine relativ belanglose Diskussion, ob sie hundert Jahre reichen, zweihundert oder dreihundert Jahre. Das ändert an der prinzipiellen Einsicht nichts, daß die Welt ein endlicher Raum ist.

Auch im Bereich der Rohstoffe sind diese Erfahrungen bestätigt. Wir können uns die Erfolgsmuster einer Wegwerfgesellschaft nicht mehr leisten. Sechs Prozent der Weltbevölkerung, die Einwohner der Vereinigten Staaten, verbrauchen 40 Prozent des Weltrohstoffvorrats. Schon allein diese Relation zeigt uns, daß als globales Muster das Industriesystem untauglich ist.

Und die Umweltbelastung liefert das Lehrmittel Nummer 3. Die unliebsamen Folgen der modernen Industrieproduktion werden in zehn Jahren wahrscheinlich schon ein Fünftel der Produktivität verbrauchen. Die Umweltbelastung wächst schneller als die Produktivität, so daß der Zeitpunkt denkbar ist, wo die Kuh mehr Futter frißt als sie Milch gibt. Nur haben wir im Unterschied zum Bauern, der in diesem Fall die Kuh schlachtet, nicht die Chance, die Gesellschaft aufzulösen. Der industrielle Fortschritt ist in die Sackgasse geraten. Wenn die Sozialpolitik ein Kind ihrer Zeit ist, so sind die Lösungen ihrer Probleme aus den Mustern zu entnehmen, die nicht allein für sie gelten.

Die alten Lösungen

Hilfe ist nicht zu suchen bei den ideologischen Dogmatikern. Ihre Rezepte sind gewachsen auf dem Boden des industriellen Fortschrittes. Kapitalismus und Sozialismus sind die siamesischen Zwillinge dieser Zeit. Auch der dogmatische Sozialismus träumt von der Befreiung der Produktivkräfte, in der die hemmenden kapitalistischen Produktionsverhältnisse abgestreift werden, um so ungehemmt freigesetzt das Glück zu produzieren. In den ideologischen Schattengefechten spielt das Wort Kapitalismus offenbar jene Funktion, die in alten Märchen die bannlösende Beschwörung übernommen hatte. Wie im Rumpelstilzchen! Man muß das Übel nur benennen, und schon ist es verschwunden. Der Verbalfetischismus verwechselt Wort und Wirklichkeit. Wir werden also nicht mit der Produktion dogmatischer Vorurteile das Problem der Zeitenwende in den Griff bekommen.

Die andere Alternative, das Krisenmanagement, scheint durch Geschäftigkeit die Unsicherheit nur zu vergrößern, deren Ausdruck sie selber ist. Die Macher haben im Grunde nur eine Alternative: weitermachen. Entweder den Ausstoß steigern oder abbauen, aber im Bannkreis der materiellen Verteilung zu bleiben. Ihr bevorzugtes Instrumentarium ist das Gasgeben oder Bremsen. Umstellen und Umdenken ist aus dem Horizont der Möglichkeiten verschwunden.

Erste Macher-Alternative: Steigerung des sozialpolitischen Ausstoßes. Wir können uns aber keine Sozialpolitik mehr leisten, die die sozialen Probleme durch Gratifikation löst: Wer immer protestiert, wird materiell befriedigt. Dieser Weg ist uns versperrt, ganz einfach, weil unsere Vorräte, auch unsere sozialpolitischen Vorräte, nicht unendlich sind. Wenn wir z.B. die Zuweisungen an die Bundesbahn genauso überproportional steigen ließen im Verhältnis zum Haushaltszuwachs wie in den Jahren 1969-1974, dann würde im Jahre 2000 der gesamte Haushalt als Zuschuß für die Bundesbahn verbraucht werden. Der Staat wäre sozusagen ein Unternehmen zur Finanzierung der Bundesbahn. Unsere Lohnsteuerkarte wäre sozusagen dann die Fahrkarte. Und wenn wir in der Expansion des öffentlichen Dienstes das gleiche Tempo beibehalten, würde im Jahre 2000 die Hälfte des Haushaltes für Personalausgaben verbraucht. Die Bildung würde den Haushalt zu 45 Prozent auffressen, die Subventionen zu 40 Prozent. Die nüchternen Zahlen beweisen, daß wir nicht einfach weitermachen können. Das alte Zutrauen, es ist immer gutgegangen, also wird es auch in Zukunft gutgehen, erweist sich als Illusion.

Es bleibt uns als zweite Alternative der Vorschlag, einfach das Niveau der Sozialpolitik abzusenken. Reduzierung als Allheilmittel. Ich will einem voreiligen Beifall an dieser Stelle erst einmal entgegenwirken, indem die Proportionen vorgeführt werden. Es ist nämlich keineswegs, entgegen populären Vorurteilen, der Sozialhaushalt, der sich überproportional in den letzten Jahren ausgedehnt hat. Im Bildungswesen sind die Steigerungsraten nach dem Finanzbericht der Bundesregierung von 1969 bis 1974 rund 173 Prozent, im Bereich

Energie, Wasserwirtschaft, Gewerbedienstleistung 104 Prozent, und im Bereich Wirtschaftsunternehmen, allgemeines Grundkapital und Sondervermögen ist die Steigerungsrate bei 139 Prozent angekommen. Bei den Sozialausgaben dagegen sind es nur 53 Prozent.
Es ist auch nicht so, daß die Belastung des Arbeitnehmers allein durch Sozialabgaben überproportional gewachsen wäre. Die Lohnsteuer ist in den Jahren 1950 bis 1974 um 250 Prozent gestiegen. Die Sozialausgaben dagegen um 50 Prozent. Auch in den letzten Jahren erweist sich die Sozialabgabenerhöhung unterproportional gemessen an der allgemeinen Steuererhöhung. Dies allerdings nur zur Proportionsbestimmung.
Die wichtigere Frage ist die: können wir uns ein Absenken, also eine einfallslose Niveauabsenkung erlauben in einer Gesellschaft, in der es noch immer Armut gibt?

Die sozialen Konflikte werden härter

Armut ist zwar nicht mehr die große Massenerscheinung, aber Armut lebt verschämt am Rande der Gesellschaft. Und so klein ist diese Armut gar nicht, wie wir allesamt glauben. Auch dies wieder in Zahlen: 1,1 Millionen Rentnerhaushalte, das sind 14,4 Prozent aller Rentner und 2,3 Millionen Personen, leben mit einer Rente unter dem Sozialhilfesatz. Zwei Drittel der Witwen leben mit einer Witwenrente unter dem Sozialhilfesatz. Bei rund 2 Millionen Haushalten, das sind 6 Millionen Personen, lagen 1974 die monatlichen Nettoeinkommen unter den Bedarfssätzen der Sozialhilfe. Und es zeigt sich in einer Untersuchung, die in Dortmund vorgenommen wurde, daß die sozialen Folgen der Inflation ganz besonders hart bei den Armen durchschlagen. Die Mieten – nach der Untersuchung von »Infas« – sind bei denen, die unter der Armutsgrenze liegen, in den letzten zwölf Monaten stärker gestiegen als bei denen, die über der Armutsgrenze liegen. 40 Prozent der Armen mußten eine Mieterhöhung in Kauf nehmen, während der Normaldurchschnitt bei 28 Prozent liegt. Und es ist »merkwürdig«, daß in jenen Stadtvierteln, die saniert werden müssen, vornehmlich die Armen zu finden sind. 44 % der Einwohner sind Familien mit Kleinkindern, 25 % Kranke und Kränkliche. So sozial befriedigt, wie viele annehmen, ist unsere Gesellschaft nicht, und es macht für den Betroffenen relativ wenig aus, ob er einer von Millionen Armen ist oder einer von hundert.

Das soziale Engagement darf nicht erst in Bewegung kommen, wenn Massenarmut auf dem Markt der öffentlichen Aufmerksamkeit zum Spektakel fähig ist.
Vor einer einfachen Absenkung des Sozialniveaus müßte auch gewarnt werden, weil in der Sozialpolitik zur Stabilität ein gewisses Maß an Kontinuität gehört. Wir können also unser Sozialsystem nicht einfach auf den Kopf stellen. Soziale Sicherheit hängt nämlich nicht nur von der Höhe der »materiellen Wohltaten« ab, wie das etwas arrogant formuliert wurde, sondern von der Zuverlässigkeit und Durchschaubarkeit des Sozialsystems.
Ich glaube, daß die sozialen Konflikte in einer postindustriellen Gesellschaft härter werden, weil wir einfach nicht mehr aus dem Vollen schöpfen können. In einer wachsenden Wirtschaft bezieht der Bürger einen Teil seiner sozialen Zufriedenheit aus dem Vergleich seiner gegenwärtigen Lage mit der vergangenen. Indem der Bürger erfährt, daß es ihm heute besser geht als gestern und es ihm gestern besser ging als seinem Vater, Groß- und Urgroßvater, entnimmt er aus der erreichten Lebensstandardsteigerung einen Teil seines Fortschrittsbewußtseins. Wenn die Wachstumsraten jetzt abnehmen, wird allerdings der Blick zum Nachbarn und der Vergleich mit den sozialen Verhältnissen anderer wieder wichtiger. Veränderungen der eigenen Position gehen dann wieder mehr zu Lasten des Besitzstandes anderer, und genau dies liefert den sozialen Sprengstoff. Deshalb glaube ich, daß eine prinzipielle Sozialpolitik in Zeiten verlangsamten Wirtschaftswachstums lebenswichtiger ist als in der Epoche des rasanten Aufstiegs.

Bestimmung der künftigen Sozialpolitik

Die zukünftige Sozialpolitik wird drei Bedingungen beachten müssen:

1. Lösungen sind nur noch als differenzierte Vorschläge möglich. Differenzierung entspricht dem Prinzip der Gerechtigkeit.

2. Die sozialen Mittel werden rationeller eingesetzt werden müssen. Dies entspricht der Situation der Knappheit.

3. Verantwortung wird in der Sozialpolitik wichtiger. Dies entspricht dem Prinzip der Freiheit, dem unsere Sozialpolitik verpflichtet ist.

Differenzierung bedeutet, daß es in keinem dieser beiden Bereiche ein Simsalabim gibt, das alle Probleme löst, und ich möchte die allgemeine Warnung aussprechen vor Politikern, die mit Simsalabim-Rezepten arbeiten, weil sie der notwendigen Differenzierung nicht gerecht werden. Und unsere Probleme sind leider oder Gott sei Dank nicht so einfach, daß wir ohne Differenzierung auskämen.

Gesundheitspolitik

In der Gesundheitspolitik sind es vier Komplexe: Krankenhaus, Arzneimittel, Ärzte, Patienten. Ich orientiere mich in meiner Darstellung an der Reihenfolge der Ausgabensteigerungen. Zwischen 1960 und 1974 sind die Ausgaben im Krankenhaus um 1700 Prozent gestiegen, für die Arzneimittel um 1400 Prozent und für die Ärzte um 1200 Prozent.

Krankenhaus:

Erstes und auffälligstes Kriterium: Die Verweildauer in deutschen Krankenhäusern ist die höchste, wenn man sie mit vergleichbaren Staaten in Beziehung setzt. Wir haben eine durchschnittliche Verweildauer von 18,3 Tagen. In den Vereinigten Staaten kommt der Patient mit neun Tagen aus. Wenn es uns gelänge, die durchschnittliche Verweildauer im Krankenhaus um einen Tag zu senken, hätten wir in der Krankenversicherung eine Ersparnis von einer Milliarde. Lösungsvorschlag: Ein degressiver Pflegesatz könnte der Versuchung entgegenwirken, in der offenbar viele Krankenhäuser stehen, den Patienten länger zu halten als es gesundheitspolitisch notwendig ist, weil es ertragreicher ist. Der wirtschaftliche Ertrag für das Krankenhaus wächst mit der gesundheitlichen Besserung des Patienten. Deshalb gilt für den Normalfall: Je länger, um so billiger.
Es ist auch die Frage, ob wir nicht ein sehr viel differenzierteres Krankenhausangebot brauchen. Der Pflegefall muß nicht in einem hochtechnisierten Krankenhaus untergebracht werden, das womöglich apparativ ausgestattet ist für Herzchirurgie und Herztransplantationen. Differenzierung erweist sich unter diesem Aspekt auch als ein Element der Rationalisierung.

Rationalisierungen sind auch insofern möglich, als wir zu einer stärkeren Kooperation zwischen ambulanter und stationärer Versorgung des Kranken kommen müssen. Ich habe nie die Notwendigkeit von Doppel- und Dreifachdiagnosen verstanden, die vom Hausarzt, vom Krankenhausarzt mit allen Apparaten, die dafür nötig sind, betrieben werden und nichts anderes als eine Art von Geldverschleuderung sind.

Arzneimittel:

Der Verbrauch an Arzneimitteln hat sich in den letzten vier Jahren verdoppelt. Nach einer Untersuchung aus den Vereinigten Staaten – und alle Anhaltspunkte sprechen dafür, daß es auch bei uns nicht anders ist – entsprachen von den in den letzten 18 Jahren auf den Markt gekommenen pharmazeutischen Produkten nur fünf Prozent einem wirklichen medizinisch-wissenschaftlichen Fortschritt. Alle übrigen, also die 95 Prozent, waren im Grunde nichts anderes als Modifikationen und Kombinationen, also Produktdifferenzierungen. Und dies hat dazu beigetragen, den Markt unübersichtlicher zu machen. Die Pharma-Industrie hat im übrigen ihren Umsatz in Deutschland von 1951 bis 1972 um das Elffache erhöht, während in der gleichen Zeit das Sozialprodukt um das Siebeneinhalbfache zugenommen hat.
Bezweifelt darf werden, ob auf dem Pharma-Markt jener übertriebene Werbeaufwand getrieben werden muß, der offensichtlich nicht dazu beiträgt, für Markttransparenz zu sorgen. Der Arzt erhält nach sachkundigen Schätzungen pro Tag 32 Werbemitteilungen. Der Aufwand der pharmazeutischen Industrie gehört zu den Spitzenleistungen. 14,8 Prozent des Umsatzes gehen in die Werbung. Die Tabakindustrie, die als sehr werbeintensiv gilt, kommt mit 5,6 % aus.
Es darf auch der Verdacht geäußert werden, daß das Wort Markt in Verbindung mit Arzneimitteln nur eine verschönernde Funktion hat. Sehr viel eher kann von einer Arbeitsteilung gesprochen werden: Der Arzt verschreibt, die Apotheke gibt aus, der Patient erhält und die Krankenkasse bezahlt. Daß auf diese Weise ein Kostendruck entsteht, ist plausibel.
Wenn wir den Arzneimittelpreisanteil um 1,5 Prozent senken würden, kämen wir zu einer Ersparnis von 3,3 Milliarden in der Krankenversicherung. Allein diese Zahl zeigt, daß Kostenentlastungen auch im Bereich der Pharmaprodukte gesucht werden müssen.

Arzt:

Es ist auffällig, daß die Schere der Entlohnung zwischen dem Allgemeinarzt und dem Facharzt immer weiter auseinandergeht, und es ist zu fragen, ob dies das Ergebnis nicht einer überholten Honorarabrechnung ist, die sozusagen den apparativen Teil der Medizin überbewertet und damit den Arzt als Gesprächspartner, als Partner des Patienten, immer mehr aus unserer Gesundheitsindustrie herausdrängt. Es käme darauf an, wie ich glaube, wieder für die Rückkehr des Menschen in die Medizin zu sorgen.

Patient:

Wir leben in einer Welt, die offenbar alles für machbar hält und das, was machbar ist, auch für kaufbar. Also ist auch die Gesundheit kaufbar. Diese Mentalität hat dazu beigetragen, daß wir im Gesundheitssystem von einer Kostenexplosion bedroht werden. In einer Welt, die prinzipiell alles für kaufbar hält, nimmt das Potential der Selbstanstrengung ab und damit auch die Selbstverantwortung. Die Medizin wird zu einem Element pseudoreligiöser Tröstung, der Arzt nimmt geradezu die Funktion einer Droge an. Ob wir diese Einstellung mit finanzieller Selbstbeteiligung der Versicherten zurückschrauben können, bezweifle ich sehr, weil der Glaube an die absolute Kaufbarkeit auch nicht durch finanzielle Belastung zerstört werden kann. Wenn die Selbstbeteiligung allerdings so stark wäre, daß sie tatsächlich einen Abschreckungseffekt auslösen würde, dann träfe sie auch diejenigen, die sie gar nicht treffen sollte. Denn wir können ja nicht zwei Arten von Selbstbeteiligung organisieren. Wenn die Selbstbeteiligung den Falschen trifft, hat sie auch finanziell ungünstige Auswirkungen, weil Das-zu-spät-zum-Arzt-gehen uns alle teuer zu stehen kommt. Zweiter Einwand gegen die finanzielle Selbstbeteiligung: Die Erfahrung mit ihr in der Privatversicherung und im Ausland zeigt, daß mit ihrer Hilfe keineswegs der Kostenanstieg verlangsamt wurde.
Und jetzt darf ich noch einen nicht gehässigen, aber wie ich finde sehr naheliegenden Verdacht äußern. Wenn durch Selbstbeteiligung die Zahl der Arztbesuche reduziert würde, dann würde das Einkommen der Ärzte absinken. Ich kann mir allerdings nicht vorstellen, daß die Ärzte diesen Abbau ihres Besitzstandes widerstandslos hinnehmen. Sie werden ihren Besitzstand zu halten suchen und vielleicht die

wenigeren Fälle dann halt ein paar Mal mehr bestellen. Ich finde jedenfalls, daß auf diese Weise die kostensparenden Effekte der Selbstbeteiligung leicht unterlaufen werden könnten.
Im übrigen muß darauf aufmerksam gemacht werden, daß die gesamte soziale Krankenversicherung auf Selbstbeteiligung der Versicherten beruht. Denn schließlich wird sie ja nicht aus himmlischen Quellen, sondern durch die Beiträge der Versicherten finanziert. Wenn Selbstbeteiligung einen weitergehenden Sinn haben sollte, dann müßte sie die Motivation für Gesundheit unterstützen. Sie dürfte also nicht ausgerechnet am schwächsten Glied, dem Kranken, ansetzen, sondern die Eigenverantwortung des Gesunden unterstützen. In diesen Zusammenhang gehört der Vorschlag des rheinland-pfälzischen Sozialministers H. Geißler, die Raucher an den Kosten, die sie der Krankenversicherung aufbürden, zu beteiligen. Die Frage ist auch, ob wir Vorsorgeuntersuchungen so prämieren sollten, daß derjenige, der nicht zur Vorsorgeuntersuchung kommt, dann später einen höheren Tarif hat. Das wäre eine Selbstbeteiligung, die bei Gesunden einsetzt und nicht ausgerechnet dann, wenn der Versicherte krank im Bett liegt.

RATIONALISIERUNG

Die Verwaltungskosten der Sozialleistungsträger stiegen schneller an als die Sozialleistungen. Die Sozialleistungen sind von 1969 bis 1974 um 13,5 Prozent gestiegen, die Verwaltungskosten dagegen um 14,5 Prozent. Ich stimme hier nicht in den allgemeinen modischen Schrei gegen Beamtenbürokratie im öffentlichen Dienst ein, sondern frage, woran das liegt. Dies mag seinen Grund in einem gesetzgeberischen Perfektionismus haben, der natürlich auch in seiner Anwendung mehr Ausführung gebraucht.
Die Bundesrepublik liegt mit dem Verwaltungsaufwand ihrer Sozialleistungen in Europa hinter Italien an zweiter Stelle. Wir benötigen 4,2 Prozent unserer Sozialausgaben für die Verwaltung, die Niederlande dagegen kommen mit 3,2 Prozent aus, obwohl die Niederlande an der Spitze der Sozialleistungen stehen. Wenn es uns gelänge, die Verwaltungskosten auf das niederländische Niveau zu senken, würden wir pro Jahr drei Milliarden DM einsparen.
Zweiter Problembereich, an dem die modernen Bedingungen der Sozialpolitik exemplifiziert werden sollen, ist die Rentenversiche-

rung. Bei der Rente handelte es sich nicht um irgendeine karitative Einrichtung, eine Unterabteilung der Werke der Barmherzigkeit, sondern um einen Rechtsanspruch, den die Rentner sich durch ihre Beitragsleistungen erworben haben. Die Rente ist nichts als ein zeitlich verschobener Teil des Lohnes. Deshalb müssen auch die Reformvorschläge, die im Bundesarbeitsministerium diskutiert werden, abgelehnt werden, die von einer Nivellierung der Rente ausgehen. Diese Nivellierungsvorschläge zerstören den Zusammenhang zwischen Lohn und Rente. Wenn die Renten zu weit auseinanderliegen sollten, so muß diese kritische Frage nicht an die Renten-, sondern an die Lohnpolitik gestellt werden. Aber das Rentenproblem dadurch lösen zu wollen, daß man die Renten über 1000 DM weniger an den Steigerungen partizipieren läßt, als die unter 1000 DM, bringt nicht nur nichts ein, sondern zerstört das Prinzip der leistungsbezogenen Rente, auf das das Selbstbewußtsein unserer älteren Mitbürger angewiesen ist, wenn die Rente nicht wieder Almosencharakter erhalten soll. Hätten wir die Renten über 1000 DM bei der letzten Rentenerhöhung nur um die Hälfte des allgemeinen Steigerungssatzes erhöht, nämlich nur um 5,5 Prozent, dann wären für alle übrigen Rentner, die unter 1000 DM Rente bekommen, nur genau 9,49 DM mehr herausgekommen. Man sieht, daß der Werbe- und gedankliche Aufwand, den das Bundesarbeitsministerium mit dieser Idee treibt, den Satz der Rentenerhöhung nicht lohnt, der dabei herausspringen würde. Aber auch der zweite Lösungsvorschlag kann angesichts der tatsächlichen Lage unserer Rentner nicht hingenommen werden; ich meine den Vorschlag, das Niveau einfach abzusenken. Noch immer liegt das Rentenniveau zwischen 40 und 45 Prozent des vergleichbaren Einkommens. Es hat noch immer nicht die Höhe des Jahres 1967; es ist also kein Grund vorhanden, jetzt die Rentner mit einer Niveauabsenkung zu belasten. Fraglich ist allerdings, ob wir nicht den Rentnern eine Beteiligung an ihrer Krankenversicherung zumuten können. Für den Versicherten ist eine Steigerung der Krankenversicherung nicht weniger schlimm als eine Steigerung der Beiträge der Rentenversicherung, denn schließlich bezahlt er alles aus dem gleichen Geldbeutel.

VERANTWORTUNG

Das Prinzip der Verantwortung soll unser institutionalisiertes soziales Sicherungssystem entlasten. Nicht alle Probleme sind mit Hilfe

des Gesetzgebers lösbar. Verantwortung wird in unserer Gesellschaft komplementär zur Solidarität benötigt. Deshalb muß die Kraft der Mitverantwortung gestärkt werden. Wo das menschliche Miteinander geschwächt wird, bleibt nur die öffentliche Ersatzlösung.
Über das Gesicht der Gesellschaft von morgen wird auch in den personalen Verhältnissen entschieden. Ob wir an der Hand des »großen Bruders« ins graue Glück des Kollektivismus gehen, oder selbstverantwortlich unsere Gesellschaft »machen«, wird in den Familien eingeübt. Es könnte sein, daß meine Bemerkungen die Bedürfnisse nach Patentrezepten in der Sozialpolitik nicht befriedigt haben. Aber ich glaube, daß das Problem des Sozialstaates nicht gelöst werden kann mit den Propagandaformeln von Patentrezepten. Sozialpolitik, wie alle Politik, muß sich der Anstrengung unterwerfen, die komplexen Probleme mit differenzierten Lösungsmöglichkeiten zu konfrontieren; wobei ich glaube, daß das Programm der Neuen Sozialen Frage uns weiterführt über eine Sozialpolitik hinaus, die nur Verteilungspolitik ist. Die Fragen unserer Zeit sind nicht allein mit materiellen Mitteln zu beantworten. Das Problem unserer älteren Mitbürger – und das sei gerade im Anschluß an die Rentenpolitik gesagt – ist nicht nur mit Rentenerhöhungen zu lösen, sondern das Problem unserer Gesellschaft ist ein Integrationsproblem. Die Desintegration unserer Gesellschaft geht keineswegs von einem materiellen Gefälle aus, sondern von der Sprengkraft eines Leistungsprinzips, das die nicht zur Kenntnis nimmt, die noch nicht in den Leistungswettbewerb integriert sind – wie beispielsweise die Kinder –, und nur schwerlich zur Kenntnis nimmt diejenigen, die nie oder vermindert eingegliedert werden können – die Behinderten –, und das die vernachlässigt, die bereits aus dem Leistungswettbewerb ausgeschieden sind. Und das schlechte Gewissen kann man nicht durch materielle Verteilungen entlasten.
Das Programm der Neuen Sozialen Frage ist auch die Pädagogik einer neuen Sensibilität, nämlich auf soziale Probleme zu achten, die weder von organisierten Gruppen artikuliert werden, noch Massenerscheinungen sind und die nicht ausschließlich im Gehäuse eines sozialpolitischen Materialismus unterzubringen sind.

Aus »Die Grenzen des Sozialstaates«, Walberberger Gespräche, Seewald Verlag, Stuttgart 1976

An den Prinzipien festhalten

Im unübersichtlichen Gelände ist es gut, sich an der Kompaßnadel von Prinzipien zu orientieren. Sie weist unseren Lösungsversuchen die Richtung. Eine prinzipielle Sozialpolitik ist kein Luxus, sondern der Garant ihrer Zuverläßigkeit. Soziale Sicherheit ist auf Bestätigung angewiesen. Ständige Veränderung erzeugt Unsicherheit, auch wenn die augenblickliche Leistung ausreichend ist.
Drei Prinzipien tragen unsere Rentenversicherung:
- Leistungsgerechtigkeit,
- Solidarität,
- Subsidiarität.

Leistungsgerechtigkeit

Die Leistungsgerechtigkeit drückt sich in der Äquivalenz von Leistung und Gegenleistung aus. Die Rentner haben für ihre Rente gearbeitet und Beitrag gezahlt. Beitrag und Rente stehen im Verhältnis: Je mehr und je länger Beiträge gezahlt werden, um so höher ist die spätere Rente.
Rente ist kein Armengeld, sondern eine Art Leistungslohn. Die Rentenversicherung organisiert keine Umverteilung zwischen Reich und Arm, sondern ist Teil eines Ausgleichs zwischen den verschiedenen Lebensphasen. Es ist der Sinn der Rentenversicherung, das Lebenseinkommen zu verstetigen, also abrupte Einkommensabstürze zu verhindern und die Alten davor zu bewahren, daß sie aus der selbsterarbeiteten Position im Gefüge des Lebensstandards herausfallen. Deshalb muß die Rente mit Hilfe des Beitrages an den Lohn gekoppelt bleiben.
Sockelrente, Rentennivellierung, Maschinenabgabe: Das alles sind gut getarnte Versuche, den Leistungszusammenhang aufzulösen.
Die Leistungsgerechtigkeit ist die Stütze des Selbstbewußtseins der

Rentner. Es ist ein Unterschied, ob das Alterseinkommen Rente den Charakter eines Lohnes oder das Ansehen eines Almosen hat. Es war die große sozialpolitische Leistung der CDU/CSU, daß sie die Rentner 1957 mit der bruttolohnbezogenen dynamischen Rente aus der Ecke der Bittsteller geholt hat.
Wo immer Spielräume der Leistungsgerechtigkeit in unserem Sozialsystem vorhanden sind, müssen sie genutzt werden. Wer die Barmherzigkeit voreilig ins Spiel bringt und mit ihr die Leistungsgerechtigkeit kurzerhand verdrängt, entmündigt die Bürger. Die Barmherzigkeit ist erst am Zuge, wenn die Leistungsgerechtigkeit am Ende ist. Die Leistungsgerechtigkeit der Rente ist auch die Voraussetzung der Selbstregulierung des Rentensystems und der Schutzwall gegen staatliche Manipulation. Es war der Übereifer des Gesetzgebers und sein Hang zur fortgesetzten Veränderung, welcher die Rentenversicherung in Bedrängnis gebracht hat.

Solidarität

Der Zusammenhang zwischen Lohn und Rente ist durch einen Generationenvertrag organisiert. Jede Generation behandelt die ihr vorhergehenden so, wie sie von der nachfolgenden behandelt werden will. Auf diesem Wege verbleiben die Retner mit ihrem Alterseinkommen im allgemeinen Prozeß der Einkommensentwicklung.
Die Arbeitnehmer bezahlen ihren Beitrag vom Bruttogehalt, also haben sie auch ein Anrecht, an die Bruttolohnentwicklung angehängt zu bleiben. Der Beitrag wird nicht in seiner nominellen Größe gutgeschrieben, sondern in seinem Arbeitsstundenwert und entwickelt sich mit ihm, wofür die Bruttolöhne der verläßlichste Maßstab sind. Allein die bruttolohnbezogene Rente ist gegen Willkür gefeit. Die Rentenversicherung gerät durch den Geburtenrückgang in eine schwierige Kassenlage. Diese Schwierigkeiten können nicht allein den Jungen überlassen bleiben. Die Beiträge können nicht weiter in die Höhe geschraubt werden. Die Arbeitnehmer sind an die Grenze ihrer Belastbarkeit gekommen. Solidarität ist keine einseitige Verpflichtung. Deshalb muß auch die Solidarität der Alten zur Erhaltung des Rentensystems in Anspruch genommen werden.
Entlastungshilfe kann auf dreifache Weise geleistet werden:
- Nettolohnanpassung,
- Besteuerung,
- Krankenversicherungsbeitrag.

Die Nettolohnanpassung der Rente hat die Plausibilität auf ihrer Seite, da auch die Arbeitnehmer nur ihren Nettolohn zur Verfügung haben. Der Vorschlag der Nettolohnanpassung arbeitet jedoch mit einer kleinen sprachlichen Unterschlagung. Unausgesprochen bleibt das Wort »Durchschnitt«. Der Maßstab der Anpassung soll nämlich der Nettolohn-»Durchschnitt« werden. Doch der Durchschnittsmaßstab benachteiligt die kleinen Renten, denn in die Durchschnittsrechnung gehen die hohen Abzüge der hohen Einkommensbezieher ebenso ein, wie die niedrigen Abzüge der kleinen Einkommensbezieher und drücken so die Meßlatte der Anpassung weiter nach unten, jedenfalls tiefer als es für die Verhältnisse der kleinen Rentner maßgebend sein kann. Die kleinen Rentner werden bei einer Nettolohn-Rente an einen Durchschnitt angehängt, der weit über den ihnen vergleichbaren Einkommen liegt.

Die Nettolohnanpassung bringt im übrigen nur Entlastung für die Rentenkasse, wenn die Schere zwischen Netto- und Bruttoverdienst weiter auseinandergeht. Wenn aber die unheilvolle Progressionsautomatik im Steuerrecht abgeschafft ist, dann wachsen Netto- und Bruttoverdienste parallel. Es entsteht dann auf der Nettobasis kein Einsparungseffekt. Wenn die Netto-Anpassung Entlastung bewirken soll, ist sie darauf angewiesen, daß unser Steuersystem »verrückt« bleibt. Je verrückter, um so mehr Ersparnis in der Rentenkasse. Das aber kann doch nicht der solide Sinn der Sanierung der Rentenfinanzen sein.

Die Netto-Rente ist auch näher am Staat als die Brutto-Rente, denn die Abgabenhöhe bestimmt der Staat und damit auch die Nettogröße. Rente ist so eher der Laune des Gesetzgebers ausgeliefert als im Fall der Brutto-Rente. Und der Staat selbst gerät in die Zwickmühle: bei Steuerentlastung muß mehr Rente gezahlt werden, weil dann der Nettolohn und damit der Bemessungsmaßstab der Rente steigt.

Die Besteuerung der Rente bringt der Rentenkasse gar nichts, sondern nur der Öffentlichen Hand. Aber selbst das Geschäft, das die staatlichen Haushalte mit der Rentenbesteuerung machen wollen, ist mies. Da alle Beiträge zur Rentenversicherung steuerfrei gemacht werden müssen, die Besteuerung aber nur einen Teil der Renten treffen kann, nämlich die höheren, legt der Staat mit der Rentenbesteuerung zu guter Letzt noch drauf, denn er muß mehr Entlastung gewähren, als er durch die Steuern einnimmt.

Es bleibt noch die Beteiligung der Rentner an ihrer Krankenversicherung. Das ist eine Entlastung für die Rentenkasse, wenn sie nicht allein das Geld für die Krankenversicherung der Rentner aufbringen muß, sondern die Rentner sich selbst daran beteiligen. Freilich kann das nur im Rahmen der Belastungsfähigkeit der Renten geschehen. Einem Alterseinkommen von 400 DM zum Beispiel kann man keine zusätzlichen Lasten aufbürden. Es würde dabei auch nichts gespart. In die so entstandene Lücke müßte nämlich die Sozialhilfe einspringen.

Subsidiarität

Eine selbstverwaltete Sozialversicherung ist ein Stück verwirklichter Subsidiarität. Deshalb muß die Trennlinie zwischen Staat und Sozialversicherung scharf gezogen werden. Die Aufgaben von Staat und Sozialversicherung dürfen nicht vermengt werden. Sozialer Einkommensausgleich und solidarischer Risikoausgleich sind zwei Paar Schuhe. In einem Fall ist der Staat zuständig, in dem anderen ist die Sozialversicherung an der Reihe. Steuern und Beiträge sind unterschiedliche Instrumente, und keines von beiden kann an die Stelle des anderen treten.
Die Rentenversicherung darf nicht fortgesetzt mit neuen Aufgaben belastet werden. Die Rentenversicherung ist nicht der Lastesel der Nation. Leistungen, die nichts mit der Sozialversicherung zu tun haben, müssen anderswo erledigt werden. Und wenn der Gesetzgeber dennoch Fremdaufgaben bei der Rentenversicherung in Auftrag gibt, muß er das Geld dazu liefern. Wenn er das Geld nicht hat, muß die Wohltat ausfallen. Es war eine bequeme sozialliberale Arbeitsteilung in Sachen Reform: Den Beifall erntete die Regierung, die Finanzierung lieferten die Beitragszahler. Die Rentner müssen ihre Solidaritätsopfer bringen. Daß es vielen Rentnern gut geht, sollte kein Anlaß zum Neid sein. Denn erstens haben sich die Rentner ihre Rente selbst verdient, und zweitens ist eine hohe Rente auch manchmal eine Chance zur Einbindung der Rentner in ihre Verwandtschaft, und sei es auch nur, daß die Oma dem Enkel ab und zu etwas zusteckt. Die Großfamilie ist zerfallen, aber wir dürfen unsere alten Mitbürger nicht in die Leere des Nicht-mehr-gebraucht-werdens fallenlassen. Besser ist, die Großeltern helfen als das Sozialamt, und noch besser ist, wenn Alte und Junge möglichst wenig das Sozialamt brauchen. Deshalb müssen Leistungsgerechtigkeit und Solidarität in unserem Sozialsystem gepflegt werden.

Aus »Deutsche Zeitung – Christ und Welt«, 7. Februar 1980

Soziale Sicherung ist auf Sicherheit angewiesen

Kranken-, Unfall- und Altersversicherung verdanken ihre Entstehung dem Gedanken der Sicherung des Existenzminimums. Die Wohlhabenden sollten für die Armen sorgen. Die Armen waren das Zielobjekt der Sozialpolitik und die kleinere Gruppe; deshalb war auch Umverteilung leichter zu organisieren. Die Einführung der gesetzlichen Krankenversicherung 1884 betraf zum Beispiel nur 4,6 Millionen Personen. Bei einer Gesamteinwohnerzahl des Deutschen Reiches von 46 Millionen waren dies nicht mehr als 10 Prozent.

An der Finanzierung der Renten beteiligte sich der Staat mit einem Zuschuß von rund 40 Prozent der Ausgaben. Heute sind es nur noch 17 Prozent. Die Krankenversicherung wurde zu einem Drittel durch die Versicherten, zu einem Drittel durch die Arbeitgeber und zu einem Drittel durch den Staat finanziert. Sozialer Schutz einer Minderheit und überwiegende Finanzierung der Sozialversicherung durch eine nichtversicherte Mehrheit: Das waren die Grundpfeiler der Sozialversicherung.

Heute sind rund 90 Prozent der Bundesbürger versichert. Die Proportionen haben sich gleichsam verkehrt. Wenn 90 Prozent der Bevölkerung in die Pflicht für 10 Prozent genommen werden, gelingt Umverteilung leichter als in einer Zeit, die – wie die unsrige – fast alle Mitbürger zu Mitgliedern der Sozialversicherung gemacht hat.

Die Risiken, welche die Sozialversicherung heute ausgleicht, sind im Normalfall nicht von der Höhe des betroffenen Lebensstandards abhängig. Jeder wird alt oder krank werden, und auch die schichtenspezifischen Risiken der Arbeitslosigkeit haben sich aneinander angenähert. Solange gegen all diese Risiken nur ein Teil der Bevölkerung versichert ist, die anderen aber die finanzielle Last mittragen, findet handfeste Umverteilung statt. Partizipieren jedoch alle am gleichen Topf, helfen sich alle gleichsam selbst. Es fällt nur nicht so auf, weil »Zahlen« und »Empfangen« zeitlich getrennt sind.

Wie hoch der ursprüngliche Umverteilungsvorgang heute noch zu quantifizieren ist, weiß niemand genau zu sagen. Fest steht jedoch, daß mit der Einbeziehung immer neuer Personenkreise sein Effekt zurückging.

Die Grundlage ist Leistungsgerechtigkeit

Nicht mehr Ausgleich zwischen Reich und Arm, der den Armen das Existenzminimum sichert, sondern Einkommensausgleich zwischen verschiedenen Lebensphasen durch eine relative Verstetigung des Einkommens steht im Vordergrund der sozialen Sicherheit. Am deutlichsten wird dies in der Rentenversicherung. Die Arbeitnehmer verzichten auf einen Teil ihres Lohnes und führen diesen Teil in Form von Beiträgen an die Rentenversicherung ab, um ihn später als Rente zurückzuerhalten.
Gedanklich handelt es sich bei der Rentenversicherung um eine zeitliche Verschiebung von Lohnbestandteilen. Organisiert freilich ist diese zeitliche Einkommensverschiebung mit Hilfe eines Umlageverfahrens, in dem die aktiven Arbeitnehmer die Einkommen der Alten finanzieren mit der Garantie, daß die ihnen nachfolgende Generation sie so behandelt, wie sie ihre vorhergehende behandelt haben. Die Rentenversicherung ist die Organisation eines Solidarvertrages der Generationen. Die Alten verbleiben damit relativ an der Stelle des Einkommensgefüges, die sie sich »erarbeitet« haben. Rente ist also nicht mehr Existenzsicherung, sondern Verstetigung des Lebenseinkommens.

Sozialversicherung für alle

Von privatwirtschaftlich organisiertem Risikoausgleich unterscheidet sich die Sozialversicherung allerdings noch immer dadurch, daß sie die Beiträge nicht von der Höhe des individuellen Risikos abhängig macht. Der Beitragssatz in der Krankenversicherung ist also nicht abhängig vom Gesundheitszustand des in die Versicherung Eintretenden, und der Rentenversicherungsbeitrag differiert auch nicht nach der unterschiedlichen Höhe des Invaliditätsrisikos. In allen Versicherungszweigen kommen Familienangehörige unter bestimmten Bedingungen in den Schutz der Sozialversicherung, auch wenn sie keine Beiträge zahlen. Aber auch diese Umverteilung ist so stark nicht, wie sie auf den ersten Blick aussieht, wenn man bedenkt, daß

ein Teil der jungen, ledigen Versicherten in der Regel auch älter wird und heiratet.
Sozialversicherung war die Antwort auf die Arbeiterfrage. Sie ist heute eine gesellschaftliche Einrichtung, in die fast alle Staatsbürger einbezogen sind. So stimmt also auch nicht mehr die Ausgangslage, eine kleine Gruppe werde – bei geringer Selbstbeteiligung – vom Staat und den Arbeitgebern unterstützt.
Der Beitragsanteil der Arbeitgeber wird weitgehend überwälzt und ist ein Lohnkostenbestandteil. Damit trägt auch diese Last der Verbraucher, der identisch mit dem Versicherten ist. Würde morgen auch der Arbeitgeberanteil von den Arbeitnehmern übernommen bei gleichzeitig entsprechender Lohnerhöhung, hätte sich zwar etwas an der Zahllast der Sozialversicherung verändert, nicht jedoch an der Traglast.

Bundeszuschuß kein Akt der Barmherzigkeit

Auch der staatliche Zuschuß verliert bei näherem Zusehen viel von seinem mildherzigen Anschein, denn die Sozialversicherung hat im Laufe ihrer Entwicklung auch immer mehr Leistungen übernommen, für welche die Versicherungsgemeinschaft eigentlich nicht zuständig ist.
In allen Versicherungszweigen findet ein Familienlastenausgleich statt. Außerdem verdanken Zusatz- und Zurechnungszeiten ihren Anlaß Vorgängen, die außerhalb der Risiken der Sozialversicherung liegen und in die Verantwortung der staatlichen Gemeinschaft gehören. Schließlich hat zum Beispiel nicht die Rentenversicherung den Krieg geführt.
Meinhold schätzt die versicherungsfremden Leistungen in der Rentenversicherung auf ein Drittel, nur ein Teil davon wird durch die staatlichen Zuschüsse abgedeckt. Immer häufiger gerät der Gesetzgeber in die Versuchung, der Sozialversicherung allgemeine Aufgaben zuzuweisen, ohne die Finanzierung mitzuliefern. Dies ist freilich die bequemste Art der Reform: Lieferung durch die Regierung, Zahlung durch die Sozialversicherung.
Eine getrennte Buchführung zwischen eigentlichen Sozialversicherungsaufgaben und solchen, welche die Sozialversicherung im allgemeinen Interesse durchführt, könnte den Auswüchsen dieser Arbeitsteilung den Riegel vorschieben. Denn wenn der Staat Aufgaben bei der Sozialversicherung placiert, weil sie vielleicht dort besser

organisiert werden können, soll er auch die Finanzierung sicherstellen. Die Sozialversicherung würde auch auf diesem Wege von dem Anschein befreit, sie würde staatliche Geschenke in Empfang nehmen.

Solidarität und sozialen Ausgleich auseinanderhalten

Solidarischer Risikoausgleich, durch Beiträge finanziert, und sozialer Ausgleich, durch Steuern getragen, müssen auseinandergehalten werden. Die Verwischung der Grenzen und die Vermischung der Aufgaben von Sozialversicherung und sozialem Ausgleich befördern die den Zwecken entgegengesetzten Ergebnisse zutage. Die gute Absicht von gestern ist keine Garantie für soziale Ziele von heute.
Die Illusion interpersonaler Umverteilung im Rahmen des öffentlichen Sozialbudgets offenbarten sich auch im Blick auf deren Finanzierung. 59 Prozent der Leistungen wurden, wie aus dem Sozialbericht 1976 der Bundesregierung hervorgeht, durch Beiträge der Versicherten finanziert. 38 Prozent durch Zuweisungen, vorwiegend der öffentlichen Hand, und 3 Prozent aus sonstigen Einnahmen. Der Anteil der Versichertenbeiträge an der Finanzierung steigt. 1965 machten die Beiträge nur 53 Prozent der Gesamtfinanzierung aus. Die Zuweisungen lagen noch bei 43 Prozent. Der Bundeszuschuß beispielsweise zur Rentenversicherung befindet sich prozentual gesehen im Rückgang. Er ist jetzt auf einem Tiefpunkt angekommen.
Die Pointe der Umkehr der ursprünglichen Umverteilungsabsichten liegt in der Tatsache, daß die Einnahmen der Sozialleistungsträger zu 60 Prozent über die Preise (Arbeitgeberanteil, indirekte Steuern) finanziert werden. Da die niedrigen Einkommen jedoch dadurch stärker belastet werden als die höheren, könnten wir in ein Entwicklungsstadium geraten, in dem die kleinen Leute die anderen mitsubventionieren. Oder wie es Viola von Bethusy-Huc formuliert hat, »daß Bezieher kleinerer Einkommen unter Umständen Sozialleistungen für Personen finanzieren helfen, denen es wirtschaftlich wesentlich besser geht als ihnen selbst«.
Der Familienlastenausgleich funktioniert in der Sozialversicherung zunehmend in der entgegengesetzten Richtung, die ihm einst gesetzt war. Es ist zwar noch immer so, daß der Familienvater den gleichen Beitrag zahlt wie der kinderlose Beitragszahler, obwohl seine Ehefrau und die Kinder mitversichert sind. Da jedoch die Bevölkerungsentwicklung hierzulande rückläufig ist, werden die Kinder später als

Erwachsene die »soziale Vergünstigung« ihres Vaters mehrfach zurückzahlen. Im Jahr 2030 wird das Verhältnis Beitragszahler zu Rentenempfänger 5:4 sein, wenn die Entwicklung so weitergeht. Die Kinder von heute werden morgen eine überproportionale »Altenlast« zu tragen haben, die größer ist als der Familienlastenausgleich heute. Die Verdiener dieser Form von Umverteilung sind die kinderlosen Mitbürger. Das Rad des sozialen Fortschritts dreht sich noch immer. Es könnte jedoch sein, daß seine Geschwindigkeit uns täuscht. Möglicherweise dreht es sich rückwärts.

Zwei-Klassen-Solidarität

Vor die Wahl gestellt, ob soziale Sicherheit gleich wirksam durch gesetzlichen Zwang gewährleistet oder durch freiwillige Leistung ermöglicht werden soll, gibt unsere Verfassung eindeutig der freiwilligen Variante den Vorzug.

Die Wahl stellt sich jedoch in der Wirklichkeit nicht mit jener abstrakten Eindeutigkeit der Alternative. Unbestritten dürfte sein, daß soziale Sicherheit auf Solidarität angewiesen ist. In einer Massenzivilisation ist das Schicksal des einzelnen viel mehr mit dem des Nachbarn verbunden als zu früheren Zeiten. Und der Nachbar wohnt keinesfalls nur um die Ecke. Die Dichte der Gesellschaft nahm zu und mit ihr die Abhängigkeit.

Eigentum zum Beispiel hat nicht mehr jene Sicherungsgarantie wie in agrarisch-handwerklichen Zeiten. Konjunktur, Strukturveränderungen, technischer Fortschritt treten mit Entwertungseffekten auf, die früher so nicht bekannt waren. Arbeit ist an die Stelle von Eigentum getreten. Arbeitsloses Einkommen kann die Sicherheit von Leistungseinkommen nur noch in einzelnen Fällen ersetzen. Früher war der arbeitslose Besitzer der Prototyp des Gesicherten. Heute ist es der Beamte, dem Arbeit ein Arbeitsleben lang gesichert ist.

Soziale Sicherheit ist mehr von der allgemeinen Wirtschaftslage und der Fähigkeit, Einkommen aus Arbeit zu erwerben, abhängig als früher. Was aber geschieht mit denen, die noch nicht, nie, vorübergehend nicht oder nicht mehr am Erwerbsleben teilnehmen können? Schon früher überstieg die soziale Sicherung dieser Menschen die Kraft des einzelnen. Die Familie war das bevorzugte Auffangnetz. Heute überfordert diese Sicherungsaufgabe auch die Kraft der zur kleinen Gruppe geschrumpften Familie. Kinderreichtum ist zwar in industriell unterentwickelten Gesellschaften noch immer eine Form

von Alterssicherung, bei uns aber wird sie zur Ursache von wirtschaftlicher Armut. Über die Hälfte der sechsköpfigen Familien leben von einem Einkommen unter dem Sozialhilfesatz.
Der Abbau der Pflichtversicherung würde die Solidarität auf den Zusammenhalt der Schwachen reduzieren. Die Jungen und Gesunden wären die freiwillig Privatversicherten, die Kranken und Schwachen die solidarisch Pflichtversicherten.
Eine Zwei-Tarife-Sozialversicherung, mit welcher die FDP experimentieren möchte, wäre nur eine weitere Variante dieser geteilten Solidarität. Die guten Risiken würden den niedrigen Tarif wählen mit der Folge, daß die schwachen Risiken einen noch viel höheren Beitrag leisten müßten. Mit Hilfe einer solchen Zwei-Klassen-sozialen-Sicherheit könnte dann allerdings auch wieder der interpersonale Umverteilungsgesichtspunkt stärker betont werden.
Wahrscheinlich müßte der Staat kräftiger die Pflichtversicherung unterstützen als bisher. Da er sein Geld über Steuereinnahmen bezieht, könnte bei einer Steuergesetzgebung, die an der unterschiedlichen Belastbarkeit Maß nimmt, auch wieder über die Sozialversicherung kräftig Umverteilung betrieben werden. Warum aber dann nicht gleich eine allgemeine Staatssicherung, die durch das Steuersystem finanziert wird? Über die Hintertür von mehr freiwilliger Selbstvorsorge bei einem Teil der Mitbürger und stärkerer staatlicher Unterstützung wird dem Abbau der Solidareinrichtung der Weg geebnet und »mehr Staat« in die Sozialpolitik gebracht.
Die relative Kontinuität der Lebenseinkommen, welche das jetzige System der Sozialversicherung geschaffen hat, könnte auch wieder zurückgenommen werden zugunsten einer Grundsicherung als Pflicht, verbunden mit einer allgemeinen Selbstversorgung als freiwilliger privater Ergänzung. Eine allgemeine Sockelsicherung, basierend auf Zwangsmitgliedschaft in der Sozialversicherung – den Rest besorgen die Privatversicherungen –, könnte dabei das Modell sein.
Die Einführung einer Sockelrente ließe sich nur mit einem Rechtsbruch vollziehen. Da die laufende Rente wohl kaum auf einen Sockelbetrag umgestellt werden könnte, weil die Rentner mit ihrer Einkommensplanung auf das jetzige Rentensystem fixiert sind, könnte die Änderung erst für künftige Rentnergenerationen in Kraft treten. Die jetzt aktiven Arbeitnehmer müßten also die alten Beiträge weiterzahlen und bekämen dafür später eine als Sockelrente verminderte Gegenleistung.

Nicht auf Totalversorgung ausgerichtet

Ob die Privatisierung des Altersrisikos auch die gewünschten Folgen für die Selbstvorsorge hätte, muß bezweifelt werden, denn Zukunftsrisiken verkleinern sich bekanntlich mit der Länge der Distanz, von der aus sie betrachtet werden. Unterversorgung als Ergebnis von Fehleinschätzungen müßte auch wiederum staatlich ausgeglichen und schließlich von jenen mitbezahlt werden, die ihre Lebensstandarderwartungen verantwortungsvoll kalkuliert hatten.
Das heutige System der Sozialversicherung ist trotz des Gedankens der Verstetigung des Lebenseinkommens nicht auf Totalversorgung ausgerichtet. Die Geldleistungen werden immer nur bis zu einer Höhe gewährt, die der Beitragsbemessungsgrenze entspricht. Einkommen, die über der Beitragsbemessungsgrenze liegen, werden bei der Beitragszahlung und der Leistungsgewährung also nicht mehr berücksichtigt. Die private Zusatzversicherung hat also auch in unserem System Spielraum.
Überlegungen zum Thema Umverteilung und Zwangsorganisation sind deshalb wichtig, damit in der Sozialversicherung nicht Hoffnungen geweckt werden, die sie nicht erfüllen kann, oder Folgen ausgelöst werden, die nicht gewollt waren.
Personale Umverteilung kann im Rahmen der Sozialversicherung nur in bescheidenem Maße bewerkstelligt werden. Diese Aufgabe erledigt besser die Steuerpolitik, die mit ihren Kriterien »Belastbarkeit« und »Bedürftigkeit« präziser arbeiten kann als die Sozialversicherung.

Aus »Deutsche Zeitung«, 9. Juni 1978

CDU

QUINTESSENZ

»Die CDU ist mit ihrer Gründung als Volkspartei aus dem Zentrums-Ghetto ausgebrochen. Die Integration der sozialen Schichten und der christlichen Konfessionen war die erfolgversprechende Voraussetzung für den Kampf um die Mehrheit der Wähler. Volksparteien entsprechen der sozialen Differenzierung, die das für Klassenparteien charakteristische Fundament eines soziologischen Blockes auflöst. Die Meinungsbildung in Großorganisationen, wie es die Volksparteien sind, bedarf jedoch der Strukturierung. In diesem Zusammenhang werden die Unterorganisationen der Parteien relevant. Was auf den ersten Blick wie ein raffinierter Trick des Stimmenfangs aussehen könnte, erweist sich jedoch als notwendiger Bestandteil von Volksparteien, die auf eine politische Meinungsbildung nicht verzichten wollen. Diese Meinungsbildung vollzieht sich nicht über ein atomisiertes Mitgliedergefüge, sondern über Gruppen. Sie ist also strukturiert und muß organisiert werden. Das regionale Organisationsprinzip reicht dafür nicht aus, weil die Region nicht ausschließlicher Kristallisationspunkt politischer Meinungsbildung ist. Die regionale Gliederung bedarf also der Ergänzung. Die Suborganisationen schlagen Brücken zu verschiedenen Bevölkerungsgruppen. Sie bewahren die Volksparteien vor der politischen Selbstgenügsamkeit und der Isolierung ins Management.«

Die kritische Funktion der CDA-Sozialausschüsse

Wer zur Funktion der CDA-Sozialausschüsse Stellung nehmen will, muß zuvor die Frage klären, ob er mit dem gegenwärtigen Zustand unserer Gesellschaft zufrieden ist. Das prinzipielle Einverständnis mit den gegenwärtigen Verhältnissen wird dabei nicht gestört von partiellen Änderungswünschen und Verbesserungsvorschlägen im Detail.

Für gesellschaftspolitische ›Schönheitsoperationen‹ aber wäre die Aktivität einer gesellschaftskritischen Gruppe, wie es die Sozialausschüsse sein wollen, überflüssig. ›Kosmetische Korrekturen‹ verdekken lediglich die Notwendigkeit sozialer Strukturänderung.

Die Existenzberechtigung der Sozialausschüsse ist eine Funktion des Willens zur gesellschaftspolitischen Veränderung. Wer Veränderung verneint, muß auch die Existenzberechtigung gesellschaftskritischer Gruppen bestreiten. Die Analyse der gegenwärtigen Verhältnisse drängt auf ihre Transformation, und deshalb sind politische Gruppen erforderlich, die sich die Umwandlung bestehender Strukturen zur Aufgabe gemacht haben. Deshalb haben die Sozialausschüsse weiterhin ihre Existenzberechtigung.

Revolution oder Evolution

Der Weg in die Veränderung kann nicht unabhängig von den vorgegebenen Tatsachen bestimmt werden. In einer hochdifferenzierten Zivilisation fällt die eruptive Lösung einer Revolution aus. Es verbleibt als einzig gangbarer Weg zur Veränderung die Evolution. Evolution darf nicht zur Symptomkorrektur verniedlicht werden. Veränderung muß an der Wurzel ansetzen. Der Weg also heißt: Radikale Evolution. Großparteien, wie wir sie in der Bundesrepublik besitzen, bringen für diesen Weg nicht die geforderte Kondition, wenn die Größe der Organisation auf Kosten der geistigen Lebendigkeit geht.

Nur ein entschiedender Meinungskampf wird die Volksparteien vor der Erstarrung bewahren, mit der sie für die radikale Evolution untauglich werden.
Konflikte dürfen nicht phrasenhaft verdrängt werden; die parteiinterne Übereinstimmung darf sich erst aus deren Austragung ergeben. Dazu bedarf es klar formulierter Standpunkte. Die Sozialausschüsse artikulieren in diesem innerparteilichen Meinungskampf eine Position, von der aus die bestehende Gesellschaftsordnung nicht einfachhin bestätigt wird. Wenn das soziologische Substrat dieser kritischen Einstellung hauptsächlich durch die Arbeitnehmerschaft gebildet wird, dann sicherlich deshalb, weil diese noch immer in ihren staatsbürgerlichen und gesellschaftlichen Teilnahmechancen unterprivilegiert ist. Die Sozialausschüsse verstehen sich als Träger einer kritischen Funktion innerhalb der CDU. Die kritische Funktion wird deshalb zunehmende Bedeutung erhalten, weil die Oppositionspartei CDU sich einer wachsenden Nachfrage nach Kritik ausgesetzt sehen wird, besonders weil die Regierungspartei SPD offensichtlich eine totale gesellschaftspolitische Anpassungspolitik verfolgt.
Eine Strategie der Kritik kann sich nicht ausschließlich am kurzfristigen politischen Erfolg orientieren. Oft wird dieser nur mit Hilfe von vielerlei Zugeständnissen erreicht, welche auf Kosten einer klaren Zielformulierung gehen. Die Mitbestimmung wird sicherlich zu einem Prüfstein der gesellschaftspolitischen Entschiedenheit der Sozialausschüsse. Selbst um eines Zugeständnisses auf sozialpolitischem Gebiet willen darf der Wille zur Neuordnung gesellschaftlicher Strukturen nicht geopfert werden. In der Mitbestimmung wird es sich entscheiden, ob wir fähig sind, eine Unternehmensverfassung zu konstituieren, die dem Reifegrad einer selbstbewußten Arbeitnehmerschaft entspricht bzw. diesen erst hervorbringt. Die Arbeitnehmerschaft wird sich entscheiden müssen, ob sie sich mit einem hohen Standard sozialen Schutzes und materiellen Wohlstands zufrieden gibt oder darüber hinaus auf die Durchsetzung eines Teilnahmerechtes an Bestimmungen drängt, von denen sie selber abhängt.
Die Stärke der Sozialausschüsse ist in diesem Kampf nicht allein bestimmbar durch die Angabe von Mitgliederzahlen. Politische Entwicklungen sind zu keiner Zeit ausschließlich von Massenorganisationen bestimmt worden. Großorganisationen wie Volksparteien bedürfen der bewegenden Kräfte avantgardistischer Gruppen.
Die christlich-demokratische Arbeitnehmerschaft ist 1945 mit dem ausgesprochenen Willen zur Neuordnung angetreten. Johannes

Albers, der spätere Vorsitzende der Sozialausschüsse, formulierte dies in seiner ersten programmatischen Rede im Dezember 1945 in der Aula der Universität Köln so: »Es gibt im Staatsleben der gegenwärtigen Stunde überhaupt nicht einfach Wiederaufbau, sondern ein völliger Neubau ist notwendig und diesen Neubau nennen wir Selbstregierung von unten.«

Aus dem ›Neu‹ wurde in den folgenden Jahren ein vielfaches ›Wieder‹. Es ist verräterisch, daß viele Aktionen der Nachkriegszeit in ihrem Titel den Wortbestandteil ›Wieder‹ führen: Wiederaufbau, Wiedervereinigung, Wiedergutmachung, Wiedereingliederung. Offenbar herrschte vielerorts die unausgesprochene Vorstellung, man könne nach tausend Jahren Barbarei dort wieder einsetzen, wo man 1933 aufgehört hatte. Der Wiederaufbau der Bundesrepublik hat sicherlich an den Kräften der christlich-demokratischen Arbeitnehmerschaft gezehrt. Eine geschickte Regie hat die christlich-soziale Bewegung in viele interne Meinungskämpfe verwickelt, deren härtester und folgenschwerster der Streit um die Einheitsgewerkschaft war. Solche Kämpfe haben die Kräfte nach innen umgelenkt, die besser in den Neubau der Gesellschaft investiert worden wären. Eine neue Etappe der christlich-sozialen Bewegung wird aus den Fehlern der Vergangenheit lernen müssen und einzusehen haben, daß die Taktik der vielen kleinen Schritte schließlich zu einem »Auf-der-Stelle-treten« führen kann. Freilich hat auch ein entschiedener Kampf um die Veränderung der Strukturen seine Gefahren, vor allem dann, wenn die Ziele zu allgemein umschrieben werden und der Weg zum Ziel nur nebelhaft formuliert werden kann.

Reformbewegungen müssen ihren Weg zwischen der Scylla alltäglicher Kleinarbeit und der Charybdis in ferne, ungreifbare Zukünfte enteilender Vorschläge suchen, welche die gegenwärtige Welt nicht unverändert lassen.

Eine solch radikale Politik, wie sie von der christlich-sozialen Bewegung gefordert wird, kann freilich nicht mehr mit jener Sicherheit vorgetragen werden, mit der zu früheren Zeiten christlich-soziale Politik formuliert wurde. Die Vorläufigkeit politischer Festlegung ist sichtbarer in Erscheinung getreten und mit ihr ein Moment der Humanität, die mit dieser Relativierung verknüpft ist. Von dem Anspruch absoluter Geltung politischer Postulate geht ein totalitärer Zwang aus. Widerstand gegen letzte politische Wahrheiten ist Widerstand gegen absolutes Glück, zu dem man – wenn man des absoluten Glückes gewiß ist – auch diejenigen zwingen muß, die es noch nicht als ihr Glück begriffen haben. Deshalb muß der orthodoxe Marxist das klassenlose Paradies mit Gewalt errichten und den Widerstand jener brechen, die sich diesem Glück widersetzen. Eine Politik, die sich mit vorletzten Wahrheiten zufrieden gibt, ist dagegen ständig korrekturbereit und deshalb der Entwicklung gegenüber aufgeschlossener.

Die kritsche Einstellung gegenüber dem eigenen Standpunkt bewahrt vor jener Erstarrung, die unfähig macht, auf neue Fragen neue Antworten zu finden.

Nicht nach Prinzipien, die so aufgestellt werden, als würde sich aus ihrer Ableitung eine Lösung jeder konkreten Frage ergeben, hat die Welt Nachfrage. Gesucht wird eine Motivation politischer Verantwortung. Nationale Geltungssucht muß zurückgedrängt werden. Überholtes Prestigedenken ist ungeeignet, sachgemäße Lösungen herbeizuführen. Gesucht wird eine Politik, die dem verstärkten Gleichheitsstreben der Menschen Raum gibt. Immer weniger werden Privilegien akzeptiert, sie werden als Behinderung der Freiheit empfunden. Vorrechte sind für den, der davon ausgeschlossen bleibt, eine Behinderung der freien Entwicklung.

Das Verlangen nach Egalisierung des Machtgefälles steht nicht im Widerspruch zu den Forderungen der Freiheit. Gleichheit und Freiheit sind offenbar aufeinander angewiesen. Freie Entwicklung muß von einer Gleichheit der Teilnahmechancen fundiert werden.

Die Christlich-soziale Bewegung wird sich in diesen neuen Aufbruch ohne jede Sonderstellung einreihen müssen; was sie in diesen Emanzipationskampf einzubringen hat, ist die Brüderlichkeit.

»Das politische Engagement des Christen heute« zum 80. Geburtstag von Klara Marie Faßbinder, Bonn 1970

Warum mitmachen in der CDA?

Norbert Blüm nach seiner Wahl zum Vorsitzenden der Sozialausschüsse CDA am 5. Juni 1977 in Hannover

In jedem vernünftigen Wechsel steckt ein Stück Anfang und ein Stück Beständigkeit, ein Teil Bewahrung und ein Teil Veränderung. Wir erschaffen die Sozialausschüsse heute nicht zum zweiten Mal. Wir setzen fort. Politische Entwicklung jedoch vollzieht sich nicht im Gleichmaß einer Strömung, sondern in Schüben und Sprüngen. Laßt uns deshalb die Bundestagung '77 als einen Aufbruch zu einer neuen christlich-sozialen Initiative versuchen.
Was hinter uns liegt, ist nicht abgeschrieben. Es sind Erfolge und Niederlagen, Erfahrungen als Basislager für die nächste Etappe. Wir werden unser aller Vergangenheit nicht gerecht, indem wir sie zum Museumsstück verniedlichen, sondern ihre unerledigten Aufträge übernehmen. Es geht nicht um Vergangenheits-, sondern um Zukunftsbewältigung. Sozialausschüsse mag es immer geben. Doch ob wir auch in Zukunft immer etwas bewegen, ist eine andere Frage.

Jugend

Warum soll ein 18jähriger bei uns mitmachen? Das ist die Zukunftsfrage, die wir jetzt beantworten müssen. Warum soll ein junger Arbeitnehmer, christlich gesinnt, sozial eingestellt, Mitglied der Christlich-Demokratischen Arbeitnehmerschaft werden? Sozial fortschrittlich sind viele Gruppen, wollen es sein und verstehen sich so in unserer Gesellschaft. Warum ausgerechnet bei uns mitmachen? Wenn wir diese Frage nicht plausibel beantworten, gibt es keine Zukunft für die CDA.
Was hat »christlich-sozial« zu bieten für eine nachwachsende Generation, die auf der Suche ist nach politischen Bindungen und vielleicht von denselben Antrieben gedrängt wird, wie die 18jährigen von gestern, die jetzt 30, 40, 50 oder 60 Jahre alt und noch immer Mitglied der Sozialausschüsse sind. Die Gewohnheit wird die jungen

Christen nicht zu uns treiben. Auch die Empfehlungen des Elternhauses werden es nicht schaffen – und so kinderreich sind die Mitglieder der Sozialausschüsse auch wieder nicht, daß darauf das Überleben der Sozialausschüsse gebaut werden könnte.
Sind es unsere Erfolge? Sie liegen zurück, und für eine Wiederholung eignet sich Politik nicht. Rentenversicherung, Lohnfortzahlung, Arbeitsförderungsgesetz zu verteidigen, ist schon viel in dieser Zeit, in der eine Regierung amtiert, welche die sozialpolitische Erbschaft verschleudert. Aber Verteidigung allein ist noch nichts in die Zukunft Weisendes. Erhalten ist viel, vielleicht sogar die Voraussetzung für den nächsten Schritt. Aber Faszination geht von ihr nicht aus.
Reichen unsere Programme? Papier ist geduldig. Der papiergläubige Teil der Jugend, soweit er noch vorhanden ist, ist längst zu den Jungsozialisten und ähnlichen neukirchlichen Schriftgelehrten übergewechselt: Sie bedrucken Papier. Papierne Programme reichen also auch nicht.
Ist hinter dem, was wir erreicht haben und noch erreichen werden, eine Linie erkennbar, die auch dann noch fortgeführt wird, wenn unsere konkreten Forderungen erfüllt sind und neue Fragen auftauchen, die wir heute noch gar nicht kennen? Ist diese Linie so etwas wie ein Faden, auf dem auch die noch unbekannten Fragen aufgereiht werden können, damit Zusammenhang in unserer Politik ist? Wie bringen wir diese Linie zum Vorschein, die mehr ist, als die Summe unserer Forderungen?
Vor allem durch unsere Praxis! Wir brauchen eine praktische Programmatik oder eine programmatische Praxis. Nicht allein die Forderungen entscheiden über die Qualität der Politik, sondern auch wie sie zustande kommen und vertreten werden. Die Praxis ist der Text unserer Theorie.
Wir wollen mitbestimmen. Also brauchen wir Sozialausschüsse, in denen jeder die Möglichkeit hat, unsere Politik mitzubestimmen. Ist dies eine organisatorische Utopie? Nicht mehr als eine Gesellschaft, in der die Betroffenen die Entscheidungen bestimmen sollen, die sie betreffen. Selbst wenn alle Aufsichtsräte paritätisch, die Unternehmensverfassung gleichgewichtig aufgebaut wären, gilt diese Grundlinie unserer Mitbestimmung weiter, denn immer müssen Institutionen und Organisationen gegen Verselbständigung ihrer ursprünglichen Absichten und Emanzipation ihrer Ziele von den Mitgliedern geschützt werden. Verkalkung ist eine Berufskrankheit der Apparate, auch der bestmeinenden.

Wir wollen die offene und solidarische Gesellschaft. So steht es in der Offenburger Erklärung. Wieviel Offenheit und Solidarität schaffen wir bei uns? Die Übereinstimmung unserer Ziele in der Gesellschaft mit unserer hauseigenen Praxis könnte eine Attraktion im Wettbewerb um die Zukunft sein und unsere Marktlücke im Kampf um Zustimmung der jungen Generation.

Gewerkschaft und Partei

Die Sozialausschüsse stehen auf zwei Beinen, und keins darf schwächer als das andere sein; sonst hinken wir. Eine politisch aufgeklärte Arbeitnehmerschaft muß in den Gewerkschaften engagiert und auf dem Feld der Parteien vertreten sein.
Eine Form der Solidarität ist gewerkschaftliche Organisation. Ohne starke Gewerkschaften gibt es keine Tarifautonomie. Sie ist eine Bedingung freier Gewerkschaften, ohne die es keine freie Gesellschaft gibt. Es bleibt dabei: Christlich-demokratische Arbeitnehmer sollen Mitglied der Gewerkschaft sein. Von Trittbrettfahrern halten wir nichts. In welcher Gewerkschaft, ist jedermanns eigene Sache. Das ist das eine, und das andere:
Christlich-demokratische Arbeitnehmer sollen parteipolitische Flagge zeigen. Unsere Partei ist die CDU. Wir haben keine Spezialfahne für die CDU, eine andere für die Gewerkschaften, und wir hängen die Fahne nicht nach dem Wind. Es ist immer dieselbe Flagge. Mit den christlich-sozialen Unterseebooten, die im Heimathafen über die Toppen geflaggt, auf rauher See aber nicht mehr zu sehen, sondern auf dem Meeresboden zu finden sind, ist allerdings weder in Partei noch Gewerkschaft etwas anzufangen.
Gewerkschaften und Partei sind die Bewährungsfelder unserer Politik. Das geht nicht ohne Spannungen. Aber ohne Verankerung in der organisierten Arbeitnehmerschaft wäre die CDU einen Kopf kürzer, und ohne Vertretung in den Parteien wären die Gewerkschaften amputiert.
Wir kommen jedoch nicht voran, wenn unser Partei- und unser Gewerkschaftsbein ohne Rücksicht aufeinander zu gehen versuchen. Es darf nicht so sein, daß einerseits eine CDA-Gewerkschaftstruppe, vollbeschäftigt mit ihren Problemen, im eigenen Gewerkschaftssaft schmort und andererseits eine Parlamentariergruppe ihr Süppchen für die einzige Speise der Sozialausschüsse hält.
Mehr miteinander zu handeln und zu denken, könnte aus den

Spannungen zwischen Parteien und Gewerkschaften auch neue Funken der Aktivität schlagen. Wenn alle CDU-Arbeitnehmer Gewerkschafter wären und alle »schwarzen« Gewerkschafter aktive CDU-Mitglieder, wäre ein Teil der Probleme gelöst.
Welchen Beitrag haben die Sozialausschüsse zur Verfilzungsdebatte und welchen zum Slogan »Freiheit statt Sozialismus« zu leisten? Wenn die hauptamtlichen Parlamentarier über Verfilzung streiten, ist dies ebenso kostenlos, wie wenn hauptamtliche CDU-Gewerkschafter der CDU den Slogan »Freiheit statt Sozialismus« vorwerfen. Existentiell wird unser Einsatz erst, wenn jeder nicht die Steine in Nachbars Garten sucht, sondern zunächst den Schutt vor der eigenen Tür. Erst wenn jeder in seinem Bereich die Tabus berührt und das Unpopuläre wagt, können wir uns wechselseitig antreiben und stützen.
Die Bereiche Gewerkschaft und Partei dürfen nicht miteinander vermischt werden. Aber die christlich-soziale Idee ist in beiden dieselbe. Deshalb muß es einen geregelten Transport von Meinungen, Erfahrungen und Personen zwischen beiden geben.

Arbeiter

Wir sind eine Arbeitnehmerorganisation. Aber wo sind die Arbeiter? Die Arbeiter, einst Kern der Arbeitnehmerbewegung, sind in Gefahr, zur Randgruppe der Politik selbst in Arbeitnehmerorganisationen zu werden.
Liegt es an der modernen Arbeitsorganisation, der Schicht- und Nachtarbeit, daß einem Teil der Arbeitnehmer die geregelte Teilnahme am öffentlichen Leben verbaut wird? Liegt es an der Monotonie und Isolation mancher Arbeitsplätze, daß dem Arbeiter Initiative und Gemeinschaft abgewöhnt worden sind? Liegt es einfach daran, daß die Arbeiter weniger werden? Oder liegt es vielleicht auch daran, daß unsere politische Sprache so geschwollen geworden ist und das gehobene Deutsch von Politprofis die hautnahen Sorgen des Arbeitsalltags nicht trifft? Vielleicht brauchen auch wir eine neue Form der politischen Veranstaltung, in welcher der Werkstattcharakter unserer politischen Position deutlich gemacht wird. Weniger Kundgebung und mehr Gespräch, in dem jeder seine Erfahrungen, seine Vorstellungen in seiner Sprache vorträgt.
Wie auch immer, die Christlich-Demokratische Arbeitnehmerschaft kommt nicht ohne Arbeiter aus. Und zwar Arbeiter, nicht nur zum

Plakatkleben, sondern auch zum Mitmachen in der Politik bis hin zum Repräsentieren der CDU und CDA. Wieviel Arbeiter gibt es in wieviel CDU-Vorständen – und in wieviel CDA-Vorständen.
Arbeitnehmerbewegung ohne Arbeiter, – das wäre eine Bewegung ohne Boden unter den Füßen. Unsere Betriebsgruppenarbeit muß wieder die Nabelschnur zur Arbeitswelt werden. Jugend, Gewerkschaften, Arbeiter, – das ist das bevorzugte Trimm-Dich-Gelände unserer Organisation.
Aber was nützt die beste Kondition, wenn wir sie nicht richtig einsetzen. Wir machen Politik nicht zur Selbstertüchtigung. Die Kollegen und Mitbürger sind weniger an unserem Innenleben interessiert, sondern daran, daß ihre Probleme gelöst werden.
Parteiüberdruß kann auch dadurch entstehen, daß die Parteien zu sehr mit sich selbst beschäftigt sind. Die Sozialausschüsse sind nicht Selbstzweck, sondern nur Mittel zum Zweck. Die Fragen, denen wir uns stellen müssen, bestimmen wir nicht selbst. Im besten Fall bestimmen wir die Antworten.

Zeichen der Zeit

Was sind die Fragen der Zeit?
Arbeit – Freizeit
Friede – Gewalt
Familie – Bürokratie
das sind Stichworte unserer Sehnsüchte, Ängste und Wünsche. Hat die christliche Soziallehre nichts zu sagen zu diesen »Zeichen der Zeit«?

Arbeit

Arbeit für alle gibt es nicht ohne neue Solidarität. Es geht nicht allein darum, wieviel und wieviel mehr Güter hergestellt werden können, sondern auch, wie wir sie herstellen. Ich halte die »Nur-Wachstumspolitiker« für so einfältig, wie die »Null-Wachstumspolitiker«. Es kommt auf das wie, wo, wozu an.
Die Welt ist nicht ein großer Schuttabladeplatz und die Erde nicht ein unerschöpflicher Steinbruch des industriellen Fortschritts. Das ist eine christliche Einsicht. Die menschlichen Kosten des Fortschritts müssen mit seinen Ergebnissen verrechnet werden.

Kapitalismus wie Sozialismus sind die Kinder eines maßlosen industriellen Fortschritts. Noch Karl Marx träumte von den Segnungen der ungehemmten Produktivkraft, wenn sie endlich die Fesseln der kapitalistischen Produktionsverhältnisse abgestreift habe. Beide, Kapitalismus wie Sozialismus haben ihre historische Stunde gehabt und die Hoffnungen nicht erfüllt, die an sie geknüpft waren.
Deshalb – wenn schon, denn schon – Freiheit statt Sozialismus und Kapitalismus. Wem das Wort Kapitalismus zu grob und undifferenziert ist, der sei beruhigt: Es ist nicht gröber als das Wort Sozialismus.
Wird die christlich-soziale Bewegung ihre Chance nutzen, Fehler des Kapitalismus und des Sozialismus vermeidend, einen dritten Weg zu suchen, auf dem mehr Rücksicht auf Mensch und Natur genommen werden kann? Einen sanften Fortschritt, der behutsamer vorwärtskommt und nicht wie eine Dampfwalze alle Widerstände plattwalzt. Wie wir die Güter herstellen, ist auch eine Frage, ob daran alle, die wollen, teilnehmen können oder die Arbeit nur für einen Teil reserviert bleibt. Arbeit für alle, – auch deshalb, weil in der Arbeit die Chance zur Selbstverwirklichung steckt. Erst das Christentum nahm der Arbeit die Verachtung und betrachtete sie als Teilnahme an der Schöpfung. Das ist ein kritischer Maßstab: Ob jeder Arbeitnehmer in seiner Beschäftigung Teilnahme an der Schöpfung erkennen kann. Und der Arbeitslose? Er ist ausgeschlossen vom Auftrag: »Mache Dir die Erde untertan.« Das ist ein Skandal, solange die Bibel ernstgenommen wird.
Das Christentum ist nicht die Narkose, die uns über die Schmerzen der Welt hinweghilft, sondern der Antrieb zu deren Überwindung. Solidarität umfaßt alle. Wenn die, welche Arbeit besitzen, sich so benehmen, wie im 19. Jahrhundert die, welche im Besitz des Kapitals waren, steht ein neuer Klassenkampf ins Haus, diesmal nicht zwischen Kapitalbesitzern und Kapitallosen, sondern zwischen Arbeitsbesitzern und Arbeitslosen. Vollbeschäftigung wird zum Probierstein der Solidarität, und Solidarität ist ein christlich-soziales Erbstück.

Familie

Mancherorts läßt sich ein Rückzug in die Kleingruppen beobachten. Vielleicht ist das ein Vorbote des Überdrusses an der Großorganisation. Es gibt zwar kein Zurück ins Biedermeier, aber vielleicht müssen mehr Oasen der Geborgenheit in der Öde einer bürokrati-

schen Gesellschaft geschaffen werden. Könnte nicht die Familie ein Gegengewicht gegen die Versuchungen totaler Verwaltungen bilden, selbst wenn die Bürokratie mit den Versprechungen einer allgemeinen Fürsorge sich einzuschmeicheln versucht?
Die Familie als ›Widerstandsnest‹ gegen Manipulation, das könnte ein christlich-soziales Mitbringsel für die nächsten Generationen sein. Dabei steht Familienpolitik nur stellvertretend für eine Politik, die wieder überschaubare Bereiche schafft, die regierbar sind. Das alte christliche Prinzip der Subsidiarität ist Voraussetzung für Selbstverwaltung, Selbst- und Mitbestimmung.
Die Gesetzgeber überschätzen sich selbst, wenn sie glauben, allein von ihren Paragraphen hänge die Welt ab. Sicher: wir brauchen gute Gesetze. Aber Gesetze können immer nur die Voraussetzungen schaffen. Politik kann das Glück nicht zwingen. Das Klima in der Gesellschaft wird möglicherweise mehr durch den Ton in der Familie entschieden als durch die Gesetze im Bundestag. Wir machen mehr Gesetze, und die Welt wird kälter. Wir wohnen dichter beisammen, und die Einsamkeit nimmt zu. Das sind doch Widersprüche unserer Gesellschaft!

Die kleinen Lösungen

Die politischen Großideologien werden nur mobilisiert durch Großlösungen. Ihre Phantasie ist entweder auf Revolution oder auf Massen oder auf beides fixiert. Spektakulär muß es in beiden Varianten zugehen. Aber vielleicht gibt es gar nicht mehr die Knall-auf-Fall-Rettung und nicht mehr die Alles-auf-einen-Schlag-Lösung, sondern nur die mühsame Politik der 1000 Schritte und der Differenzierung. Ohne die Mühe der kleinen Schritte jetzt, gibt es nur die Hoffnung auf Revolution und keine Entwicklung, und ohne Differenzierung nur Gleichmacherei und keine Gerechtigkeit, und ohne kleine Schritte gibt es auch weniger Korrekturmöglichkeit.
Die christlich-soziale Bewegung wird gebraucht. Ideen hat sie. Hat sie auch Leute mit Mut und Phantasie, die die Stunde nutzen? Die Bühne wird geräumt, Kapitalismus in alter Besetzung und Sozialismus mit altem Text müssen abtreten. Spielen wir beim nächsten Stück mit! Ludwig Erhardt hat immer von der notwendigen 2. Phase der sozialen Marktwirtschaft gesprochen. Auf die Freiheit von Not mit Hilfe der Wohlstandsmehrung muß die Freiheit zur Selbstverwirklichung aufbauen.

Es muß nicht dauernd unsere Eigenständigkeit betont werden. Wo es Übereinstimmungen gibt, und sei es nur teilweise, dürfen sie nicht verschwiegen werden. Es geht nicht um uns allein, sondern um alle. Alle Teilinteressen sind nur die Unterabteilungen des Gesamtinteresses oder in alter Übersetzung: des Gemeinwohles. Möglicherweise kommt jetzt eine Zeit, in der wieder stärker der Blick auf die allgemeinen Interessen gelenkt werden muß.

Es gibt viele Vorschläge, über die mit gesundem Menschenverstand Übereinstimmung hergestellt werden könnte. Gegen Terror und Gewalt müßte es eine »Übergroße Koalition« weltweit geben. Es gibt keinen Grund für Folter. Also müssen wir nicht fragen, warum jemand gequält wird. Der Mensch ist wichtiger als die Sache. Über allem stehen die Menschenrechte, sie kennen keine Grenzen.

Laßt uns teilnehmen, an dieser weltweiten übergroßen Koalition für Gequälte, Gefolterte, Unterdrückte. Jene Zyniker, die über Jimmy Carter mitleidig herablassend lachen, weil er die Großmacht der USA für die Menschenrechte mobilisierte, denen wird das Lachen noch vergehen. Es geht nicht um die Ausdehnung des Territoriums der Herrschaft, es geht um die Ausdehnung des Einflußbereiches der Menschenrechte.

Nation, Staat, Parteien, das alles sind Hilfen für den Menschen. Institutionen sind Hosenträger, damit der Mensch nicht so nackt herumläuft. »Die Ordnung der Dinge unterliegt der Ordnung der Personen«, »Der Mensch ist wichtiger als die Sache« in der Offenburger Erklärung.

Alle Institutionen werden von uns danach befragt, was sie im Leben des einzelnen verbessern. Wir sind für Mitbestimmung, aber sie muß den Arbeitsalltag verändern. Wir sind für Miteigentum, aber nicht für zentrale ferne Fonds, die aus dem Erlebnis des einzelnen schwinden. Wir sind für die Schulreform, aber nicht für Schulen, die Kinder als weiße Experimentiermäuse behandeln. Die schönste Schule nützt nichts, wenn die Kinder nicht glücklich sein können. Alle Vorschläge, Ideen, Institutionen müssen rückgekoppelt werden an die Erfahrbarkeit des Einzelnen.

Schwieriger wird die Politik, wo sich das Gemeinsame nicht mehr auf das Selbstverständliche stützen kann. In den Zweifelsfällen werden die ethischen Maßstäbe lebenswichtig. Für jeden Grenzbereich der Güterabwägung, in dem die eigentlichen Unterschiede politischer Richtungen liegen, bietet die christliche Soziallehre einen Maßstab:
Im Zweifel für den einzelnen.
Im Zweifel für den Schwachen.

Im Zweifel für die private Initiative und gegen staatliche Lenkung. Und wenn unsere Politik nicht diesem Maßstab entspricht, müssen wir nicht den Maßstab, sondern die Politik ändern. Laßt uns nicht viel Zeit verlieren. Die Bundestagung war nur Rastplatz, nicht Pause unserer Politik. Laßt uns losgehen.

Warum mitmachen im Betrieb?

Der Betriebs- und Personalrätekongreß der Sozialausschüsse ist ein Ausspracheplatz. Die wichtigste Erfahrung, die es hier zu vermitteln gilt, ist: Niemand steht allein, niemand kämpft als Einzelkämpfer, uns verbindet die Solidarität der christlich-sozialen Idee, und alle, die hier sind, sollten wissen, unser Einsatz gilt nicht einer verlorenen Sache. Selbstmitleid ist keine produktive Kraft. Wenn wir uns selbst nichts zutrauen, werden es andere auch nicht.

Wir haben keinen Grund, nur an Niederlagen zu erinnern. Wo gibt es einen Verein, der nur siegt? Wir haben Grund, auch stolz zu sein. Ohne uns, ohne die christlich-soziale Idee, gibt es keine Volkspartei CDU, und ohne uns würden die Gewerkschaften anders aussehen.

1. Die Sozialausschüsse sind eine Arbeitnehmervereinigung. Die Arbeitnehmer sind die Hauptleidtragenden der wirtschaftlichen Misere. Alle müssen anspannen, um den Karren aus dem Dreck zu ziehen. Nur, wer will, daß wir mitziehen, der muß auch wollen, daß wir mitbestimmen, wohin der Wagen fährt. Wir sind weder in der Partei noch in den Gewerkschaften die Ochsen, die den Karren nur ziehen, den andere lenken. Wir wollen die Deichsel schon mitbedienen.

2. Die Betriebsratswahl ist der Test für unsere Verankerung im Betrieb. Wir wollen weder schwarze, noch rote, noch rosarote Betriebsräte, sondern eine Interessenvertretung aller Arbeitnehmer. Deshalb ist es gut, wenn an dieser Interessenvertretung auch die Vertreter aller demokratischen Arbeitnehmer beteiligt werden. Die ausgewogene Beteiligung aller erschwert es, im Betriebsrat parteipolitische Süppchen zu kochen.

3. Wir sind gegen Monopole, Erbhöfe und Alleinvertretungsansprüche im Betrieb. Aber die Gefahr eines CDU-Monopoles ist viel geringer als eines sozialdemokratischen Betriebsrates, der sich benimmt, als wäre er der Großaktionär der Arbeitnehmerschaft. Betriebsräte sind nicht Parteiräte.

Wir wollen nicht, daß jemand nur deshalb gewählt wird, weil er Mitglied der CDU ist. Die Gefahr ist auch relativ gering. Aber wir wollen auch nicht, daß jemand nur deshalb nicht gewählt wird, weil er CDU-Mitglied ist.

4. Wir sind für das Verbot der parteipolitischen Betätigung des Betriebsrates. Aber deshalb ist der Betrieb noch kein unpolitischer Ort. Im Betrieb arbeiten Menschen. Im Betrieb werden politische Gespräche geführt.

Meinungsbildung durch Gespräch ist wirksamer als durch Propaganda. Deshalb sind die Parteien im Nachteil, die keine Stimme in der Arbeitswelt haben. Unsere Betriebsgruppen sollen die Stimme der CDU im Betrieb sein. Aber umgekehrt auch die Stimme der Betriebspraxis in der Partei.

5. Wir haben nicht Forderungen an die Gewerkschaften zu stellen, wir stellen sie in den Gewerkschaften. Denn wir sind Gewerkschafter nicht auf Abruf und nicht zweiter und dritter Klasse, sondern so gut wie jeder andere.

Offenbar sind mehr CDU-Anhänger Mitglied einer Gewerkschaft als es durch manche Scheuklappen erkennbar und manchem lieb ist. Ein Drittel der Gewerkschaftsmitglieder – das beweist eine Allensbachuntersuchung vom Sommer dieses Jahres – sind CDU/CSU-Wähler. Einige allerdings von diesen, leider zu viele, scheinen sich auf dem politischen Meeresboden bei Tauchübungen zu befinden. Sie sind in den Gewerkschaften nicht zu sehen. Das ist die Gruppe der CDU-Mitglieder ›streng vertraulich‹; mit denen ist kein Blumentopf zu gewinnen. Wir wollen den Leisetretern die Filzpantoffeln ausziehen. Wir brauchen nicht mehr Besserwisser, die gibt es anderswo genug. Wir brauchen mehr Bessermacher.

6. Die Arbeitgeber sollen nicht Betriebsräte bilden. Das wäre des Guten zu viel. Das müssen die Arbeitnehmer schon selbst besorgen. Kein Arbeitgeber sollte sich damit brüsten, daß in seinem Betrieb kein Betriebsrat besteht und er selbst der beste Betriebsrat sei. Das Fehlen des Betriebsrates ist kein Erkennungszeichen sozialer Aufgeschlossenheit, sondern deutet eher auf patriarchalische Borniertheit – und mit der ist keine Partnerschaft zu machen. Zur Partnerschaft gehören zwei selbstbewußte Partner. Wer die Arbeitnehmer zum Empfänger von Wohltaten degradiert, bei dem ist der Kalender im 19. Jahrhundert stehengeblieben.

In zwei Dritteln der betriebsratsfähigen Betriebe besteht kein Betriebsrat, das ist ein Defizit an Partnerschaft.

7. Die Zeit für linke ideologische Wolkenschieber ist vorbei. Aber es

ist deshalb noch nicht die Zeit der rechten Reaktionäre gekommen. Die Union wird die Partei der vernünftigen Mitte bleiben. Die CDU muß die sozial aufgeschlossene Partei sein, die sie von Anfang an sein wollte. Adam Stegerwald hat nicht in seiner großen Rede vor dem Essener Kongreß der Christlichen Gewerkschaften 1920 die Idee einer alle Konfessionen und Sprachen umfassenden sozialen Volkspartei vorgetragen, damit seine Enkel sich an der Gründung einer 4. oder 5. politischen Randgruppenpartei beteiligen. Wir bleiben dem Modell einer Christlichen Volkspartei verpflichtet.
Wir sind nicht die Hofjubler. Hier im Saal sitzen Kolleginnen und Kollegen, die zur literarischen Schönrede keine Begabung besitzen. Die CDU kann sich auf ihre Mitglieder an den Werkbänken und Schreibtischen verlassen. Nur, diese wollen, daß sie sich auch auf die CDU verlassen können.
8. Die Betriebs- und Personalräte erwarten von ihrer Partei, daß sie ihren programmatischen Versprechungen auch die Taten folgen läßt. Wir warten auf die Verwirklichung der eigentumspolitischen Beschlüsse des Hamburger Parteitages nun schon seit 1973. Wir warten auf die gesetzgeberischen Initiativen aus dem vom Bundesausschuß der CDU beschlossenen Arbeitsmarktprogramm. Für uns bleiben Beschlüsse von papiernem Wert, solange aus ihnen nicht gesetzliche Konsequenzen im Bundestag gezogen werden.
Die Arbeitnehmer handeln nach der biblischen Empfehlung: »An Ihren Früchten sollt Ihr sie erkennen.« Die Früchte der SPD haben sie jetzt ausreichend genossen. Sie sind satt. Die Chancen in der Arbeitnehmerschaft für die CDU waren noch nie so gut wie heute. Alte sozialdemokratische Fixierungen sind in Auflösung begriffen. Ob die CDU den Platz einnehmen kann, der ihr durch sozialdemokratische Bindungen versperrt war, hängt vor allem von ihr selber ab.

Bundeskonferenz für Betriebs- und Personalräte der CDA
am 3. Dezember 1977, Oberhausen

Der schwere Weg zwischen rechts und links

Volkspartei und Einheitsgewerkschaft: Das waren zwei bedeutende Stabilisatoren der Nachkriegszeit. Beide hatten eine gemeinsame Absprungbasis. Die Erfahrungen mit der nationalsozialistischen Barbarei haben parteipolitisch in der Union und gewerkschaftlicherseits im DGB zu der Einsicht geführt, daß nach dem Zusammenbruch der Faden nicht einfach wieder aufgenommen werden soll, wo er 1933 gerissen war. DGB und CDU/CSU waren Neuigkeiten.
Es war nicht selbstverständlich, daß Angehörige verschiedener sozialer Schichten in einer Partei zusammenarbeiten, und ebensowenig problemlos, daß einer Gewerkschaft Mitglieder verschiedener Parteien angehören. In den Unionsparteien wurde der Zusammenschluß fundiert durch die Besinnung auf eine christliche Grundlage der Politik. Die Einheitsgewerkschaften wurden als eine Koalition unter Ausklammern der unterschiedlichen parteipolitischen Standpunkte und der Abstinenz in weltanschaulichen Fragen möglich.
Volkspartei und Einheitsgewerkschaft waren erfolgreich. Das Modell Union begann sogar Anziehungskraft auf die SPD auszuüben, sonst wäre das Godesberger Programm nicht denkbar geworden. Die vom Konkurrenzkampf der Richtungsgewerkschaften geschüttelten französischen und italienischen Gewerkschaften sind die Folie, auf welcher der Kontrast zu bundesrepublikanischen Verhältnissen deutlich wird. Volksparteien und Einheitsgewerkschaften sind in gewisser Weise aufeinander bezogen wie kommunizierende Röhren. Im Verhältnis Klassenpartei zur Gewerkschaft gibt es nur die Alternative: Gegnerschaft oder Einheit. So oder so verlieren beide dabei einen Teil Souveränität. Sie sind gebunden. Wenn die Einheitsgewerkschaften sich zur Richtungsgewerkschaft zurückentwickeln, verlieren die Volksparteien einen Partner. Dieses Ergebnis gilt allerdings auch in umgekehrter Richtung. Wenn die Volksparteien sich wieder zu Klassenparteien zurückentwickeln, gerät die Gewerkschaft natürlicherweise in den Sog der »Arbeiterpartei«.

Die Nachkriegszeit liegt hinter uns. Werden die Dämme halten, die damals errichtet wurden? Es muß ja nicht gleich zu einem Dammbruch kommen. Aber es gibt mehr als ein Anzeichen beginnender Unterspülung. Auf der einen Seite wächst die Sehnsucht nach der alten Geborgenheit in der Einheit der Arbeiterklasse Partei/Gewerkschaft. Auf der anderen Seite erhält die Taktik mehr Anhänger, eine bürgerliche Sammlungsbewegung zu formieren, die durch nichts anderes zusammengehalten wird, als durch die Angst vor dem Sozialismus.

Beide Vorhaben sind nicht dumm. Für sie sprechen die Erfolgsaussichten, die ihre Promotoren an sie knüpfen. Es wäre für einen sozialistischen DGB in der Tat leichter, auf dem festen Boden einer Einheitsideologie Politik zu machen. Er könnte sich auf diesem Wege eine Menge pragmatischer Knochenarbeit sparen und eine große Zahl von Anhängern wieder emotional befriedigen. Und auch der Eiertanz gespielter parteipolitischer Unabhängigkeit wäre endlich zu Ende.

Die bürgerliche Sammlungsbewegung als Kontrast einer solchen Entwicklung könnte aller Wahrscheinlichkeit nach – in welcher Formation sie auch anträte – Massen mobilisieren. Damit kein Zweifel aufkommt: In ihr befänden sich auch eine große Zahl von Arbeitnehmern, und zwar sowohl solche, die der sozialistischen Schaumschlägerei überdrüssig sind, wie auch jene, die sich von der nivellierenden Volksbeglückung à la Sozialismus bedroht sehen. Wie gesagt, dumm sind beide Vorhaben nicht, und welches von beiden Ursache und welches Wirkung ist, läßt sich wie in einem Teufelskreis nicht aussuchen.

Es könnte sein, daß auf diese Weise eine Koalition aus Gegensätzen entsteht. Die paradoxe Koalition der Gegner ist freilich ungewollt. Und doch sind beide aufeinander angewiesen. Der Fortschritt des einen ist auch der des anderen. Volkstümlich ausgedrückt: Eine Hand wäscht die andere. Nur eine Gruppe fällt bei dieser Veränderung aus. Für eine durch die christlich-soziale Idee inspirierte und an den Prinzipien der christlichen Soziallehre orientierte Politik gibt es bei dieser Polarisierung keinen Platz. Ob das die Kirchen merken? Wenn es nur die Möglichkeit gibt, zwischen rechts und links zu wählen, wohin wird sich wohl der achtzehnjährige, sozial engagierte Christ wenden?

Das Modell der beschriebenen Weichenstellung liegt freilich jenseits der Probleme der Menschen. Es geht weder um die Auferstehung des Individualismus noch um die Konservierung des Kollektivismus.

Beide hatten sowohl in ihrer kapitalistischen wie sozialistischen Ausgabe hundert Jahre Zeit vorzuführen, was sie können. Der Kapitalismus hat, wie das Beispiel der Dritten Welt zeigt, die Nachfrage nach Gerechtigkeit nicht beantworten und der Sozialismus nicht die Sehnsucht nach Freiheit befriedigen können. Die Lösung liegt nicht in der Einsamkeit einer Gesellschaft, in der sich jeder selbst der Nächste ist, noch in einer, in der niemand mehr weiß, daß es ihn selbst gibt. Individualismus und Kollektivismus haben abgewirtschaftet.

Selbstverwirklichung

Gefragt wird, wie der Papst in Lateinamerika vorgeführt hat, ein dritter Weg, der die Irrtümer der Extreme vermeidet. Die Themen, die jetzt aufkommen, sind Fragestellungen, zu denen die christliche Soziallehre immer eine besondere Affinität hatte.
Gibt es in der Massenzivilisation Zentren der Geborgenheit, in der die Menschen zu Hause sein können? Ist die Familie nur Agentur der Gesellschaft oder eine Institution, in der die Selbständigkeit des Menschen mit anderen eingeübt wird? Ist Eigentum nur eine Verteilungskategorie, deren Funktion auch in anderer Organisation erfüllt werden kann, oder eine Form, in der die menschliche Person sich in der Sachwelt fortsetzt? Ist Arbeit nur Broterwerb, oder ist die Teilhabe an der Schöpfung Gottes auch ein Stück Selbstverwirklichung des Menschen und Vermenschlichung der Welt?
Familie, Arbeit, Eigentum: Dazu hat die christliche Soziallehre etwas zu sagen. Ob die christliche Sozialbewegung den Vorrat ihrer Ideen in die Praxis umsetzen kann, hängt davon ab, ob sie genügend Engagement auch gegen Widerstand aufbringt oder untergepflügt wird im Marketing der Wahlstrategen.

Aus »Rheinischer Merkur«, 23. Februar 1979

Volkspartei CDU: »Weil Sammlung nichts in die Zukunft Weisendes ist«

Der polnische Philosoph, Leszek Kolakowski, hat in seinem – auch in Deutschland erschienen – Buch »Der Mensch ohne Alternative« die Einteilung der politischen Kräfte in das Links-Rechts-Schema von der jeweiligen zeitlichen Perspektive abhängig gemacht, die der Betrachter einnimmt. Rechts, und für ihn damit konservativ, ist ein politisches Verständnis, wenn die Lösungsvorschläge für gegenwärtige Probleme aus der Vergangenheit entnommen werden, die meist als heile Welt empfunden wird. Links dagegen, und für ihn progressiv, sind jene politischen Denkformen, die den Beitrag der Gegenwart an den Aufgaben der Zukunft messen.

Die Position der Mitte

Eine politische Partei, wie die CDU, die sich selbst als eine politische Kraft der Mitte versteht, wird sich nicht in dieses einfache Alternativschema pressen lassen. Allerdings kann diese mittlere Position nicht einfach nach dem Motto gefunden werden: Man nehme von jedem etwas, verrühre es kräftig! – und das ist dann nach jedermanns Geschmack! Eintopf ist eine Kost, von der man auf die Dauer nicht leben kann. Es geht nicht, daß man von den Linken einen progressiven Wortschatz entleiht und von den Rechten die Vorliebe, alles beim alten zu lassen. Obwohl ich gestehe, daß eine solche Arbeitsteilung vorteilhaft sein kann: Vorteilhaft für eine Wahl. Sonntags progressive Festreden und werktags die konservative Praxis. Für jeden also etwas: Die lyrischen Gefühle werden feiertags befriedigt, die handfesten Geschäfte bleiben dann werktags ungestört. Dieses Verfahren kann nicht das unsere sein.

Der politische Weg, der zwischen den Extremen gesucht wird, ist nicht der Weg des geringsten Widerstandes. Er ist nicht eine Durchschnittsgröße, sondern ein radikaler Weg, sofern mit Radikalität die

Entschlossenheit zum Ausdruck gebracht wird, die Probleme an der Wurzel zu fassen, nicht an Symptomen zu laborieren, sondern den Krankheitsherd zu beseitigen, nicht Heftpflaster zu kleben, wo Amputationen notwendig sind. In der Position der Mitte müssen die Einseitigkeiten der Extrempositionen aufgehoben sein. Deshalb darf es keine Vergangenheitsbetrachtung geben ohne die Frage, wohin die Linien, die aus dem Gestern kommen, weitergeführt werden. Aber es kann andererseits auch nicht der Blick in die Zukunft gerichtet werden, ohne daß nach Ansatzpunkten für eine neue Zukunft gesucht wird, die in der Gegenwart liegen und in der Vergangenheit vorbereitet wurden.

Neubau statt Wiederaufbau

Während die Sozialdemokraten und auch die Kommunisten 1945 wieder dort anknüpften, wo 1933 der politische Faden gerissen war, entstand dort, wo das Zentrum früher placiert gewesen war, – abgesehen von kleinen regionalen Zentrumserinnerungen – eine neue Partei, die CDU. Doch das Modell, das für diese neue Partei Pate stand, war keineswegs selbstverständlich. In den Konzentrationslagern, in den Kerkern des Hitlerterrors, war von den einst in Richtungen zerstrittenen Gewerkschaftern der Gedanke einer Partei der Arbeit konzipiert worden. Diese Partei sollte eine neue Epoche dokumentieren und gleichzeitig das Ableben des bürgerlichen Zeitalters signalisieren.
Die Überzeugung war allgemein verbreitet, daß nun ein Neubau, nicht der Wiederaufbau, der deutschen Gesellschaft beginnen solle. Neben dem Glauben an den endgültigen Durchbruch der Arbeitnehmerschaft zur Gleichberechtigung in der Gesellschaft war die Abwehr aller totalitären Kräfte, die man am eigenen Leib gespürt hatte, die andere Kraft, die nach einer Partei der Arbeitnehmer drängte. Denn diese Arbeitnehmerschaft bestand als Abwehr gegen jede Art von Totalitarismus.
Daß es nicht zu dieser Gründung kam, lag einerseits an den starken marxistischen Fixierungen führender Sozialdemokraten, andererseits an der Tatsache, daß die neugegründete CDU den sozialen Aufbruchswillen in sich kanalisierte und für den Aufbruch aller Schichten mobilisieren wollte. Für die christliche Arbeitnehmerschaft wurde damit die Partei der Arbeit überflüssig. Die CDU verstand sich als soziale Reformpartei.

Rechte Sammelpartei

Nicht nur der Vollständigkeit halber muß nun noch von einer anderen Möglichkeit geredet werden, die ebenfalls vorhanden war und die, wenn sie realisiert worden wäre, der sozialen Volkspartei CDU den Platz streitig gemacht hätte. Es war das Konzept einer Sammlungsbewegung aller rechts von der SPD stehenden Kräfte. Konrad Adenauer schreibt dazu in seinen Memoiren:

»Ich war nicht damit einverstanden, daß man davon sprach, daß die CDU eine politische Sammlungsbewegung sei und wandte mich sehr energisch gegen diese Ansicht und die Verbreitung solcher Äußerungen.

In Norddeutschland war bei ehemaligen Angehörigen der konservativen und der liberalen Parteien, die jetzt keine große Anhängerschaft mehr besaßen und von denen prominente Vertreter nunmehr sich der CDU angeschlossen hatten, der Gedanke aufgetaucht, alle rechts von der Sozialdemokratie stehenden Kräfte in der CDU zu ›sammeln‹ ...

Ich erhob sehr entschieden Einspruch hiergegen und verhinderte ein weiteres Verbreiten dieser Ansichten. Wir mußten eine Partei sein mit einem eigenen neuen Programm. Auf ›Sammlung‹ als Fundament läßt sich keine Partei aufbauen, weil ›Sammlung‹ nichts in die Zukunft Weisendes ist.«

Die Idee, eine Partei zu bilden oder eine bestehende zu einer solchen umzufunktionieren, die durch nichts anderes zusammengehalten wird als die Generschaft zum Sozialismus und den Willen, die Wahlen zu gewinnen, hat keineswegs ihre Anziehungskraft eingebüßt. Wir haben die Entscheidung keineswegs ein für alle Male hinter uns gebracht.

Immer wieder gibt es Politiker, die der Versuchung nicht widerstehen können, dem alten Traum nachzuhängen, die CDU zu einer rechten Sammlungspartei umzustilisieren. Wir sollten ihnen Widerstand entgegensetzen und an der Adenauerschen Ablehnung festhalten. Wer mit ideologischen Vogelscheuchen wie »Linksüberholer«, »Rosenkranzmarxisten« eine Gesellschaftspolitik der CDU behindern will, die Struktur transformiert und sich nicht lediglich als Dekorateur des Bestehenden versteht, der hat zumindest die Basis verlassen, die 1945 die Geschäftsgrundlage der Christlich-Demokratischen Union war. Die Hüter der rechten Lehre sind nicht die Hüter der reinen Lehre der CDU.

Die christliche Volkspartei: CDU

Die ersten programmatischen Erklärungen der CDU setzten sie in scharfen Kontrast zu den bürgerlichen Parteien Weimarer Angedenkens. Sowohl im Berliner Gründungsaufruf vom Juni 1945 wie in den Leitsätzen der Christlichen Demokraten des Rheinlandes und Westfalens vom September desselben Jahres und in den Frankfurter Leitsätzen desselben Monats findet sich eine klare Absage an den Kapitalismus.

Johannes Albers, der zu den treibenden Kräften der rheinischen Parteigründung gehörte, hat diesem neuen Selbstgefühl der Arbeiterschaft in seiner ersten programmatischen Erklärung im Dezember 1945 für die Kölner CDU bereits Ausdruck verliehen: »Wir wollen keine Demokratie einiger weniger mächtiger Männer, sondern die Demokratie des einfachen Mannes, die Demokratie der breiten Massen. ... Von nun an gebührt die politische Führung im deutschen Vaterlande eindeutig dem schaffenden Volke. Dies ist der Sinn der Geschichte und das Gebot der Stunde. Der mehr als hundertjährige Emanzipationskampf der Arbeiterschaft ist zu Ende gekämpft. Jetzt ist die Zeit gekommen, da auf der Grundlage eines freien und gleichberechtigten Arbeitertums eine neue soziale und politische Ordnung in Deutschland aufgebaut werden muß.«

Die Gründer der Christlich-Demokratischen Union sind von der Überzeugung ausgegangen, daß das soziale Wollen, das für eine nichtmarxistische Partei der Arbeit freigewesen wäre, in der neuen christlichen Volkspartei seinen Platz gefunden hätte.

Wenn man ein Gedankenexperiment unternimmt und sich einmal fragt, wohin eine Partei der Arbeit sich womöglich entwickelt hätte, so darf man vermuten und befürchten, daß diese nationaler gestimmt gewesen wäre, als dies in der CDU jemals der Fall war. Es ist doch merkwürdig und offenbar nur mit der Kompensation des Komplexes »vaterlandslose Gesellen« zu verstehen, daß die sozialdemokratische Arbeitnehmerschaft in den Anfangsjahren der Nachkriegszeit das Nationale überdimensional zur Sprache gebracht hat. Vielleicht ist deshalb die Annahme nicht verkehrt, daß eine Partei der Arbeit stärker national argumentiert hätte als dies die CDU Gott sei Dank tat.

Dieser Gegensatz zwischen der national agierenden SPD und einer europäisch denkenden CDU hat sicherlich auch einen Teil jener Kräfte gebunden, der besser für den sozialen Neubau unserer Gesellschaft frei gewesen wäre. Die nationalen Strömungen in der sozial-

demokratischen Nachkriegspolitik haben die CDU in einen Abwehrkampf gezwungen, deren Kraftverschleiß nicht ohne Folgen für die Gesellschaftspolitik blieb.
Die Christlich-Demokratische Union verstand sich als eine christliche, soziale und europäische Partei: Mit diesen 3 Komponenten machte sie sich auf den Weg. Es war 1945 noch nicht selbstverständlich, zur bewußten politischen Zusammenarbeit der Konfessionen aufzurufen. Katholische und evangelische Politiker waren damit ihrer Zeit voraus.
Das europäische Denken ist sicher nicht ohne den abendländischen Hintergrund eines völkerverbindenden Christentums verständlich. Die soziale Komponente verstand sich damals fast von selbst. Diejenigen, die sie hätten ausschalten können, waren meist noch mit der privaten Bewältigung ihrer Vergangenheit beschäftigt.
Eine Gesellschaftspolitik ist nicht altmodisch, die sich der Begriffe Freiheit, Sicherheit und Gerechtigkeit bedient. Freilich sind diese Begriffe nicht zu gebrauchen wie Rezepte: Sie liefern nicht die fertige Lösung, sondern setzen nur ein Leuchtfeuer für die Entwicklung. Weil es niemand gibt auf der Welt, der sich vernünftigerweise gegen Freiheit, Sicherheit und Gerechtigkeit wendet, und jeder sie zur Ausstattung seiner Vorschläge verwendet, ist es gut weiterzufragen, was unter Freiheit, Sicherheit und Gerechtigkeit verstanden wird.
Anders als in totalitären Staaten schützt unsere Rechtsordnung das Individuum vor Übergriffen und grenzt durch Grundrechte einen Raum der Unverletzlichkeit des Individuums ab. »Meine Freiheit hört dort auf, wo die des Nachbarn anfängt«, ist die althergebrachte Formel für ein Verständnis von individueller Freiheit, die auf die Freiheit der Privatexistenz konzentriert wird. Nach dem Prager Frühling, in dem die Bürger auch diese privaten Freiheitsräume zurückerobern wollten, wird niemand mehr die demokratischen Individualrechte als billige Zugabe betrachten. Sie gehören zum Elementarbestand einer freien Gesellschaft.
Aber genügt das? Begnügen wir uns mit individuellen Freiheitsräumen, in denen wir unsere ungestörte Privatexistenz leben können? Freilich, dann wäre die Freiheit in der Gesellschaft auf die Summe der freien Privatexistenzen beschränkt: eine politische Schrebergartenlandschaft. Das Feld aber, das nur gemeinsam beackert werden kann, bliebe gemeinsamer Entscheidung und damit einer Freiheit in sozialen Dimensionen entzogen.

Vortrag zum 25jährigen Bestehen der CDU Oberhausen, 13.3.71

Gewerkschaften

QUINTESSENZ

»›Die Zeit wird kommen, da unser Schweigen im Grabe mächtiger sein wird als unser Reden.‹ Im Kampf um den 8-Stunden-Tag wurden vier Menschen zum Tode verurteilt. Einer von ihnen sprach diese letzten Worte, bevor er erhängt wurde.
Diese Justizopfer von Chicago aus dem Jahre 1886 sind Zeugen des Kampfes der organisierten Arbeitnehmerschaft um ihre Menschenrechte.
Eine freie Gewerkschaft in einer freien Gesellschaft ist auf Auseinandersetzung angewiesen. Wir wollen nicht den Staat als den großen Vormund, sondern eine Gesellschaft, in der Gewerkschaften und Arbeitgeber die sozialen Verhältnisse in eigener Regie so weit wie möglich gestalten. Die Bürokratie ist viel weiter vom Schuß, als es die Betroffenen je sein können. Deshalb sind wir für Tarifautonomie und gegen staatlichen Zwang.
Zu den Erfahrungen der Vergangenheit gehört also, daß Freiheit nicht kostenlos zu haben ist, sondern des Engagements bedarf. Wo Gewerkschaften lahm gelegt werden, muß der Staat als Ersatzmann einspringen.
Zu den Erinnerungen an eine menschlicheren Zukunft gehört die Hoffnung, daß alle Menschen satt werden. Unsere eigene Wohlgenährtheit darf uns nicht zu dem Kurzschluß verführen, so wie es uns ginge, ginge es allen Menschen auf der Welt.
Die deutsche Arbeitnehmerschaft weiß, was Unterdrückung bedeutet. Deshalb sind wir verpflichtet, stellvertretend für jene zu streiten, die stumm sind, die sich nicht selber wehren können.«

»Vom Frieden«

Besprechung des gleichnamigen Buches von Georg Leber

Der Georg Leber gehört zu jenem Politikertyp, welcher die einfachen Formen und Formeln bevorzugt. Doch der Stammbaum der Einfachheit hat viele Zweige. Zu seinen unsympathischen gehören jene, die Einfachheit mimen, weil sie populär ist, und Formeln bevorzugen, weil sie sich so leicht zu Schlagworten verarbeiten lassen. Weder mit der einen noch der anderen Form der Einfachheit hat Georg Leber jedoch etwas zu tun. Sein Lebensweg ist durch Mut zur Unpopularität markiert.

Nicht auf dem Pfad der Leisetreter

Es war nicht der Weg des geringsten Widerstandes, als er Kommunisten aus der IG Bau – Steine – Erden »herausschmiß«, und nicht bequem, als Gewerkschafter für Notstandsgesetze einzutreten. Und es wäre einfacher gewesen, Klassenkampf statt Partnerschaft zur Maxime der Bauarbeiter zu machen. Die Vermögensbildung in Arbeitnehmerhand hat heute noch entschiedene Gegner unter den Gewerkschaftsvorsitzenden. Der Baugewerkschaftsvorsitzende Leber hat sie, gestützt auf Ideen von Nell-Breuning, gegen Widerstand von rechts und links durchgesetzt, und das Amt des Verteidigungsministers war seit je her eher ein Schleudersitz als ein politisches Ruhekissen. Das alles sind keine Stationen auf dem Leisetreterpfad, sondern eher für eine Politik mit Gefahrenzulage.
Die »Einfachheit« des Georg Leber ist nicht das Ergebnis eines Popularitätskalküls, sie entspringt eher dem bohrenden Bemühen, alles in die Ausmaße der Verstehbarkeit zu bringen. Was nicht verstehbar ist, ist politische Schaumschlägerei. Der Zwang zur Verständlichkeit für sich selber und andere ist ein demokratischer Grundzug. In einer komplexen Gesellschaft wird er zur Überlebensbedingung. Für Georg Leber ist er wahrscheinlich ein Erbstück der

Arbeiterbewegung. Mißtrauisch gegen allzuviel ideologische Schnörkel heißt die proletarische Nagelprobe seit je her: »Was kommt unter'm Strich heraus«.
Daß in diesem angeborenen Hang zur Plausibilität die Geschichte freigelegt werden kann, zeigt sich am Beispiel, wie Leber die Vorgänge des 17. Juni 1953 schildert. Anlaß und Grund, Vorwand und Ursache, Zufälle und Zwangsläufigkeiten werden dabei nicht mit dem Besteck der professionellen Politologen auseinandergenommen, sondern sind in einem Bericht enthalten, der in seiner Schlichtheit geradezu die Würde einer Tragödie enthält. Deutsche Arbeiter: Vom Kampf um Normenleistung zum Appetit auf Freiheit. Sie hatten genug, nicht nur von Arbeitsnormen, die zu hoch waren, sondern über diesen Umweg plötzlich auch von einem System, das sie ständig reglementierte.

Mit den Füßen auf dem Boden

Das Gewerkschaftskapitel zählt für mich zum eindrucksvollsten Teil des Buches. Was haben die Bauarbeiter unter Georg Leber nicht alles »herausgeholt«! Und sie haben es geschafft – nicht mit einem Programm, das die Vernichtung des Kontrahenten zum Ziel hatte, sondern mit einer Interessenvertretung, welche mit den Füßen auf dem Boden der Tatsachen blieb. Es waren nicht die kostenlosen Ausflüge in die höheren Zonen ideologischer Finessen, sondern es war einfach die Frage, »Wo drückt den Kollegen der Schuh?«, welche die Bauarbeitergewerkschaft auszeichnete. »Zusatzversorgung für Bauleute«, »Ferienwerk«, »Stiftung Berufshilfe«, »Vermögensbildung« – das sind die Bausteine einer unprätentiösen Emanzipation der Arbeiterklasse.
Was der Gewerkschafter Leber zur Strategie einer Gewerkschaftsorganisation zu sagen hat, die zu viel vom Staat und zu wenig von der Tarifautonomie erwartet, eignet sich als Pflichtlektüre für gewerkschaftlichen Nachwuchs. Und den Verharmlosern der kommunistischen Unterwanderung der Gewerkschaften erteilt Leber eine Lehre, ohne dabei in Agitation zu verfallen. Es geht ganz nüchternsachlich zu in der Abwehr kommunistischen Mißbrauchs der Gewerkschaften. Leber muß nicht Zuflucht nehmen in Vermutungen und Verdächtigungen. Er beruft sich auf Lenin und die praktischen Erfahrungen mit Kommunisten. Er nimmt das Selbstverständnis der Kommunisten und ihre Ziele ernst – auch wenn sie taktisch getarnt

auftreten. Es ging ganz einfach um das Überleben einer freien Gewerkschaftsbewegung. Wer zu spät handelt, kann nicht mehr handeln. Die Bauarbeiter haben den Zeitpunkt des richtigen Handelns nicht verpaßt.

Über die alten Schranken hinweg

Wieviel verkannte Liebe und verletzte Selbstachtung in der Arbeiterbewegung versteckt ist, blitzt plötzlich in einer nebensächlichen Anekdote auf, in der Leber vom Besuch in der Familie eines angesehenen Unternehmers berichtet und dabei ungewollt mithört, wie das Kind des Hauses voller Überraschung der Mutter bekennt, daß der Gewerkschafter Leber »wie Papa aussieht«. Es ist nicht nur Amüsement, mit dem Leber diese Geschichte erzählt, sondern auch die schmerzliche Überraschung von der gepflegt-unbedachten Arroganz bürgerlichen Milieus.

Und später einmal kommen die auf uneingestandenen Verletzungen folgenden Genugtuungen zum Vorschein. Da ist der General, der beim Dienstantritt des neuen Ministers seine Loyalität lediglich mit Gehorsamspflichten begründet und nach dem Rücktritt Georg Lebers ihm als pensionierter General schrieb, er habe gerne mit ihm zusammengearbeitet. Das ist mehr als Gehorsam und vielleicht ein Stück existentieller Wiedergutmachung für den Verteidigungsminister aus der Arbeiterschaft. – Adenauer wußte offenbar auch, wieviele Ressentiments zwischen Militär und Gewerkschaften abzuarbeiten sind, sonst hätte er nicht den Gewerkschafter Theodor Blank zum ersten Verteidigungsminister gemacht.

Arbeiterschaft und Militär – das sind zwei Pfeiler, auf denen Georg Leber die Verteidigung der Freiheit setzt. Und diese Einsicht wird nicht in weitschweifende Reflexion gekleidet, sondern in die trokkene Wiedergabe eines Gesprächs zwischen Admiral Zimmermann und Eugen Loderer. Wenn die Freiheit wieder einmal gefährdet sei, dann stehe nicht allein Loderer auf den Barrikaden, sondern auch er, der Admiral. Man spürt geradezu die Genugtuung, mit der Georg Leber von dieser Art der Aussöhnung von Gewerkschaft und Militär spricht.

Lastträger der deutschen Geschichte

Vom »einfachen Leber« gibt dieses Buch Zeugnis. Aber das heißt nicht von einem, der nur an die Maße von hier und heute denkt. Manchmal habe ich den Eindruck, Georg Leber fühlt sich geradezu als der Lastträger der Geschichte der Arbeiterbewegung. Ebert und Noske tauchen immer wieder als historische Gestalten auf, und fast scheint es so, als müsse noch August Bebel den Stolz des Verteidigungsministers bestätigen und sein Handeln rechtfertigen. »Wenn wir wirklich einmal das Vaterland verteidigen müssen, so verteidigen wir es, weil es unser Vaterland ist, als den Boden, auf dem wir leben, dessen Sprache wir sprechen, dessen Sitten wir besitzen, weil wir dieses Land, unser Vaterland, zu einem Land machen wollen, wie es nirgends in der Welt in ähnlicher Vollkommenheit und Schönheit steht.« Dieses Vermächtnis von August Bebel aus dem Jahre 1907 ist für Georg Leber nicht mehr einfach nur Vision, sondern Teil eines erreichten Wunsches. Kein Zweifel, Georg Leber liebt sein Vaterland, und er hat keine Hemmungen, es auch zu sagen.
Selbstbewußt ist der Bauarbeiter Georg Leber. Was er zu sagen hat, beginnt auffällig häufig mit »Ich«. Aber wahrscheinlich ist das Vertrauen in sich selbst die Voraussetzung dafür, daß die Arbeiterbewegung sich ihre Einfachheit erhält. Vielleicht ist der ideologische Nebel, der mancherorts verbreitet wird, nur eine Form von Lebensunsicherheit, und vielleicht ist die Einfachheit auch nur die Rückseite der Lebensklugheit.

Aus »Herder Korrespondenz« 3/1980

Einheitsgewerkschaft und christlich-demokratische Arbeitnehmer

Die deutsche Gewerkschaftsbewegung hat nach 1945 die Lehren aus den Fehlern von 1933 gezogen. Zwar ist die Einsicht in die Notwendigkeit einer einheitlichen Gewerkschaftsbewegung nicht erst nach dem Zusammenbruch erwacht. Schon vor Hitlers Zerschlagung der freien Gewerkschaften war über die Zusammenarbeit und den Zusammenschluß der zersplitterten Arbeitnehmerschaft nach- und die Einheitsgewerkschaft vorausgedacht worden. Im Widerstand gegen den Nationalsozialismus entstand bei Gewerkschaften verschiedenster Herkunft die feste Absicht, die trennenden Gartenzäune zwischen den Organisationen abzureißen und eine einheitliche Gewerkschaftsbewegung in der »Zeit danach« zu schaffen.
So gab es denn auch unmittelbar nach 1945 keinen ernsthaften Versuch, den Faden der Gewerkschaftsbewegung dort wieder anzuknüpfen, wo er 1933 abgerissen war. Daß uns die harten Konflikte zwischen Richtungsgewerkschaften hierzulande erspart blieben, mit denen in westlichen Nachbarländern die Kräfte der Arbeitnehmer verschleudert wurden, verdanken wir diesem neuen Anfang mit Hilfe der Einheitsgewerkschaft. Doch ist die Nachkriegsgeschichte kein Bilderbuch einer heilen Gewerkschaftswelt. Nicht alle Blütenträume des Jahres 1945 reiften, und manche große Hoffnung blieb auf der Strecke.
Die organisierten Arbeitnehmer in der sowjetischen Zone gerieten bald unter die Knute der Besatzungsmacht und waren schließlich nur noch der verlängerte Arm der SED. Gewerkschaftsführer wurden inhaftiert oder mußten fliehen. Auch dies gehört zur Geschichte der Arbeiterbewegung im Nachkriegsdeutschland.
Mehr als ein Schönheitsfehler war und ist es auch, daß es nicht gelang, einen Teil der organisierten Angestellten ins System der Industriegewerkschaften des DGB zu integrieren. Neben dem DGB entstand die DAG. Doch beim Stichwort »Verluste der Einheitsgewerkschaften« denken nur wenige an die Gründung der DAG,

obwohl auch sie eine erste Beeinträchtigung des Zieles »einheitliche Gewerkschaftsbewegung« war. Viel eher stellt sich das Problem der parteipolitischen Einseitigkeit im DGB. Die unterschiedlichen parteipolitischen Bindungen der DGB-Mitglieder lieferten immer wieder den Stoff für innergewerkschaftliche Auseinandersetzungen.

Sozialdemokratische Schlagseite

Theoretisch ist das Problem der Einheitsgewerkschaft bewältigt im Bekenntnis des DGB zur parteipolitischen Unabhängigkeit. Aber die Praxis des gewerkschaftlichen Alltags läßt sich nicht so leicht in Formeln einfangen, zumal es offenbar im Alltag schwer ist, zwischen der Rolle als Partei- und Gewerkschaftsmitglied zu unterscheiden. Für die sozialdemokratisch organisierten DGB-Mitglieder tritt die Notwendigkeit des Rollenwechsels erst gar nicht auf, wenn sie kurzerhand Parteiziele mit Gewerkschaftszielen identifizieren. Für die Minderheit wirkt eine solche Beschlagnahme der Gewerkschaften abstoßend. Die Gewerkschaftsbewegung würde sich jedoch selbst amputieren, wenn sie auf die christlich-demokratische Arbeitnehmerschaft verzichten würde; was nicht in der brutalen Form des Ausschlusses geschehen muß, sondern auch in Form einer faktischen Zugangssperre für jene Arbeitnehmer möglich ist, die nicht bereit sind, sozialdemokratische Politik zu machen, wenn sie Mitglied der Gewerkschaften werden wollen.
Ohne den hohen Anteil von Arbeitnehmerstimmen hätte die CDU nie jene Zahl von Wählerstimmen auf sich vereinigen können, die sie in allen Nachkriegsjahren verbuchen konnte. Diese Wähler sind zwar nicht ausnahmslos gewerkschaftlich organisiert, aber das ist genau das Gegenteil einer Rechtfertigung für die sozialdemokratische Fixierung des DGB. Denn vielleicht liegt ein Grund für das Stagnieren der Mitgliederzahlen des DGB auch darin, daß er sich selbst den Zugang zu einem noch vorhandenen Reservoir an Mitgliedern durch die Fixierung der Gewerkschaftspolitik auf die SPD verschlossen hat. Dabei liefert die gegenwärtige politische Situation geradezu einen Nachhilfeunterricht für die Notwendigkeit einer stärkeren parteipolitischen Unabhängigkeit des DGB. Denn keine Partei erfüllt die Forderung der Gewerkschaften, und auch die, die sich von den Sozialdemokraten Wunder versprochen haben, stellen betroffen fest, daß auch die sozial-liberale Regierung nur mit Wasser kocht. Das ist auch für einen christlich-demokratischen Gewerkschafter kein

Grund zur Schadenfreude. Aber es besteht die Notwendigkeit, daß sozialdemokratische Gewerkschafter ihre Partei ebenso hart kritisieren, wie das die Öffentlichkeit von CDU-Gewerkschaftern gewohnt ist. Dies erwarten die CDU-Gewerkschafter auch um ihrer eigenen Position willen. Denn DGB-Attacken auf die CDU können von der Öffentlichkeit und in der CDU nur ernst genommen werden, wenn die SPD vom DGB mit der gleichen Elle gemessen wird. Die Mitbestimmung wird nur durchgesetzt werden, wenn der DGB eine überparteiliche Kampagne für die Parität in Gang setzt. Die Personalpolitik des DGB ist ein weiterer Test für den Grad der praktischen parteipolitischen Unabhängigkeit.
Das gemeinsame Erlebnis der Abhängigkeit in der Arbeitswelt ist die Grundlage, von der die Arbeit einer einheitlichen Gewerkschaftsbewegung ihren Ausgangspunkt nimmt. Dabei darf die Gewerkschaft nicht zur Lohnmaschine degenerieren.

Theorie der Einheitsgewerkschaft

Die Erfahrung des Faschismus, die den Gründern der Einheitsgewerkschaften eine breite – auch emotionale – Basis der Gemeinsamkeit gegeben hat, muß heute durch das Bemühen um eine gemeinsame Gewerkschaftstheorie kompensiert werden, durch welche die Einheitsgewerkschaften auch theoretisch abgesichert werden. Eine solche Theorie der Einheitsgewerkschaft kann nur mit einem Gewerkschaftsverständnis verknüpft werden, das die Gewerkschaften selbst nicht als Parteiersatz hypostasiert. Eine allzuständige Gewerkschaft kann nicht Einheitsgewerkschaft sein.
Die Einheitsgewerkschaft ist auf eine pluralistische Gesellschaft angewiesen, in der die Gewerkschaften nur eine unter mehreren Rollen der Bürger artikulieren. Nur in einer pluralistischen Gesellschaft sind Einheitsgewerkschaften möglich, die aus dem Spektrum der politischen Aufgaben sich einige, aber eben nicht alle, vorbehalten. Der Bürger in der pluralistischen Gesellschaft ist eben nicht nur Arbeitnehmer. Der spezielle Arbeitnehmerstatus als Partner und Kontrahent des Arbeitgebers wird von den Gewerkschaften repräsentiert. Für andere politische Interessen hat er andere politische Instrumente, u.a. auch die Parteien. Es wäre eine Illusion, wenn die Gewerkschaften davon ausgingen, daß in einer Gesellschaft, in der 80 Prozent der Mitbürger Arbeitnehmer sind, diese Arbeitnehmer in all ihren Lebenssituationen von der Wiege bis zur Bahre von einer

Organisation repräsentiert würden. Die Selbstbeschränkung der Gewerkschaften ist die Voraussetzung für die Funktionsfähigkeit des Pluralismus. Die Reduzierung der Allzuständigkeit der Gewerkschaften auf spezifische Arbeitnehmerinteressen ist auch »Konzentration der Kräfte«. Diese Reduzierung ist nicht zu verwechseln mit Abnahme der Kampfbereitschaft der Arbeitnehmer. Es bleiben den Arbeitnehmern, die aus den verschiedenen Parteien im DGB zusammengefunden haben, genug Aufgaben, die sie gemeinsam bewältigen können.

Gegenmacht oder Ordnungsfaktor

Die Alternative Gegenmacht oder Ordnungsfaktor erweist sich unter den Bedingungen einer pluralistischen Gesellschaft als Scheinwahl. Denn in der pluralistischen Gesellschaft werden die Gewerkschaften sowohl Ordnungsfaktor als auch Gegenmacht sein. Im Unterschied zu zentralistischen Gesellschaftsformen gibt es in der pluralistischen Gesellschaft keine monolithische Machtstruktur.

Macht muß in Balance gehalten werden. Die Machtverteilung erwies sich in der Geschichte immer als wesentliche Stütze der Freiheit. Das Wechseln zwischen Zuständigkeiten, und sei es auch die von Vertretungsbefugnissen, schafft Ausweichmöglichkeiten und entzieht den Herrschenden die eindeutige Zugriffsmöglichkeit. Die Gewerkschaften sind als Widerstandsorganisation gegründet worden. Im alleinigen Besitz der Macht oder als Mitträger einer zentralen Macht würden sie ihre Mitgift »Widerstand« aufgeben und dem Arbeitnehmer die Möglichkeit nehmen, »nein« sagen zu können. Die Gewerkschaftsarbeit muß erlebbar sein, wenn die Mitglieder nicht Mitläufer, sondern Mitstreiter sein sollen. Die Alternative zu dieser Art von Gewerkschaftsarbeit heißt entweder Auswandern ins ideologische Sektierertum, das keine Massenbasis erreicht, oder Flucht in den Bürokratismus, der politische Konflikte durch Administration eliminiert.

Veränderungsbereitschaft

Die Veränderungschance der Gesellschaft wird nicht zuletzt durch die innergewerkschaftliche Wandlungsfähigkeit bestimmt. Gewerkschaften, die den Wandel der Gesellschaft fordern, weil sie Verbesserungen nur von der Entwicklung erwarten können, können sich nicht selbst starr dem Wandel entgegenstellen. Gewerkschaften mit Mitbestimmung sehen anders aus als Gewerkschaften ohne Mitbestimmung. Wenn sich alles ändern soll, können die Gewerkschaften nicht die alten bleiben.

Es ist nicht das beste Zeichen für die Dynamik des DGB, daß alle Ansätze zur Organisationsreform in kleinlichen Satzungsdetails hängengeblieben sind. Das Gefälle des Einflusses zwischen den Einzelgewerkschaften kann nicht so bleiben, wie es ist, denn sonst bestimmen drei große Gewerkschaften, was der Rest, einschließlich des Dachverbandes DGB, zu tun hat. Die Abgrenzung zwischen den Aufgaben des DGB und denen der Einzelgewerkschaften ist nicht konsequent und vor allem in Orts- und Kreisverbänden mehr improvisiert als tatsächlich geregelt. Neben ihren auf die Gesellschaft gerichteten Aktivitäten liegt noch ein weites innergewerkschaftliches Betätigungsfeld. Die gemeinsamen Aktionen der Gewerkschafter können sich nicht auf alle politischen Gebiete erstrecken »Alles zu wollen, ist nichts zu wollen« (Theodor Bauer). Ausflüge in politische Bereiche, wie die der Ostpolitik und des § 218, die vom DGB in den letzten Jahren unternommen wurden, entziehen der eigentlichen Aufgabenstellung des DGB wichtige Kräfte.

Selbstbestimmung der Aufgaben

Die Abgrenzung des gewerkschaftlichen Aufgabenfeldes kann allerdings von keiner außerhalb der Gewerkschaften stehenden Autorität vorgenommen werden. Denn es gibt in der pluralistischen Gesellschaft keinen Platzanweiser für die Verbände. Sie bestimmen ihren Aktionsradius in eigener Verantwortung. Aber die pragmatische Einsicht in Handlungsfähigkeit und sichtbare Erfolge lassen es geraten erscheinen, die Aktionsfelder des DGB zu durchforsten.

Die Diskussion in einer Massenorganisation, wie es der DGB ist, kann nicht atomisiert als individueller Gedankenaustausch geführt werden. Sie wird strukturiert und meinungsbezogen sein müssen. Heinz Oskar Vetter hat der CDA auf ihrer Bochumer Bundestagung 1973 den Dialog angeboten. Dieser Dialog zwischen verschiedenen Meinungsgruppen unter dem Dach der Einheitsgewerkschaft könnte der Beginn einer neuen, durch Diskussion erzeugten, gewerkschaftlichen Vitalität werden. Die christlich-demokratischen Arbeitnehmer werden sich an der Weiterentwicklung der Gewerkschaften beteiligen, weil sie sich selbst als einen Teil der Arbeiterbewegung verstehen.

Aus »Gewerkschaftliche Monatshefte«, April 1974

Die Dinosaurier

»Keine Organisation ist vor Verkrustung und Machtbefestigung in den eigenen Reihen sicher – wir auch nicht.« Heinz Oskar Vetter – 14. Mai 1971 – Außerordentlicher DGB-Kongreß, Düsseldorf.
Gewerkschaftskongreßeröffnungsfeier: viel Reden. Man fühlt sich immer leicht an Denkmalsenthüllung oder Museumseinweihung erinnert – nur sehr viel mehr Prominenz, die während der Begrüßungsrede des Vorsitzenden auf den ersten Stuhlreihen unruhig hin- und herrutscht, ob sie auch und an der richtigen Stelle mit welcher Beifallsstärke begrüßt wird. Alles hat seinen Rang und Platz. Die Parteivorsitzenden geben artig in Grußansprachen Pfötchen, und so etabliert die organisierte Arbeitnehmerbewegung ihren Kongreß mit beträchtlichem Imponiergehabe.
Doch an den anderen 6 Tagen regiert die Routine. Geschäftsberichte nehmen ihren vorgeschriebenen Lauf, die Vorsitzenden der Einzelgewerkschaften halten ihre vorgesehenen Reden zur vorgesehenen Zeit, und die Delegierten holen nach Ankündigung durch den Kongreßpräsidenten ihre vorgesehenen Präsente ab: eine Tasche von der Bank für Gemeinwirtschaft, einen Reisewecker von der Neuen Heimat und Schreibzeug von den Konsumgenossenschaften (die Utensilien sind frei erfunden, Übereinstimmungen mit der Wirklichkeit rein zufällig).
Dies wird im übrigen der Augenblick sein, in dem auf dem Kongreß die stärkste Bewegung entsteht, wobei allerdings die Annahme, dies sei der Grund, warum von Arbeitnehmerbewegung die Rede ist, nur böswilligen Betrachtern einfallen kann.
Der Überraschungsfaktor der sechstägigen Veranstaltung ist relativ gering, Spontaneität fest im Griff der Kongreßleitung. Wenn sich IG Metall und ÖTV einig sind, kann nicht mehr viel passieren. Im Notfall könnten die Delegierten der übrigen 14 Gewerkschaften zum Biertrinken abtreten.
Sicher, der Kongreß wird seine Höhepunkte haben, und wenn gar die

Mühe einer konkreten Analyse fällig ist, die Freund und Feind nicht schont oder etwa, falls eine solche vorhanden, Konsequenzen aus dieser gezogen werden müßten, dann bleibt als letzter Ausweg eine saftige Antikapitalismusrede, die alle erleichtert. Es ist dann wie bei alten Religionslehrern; in schwierigen Fällen helfen sie sich mit der Losung: Gottes Wege sind unerforschlich; – dieser Satz löste wie das Stichwort Antikapitalismus alles. Der Höhenflug in die Gefilde einer seligen, antikapitalistischen Theorie entfernt die Betrachtung freilich auch von der Kritik jenes kurzatmigen gewerkschaftlichen Alltagspragmatismus, dem sie als illusionäre Kompensation dient.

Die Provokationen der arrangierten Gewerkschaften gleichen allzuoft den Koketterien einer verkannten Liebe. Man will dazu gehören, und wie schön ist es doch, dabei zu sein! Das ist der Sinn einer Gleichberechtigung des Gegebenen. Es will ja niemand bestreiten, daß viel erreicht ist, wenn der Proletarier sich in der Straßenbahn nicht mehr vom Direktor unterscheidet und im Parkett der Staatsoper Lieschen Müller neben der Gnädigen Frau sitzt. Doch neben dem Schleier nivellierter Konsumgewohnheiten besteht das alte Machtgefälle ungehindert schroff. Selbst wo, wie mit der Mitbestimmung, die Egalisierung der alten Machtvorsprünge eingeleitet wird, läßt sich unter der Hand der emanzipatorische Aufbruch noch zu einem Elitenaustausch im Aufsichtsrat umfunktionieren. Die erwartete allgemeine Teilhabe kommt an der Basis nicht an, der Kumpel merkt nichts von der Mitbestimmung, wenn sie dem Unternehmenshimmel vorbehalten bleibt. Wie hilflos ängstlich stand doch die beamtete Gewerkschaftsbürokratie dem Versuch gegenüber, die Mitbestimmung auf der Unternehmensebene zurückzukoppeln an eine arbeitsplatznahe Mitbestimmung und sie so anzuschließen an die Erfahrungen des Arbeitsalltages.

Der Versuch, in das Betriebsverfassungsgesetz den Arbeitsgruppensprecher einzuführen und so einen bescheidenen Ansatz für die relative Autonomie der Arbeitsgruppe zu schaffen, wie es Hans Matthöfer und Fritz Vilmar vorgeschlagen haben, wurde niedergewalzt durch die Angst, der gewerkschaftliche Vertrauensmann erhielte unliebsame Konkurrenz. Mein Gott, wenn der gewerkschaftliche Vertrauensmann seinen Namen verdient, könnte er sich ja auch um die Funktion des Arbeitsgruppensprechers bewerben. Das hieße freilich, auch den Kampf um das Vertrauen der noch nicht Organisierten aufzunehmen und auf ein durch Stallgeruch abgegrenztes Terrain der organisierten Insider zu verzichten. Der gewerkschaftliche Vertrauensmann als Platzhirsch.

Selbst das Wahlrecht, das die sozialliberale Koalition den Gewerkschaften im Rahmen der vorgesehenen Mitbestimmungsregelung anbietet, ist genau auf diese schwache Stelle gewerkschaftlicher Versuchlichkeit angesetzt. Wenn 5 Prozent der Wahlmänner gewerkschaftlich programmiert im ersten Wahlgang bestimmen können, wie 100 Prozent des Aufsichtsrates aussehen, sind die Gewerkschaften zwar sicherer etabliert, aber auch weniger attraktiv für diejenigen, die nicht oder noch nicht den Weg zu ihr gefunden haben. Aber dieses Wahlrecht ist den Gewerkschaften offenbar so viel wert, daß sie in Gefahr sind, für das Linsengericht eines Wahlrechts mit organisationspolitischen Vorsprüngen das Erstgeburtsrecht einer sauberen Parität zu vergessen. Eine emanzipatorische Mitbestimmung straft jedoch ihre Ansprüche Lügen, wenn sie auf jene elementare Ausstattung demokratischer Wahlrechte verzichtet, wie sie in der französischen Revolution errungen wurde: gleiche, geheime und direkte Wahlen.

Die gewerkschaftseigene Ängstlichkeit vor einer Mitbestimmung, die Initiative, Spontaneität und Mitverantwortungsfreude der Arbeitsgruppe anzapft, läßt sich nur aus verdrängten Besitzstandsgewohnheiten einer sich im erreichten Fortschritt häuslich eingerichteten Funktionärsmentalität erklären.

Es würde der Mitbestimmung wie den Gewerkschaften guttun, wenn sie sich stärker den unberechenbaren emanzipatorischen Impulsen öffnen würden, die freilich, das hat Emanzipation so an sich, auch weniger von oben abrufbar sind.

Die Bedrohungen einer Erfolgsverwaltung – und wer wollte bestreiten, daß Gewerkschaften Erfolge erkämpft haben – offenbaren sich auch in einer gewissen Immunität gegenüber neuen Gedanken. Als Wenzel Bredel vor Jahren auf das Dilemma aufmerksam machte, das einerseits in der Überlastung des hauptamtlichen Funktionärsapparates, andererseits in den Grenzen besteht, welche die Finanzen seiner Ausdehnung ziehe, und als Ausweg eine Entfettungskur vorschlug, durch welche ein Teil der quasi öffentlich-rechtlichen Funktionen und Beratungsdienste der Gewerkschaften auf Arbeitnehmerkammern zu übertragen seien, schlug eine Welle der stummen Entrüstung über ihm und seinem Vorschlag zusammen.

Mit der Geräuschlosigkeit eines gut geölten Apparates verschwand der Vorschlag in der Versenkung und seinem Verfasser ging es nicht sehr viel besser. Der DGB-Landesbezirk Rheinland-Pfalz, bis dahin noch Anhänger der Arbeitnehmerkammerkonzeption, wurde über Nacht zu einem glühenden Gegner und berief sich dabei auf ein

Gutachten, das eine frühere Landesregierung gegen seine Vorschläge hatte anfertigen lassen. Bei Gott ist kein Ding unmöglich.
Dabei hätten die Gewerkschaften von ihren Kontrahenten lernen können. Die Arbeitgeber haben es stets besser verstanden, ihre Interessen auf verschiedene Rollen zu verteilen: Getrennt marschieren und vereint schlagen. So stehen denn 120 000 hauptamtlichen Funktionären der Unternehmerinteressen, aufgeteilt auf BDI, BDA, DIHT, BDP etc. mit ihren Fregatten von Begleitschiffen nur 9000 hauptamtliche Gewerkschafter gegenüber, und David wundert sich, warum ihm seine Zugschleuder nicht auch diesmal hilft.
Dabei ist der von einer Repräsentationspflicht zur nächsten Ratssitzung eilende Gewerkschaftsfunktionär, der bei seiner Basis bestenfalls zum Zwischenaufenthalt landet, nur die eine Seite der Medaille. Auf der anderen Seite ist jener örtliche Gewerkschaftsfunktionär zu sehen, der gleichzeitig Betriebsratsvorsitzender, Vorsitzender der Stadtratsfraktion, Vorsitzender der örtlichen Baugenossenschaft etc. ist. Wer es mit diesem verdorben hat, wandert am besten aus: Sein Kind erhält nur schwer einen Platz im städtischen Kindergarten, die eigene Frau nur schwer ein Bett im Krankenhaus, die Schwiegermutter im Altersheim, und vielleicht wird es auch für ihn schwer, einen Platz auf dem städtischen Friedhof zu bekommen.
Die Machtverfilzung ist das Erkennungszeichen von Establishment. Die Gewerkschaften sind einst angetreten gegen das Establishment, und es wäre schade, wenn die Opposition gegen Machtverkrustung plötzlich die Gewerkschaften ins Visier bekäme.
Aber warum denn in die Ferne schweifen? Liegt die organisatorische Unbeweglichkeit des DGB-Kongresses doch allzu nahe. Das Verhältnis des DGB zu den Einzelgewerkschaften trägt eine besatzungspolitische Mitgift, die der optimalen Erfüllung gewerkschaftlicher Aufgaben mehr als einmal in die Quere kam. Mehrfach wurde deshalb auch Anlauf genommen, unnötige Doppelarbeit zu beseitigen, Aufgaben zu harmonisieren und durch eine Art Flurbereinigung die Proportionen zwischen den Mammutgewerkschaften und den kleinen auszugleichen.
Gscheidle schlug vor dem 69er Kongreß, auf dem er beinahe zur Wahl als DGB-Vorsitzender gestanden hätte, einen neuen Delegiertenschlüssel vor. Doch kurz bevor es ernst wurde, klammerte man die großen inneren gewerkschaftlichen Reformvorhaben auf dem Kongreß aus und leitet wieder einmal den Veränderungswillen nach außen mit dem Trost, die Reformen nach innen, was der Größe der Anstrengung angemessen erschien, auf einem außerordentlichen

Bundeskongreß zu bewerkstelligen. Als dieser dann endlich 1971 in Düsseldorf stattfand, war aus den großen strukturellen Veränderungsabsichten nicht viel mehr als eine Redaktionskonferenz geworden. Der Reformberg hatte gekreißt und eine Satzungsmaus geboren.

Zu Beginn des außerordentlichen Kongresses hatte Heinz Oskar Vetter der einstigen Euphorie noch rhetorische Denkmäler gesetzt: »Ist die Zahl der Einzelgewerkschaften eine unumstößliche Größe oder haben es nicht vielmehr die Strukturveränderungen in der Wirtschaft notwendig gemacht, durch Zusammenschluß zu größeren, rationelleren und vor allem schlagkräftigeren Einheiten zu gelangen? Sollten wir dabei nicht zugleich außenstehende, uns aber aufgabenverwandte Organisationen auffordern, in unserem Bunde mitzuwirken?« Die Frage hörten alle. Doch der Kongreß beschäftigte sich mit »wichtigerem«. Und so war denn auch 2 Monate später in den offiziösen gewerkschaftlichen Monatsheften im Bericht festgehalten: »Höhepunkt in dem Ringen der Delegierten um eine bessere Verfassung des DGB waren die Neufassung der Bestimmungen über die Aufnahme anderer Gewerkschaften sowie die vorgeschlagene höhere Beitragsleistung der Einzelgewerkschaften an den Dachverband.« Was da als »Höhepunkt« angepriesen wurde, war eine Veränderung der Satzung, durch die, anstelle der alten Bestimmung, wonach eine Organisation in dem Bund nur neu aufgenommen werden kann, wenn ihm »nicht bereits eine für die gleiche Arbeitnehmergruppe zuständige Gewerkschaft angehört«, jetzt die Regelung trat, daß die Aufnahme nur »in Übereinstimmung mit der Gewerkschaft oder den Gewerkschaften, die für diesen Organisationsbereich bereits Mitglieder des Bundes sind«, zustandekommen kann.

Der subtile Unterschied dieses Ringens auf dem »Höhepunkt« des Kongresses war so gering, daß er keine offensiven Aktivitäten für einen umfassenderen Zusammenschluß der Gewerkschaften in der Bundesrepublik auslöste, es sei denn, man betrachtet die bedingungslose Kapitulation als eine besonders kollegiale Einladung zur Einheit an beispielsweise die DAG. Das Ergebnis des zweiten Höhepunktes in dem »Ringen der Delegierten« war die Ablehnung eines um 0,5 % höheren Beitrags der Einzelgewerkschaften an den DGB. Die Kongreßmaschine war gelaufen, 250 Anträge waren in 11 Stunden abgewickelt, der Kongreß hatte mehrfach mit Reformflügeln geschlagen, und im Gefühl des gerade erlebten Höhenfluges watschelte der DGB weiter.

Alte Antworten reichen nicht mehr, wenn neue Fragen gestellt sind, selbst wenn diese Antworten zur Grundausstattung gewerkschaftlicher Erfahrung gehören. Das erfordert freilich eine neue Sensibilität für Veränderungen. Getestet werden müssen nicht nur neue Instrumente, sondern auch die alten sollen zur Inspektion vorgeführt werden.

Mit bewundernswerter Ausdauer kämpfen die Gewerkschaften mit den altgedienten Waffen der Tarifpolitik auf dem Felde der Einkommensverteilung. Und das nicht ohne Erfolg. Ohne die gewerkschaftlichen Kämpfe hätte zweifellos der Lebensstandard der Arbeitnehmer nicht jenes Niveau erreicht, auf dem er sich heute befindet. Von der Effektivität der Tarifpolitik hängen nach wie vor die Chancen der Identifizierung des Mitglieds mit seiner Gewerkschaft ab. Der Einsatz für höhere Löhne und kürzere Arbeitszeit gibt dem Zusammenschluß der Arbeitnehmer seinen vitalen Sinn. Deshalb sind die tarifpolitischen Auseinandersetzungen auch der Resonanzboden für eine weiterführende Solidarität. So weit, so gut. Doch die relative Stabilität der bereinigten Lohnquote läßt die Frage nach dem realen Verteilungseffekt der herkömmlichen Einkommenspolitik stellen. Diese statistische Weisheit konnte bei mit wachsendem Sozialprodukt steigendem Lebensstandard leicht verdrängt werden. Doch die Zeiten ändern sich. Die Erfahrung der Arbeitnehmer holt jetzt nach, was bisher vornehmlich den Lohnquotenstatistiken vorbehalten war. Was nützen 8 % Lohnsteigerung, womöglich mit Streik errungen, – wenn im Gefolge oder sogar in Begleitung dieses Zuwachses die Preise beispielsweise um 6 % steigen, die Arbeitnehmer in die höheren Lohnsteuerstufen hineinwachsen? Und was bis dahin nicht durch Preise und Lohnsteuer in seinem realen Einkommenseffekt zurückgenommen wurde, macht zu guter Letzt Vater Staat mit seinem Konjunkturzuschlag wett.

Die einkommenspolitischen Anstrengungen der Gewerkschaften können, solange sie nur auf die Lohntüte beschränkt bleiben, auf vielfältige Weise unterlaufen werden. Im Zeichen staatlich verordneter Globalsteuerung der Wirtschaft gerät die alte Tarifpolitik in Gefahr, zu einem rituellen Schaukampf abzusinken. Zu Recht bemühen sich deshalb die Gewerkschaften, Einfluß auf die staatliche Wirtschaftspolitik zu erhalten, wie andererseits ein Staat, der unter der Zielsetzung des Stabilitätsgesetzes Verantwortung für Vollbeschäftigung, Geldwertstabilität, angemessenes Wachstum und außenwirtschaftliches Gleichgewicht trägt, nicht Wirtschaftspolitik an der Tarifpolitik vorbeimachen kann.

Das Problem besteht darin, daß, solange staatliche Wirtschaftspolitik

und Tarifautonomie verbindungslos nebeneinander bestehen, entweder die Tarifpolitik staatlich so unterlaufen wird, daß sie platonischer Natur ist, oder die Tarifabschlüsse die staatliche Wirtschaftspolitik ins Leere schießen lassen.
Unter dieser Prämisse scheinen wir nur die Wahl zwischen Regierungsunfähigkeit des Staates oder Funktionsunfähigkeit der Gewerkschaften zu haben. Doch zwischen Fatalismus und Dirigismus muß eine freiheitliche Lösung gefunden werden, die sowohl verhindert, daß die Autonomie der Sozialpartner laut oder leise staatlich vereinnahmt wird, als auch dafür sorgt, daß die wohlfahrtsstaatlichen Aufgaben weiterhin lösbar bleiben. Es führt kein Weg an der Kooperation vorbei.
Ob allerdings die Konzertierte Aktion schon die ausgereifte Form der Zusammenarbeit zwischen Staat und Sozialpartnern ist, die zwischen den Verlockungen von Fatalismus und Dirigismus dem realen gewerkschaftlichen Einfluß den Weg bahnt, ist noch nicht ausgemacht. Richtig jedoch ist, daß die Gewerkschaften um des Realeinkommens willen sich nicht lediglich auf die Lohntütenpolitik konzentrieren, sondern ins Gedränge der staatlichen Wirtschaftspolitik begeben. Dabei müssen sie die Hände freihaben von jeder parteipolitischen Bindung. Rücksicht auf parteipolitische Verwandte, die vielleicht gerade die Regierung handhaben, behindert nicht nur die Tarifpolitik im Augenblick der Rücksichtnahme, sondern nimmt einer möglichen kommenden Kritik, dann nämlich, wenn die anderen dran sind, den Stachel. So ergibt sich das Gebot der parteipolitischen Unabhängigkeit nicht aus dem akuten Bedürfnis nach Schonung der CDU, sondern handfest aus der Notwendigkeit, den Arbeitnehmern zu nutzen.
Anders als die, die den Status quo zu verteidigen haben, und anders als jene, die von dogmatischen Endzeitideologien ausgehen, setzt die demokratische Arbeitnehmerbewegung auf das Prinzip Wandel. Eine gewerkschaftseigene Theorie der Evolution würde jedoch ihren eigenen Absichten im Weg stehen, wenn sie nach dem Motto verführe: Alles muß neu werden, nur wir bleiben die alten.
Ein neuer Realismus der Arbeitnehmerbewegung bestünde darin, einer schlechten Realität den Spiegel einer besseren gewerkschaftlichen vorzuhalten. Wenn die technokratischen Machtverkrustungen einer perfekt verwalteten Welt ihren Abklatsch fänden in einem bürokratischen Gewerkschafts-Management, wäre das Spiel der Emanzipation schon verloren, bevor es recht begonnen hätte.
Die Gewerkschaftsbewegung kann auf ihre Erfolge stolz sein, und

ohne die Macht der Gewerkschaften wird nichts bewegt. Die Größe und Stärke des DGB sichert das Erreichte. Doch merke: Die Dinosaurier wurden immer größer und größer und unbeweglicher, bis sie so groß waren, daß sie sich nicht mehr bewegen konnten.

Essay im »Spiegel«, Heft 22, 1975

Verfilzt und zugenäht

Die Prinzessin auf der Erbse muß ein Dickhäuter gewesen sein, vergleicht man ihre Empfindsamkeit mit der des Deutschen Gewerkschaftsbundes. Auf Kritik reagiert der DGB sauer: »Eine Zeit der Überlegung« erhält jetzt CDU-Generalsekretär Biedenkopf zugebilligt. Wenn er dann seine »Kampagne so ungehemmt weiterführe, werde der DGB entsprechend reagieren. Die Nackenhaare sind gespreizt, die Drohgebärden imponierend. Wieder einmal besteht Gefahr, daß ein großes Thema – die »Verfilzung« – verfilzt und zugenäht, daß der Schall gedämpft und die Diskussion eingeschläfert wird.

Warum sollten aber gerade die Gewerkschaften gegen eine Gefahr gefeit sein, der offenbar alle Großorganisationen ausgesetzt sind? Alle wehren sich durch Kritik an der Kritik. Und wenn die Selbsthilfe nicht klappt, muß eben von außen nachgeholfen werden. Beim DGB ist leider, was ihn selbst betrifft, die Bereitschaft zur Veränderung gering. In einer offenen Gesellschaft muß sich jeder Kritik gefallen lassen.

Von den 478 Delegierten des letzten DGB-Kongresses aber waren 271 hauptamtliche Funktionäre, die meisten von den Gewerkschaftsvorständen bestellt oder zumindest bestätigt. Man kann diese Kontrolle durch die zu Kontrollierenden nennen, wie man will Ich nenne sie Verfilzung. Und dieser Organisationsfilz ist Filz von der widerstandsfähigen Sorte.

Verfilzung ist allerdings kein Monopol der Arbeitnehmerorganisationen. Feiner gewalkt, aber nicht weniger wirksam findet sie sich auch im Unternehmerlager. Wer sich die Trophäensammlung von Posten, Ämtern und Ehren unserer Topmanager ansieht, muß befürchten, daß auch sie im eigenen Filz ersticken.

Veba-Vorstandschef von Benningsen-Foerder sitzt im Beirat einer kleinen Privatbank, bei der die Veba gerade einen Investitionskredit von 800 Millionen aufgenommen hat. Wie wird er sich wohl gequält

haben, ob er in diesem Falle nun die Interessen des Kreditnehmers oder die des Kreditgebers wahrnimmt?
Das jetzt veröffentlichte Gutachten der von der Bundesregierung eingesetzten Monopolkommission liest sich streckenweise wie ein Katalog jeder nur irgend vorstellbaren Verfilzung. Die Banken haben ein perfektes System der Kreuz- und Querverbindungen durch die deutsche Wirtschaft gelegt, das nach dem Schema funktioniert »Eine Hand wäscht die andere«. Und das wird nur noch von Filzologen durchschaut, die mit allen Wassern gewaschen sind.
Der Kampf gegen Verfilzung darf also nicht nur auf die Gewerkschaften beschränkt werden. Die Diskussion wäre bald zu Ende, wenn sich die Kontrahenten auf die Friedensformel einigen würden: Schlägst du nicht meinen Filz, hau' ich nicht deinen!
Unsere pluralistische Gesellschaft beruht auf der Verteilung der Macht. Sie ist die politische Form der Freiheit, die sich auf Machtbalance stützt und nicht auf »Obrigkeit«, »Zentralkomitee«, »Planungszentrale«, oder sonstwas. Diese »Herrschaft der Eliten« hat sich in der Geschichte leider allzu häufig als Herrschaft der eigenen Verwandtschaft – und sei es nur die ideologische oder die mit dem gleichen Gesang- oder Parteibuch – herausgestellt.
Wenn die Aufsplitterung von Herrschaft in eine Vielzahl von Ämtern jedoch durch Ämterhäufung unterlaufen wird, wenn Macht keine Gegenmacht mehr hat, weil die Mächtigen überall dieselben sind, ist der Pluralismus nur Fassade. Wenn Fritz Müller (oder wie immer er heißt) nicht nur Gewerkschaftsvorsitzender, sondern noch Stadtrat, Betriebsrat und Baugenossenschaftsvorsitzender ist, dann wandert derjenige am besten aus der Gemeinde aus, der es mit diesem Fritz Müller verdorben hat. Und für den kleinen »Aufsteiger«, der sich mit einer Großbank anlegt, sind die Karriereaussichten gleich null, auch wenn er das Unternehmen wechselt.
Verfilzung verleitet zur Anpassung. Der Aufstand der jungen Linken war ein Aufstand gegen jenes Establishment, das durch Anpassung mächtig wurde. Vielleicht ist der Kampf gegen die Verfilzung ein Nachhall des Studentenprotestes, der uns gegen Machtverkrustungen empfindsamer machte.
Aber warum sollten wir diesen Protest nicht wieder aufnehmen? Denn unsere Demokratie ist kein alter Pantoffel, und Filz nicht der Stoff, aus dem sie gemacht ist.

Aus »Stern«, 11. Oktober 1976

Tunnelbauer am Werk

Kommunistische Unterwanderung des DGB ist keine Bagatelle. Es wird ernst. Das Wetterleuchten kommunistischer Unterwanderung des Deutschen Gewerkschaftsbundes hat sich in einen Donnerschlag verwandelt. Zwei prominente Gewerkschafter, beide Vorstandsmitglieder ihrer Organisation, geraten in einen öffentlichen Streit. Dieter Schneider, ÖTV, attackiert Detlef Hensche, IG Druck und Papier. So etwas war lange nicht mehr da. Aber warum die Aufregung?

Die kommunistischen Aktivitäten im DGB sind schon seit einiger Zeit ein innergewerkschaftliches Thema. Auf der letzten DGB-Bundesjugendkonferenz verließ die DKP-Jugend ihren Tunnelbau, sparte sich schon die Mühe, ihre Anträge zu tarnen, und versuchte so, DGB-Politik zu machen. In der Düsseldorfer Zentrale des DGB gingen die Warnleuchten an. Umgruppierungen in der Jugendabteilung waren eine Konsequenz. Streit gab es auch mit der Marburger Schule. Gewerkschaftsgeschichte sollte nach DKP-Mustern geglättet und so in die gewerkschaftliche Schulungsarbeit eingeführt werden. Peter von Oerzen zog in einem Brief an alle Gewerkschaftsvorstände die Notbremse.

Das alles geschah noch mit einem relativ hohen Schallschutz, der seine Haltbarkeit der Furcht vor Schadenfreude und der Angst verdankt, man könne als Antikommunist mit kalten Kriegern verwechselt werden.

Jetzt läßt Dieter Schneider diese und ähnliche taktischen Rücksichten fallen und packt aus und Detlef Hensche an. Und Recht hat er, denn die »Profiteure« der Leisetreter-Methode sind nämlich die Kommunisten selbst. Solange Schweigen bevorzugt wird, fällt die offene politische Auseinandersetzung mit der kommunistischen Gewerkschaftsideologie aus. Administrative Lösungen mögen relativ geräuschlos funktionieren. Sie schaffen aber keine Überzeugungen, denn sie ersetzen nicht die argumentative Auseinandersetzung.

Administrative Konsequenzen im Apparat sind nur wirksam mit einer Begründung, die einsichtig macht, daß es um den Erhalt freier Gewerkschaften geht. Der nachwachsenden Gewerkschaftsgeneration wird weniger durch Funktionstüchtigkeit imponiert als mit Argumenten, und die haben es so an sich, daß gedachte Argumente nicht gehört werden können. Wer aber das Denken beeinflussen will, muß reden, und wenn er viele Köpfe erreichen will, kommt er nicht ohne Lautstärke aus. Die Diskussion über das kommunistische Gewerkschaftsverständnis muß aus den Funktionärszirkeln heraus auf dem Gewerkschaftsmarkt ausgetragen werden. Was freie Gewerkschaften im Unterschied zu kommunistischen sind, steht nicht unter Geheimhaltungspflicht.

Die notwendige öffentliche Diskussion im DGB wird allerdings erschwert, wenn Außenstehende hämisch auf der Tribüne Platz nehmen, um ihr Vorurteil, daß alle Gewerkschafter Kommunisten seien, zu festigen.

Es geht in der Diskussion mit der kommunistischen Gewerkschaftsideologie um die Klärung des alten Autonomieproblems. Freie Gewerkschaften sind weder von Staatsgnaden noch Filialen von Parteien. Die Kommunisten erweisen sich in zweifacher Hinsicht als abhängig. Sie sind praktisch gesteuert von der Partei und theoretisch fixiert auf eine Gesellschaft, in der freie Gewerkschaften keine Existenzberechtigung mehr haben.

Die Parteiarbeit ist Richtschnur kommunistischer Gewerkschaftsarbeit, und an dieser Leine marschieren die Kommunisten. So mußte sich »drüben« der FDGB der SED unterwerfen, und so steuert auch hier die DKP ihre Gewerkschaftsarbeit. Das führte schon in der Gründungsphase des FDGB dazu, daß jeder Widerstand gegen sowjetische Direktiven niedergewalzt wurde – notfalls mit Verhaftungen – und in der Bundesrepublik dazu, daß schon in den ersten Nachkriegsjahren Männer wie Fritz Strothmann, Fritz Salm und Willi Bleicher aus der Kommunistischen Partei austraten, weil sie als gestandene Gewerkschafter sich nicht den Weisungen der Partei fügen wollten.

Die Gewerkschafter müssen wissen, die DKP ist das bundesrepublikanische Transformatorenhäuschen der SED.

Aber auch die zweite Abhängigkeit, in die Kommunisten die Gewerkschaften bringen, widerspricht dem Selbstbewußtsein der freien Gewerkschaften. Nur in einem System der Machtverteilung mit Hilfe der freien Organisation von Gegenmacht sind freie Gewerkschaften lebensfähig. Die kommunistische »Herrschaft der

Arbeiterklasse« zeichnet sich dagegen dadurch aus, daß sie in der Theorie Gegenkräfte für überflüssig erklärt und sie in der Praxis unterdrückt.

In schöner Offenheit formulierte das Pjotr T. Pimenow, Sekretär des Zentralrates der Gewerkschaften der Sowjetunion, so: »Unter den Bedingungen der sozialistischen Gesellschaft ändern sich Stellung und Rolle der Gewerkschaften von Grund auf ...« Sie werden zur »Schule der kommunistischen Gesellschaft, in der der neue Mensch erzogen und geformt wird«.

Urvater Lenin hatte den sowjetischen Gewerkschaften die Aufgabe der »Steigerung der Produktivkräfte« zugewiesen. Aus einer Organisation des Arbeiterschutzes werden im Kommunismus die Gewerkschaften zum Laufburschen der Planerfüllung. Im kommunistischen System gibt es keine Tarifautonomie und auch kein Streikrecht. Wozu auch, wo alles der Arbeiterklasse gehört? Da gibt es keinen Anlaß zum Verteilungskonflikt, sondern nur noch Grund zur Produktionssteigerung. Was aber hat diese Aufgabe mit dem guten Namen einer Gewerkschaft zu tun?

Es entspricht nicht blinden, antikommunistischen Emotionen, sondern entspricht den Geboten der intellektuellen Redlichkeit, wenn zwischen freien Gewerkschaften und kommunistischen geschieden wird. Schließlich kann man nicht auf zwei Hochzeiten tanzen, und keiner Organisation kann zugemutet werden, aus Gutmütigkeit noch die eigene Abschaffung zu organisieren.

Aus »Deutsche Zeitung«, 12. Oktober 1979

Neue Aufgaben der Gewerkschaften

Es ist nützlich zu Beginn dieser Einleitung in die Diskussion ein paar Bedingungen zu formulieren, die gleichsam die Funktion von Eckfahnen haben, durch die das Spielfeld unserer gewerkschaftspolitischen Überlegungen abgegrenzt wird:
Dies ist keine Veranstaltung zur Schwächung der organisierten Arbeitnehmerbewegung. Wir wollen starke Gewerkschaften. Wir verzichten deshalb bei unseren kritischen Vorschlägen auf den Beifall derjenigen, die nicht zu den Freunden der Gewerkschaft zählen. Verbesserungsvorschläge sind unerwünscht von den Arbeitnehmern, die als Trittbrettfahrer zwar die Erfolge der Gewerkschaften einheimsen, aber sich noch nicht einmal durch Mitgliedschaft in den Gewerkschaften an dem Kampf um diese Erfolge beteiligen. Wir brauchen nicht die Neunmalklugen, die alles besser wissen, ohne etwas zu tun, daß es besser wird.
Die Teilnahme an dieser Diskussion können sich auch jene sparen, die auf einem politischen Auge blind sind und immer nur an den Gewerkschaften herummäkeln. Wer den Gewerkschaftsstaat als Gefahr an die Wand malt, der sollte zuvor auch zum Einfluß der Unternehmen auf den Staat Stellung genommen haben. Soweit die Vorrede. Doch nun zum Hauptteil:

Gewerkschaften in der pluralistischen Gesellschaft

Unsere Gesellschaft ist eine Arbeitnehmergesellschaft. 80% der Erwerbstätigen sind Arbeitnehmer. In einer solchen Gesellschaft gibt es keine Organisation, die die Arbeitnehmer in all ihren Lebensäußerungen politisch repräsentiert und von der Wiege bis zur Bahre vertritt. Auch die Gewerkschaften müssen den Traum aufgeben, sie seien die für alles zuständige Repräsentanz der Arbeitnehmer.
80% der Bevölkerung lassen sich nicht so leicht auf einen Nenner

bringen, wie das in einer Zeit möglich war, in der das Proletariat eine kleine Gruppe der Gesellschaft war. Die Arbeitnehmerschaft differenziert sich. Und dies entspricht dem Prozeß, daß immer mehr Bürger ihr Leben ohne Vormund und ohne Sehnsucht nach Vorbildern nach ihrem Geschmack einrichten wollen. Pluralität und Buntheit der Lebensformen spiegeln den Reifegrad einer mündigen Gesellschaft. Auch die Arbeitnehmer wollen nicht alle über einen Kamm geschoren werden.

Weder können noch sollen die Gewerkschaften diese Vielfalt einfangen und einebnen. Die Alternative zur Allzuständigkeit der Gewerkschaften ist nicht die Arbeitslosigkeit der Gewerkschaften. Gewerkschaften werden weiterhin gebraucht, Gerechtigkeit muß immer durchgesetzt werden. Nicht eine allgemeine, zu nichts verpflichtende Gerechtigkeit, sondern eine konkrete Gerechtigkeit. Die Rechte der Arbeitnehmer zu sichern, soziale Benachteiligungen zu bekämpfen ist die Aufgabe der Gewerkschaften. Sie vertreten nicht die Staatsbürger an sich, sondern den Arbeitnehmer als Arbeitnehmer. Diesen Unterschied gilt es zu beachten bei der Bestimmung der gewerkschaftlichen Aufgaben.

Grenze und Aufgabe der Gewerkschaften

Die Grenze eines so verstandenen Einsatzes der Gewerkschaften zur allgemeinen Gesellschaftspolitik läßt sich allerdings nicht scharf ziehen. Denn in nicht wenigen Fällen werden die Bedingungen des Arbeitslebens durch die allgemeine Politik bestimmt. Aber Ausgangspunkt der gewerkschaftlichen Aktivität bleibt die Arbeit. Sie gibt den Radius gewerkschaftlichen Engagements an. Was nicht bedeutet, daß jenseits dieser Grenze keine lohnenden sozialen Aufgaben lagern. Aber dafür hat der Staatsbürger, auch der Arbeitnehmer, andere Instrumente: Parteien und Verbände beispielsweise.

Die Ostpolitik und der § 218 sind sicherlich auch für Arbeitnehmer lebenswichtige Fragen. Aber sie betreffen den Arbeitnehmer nicht speziell als Arbeitnehmer, sondern in gleicher Weise wie jeden anderen Staatsbürger und gerade deshalb sollten die Gewerkschaften solche Fragen auch anderen Einrichtungen überlassen.

Die Beschränkung auf bestimmte Aufgaben kann allerdings den Gewerkschaften niemand vorschreiben. Wir brauchen kein Gewerkschaftsgesetz. Es gibt in dieser Gesellschaft keinen autoritären Platzanweiser, der den Verbänden die Positionen verordnen könnte. In einer freien Gesellschaft bestimmen die freien Verbände ihre Aufgaben selbst. Diese Eingrenzung ihres Aufgabenfeldes ist die Aufgabe der Gewerkschaften und zwar nicht aus Resignation, sondern aus der Einsicht, daß die Zeiten der Allzuständigkeit vorbei sind und ihre Tätigkeit selbst für die Mitglieder nur einsichtig wird, wenn sie an einem konkreten Erlebnisfeld der Mitglieder einsetzt, und das ist für die Gewerkschaft die Arbeit.

Überlastung des Gewerkschaftsapparates

Abseits aller großen Theorien wird diese Beschränkung auch nahegelegt durch die Tatsache, daß die Gewerkschaftsfunktionäre es immer weniger schaffen, auf allen Hochzeiten zu tanzen, denn die Hochzeiten werden zahlreicher. Schon heute macht der hauptamtliche Apparat der Gewerkschaften stellenweise den Eindruck der Überforderung, und zwar nicht nur personell, sondern auch finanziell. Man kann nicht von einer Repräsentationspflicht zur anderen hetzen und gleichzeitig Aufmerksamkeit für die unmittelbaren Probleme der Arbeitnehmer entwickeln.

So neu ist diese Verabschiedung von Pflichten für die Gewerkschaften auch wieder nicht. Im Laufe der sozialen Entwicklung haben die Gewerkschaften viele Funktionen aus sich entlassen und sind dennoch nicht schwächer geworden. Die Betriebsräte beispielsweise haben sich verselbständigt, ohne deshalb Gegner geworden zu sein. Die Arbeiterbildungsvereine haben sich zu Volkshochschulen gewandelt, ohne deshalb ihre Funktion für die Arbeitnehmer verloren zu haben.

An Stelle der ehemaligen gewerkschaftlichen Sterbekassen und anderen sozialen Solidareinrichtungen der Arbeitnehmer trat die Sozialversicherung.

Mit jedem Erfolg entließ die Gewerkschaft ein von ihr selbst in die Welt gesetztes Kind in die Eigenständigkeit. Die Beziehungen sind nicht ohne Spannungen. Aber wenn es die Arbeitnehmer richtig verstehen, jede Organisation für eine Aufgabe einzusetzen, dann könnte mit den vielfältigen Instrumenten eine Melodie zu dem Text »getrennt marschieren, vereint schlagen« werden.

Wer versucht, an Gewerkschaftsmodellen von gestern krampfhaft festzuhalten, der steht in Gefahr, aus der Entwicklung und damit aus der Übereinstimmung mit seiner Zeit zu fallen. Die Kirchen haben bei ähnlichen Versuchen schlechte Erfahrungen gemacht. Ihr Festhalten an mittelalterlichen Kompetenzen ist ihnen jedenfalls nicht immer gut bekommen. Auch die Gewerkschaften haben so etwas wie ihr Konfessionsschulproblem. Was bleibt konkret den Gewerkschaften? Mehr wohl, als daß nicht ihre Macht verstärkt werden müßte.

Einkommenspolitik

Gewerkschaftsarbeit muß für die Mitglieder erfahrbar bleiben. Die Einkommenspolitik z.B. schafft mehr Solidarität und gesellschaftliches Bewußtsein als alle Maireden zusammen. Doch die Tarifpolitik verliert zusehends an Plausibilität. Denn Tarifpolitik nur auf die Lohntüte zu beschränken heißt, einkommenspolitisches Schauturnen zu veranstalten. Was im Lohnkampf herausgeholt wird, wird anschließend durch die Konjunkturpolitik wieder zurückgenommen, wenn es nicht vorher schon durch Preissteigerung um den Wert gebracht ist.

Andere Länder machen das gleiche brutal und auffällig durch Lohnstop. Wir betreiben es vorerst noch kunstvoller. Die staatliche Konjunkturpolitik nähert sich unauffällig einer sublimen Form von Reallohnzuteilung über die Köpfe der Tarifpartner hinweg, allerdings bei Beibehaltung des Rituals der Nominallohnkämpfe. Bei Licht betrachtet, ist das Ganze nur eine besondere Variante des Lohnstoppverfahrens. Gestoppt wird der Reallohn – und das ist der wirkliche Lohn. Mit dem Nominallohn mögen sich Statistiker vergnügen. Gewerkschaften müssen praktisch bleiben.

Die gewerkschaftliche Einkommenspolitik darf deshalb nicht nur den Teil des volkswirtschaftlichen Ergebnisses anvisieren, der für den Verbrauch zur Verfügung steht, sondern auch jenen anderen Teil, der investiv festgelegt wird. Nur auf diese Weise werden die Arbeitnehmer um den Betrug des Einkommensentzuges durch Inflation gebracht. Es wird Zeit, daß neben den Konsumlohn der Investivlohn tritt.

Und noch eine andere Seite des Problems: Was nützt auch eine gewerkschaftliche Tarifpolitik, die so weit von den effektiven Einkommenshöhen in den Betrieben entfernt ist, daß der wirkliche Lohn über der tariflichen Absicherung liegt? Der Abstand zwischen Tariflohn und betrieblichen Effektivlöhnen bringt den Arbeitgeber in die unverdiente Rolle eines barmherzigen Spenders, der Gewerkschaften überflüssig macht. Die Probleme einer gewerkschaftlichen Absicherung der effektiven Einkommen sind also keineswegs gelöst.

Mitbestimmung

Gewerkschaften dürfen sich allerdings nicht auf Lohnmaschinen reduzieren. Gewerkschaften kämpfen nicht allein um mehr Lohn. Gerechtigkeit des Arbeitnehmers ist kein rein materielles Ding. Deshalb kämpfen die Gewerkschaften auch auf dem Felde jenseits von Angebot und Nachfrage. Aber wieder ist die Kontrollfrage, welche immateriellen Ziele an die Rolle des Arbeitnehmers und seine Erfahrungen in der Arbeit gebunden sind. Und nur diese gehören in das gewerkschaftliche Aufgabenfeld.

Zu den Zielen hinter dem Brotkorb gehört die Mitbestimmung, die alle Ebenen der Arbeit erfaßt. Unverrückt steht das Ziel des Gleichgewichts zwischen Kapital und Arbeit, leider nicht nur unverrückt, sondern auch unerfüllt. Daran werden die Gewerkschaften weiterarbeiten müssen.

Vergessen aber scheint die Mitbestimmung am Arbeitsplatz. Hier ist gewerkschaftlicher Nachholbedarf. Der Aufbruch der Basis zu mehr Selbstbestimmung an den Arbeitsplätzen, gegen Diskriminierung und Willkür der Vorgesetzten vollzog sich leider weitgehend ohne Unterstützung durch die Gewerkschaftsspitzen. Diese waren meistens durch die gesamtstaatliche Verantwortung voll beschäftigt. Die nachträgliche Begründung, daß die »wilden Streiks« das Werk von Extremisten seien, mag sogar auf den ersten Blick stimmen, erfaßt das Problem aber nur an der Oberfläche. Denn wenn die Kommunisten tatsächlich so viele Arbeitnehmer auf die Beine gebracht haben, dann doch, weil die konkreten Probleme des Arbeitsplatzes offenbar von den etablierten Gewerkschaftsfunktionären zu wenig angegangen wurden.

Die Mitbestimmung ist aber unteilbar, und ihr muß von den Gewerkschaften auf allen Ebenen – nicht nur im Aufsichtsrat – auf die Beine geholfen werden. Vielleicht werden später diese Kinder ebenso selbständig wie es heute die Betriebsräte schon sind.

Konzentration auf den Fortschritt in der Arbeitswelt

Der Aufruf zur Konzentration gewerkschaftlicher Kraft ist kein Beitrag, alles beim alten zu lassen. Mit dieser gewerkschaftlichen Konzeption ist kein Rückzug in die Idylle und in eine Schrebergartenpolitik gemeint.

Ob unser Gesellschaftssystem überwunden, weiterentwickelt oder

reformiert werden soll, erscheint mir als eine akademische Diskussion unter Etikettenspezialisten. Unrecht muß bekämpft werden, wo immer es auftaucht. Ob dieser gewerkschaftliche Kampf für die Entwicklung als Reform oder Überwindung unserer Gesellschaftsordnung bezeichnet wird, ist eine Titelfrage.
Fest steht, daß unsere Gesundheit und das parlamentarische System bewahrt werden müssen. Das ist der unwandelbare Teil. Aber damit ist unser Gesellschaftssystem noch nicht ausreichend bestimmt.
Effektiver als alles unverbindliche Reformgerede und alle Titeldiskussionen scheint mir konkrete Politik zu sein, die die Mißstände praktisch angeht. Der Appetit kommt beim Essen. Indem die Gewerkschaft das Unrecht im Arbeitsleben angeht, leistet sie einen Beitrag, Sensibilität für das Unrecht in allen Lebensbereichen zu entwickeln. Von dieser im Arbeitsleben erfahrenen und gewonnenen Empfindlichkeit wird unser Gesellschaftssystem insgesamt profitieren. Das, so meine ich, ist ein praktischer Beitrag zur Entwicklung dieser unserer Welt.

Beteiligung der CDA an der innergewerkschaftlichen Diskussion

Es wird Zeit, daß die christlich-demokratischen Gewerkschafter sich an der konzeptionellen Diskussion der Gewerkschaften beteiligen, und zwar in den Gewerkschaften, nicht nörgelnd vom Spielfeldrand aus. Wenn wir nur die Stimme erheben, wenn es Posten zu vergeben gibt, ist es zu spät. Die CDU zu schützen vor unqualifizierten Gewerkschaftsangriffen, von denen wir eine ganze Sammlung vorführen können, ist ehrenhaft, aber mehr mit einer Feuerwehrpolitik vergleichbar, die immer erst ausrückt, wenn's brennt.

Referat auf der 15. Bundestagung der Sozialausschüsse der CDA am 19. Mai 1973 in Bochum

Gewerkschaftliche Einkommenspolitik in der Sackgasse?

Die Lohnkämpfe gehören zu den eindrucksvollsten Lebenszeichen der Gewerkschaften. Die Fähigkeit zum Lohnkampf zählt zu den frühesten arbeitsrechtlichen Definitionen der Gewerkschaft. Der Charakter dieser Lohnkämpfe hat sich im Laufe der Zeit merklich verändert. Ging es in der Frühphase um die Sichererung des materiellen Existenzminimums, so wird heute Lohnpolitik in den entwikkelten Industriegesellschaften mit der Forderung nach gerechtem Anteil am Sozialprodukt begründet.

Das Ziel der »Expansiven Lohnpolitik«

Mit dem Übergang von der Verteidigung der materiellen Existenznotwendigkeit zu einer Lohnpolitik der gerechten Verteilung veränderten sich auch die tarifpolitischen Konzeptionen. Die Ziele der Lohnpolitik erweiterten sich. Mit dem von Victor Agartz im Jahr 1950 entwickelten Konzept der expansiven Lohnpolitik waren weitergehende politische Ziele verbunden. Die Lohnkämpfe sollten zum Mittel werden, den wirtschaftlichen Machteliten Zugeständnisse abzuringen. Die aggressive Lohnpolitik sollte eine Kompensation für die Reformniederlagen der Gewerkschaften in den ersten Nachkriegsjahren sein. »Die Gewerkschaften müssen die höhere Verantwortung zunächst denen überlassen, die im Besitz der Rechte und der Macht sind. Unter diesem Gesichtswinkel bekommt die lohnpolitische Haltung der Gewerkschaften ihr besonderes Gewicht.«
Agartz lehnte die Orientierung der Lohnforderungen an allgemeinen Interessen ab, da die Gewerkschaften in der kapitalistischen Wirtschaft auch keinen Einfluß auf staatliche Wirtschaftspolitik und Preise hätten. Die Lohnerhöhungen sollten »die Betriebe laufend zu höherer Rationalität anhalten, die Produktivität steigern und damit die Lohnexpansion fundamentieren«.

Victor Agartz konnte sich mit seiner Konzeption jedoch nicht durchsetzen. Bald nach seiner berühmten Rede vor dem Gewerkschaftskongreß 1954 verschwanden er und seine Theorie in der Versenkung. Im 1955 veröffentlichten Aktionsprogramm des DGB ist nur noch von einer »aktiven Lohn- und Gehaltspolitik« die Rede. Als Ziel der Lohnpolitik wurde nicht maximale Expansion, sondern gerechter Anteil am Sozialprodukt gefordert.
Später wurde immer stärker das schon bei Agartz vorhandene Kaufkraftargument in die Lohnpolitik übernommen. Absatzkrise durch Überproduktion soll durch Erhöhung der Massenkaufkraft vermindert werden. Die gewerkschaftlichen Begründungen der Lohnforderungen verwandelten so die Tarifpolitik von einem Instrument der Verteilungspolitik in ein Instrument der Konjunkturpolitik.

Zementierung des verteilungspolitischen Status quo

Diese Akzentverlagerung entsprang weniger einer freigewollten Kursänderung der Tarifpolitik als der unausgesprochenen Einsicht in die Erfolglosigkeit weitergehender verteilungspolitischer Anstrengungen. Der Wandel vollzog sich so gut wie unbemerkt von der Öffentlichkeit und den Mitgliedern. Aber auch der Mißerfolg selbst, der den Wandel beförderte, blieb so verborgen wie die Umstellung. Die Steigerung des Lebensstandards, die gleichbleibenden Spektakel der jährlich wiederkehrenden Tarifrunden, die mit beträchtlichem Imponiergehabe auf beiden Seiten verbunden waren, verdeckten die relative Erfolglosigkeit aller Anstrengungen, die realen Verteilungsverhältnisse zu verändern. Die Steigerung der Lohnquote war das Ergebnis der steigenden Zahl von Unselbständigen. Die gestiegene Lohnsumme wurde auf mehr Köpfe verteilt. Bereinigt von diesen statistisch suggerierten Fehleinschätzungen zeigte die Lohnquote nur unerhebliche Veränderungen. Selbst wenn sie sich mit dem Konjunkturzyklus merklich zugunsten der Lohnempfänger veränderte, wurden solche Ausbuchtungen durch den folgenden Rückgang wieder egalisiert, so daß in größeren Zeiträumen gerechnet, der verteilungspolitische Status quo so gut wie unbeschädigt blieb.

Einfluß des Status quo auf die Lohnpolitik

Folgerichtig suchten die Gewerkschaften Einfluß auf jene Faktoren zu nehmen, die offenbar stärker als ihre eigene Lohnpolitik die

realen Verteilungsverhältnisse bestimmten. Auf diesem Wege provozierten sie selbst eine starke Verantwortung des Staates für die Einkommenspolitik, in deren Gefolge freilich auch die Lohnpolitik stärker berührt wurde, als dies den Verfechtern der traditionellen Tarifautonomie lieb sein kann.
Die reale Kaufkraft des Lohnes bestimmt die öffentliche Konjunkturpolitik zum Teil stärker als die nominalen Lohnerhöhungen. Der Staat selbst hat sich inzwischen jene Instrumente zugelegt, die ihm die Wahrnehmung der ihm halb zugeschobenen, halb erstrebten gesamtwirtschaftlichen Verantwortung erst ermöglichen. Das »Gesetz zur Förderung der Stabilität und des Wachstums der Wirtschaft« (1967) ist das Grundgesetz einer staatlichen Wirtschaftspolitik, die sich nicht auf ordnungspolitische Aufgaben beschränkt, sondern den Prozeß selbst zu steuern unternimmt. Durch Bildung von Konjunkturausgleichsrücklagen (§§ 5 – 8) sowie einer Variation der Einkommens- und Vermögenssteuer (§§ 26 und 27) erhält der Staat Mittel, welche die Einkommensentwicklung beeinflussen und den realen Wert von Lohnerhöhungen eingrenzen können. Die Einkommenspolitik ist im Konzept dieser staatlichen Wirtschaftspolitik die abhängige Variable der Primärziele »Preisniveaustabilität, hoher Beschäftigungsstand und außenwirtschaftliches Gleichgewicht, stetiges und angemessenes Wachstum« (Paragraph 1 StWG).
Unter der Voraussetzung der uneingeschränkten Geltung dieser Ziele verschwanden Verteilungsgesichtspunkte immer stärker aus der amtlichen Wirtschaftspolitik. Der Sachverständigenrat sprach bereits 1967 von »funktionslosen Verteilungskämpfen«, ohne daß die Gewerkschaften gegen diese Entwertung ihrer Tarifanstrengung eine Gegenstrategie entwickelt hätten.

Entfunktionalisierung der Tarifkämpfe

Die Stabilitäts- und Wachstumsgesichtspunkte beherrschten die staatliche Wirtschaftspolitik. Sie paßte sich damit geradezu fugenlos in die Verteilungsphilosophie der Sachverständigengutachter ein. Schon in der ersten Empfehlung des Sachverständigenrates wurde die kostenniveauneutrale Lohnanpassung propagiert, die inzwischen immer wieder vorgetragen und bestenfalls um einen vorweggenommenen Inflationszuschlag bereichert wurde: »Damit das Kostenniveau nicht steigt, dürfen die Nominallöhne ... dem Grundsatz nach im Durchschnitt nicht stärker erhöht werden als um den Prozentsatz,

um den sich in der Gesamtwirtschaft das Produktionsergebnis je Stunde erhöht.« (Jahresgutachten 1964 des Sachverständigenrates zur Begutachtung der Gesamtwirtschaftlichen Entwicklung, Seite 148)
Die neue Wirtschaftspolitik, deren stärkster Initiator der Sozialdemokrat Schiller war, entfunktionalisierte die Tarifkämpfe zusehends, obwohl sich an den althergebrachten Ritualen der Tarifverhandlungen die Entleerung noch nicht ablesen läßt. Die Rituale funktionieren.

Einbindung der Tarifpolitik durch die Konzertierte Aktion

Die Transformation gewerkschaftlicher Einkommenspolitik zu einer Unterabteilung staatlicher Wirtschaftspolitik vollzog sich nicht als autoritäre staatliche Weisung, sondern in Kooperation mit den Gewerkschaften. Ausdruck dieser kooperativen Wirtschaftspolitik wurde die »Konzertierte Aktion« (§ 3 StWG). Für alle Beteiligten vollzog sich mit dieser Einrichtung ein bedeutsamer Wandel des ihr Handeln bestimmenden Selbstverständnisses.
Nicht nur, daß der Staat seine Zurückhaltung gegenüber den Problemen des Wirtschaftsprozesses aufgab, sondern daß er seine Politik in Kooperation mit den Sozialpartnern abstimmte, war neu. Der Staat verließ den hohen Stuhl der Obrigkeit und nahm als Partner am Tisch der Kooperation mit den gesellschaftlichen Gruppen Platz.
Die Gewerkschaften beruhigten sich mit der Zusicherung, daß die Tarifautonomie nicht angetastet würde und daß sie weiterhin die Lohnforderungen souverän festsetzen konnten. Tatsächlich verwandelt jedoch eine funktionierende Konzertierte Aktion auch die Gewerkschaften, denn sie werden in die Rechtfertigungspflicht für Stabilität und Wachstum des Gesamtsystems genommen.
Die Mechanismen der Konzertierten Aktion beruhen auf dem Willen zur Verständigung. Fehlt dieser, so gibt es nur zwei Möglichkeiten, den Dissens zu lösen. Die staatliche Wirtschaftspolitik bestimmt mit ihren Mitteln den tatsächlichen Wert der Tarifabschlüsse, oder die Tarifpartner unterlaufen die staatlichen Sanktionen und machen sie zur Farce: Folgelosigkeit entweder der staatlichen Wirtschaftspolitik oder der gewerkschaftlichen Tarifpolitik werden so zu Alternativen der Konfliktlösung.
Von den Problemen, die sich für Stabilität und Verteilung aus den neuen Formen der Wirtschaftspolitik und deren Mitverantwortung

durch die Gewerkschaften ergeben, werden die Mitglieder durch die unveränderte öffentliche Darstellung der Tarifpolitik abgelenkt.
Wenn sich jedoch der Abstand zwischen den realen Vorgängen und ihrer Spiegelung im Gewerkschaftsverhalten vergrößert, wächst die Gefahr, daß die Gewerkschaften zum Überbau eines Systems werden, das seine Probleme ohne Gewerkschaften löst.
Das Nachdenken über eine neue Effizienz ihrer Tarifpolitik bleibt den Arbeiterrepräsentanten nicht erspart. Kraftvolle Rhetorik vermag nur zeitweise von kraftloser Politik abzulenken. Eine effektive Tarifpolitik jedoch böte neue Identifizierungschancen der Mitglieder mit ihrer Gewerkschaft.

Nicht alle Einkommensteile von der Tarifpolitik erfaßt

Zunächst muß gefragt werden, ob alle möglichen Einkommensteile von der gewerkschaftlichen Tarifpolitik erfaßt sind. Eine Ausweitung des Aktionsfeldes könnte neue Chancen für das Ziel gerechter Verteilung schaffen. Ein Blick auf die Verteilungskämpfe in der entwickelten Industriegesellschaft zeigt, daß die Gewerkschaften ihren Kampf vornehmlich auf jenen Teil des volkswirtschaftlichen Ergebnisses beschränkt haben, der konsumierbar ist. Jenen Teil des Sozialproduktes aber, der vernünftigerweise für Investitionen reserviert bleiben muß, ließ die gewerkschaftliche Verteilungspolitik lange Zeit unangetastet. Mit dem Verzicht auf Anteil am investiven Teil des volkswirtschaftlichen Ergebnisses überlassen jedoch die Gewerkschaften rund ein Fünftel des Verteilungsfeldes unangefochten ihren Kontrahenten. Die Tarifabschlüsse, die inzwischen im Rahmen des 624 Mark-Gesetzes zustandekamen, verändern diesen Sachverhalt nur unwesentlich, weil die Sparquoten, die mit vermögenswirksamen Tarifverträgen ermöglicht wurden, nur zum unbedeutenden Teil auf die volkswirtschaftlich bedeutsame Vermögensform der Beteiligung am Produktivkapital gelenkt wurden. Zum überwiegenden Teil wurde das 624 Mark-Gesetz zur Finanzierung langlebiger Konsumgüter genutzt. Dieses Konsumvermögen ist eine wichtige Erweiterung des Verteilungsfeldes, ersetzt jedoch nicht das »Produktivvermögen«.

Konsumverzicht – keine vermögenspolitsche Alternative

Die Arbeitgeber haben lange Zeit die Arbeitnehmer auf das individuelle, aus dem Lohn finanzierte Sparen verwiesen und dafür die Formel angeboten: Sparen durch Konsumverzicht. Veränderte Einkommensverwendung sollte also Änderung der Einkommensverteilung ersetzen.
Abgesehen davon, daß man diese Spar-Empfehlung als blanken Zynismus abtun kann, weil die vorhandene Vermögensverteilung in der Bundesrepublik sicher nicht das Ergebnis von Sparen durch individuellen Konsumverzicht ist, stecken in ihr auch erhebliche Gefahren für die Volkswirtschaft. Wenn mit dieser Empfehlung ein Verzicht auf Konsum eines Teiles jener Güter verbunden wäre, die produziert worden sind, müßte dies zu Absatzschwierigkeiten führen. Ist mit dieser Formel jedoch ein Verzicht auf Ansprüche jenseits der vorhandenen Gütermenge gemeint, so kann man vernünftigerweise nicht auf etwas verzichten, was nicht vorhanden ist. Soll mit dieser Formel gar eine Einkommenspolitik propagiert werden, die mit dem Sparen dort beginnt, wo das Konsumvolumen erschöpft ist, so müßte die Formel exakt lauten: Sparen ohne Konsumverzicht.
Eine Einkommenspolitik, die den Eindruck erweckt, als seien mehr Konsumgüter zu verteilen, als vorhanden sind, straft sich durch Inflation selber. Betreibt man nähmlich eine Politik, die die Investitionen nicht für die Verteilung anzapft, so wird man halt leicht zu konsumlohnpolitischem Übereifer verleitet.

Mit dem Konsumlohn kommen die Arbeitnehmer zu kurz

Die Gewerkschaften selbst haben dennoch wiederholt gegen eine vermögenspolitische Tarifpolitik polemisiert, wenn diese auf Beteiligung am privatwirtschaftlichen Produktivkapital zielt, weil sie darin eine Schwächung der öffentlichen Investitionen sehen, welche die Qualität des Lebens erhöhen. Diese Begründung leuchtet jedoch nicht ein. Denn auch wenn man die Notwendigkeit bejaht, die allgemeine Infrastruktur auszubauen und zu verbessern, werden weiterhin privatwirtschaftliche Investitionen nötig sein. Es sei denn, man lehnt den privatwirtschaftlichen Sektor sowieso ab. Wenn das der Grund zur Ablehnung der »Vermögenspolitik in Arbeitnehmerhand« ist, soll man es sagen und nicht den Umweg über die »Qualität des Lebens« nehmen.

Solange Privatwirtschaft funktioniert, muß auch dort investiert werden. Gewerkschafter, die ihre verteilungspolitischen Anstrengungen auf den Konsumlohn beschränken, reduzieren selbst den Umfang ihrer Verteilungspolitik. Die Sanktionen durch staatliche Globalsteuerung, Geldmenge und die Preispolitik zeigen aber deutlicher als je zuvor, daß auf dem Wege des Konsumlohnes die Arbeitnehmer zu kurz kommen müssen.
Die Höhe des Geldlohnes bestimmt jedoch mehr das Preisniveau, als daß sie über die realen Verteilungsverhältnisse entscheidet. Die Arbeitnehmer kapieren die Lektionen der Praxis offenbar besser als die tarifpolitischen Schönschreiber, die so tun, als käme es nur darauf an, alte Erfolgsrezepte kalligraphisch abzuschreiben. Was haben aber Arbeitnehmer von einer Lohnerhöhung, die sie womöglich mit großer Anstrengung, vielleicht sogar Streik durchsetzen, wenn anschließend die Preise steigen, höhere Steuern gezahlt werden müssen und ein Konjunkturzuschlag den Rest an Kaufkraft abschöpft, der über den Verhältnissen vor der Lohnerhöhung liegt?

Investivlohn erweitert den Verteilungsspielraum

Es gibt zwei Möglichkeiten, jenseits der konventionellen Konsumlohnabschlüsse den Verteilungsspielraum der Gewerkschaften zu erhöhen. Die Gewerkschaften nehmen Einfluß auf die staatliche Wirtschaftspolitik oder/und erweitern den lohnpolitischen Bewegungsraum ihrer Tarifpolitik. Der Ansatz für die erste Möglichkeit ist die Konzertierte Aktion, der für die zweite der Investivlohn.
In der Konzertierten Aktion geht es um einen neuen kooperativen, wirtschaftspolitischen Stil der Verständigung. Der Einigungszwang, der diese Verständigung herbeiführen soll, beruht auf den autonomen Sanktionsmöglichkeiten aller Beteiligten im Falle der Nichteinigung. Eine Begrenzung des Spielraumes der unter öffentlicher Verantwortung stehenden Konzertierten Aktion ist der Investivlohn. Er setzt ein durch die Tarifpartner bestimmtes Datum, das nicht ohne weiteres die öffentliche Geldmengenpolitik auf den Plan ruft. Deshalb beschränkt der Investivlohn die öffentlichen Reaktionsmittel, ohne notwendigerweise die wirtschaftspolitischen Ziele Vollbeschäftigung, Geldwertstabilität, Wachstum und außenwirtschaftliches Gleichgewicht zu beeinträchtigen.
Die gesamtwirtschaftliche Wertung der Beteiligung der Arbeitnehmer am Produktivkapital findet ihre betriebswirtschaftliche Entspre-

chung. Es gibt kein plausibles Argument, durch welches die Zurechnung des betriebswirtschaftlichen Gewinns auf ausschließlich den Faktor Kapital gerechtfertigt werden könnte. Nach dem in einer Leistungsgesellschaft geltenden Prinzip der Äquivalenz beansprucht jede Leistung eine Gegenleistung. Kapital ist ohne Arbeit wertlos und Arbeit ohne Kapital unter den Bedingungen der modernen Produktion unproduktiv. Nach »Entlohnung« aller am Unternehmensergebnis beteiligten Faktoren und Abgeltung aller öffentlichen Verpflichtungen verbleibt im Unternehmen ein Rest, den wir als Gewinn bezeichnen. Wieso jedoch wird diese Restgröße – ob ausgeschüttet oder im Unternehmen angelegt – dem Faktor Eigenkapital zugeteilt? Die primäre Entlohnung des Eigenkapitals durch Dividenden wird durch eine neue Gewinnverteilung nicht in Frage gestellt. Es wird dem Faktor Kapital lediglich der Alleinanspruch auf die von allen Faktoren des Unternehmens erwirtschaftete Restgröße Gewinn bestritten. Es wäre mit der gleichen Logik, wie sie die geltende Unternehmensverfassung in Anspruch nimmt, ein Unternehmensrecht denkbar, in dem der Faktor Arbeit das Kapital zu einem kontraktbestimmten Preis in Dienst nimmt, wie ihn heute schon das Fremdkapital erhält, und selbst das Residualeinkommen, welches aus dem Gewinn stammt, bezieht.
Der Sachverständigenrat zur Begutachtung der gesamtwirtschaftlichen Entwicklung hat mehrfach, am ausführlichsten im Jahresgutachten 1972, für eine neue Verteilungspolitik plädiert (Nr. 501ff.). Diese Überlegung kann für eine neue Einkommenspolitik genutzt werden, die beiden Seiten sowohl ein festvereinbartes wie ein gewinnabhängiges Einkommen zuteilt. Die zweite Form des Einkommens ist freilich stärker risikoabhängig als die erste. Deshalb kann sie nur die ergänzende Einkommensart sein. Doch diese Ergänzung würde den Arbeitnehmern neue Verteilungsspielräume erschließen. Der Erfolg dieser Erweiterung hängt freilich von der Bedingung ab, daß das erweiterte Einkommen nicht in den Konsum fließt, sondern den Investitionen vorbehalten bleibt. Aber nur auf diesem Wege werden die Arbeitnehmer Teilhaber an der von ihnen miterarbeiteten Wertsteigerung des Unternehmens.

Eigentumsbildung gegen Vermögenskonzentration

Die detaillierte Ausformung eines vermögenspolitischen Konzeptes als Bestandteil gewerkschaftlicher Einkommenspolitik hat freilich eine Reihe technischer Schwierigkeiten zu überwinden. Geklärt werden müßte, wie alle Arbeitnehmer an dem investiven Wachstum der Wirtschaft beteiligt werden, in welcher Weise diese »Einkommen« in verfügbares Eigentum überführt werden können.

Zur Klärung dieser Fragen haben die Gewerkschaften leider wenig Kraft und Zeit investiert. Einerseits verkümmert zu Tarifverträgen im Rahmen des 624 Mark-Gesetzes, andererseits von Fondlösungen fasziniert, haben sie keine dieser Vorstellungen für den Bereich verfügbarer individueller Beteiligung der Arbeitnehmer am Produktivkapital zu ihrer Politik erhoben.

Mit den vermögenswirksamen Tarifverträgen schufen die Gewerkschaften nur eine Variante des Konsumlohnes, weil die im Rahmen der 624 Mark angelegten Einkommensbestandteile größtenteils dem Erwerb langlebiger Konsumgüter, aber nicht der Kapitalbeteiligung dienen.

Die vorgeschlagenen Fondslösungen wurden nicht durch die Erkenntnis der Notwendigkeit der Eigentumsbildung in Arbeitnehmerhand ausgelöst, sondern sind das Ergebnis einer Suche zur Sicherstellung der allgemeinen Infrastrukturen. Insofern gehören diese Vorschläge eher in das Kapital »Kollektive Lebensqualität« als unter die Überschrift »Eigentumsbildung«. Verteilungspolitisch könnte ein Effekt für den Ausbau der Infrastruktur freilich auch über die Steuerpolitik erreicht werden, die allerdings nicht die gewerkschaftlichen Steuerungsmöglichkeiten gewährleistet, die gewerkschaftseigene Fonds bieten. Diese Fondsvorschläge laufen jedoch auf eine Überfrachtung der Gewerkschaften mit staatlichen Aufgaben hinaus.

Betrachtet man die DGB-Vorschläge unter vermögenspolitischer Perspektive, so hat das Konzept eine Teilung der Investitionspolitik zum Inhalt: Die Kapitalgeber gewährleisten die privaten Investitionen, die Arbeitnehmer die öffentlichen. Als Kompensation für diesen Verzicht auf Teilhabe an privaten Investitionen verwandeln sich Gewerkschaften in eine Art Ersatzstaat.

Die individuelle Eigentumsbildung im Kapitalbereich bleibt durch die gewerkschaftliche Tarifpolitik außerhalb der direkten Zugriffsmöglichkeiten. So amputiert eine traditionelle Tarifpolitik sich freiwillig. Es bleibt in diesem Bereich jedoch durch Nichtstun nicht alles beim alten. Nichtstun verstärkt die Vermögenskonzentration.

Aus »Frankfurter Hefte«, August 1978

Aussperrung

Die Verschärfung des Arbeitskampfes in der Bundesrepublik hat die Aussperrung wieder als ein Instrument der Tarifauseinandersetzung verstärkt zur Anwendung gebracht. Eine Übersicht über die Kampfgewohnheiten unserer Nachbarn zeigt, daß die Bundesrepublik das Land ist, welches im Vergleich der Streikhäufigkeit im unteren Teil der Tabelle liegt, mit der Aussperrung aber an der Spitze.
In keinem westeuropäischen Land ist die Aussperrung durch die Verfassung garantiert. In Portugal, Schweden und Norwegen ist sie ausdrücklich verboten. Praktische Bedeutung im Arbeitskampf hat sie nur in der Bundesrepublik.

Mehr Ausgesperrte als Streikende

Auch ein bundesrepublikanischer Vergleich von Streik und Aussperrung zeigt, daß die Aussperrung mehr Bürger betroffen hat als am Streik beteiligt waren. Im nordwürttemberg-nordbadischen Tarifgebiet streikten 1978 im Frühjahr 80 000 Arbeitnehmer in 63 Betrieben, aber 200 000 in 90 nicht bestreikten Betrieben waren ausgesperrt. Im Arbeitskampf der Druckindustrie 1978 gingen 81,5 Prozent der verlorenen Arbeitstage auf Aussperrung zurück und nur 18,5 Prozent auf Streik. Vier Verlage wurden bestreikt, und in 327 wurde ausgesperrt. Zwischen 1951 und 1977 befanden sich insgesamt 300 000 Arbeitnehmer im Streik, dagegen waren 472 000 ausgesperrt.
Das Recht der Aussperrung wird mit der Parität der Kampfmittel begründet. Aussperrung soll aus Gründen der Waffengleichheit spiegelbildlich dem Streik entsprechen. Das Paritätsprinzip wird vornehmlich aus dem Gleichheitsgrundsatz, Artikel 3, Absatz 1 des Grundgesetzes abgeleitet. In der populären Übersetzung wird Parität häufig mit der Volksweisheit übersetzt: »Was dem einen recht ist, ist dem anderen billig.« In der juristischen Interpretation entfaltet sich

jedoch das Gleichheitsprinzip komplizierter. Es schließt keineswegs ein Differenzierungsverbot ein. Gleichheit ist keine schematische Größe.
Die Zulässigkeit der Aussperrung wird vornehmlich mit Urteilen des Bundesarbeitsgerichtes begründet. Es handelt sich dabei um Urteile aus den Jahren 1955 (Netzemacher-Fall) und 1968 (Croupiers-Fall). Die damals vorgelegten Fälle sind jedoch für die heutigen Rechtsfragen untypisch. Es handelte sich jeweils um Aussperrung im gleichen Betrieb, in dem gestreikt wurde.

Erst das Streikrecht stellt Parität her

Die industriellen Großkonflikte, welche den Betriebsraum überschreiten, werden jedoch von den Arbeitsgerichten unterschiedlich bewertet. Eine höchstrichterliche Entscheidung dazu liegt nicht vor. Die vorliegenden Arbeitsgerichtsurteile zur Aussperrung 1978 sind nicht einheitlich.
Der Streik entstand als ein Instrument, das überhaupt erst die materielle Vertragsfreiheit der Arbeitnehmer sicherstellte. Er ist eine originäre Waffe der Gewerkschaft. Ohne die Möglichkeit der kollektiven Arbeitsverweigerung war die Vertragsfreiheit lediglich formeller Natur. Denn nur formal besaß der einzelne Arbeitnehmer das Recht, das Angebot seines Vertragspartners abzulehnen. In Wirklichkeit mußte der einzelne Arbeitnehmer als Vertragspartner die Bedingungen der Arbeitgeber akzeptieren, wenn er verhindern wollte, daß ein Ersatzmann an seine Stelle trat und den freien Arbeitsplatz besetzte. Dies gilt besonders für die Zeiten der Unterbeschäftigung auch heute noch.
Erst die Drohung mit dem Streik beförderte Arbeitnehmer in die Position eines gleichgewichtigen Vertragspartners und gab so der Koalitionsfreiheit ihren praktischen Sinn. Das mit der Koalitionsfreiheit verknüpfte Streikrecht ist das Gegenstück zur Dispositionsfreiheit der Arbeitgeber. Erst das Streikrecht stellt die Parität her.

Chancengleichheit keine schematische Größe

Bereits während der Laufzeit der Tarifverträge hat der Arbeitgeber mehr Möglichkeiten, den tatsächlichen Effekt der letzten Tarifabschlüsse zu verändern als der Arbeitnehmer. Rationalisierung, Inten-

sivierung der Arbeit, Erhöhung der Produktivität ohne Lohnangleichung sind Mittel, mit denen die Tarifabschlüsse unterlaufen werden können. Die geltenden Schutz- und Mitbestimmungsgesetze schließen die Lücken noch nicht.
Die Chancengleichheit ist auch nach Ablauf des Tarifvertrages nicht gegeben. Die Arbeitgeber wollen im Normalfall das Erreichte erhalten, die Arbeitnehmer durch Veränderung verbessern. Für die Arbeitgeber spielt deshalb die Länge der Verhandlungsdauer eine weniger entscheidende Rolle als für die Gewerkschaften. Mit der Verlängerung der Verhandlungen sinkt in der Regel auch die Streikbereitschaft der Arbeitnehmer.
Die Hemmschwelle vor dem Streikbeginn ist nach geltender Rechtsprechung höher, als allgemein vermutet wird. Sie ist sogar höher als in unseren europäischen Nachbarstaaten. Vor Beginn des Arbeitskampfes müssen alle Rechtsmittel erschöpft sein. Als zum Beispiel die Zementfabrik Seibel in Erwitte gegen eine Reihe von Arbeitsschutzgesetzen verstoßen hatte und einem Teil der Belegschaft kündigte, mußten erst jahrelange Kündigungsprozesse geführt werden, bevor die betroffene Belegschaft streiken durfte. Vor die Aussperrung hat das Bundesarbeitsgericht bis zum heutigen Tag keine vergleichbar hohen rechtlichen Hürden errichtet.

Die Handlungsfreiheit der Arbeitgeber ist größer

Die Handlungsfreiheit der Arbeitgeber ist im Falle der Aussperrung größer als die Handlungsfreiheit der Gewerkschaften im Falle des Streiks. Nach herrschender Lehre ist nämlich bei den Arbeitgebern nicht, wie bei den Arbeitnehmern, die Koalition Träger der Kampfmaßnahme, sondern der einzelne Arbeitgeber. Er muß sich also auch rechtlich weniger abstimmen, als das bei der Organisation des Streiks erforderlich ist. Dagegen ist der einzelne Arbeitnehmer nicht arbeitskampfberechtigt.
Die bundesrepublikanischen Gewerkschaften beginnen in der Regel keinen Streik, ohne daß sich mindestens eine Zwei-Drittel-Mehrheit ihrer Mitglieder in einer Urabstimmung entschieden hat. In den meisten vergleichbaren Industrienationen ist dieses Verfahren unbekannt. Dort wird der Streik von den Gewerkschaftsführungen ausgerufen.

Gewerkschaften finanziell benachteiligt

Bei der Frage nach der »Kampfparität« muß auch die Reichweite der Aussperrung in die Prüfung einbezogen werden. Die Arbeitgeber, welche im Streikfalle immer im Interesse der Freiheit sehr besorgt sind, daß den Arbeitswilligen der Zugang zum Arbeitsplatz offenbleibt, sperren andererseits ohne Rücksicht auf Arbeitswillige alle Arbeitnehmer aus. Die Freiheit des einzelnen Arbeitnehmers, auf der die Arbeitgeber im Streikfalle so sehr bestehen, wird also im Aussperrungsfalle mißachtet. Eine sicher von den Arbeitgebern ungewollte Nebenwirkung der Aussperrung ist auch, daß sie die nichtorganisierten Arbeitnehmer schon um der finanziellen Unterstützung willen in die Gewerkschaften treiben.

Die materiellen Kosten des Arbeitskampfes sind auf seiten der Gewerkschaften im Durchschnitt größer als auf seiten der Arbeitgeber. Das, was die Arbeitgeber 1978 in Baden-Württemberg »Schwerpunkt-Streiks« nannten, kostete die IG-Metall immerhin 45 Millionen DM. Der Jahres-Beitragsüberschuß der IG-Metall betrug im Vergleich dazu rund 40 Millionen DM. Zusammen mit Unterstützungsleistungen für Aussperrung zahlte die IG-Metall 1978 sogar 130 Millionen DM aus.

Eine Streikwoche in Nordrhein-Westfalen kostet die IG-Metall rund 100 Millionen DM. Die Finanzkraft der Gewerkschaften ist nicht so übermäßig groß, wie ihr unterstellt wird. Vom wirtschaftlichen Gewicht ihrer Tarifpartner jedenfalls wird sie übertroffen.

Auch der Streik kann gegen die Verhältnismäßigkeit der Mittel verstoßen. Ein Arbeitskampf, der zur Gegnervernichtung führt, überschreitet die Grenzen der Verhältnismäßigkeit. Auch ohne eine gerichtliche Prüfung verbleibt den Arbeitgebern in einem solchen Falle der tatsächlichen Existenzbedrohung als Abwehrmaßnahme nur die Aussperrung.

Da der Gesetzgeber die Vielfalt des sozialen Lebens nie befriedigend bewältigen kann und die Rechtsprechung schwerfällig ist, kann für Fälle handgreiflicher Verletzung des Verhältnismäßigkeitskriteriums die Aussperrung nicht ausgeschlossen bleiben. Es bleibt dann immer noch die gerichtliche Nachprüfung als Schutz der Arbeitnehmer gegen eine willkürliche Inanspruchnahme dieser Extremsituation durch die Arbeitgeber.

Freiwillige Vereinbarungen sind vorzuziehen

Eine umfassende gesetzliche Kodifizierung des Arbeitskampfrechtes würde in jedem Falle eine Einschränkung der gewerkschaftlichen Handlungsautonomie darstellen. Wenn der Gesetzgeber die Aussperrung regelt, kommt er nicht umhin, auch zum Streik Stellung zu nehmen. Wollen die Gewerkschaften diesen Preis zahlen?
Die »Rationalisierung« des Arbeitskampfes kann von den Sozialpartnern selbst bewerkstelligt werden. Sie sollten deshalb einen neuen Versuch unternehmen, sich über die Spielregeln eines modernen Arbeitskampfrechtes zu verständigen. Es müßte möglich sein, die Angriffs- und Sympathieaussperrung auszuschließen. Ob eine Aussperrung von einer Defensiv- zur Offensivmaßnahme wird, hängt auch von der Ausdehnung des »Kampfgebietes« ab.
Andererseits werden die Arbeitgeber öffentliches Verständnis finden, wenn sie sich die Aussperrung für den Fall vorbehalten wollen, daß die Gewerkschaften vom Streik im Sinne der Gegnervernichtung Gebrauch machen. Ein Schwerpunktstreik, der Schaltstellen einer engverflochtenen Wirtschaft lahmlegt, hat weitergehende Folgen, als sie vor hundert Jahren auslösbar waren.
Bevor der Gesetzgeber die Dynamik und die Sozialbeziehungen mit perfektionistischen Lösungen lahmlegt, sollten also die Tarifpartner selbst den Versuch machen, die Spielregeln des Arbeitskampfes neu zu formulieren. Wenn es die Tarifpartner nicht schaffen, ihre Auseinandersetzungen zu regeln, muß der Staat als Schiedsrichter aufs Spielfeld. Das ist der Inhalt des Subsidiaritätsprinzips, nach dem der Staat nur der »Ersatzmann« für gesellschaftliches Versagen ist.

Aus »Deutsche Zeitung«, 15. Dezember 1978